职业教育·铁道运输类专业教材

高等职业教育新形态一体化教材

铁路隧道工程
施工与维护

王国博　主　编

张　丽　刘秀娥　副主编

李昌宁　主　审

人民交通出版社

北京

内 容 提 要

本教材为职业教育铁道运输类专业教材。本书在介绍高速铁路隧道工程基础知识的基础上，重点阐述了隧道工程地质环境、隧道施工技术、复合式衬砌施工、现场监控量测与超前地质预报、TBM 与盾构机施工、高速铁路隧道维修等内容。教材根据现行铁路隧道工程设计、施工及质量验收标准编写，强调专业与思政融合、建设与管养并重、经典与前沿相融，紧密结合我国铁路隧道工程实际，涵盖了施工与维护作业的全过程。

本书可作为高等职业院校铁道工程技术、铁路施工与维护等铁道运输类专业的教学用书，也可作为铁路隧道工程技术人员的培训和学习用书。

本书配有教学课件，教师可通过加入职教铁路教学研讨群(QQ:211163250) 获取。

图书在版编目(CIP) 数据

铁路隧道工程施工与维护／王国博主编. — 北京：人民交通出版社股份有限公司，2025.5. — ISBN 978-7-114-20345-9

Ⅰ. U459.1

中国国家版本馆 CIP 数据核字第 2025HJ3097 号

Tielu Suidao Gongcheng Shigong yu Weihu

书　　　名：**铁路隧道工程施工与维护**
著 作 者：王国博
策划编辑：李　娜
责任编辑：陈虹宇
责任校对：赵媛媛　刘　璇
责任印制：张　凯
出版发行：人民交通出版社
地　　址：(100011)北京市朝阳区安定门外外馆斜街 3 号
网　　址：http://www.ccpcl.com.cn
销售电话：(010)85285911
总 经 销：人民交通出版社发行部
经　　销：各地新华书店
印　　刷：北京印匠彩色印刷有限公司
开　　本：787×1092　1/16
印　　张：22.5
字　　数：548 千
版　　次：2025 年 5 月　第 1 版
印　　次：2025 年 5 月　第 1 次印刷
书　　号：ISBN 978-7-114-20345-9
定　　价：58.00 元(主教材＋实训手册)

前言 Preface

　　铁路作为现代交通运输体系的重要组成部分,以其高效、便捷、环保等优势,在全球范围内得到了迅猛发展。而隧道工程作为铁路建设中的关键环节,其施工与维护质量直接关系到铁路的安全运营和使用寿命。近年来,新质生产力为铁路高质量发展注入新动能,智能建造、智能装备、智能运营技术的创新,使我国从隧道"建造大国"逐步转变为"建造强国"。为适应我国铁路建设和运营的快速发展需求,培养高素质的铁路隧道工程施工与维护专业技术技能人才,编者团队结合高职专业教学标准和教材使用情况,精准凸显教材的核心内容与适用领域,从而编写了本教材。

　　教材有以下特色:

　　(1)**本教材以习近平新时代中国特色社会主义思想为指导**,全面贯彻党的教育方针,坚持立德树人根本任务,以培养学生的实践能力和工匠精神为核心,力求打造一本专业与思政融合、理论与实践并举、经典与前沿相融的高质量教材。教材在阐述专业内容的同时,有机融入党的二十大精神、"两路"精神、青藏铁路精神、大国工匠等元素,将隧道工程专业知识传授、技能培养和价值塑造有机融合。

　　(2)**本教材以"校企双元"深度合作为基础**,由全国高校优秀教师联合中国铁路设计集团有限公司高级工程师陈平、中铁一局集团有限公司副总工程师李昌宁共同组建团队,确保内容的权威性与专业性。教材紧密结合铁路隧道工程建设的实际需求,将现场施工项目提炼为系统化的学习项目,精准对接铁路施工员、隧道工等岗位的能力要求,科学选取和组织教材内容。书中工程案例、施工方法及注意事项均源自典型铁路工程项目,为学生提供了真实的学习场景,有效强化实践能力与创新思维的培养。教材充分体现职业教育的实践性和应用性,实现专业知识与工程实践的深度融合,为培养高素质的铁路隧道工程技术人才奠定了坚实基础。

　　(3)为助力学生深入掌握高速铁路隧道工程施工与维护的精髓,使教师便捷高效地授课,**本教材依托 AR(增强现实)、二维码技术,纸质教材与数字化学习平台深度融合**,实现多终端的无缝对接与协同学习。学生可随时登录"学银在线"网站,搜索哈尔滨铁道职业技术学院"高速铁路隧道工程施工与维护"课程,开启线上学习。借助三维模型,学生能够直观地观察隧道工程的复杂结构与施工细节,从宏观到微观全方位理解隧道的构造组成、各部分功能,以及施工过程中的相互关联;三维动画则动态呈现隧道开挖、支护、衬砌等关键施工工序,让抽象的施工工艺流程变得鲜活易懂,进而提升学生的空间思维与实际操作能力。通过立体书城 App 或小程序扫描教材中的二维码,即可快速链接到对应的互动数字资源,增

1

强学习的趣味性。

本教材由哈尔滨铁道职业技术学院王国博担任主编,天津铁道职业技术学院张丽、天津交通职业学院刘秀娥担任副主编,全书由中铁一局集团有限公司副总工程师李昌宁担任主审。具体编写分工如下:项目1由陈平编写;项目2由张丽编写;项目3、4、5由王国博编写;项目6由刘秀娥编写;项目7由哈尔滨铁道职业技术学院姚志英编写。全书由王国博负责统稿。

在教材编写过程中,得到了中铁一局、中铁三局、中铁九局、中铁上海局等集团有限公司、哈尔滨铁道职业技术学院等单位的大力支持,同时参考、引用了相关研究成果和文献资料,在此向有关单位及相关作者表示衷心的感谢!

限于编者水平和经验,书中难免存在疏漏之处,恳请广大读者批评指正,以便日后对本书进行修订,使之不断完善。

编　者
2024 年 12 月

教材配套资源说明

本教材配套了丰富的教学资源,通过多种知识呈现形式,为教学组织和教学实施服务,有效激发学生的学习兴趣和积极性。具体资源类型包括三维动画、视频、图片、案例、习题、三维交互等,通过扫描书中二维码即可观看学习。

对于三维交互资源,学习者可通过登录"立体书城"App 或"立体书城"小程序,扫描下表中的二维码进行操作学习。

扫一扫·下载软件　　　　扫一扫·观看使用说明　　　　扫一扫·小程序

三维交互资源

序号	资源名称	二维码
1	隧道传统洞门	
2	隧道新型洞门	
3	隧道明洞	
4	复合式衬砌	
5	拼装式衬砌	
6	直墙式衬砌	
7	隧道初期支护	

序号	资源名称	二维码
8	隧道排水系统	
9	地质罗盘	
10	超前预注浆	
11	隧道全断面开挖法	
12	隧道三台阶开挖法	
13	隧道弧形导坑预留核心土开挖法	
14	隧道三台阶七步开挖法	
15	隧道中隔壁开挖法（CD法）	
16	隧道交叉中隔壁开挖法（CRD法）	
17	风动凿岩机	

序号	资源名称	二维码
18	喷射混凝土工艺	
19	组合中空锚杆注浆工艺	
20	现场监控量测断面及测点布置	

其他配套数字资源

序号	资源位置		资源名称	资源类型	页码
1	项目一	任务一	新时代铁路榜样——韩方瑾	视频	3
2			新时代铁路榜样——李国良	视频	3
3			国际隧协"50年50强"工程,中国入选9个	文档	3
4			隧道博物馆	文档	4
5		任务二	隧道结构组成	动画	8
6			衬砌	动画	9
7			初期支护	动画	14
8			洞门	动画	15
9	项目一		项目一在线测试题库	题库	实训手册3
10	项目二	任务一	隧道透水事故调查报告	文档	31
11			生产安全事故调查报告	文档	34
12	项目二		项目二在线测试题库	题库	实训手册9
13	项目三	任务一	洞口开挖与防护	动画	56
14			边(仰)坡开挖及防护	动画	56
15			明挖法	动画	65
16			隧道明洞施工	动画	65
17		任务二	隧道开挖方法	动画	70
18			台阶开挖法	动画	72
19			铁路隧道冒顶坍塌事故调查报告	文档	87
20		任务三	钻爆法简介	动画	87
21			钻爆法隧道智能建造:最新技术与未来展望	文档	88
22			钻爆开挖	动画	97
23			隧道爆破	动画	98
24			隧道炮眼布置	动画	98

序号	资源位置		资源名称	资源类型	页码
25	项目三		项目三在线测试题库	题库	实训手册15
26	项目四		项目四在线测试题库	题库	实训手册21
27	项目五	任务四	掌子面超前地质预报	动画	210
28	项目五		项目五在线测试题库	题库	实训手册27
29	项目六	任务一	盾构及掘进技术国家重点实验室	文档	223
30			我国最深海底铁路隧道盾构机率先"冲刺"既定里程	文档	223
31			科技创新助力我国隧道技术装备领先世界	文档	223
32			掘进机简介	动画	225
33			掘进机主要工序	动画	234
34			西康铁路秦岭隧道	动画	234
35		任务二	盾构法隧道施工的主要工序	动画	255
36			土压平衡盾构	动画	255
37			泥水平衡盾构	动画	257
38	项目六		项目六在线测试题库	题库	实训手册32
39	项目七		项目七在线测试题库	题库	实训手册37

资源使用说明：

1.扫描封面二维码,注意每个码只可激活一次;

2.长按弹出界面的二维码关注"交通教育出版"微信公众号并自动绑定资源;

3.公众号弹出"购买成功"通知,点击"查看详情",进入后即可查看资源;

4.也可进入"交通教育出版"微信公众号,点击下方菜单"用户服务—图书增值",选择已绑定的教材进行观看。

目录 Contents

项目一

隧道工程认知

【项目描述】

随着中国高速铁路的崛起，作为高速铁路基础设施重要组成的隧道工程也得到快速发展，为中国高速铁路的技术进步增添动力。中国工程院院士王梦恕曾经说过，正是有了长大隧道、各种复杂地质隧道修建技术的进步，才为高速铁路采用大曲线半径、使高速列车穿山越岭成为可能。高速铁路隧道工程是高速铁路建设项目的重中之重。本项目主要学习高速铁路隧道的基本概念，认识高速铁路隧道及结构构造。

【学习目标】

知识目标

1. 熟悉隧道工程的基本概念和分类。
2. 掌握高速铁路隧道的技术特点。
3. 熟悉铁路隧道的结构构造。

能力目标

1. 能够根据给定的隧道概况对隧道进行分类。
2. 能够说出高速铁路隧道的技术特点。
3. 能够在现场说出隧道建筑物的组成及其作用。

素质目标

1. 学习西康铁路秦岭隧道、京沪高速铁路的案例，了解我国高速铁路隧道工程技术的先进性，培养民族自豪感。
2. 学习我国高速铁路隧道的发展历程，培养不畏艰难、勇于奋斗的精神。
3. 学习石太高速铁路太行山隧道的相关内容，了解我国高速铁路隧道的技术特点，培养创新精神。

【学习导航】

隧道工程认知

任务一　熟悉隧道的概念和分类

◆ 任务引入

　　西康铁路秦岭隧道位于陕西省长安区青岔镇和安康市柞水县交界处，由原铁道部第一勘测设计院勘测设计，原隧道工程局、铁道部第一工程局和铁道部第十八工程局建设，于1995年1月正式开工，1999年9月贯通，是我国首次使用（全断面隧道掘进机Tunnel Boning Machine，TBM）修建的铁路隧道，如图1-1所示。秦岭隧道全长18.46km，最大埋深1600m，隧道长度位列当时国内第一、世界第六。隧道处在一个极为复杂的地质构造断裂带，穿过数个断层和高地应力、涌水等不良地质灾害段。隧道按国铁Ⅰ级、重型、电气化铁路标准设计。秦岭隧道是我国第一次采用（GPS）全球定位系统、首次引进当时世界最先进的TBM掘进机修建的单线铁路隧道，设计施工过程中克服岩爆、涌水、高温等地质灾害，在国内首次应用防灾、报警、消防灭火装置体系，安装了长期使用的通风系统等。西康铁路秦岭隧道曾荣获

图1-1　西康铁路秦岭隧道

2003年度国家科技进步一等奖、鲁班奖、詹天佑奖、FIDIC"百年工程项目奖"等大奖。

▲ 任务描述

　　结合西康铁路秦岭隧道，熟悉隧道的基本概念，能够根据隧道的具体情况进行分类。

◇ 相关知识

一　隧道的概念

　　隧道是一种修建在地层中的工程建筑物，是用以保持地下空间作为运输孔道的地下工程。隧道广泛应用于交通、矿山、水利、市政、人防、国防等领域。成立于1974年的国际隧道协会（ITA）将隧道定义为人工建造的地下通道，其横截面面积不小于$2m^2$，用于交通、市政、水利等用途。铁路隧道是修建在地下或水下，铺设轨道供铁路机车车辆及可在轨道上行走的机具通行的建筑物。

视频：新时代铁路
榜样——韩方瑾

视频：新时代铁路
榜样——李国良

文档：国际隧协"50年50强"
工程，中国入选9个

二 隧道的分类

隧道包括的范围很广，且种类繁多，从不同的角度出发，有不同的分类方法。

（1）按照隧道所处的地质条件，可以分为土质隧道和石质隧道。

（2）按照隧道所在的位置，可以分为山岭隧道、水底隧道和城市隧道。

（3）按照隧道埋置的深度，可以分为浅埋隧道和深埋隧道。

（4）按照隧道的长度（L），可以分为短隧道（铁路隧道规定 $L \leqslant 500m$；公路隧道规定 $L \leqslant 500m$）、中长隧道（铁路隧道规定 $500m < L \leqslant 3000m$；公路隧道规定 $500m < L \leqslant 1000m$）、长隧道（铁路隧道规定 $3000m < L \leqslant 10000m$；公路隧道规定 $1000m < L \leqslant 3000m$）和特长隧道（铁路隧道规定 $L > 10000m$；公路隧道规定 $L > 3000m$）。

（5）按照隧道开挖跨度（B），可以分为小跨度隧道（$5m < B \leqslant 8.5m$）、中等跨度隧道（$8.5m < B \leqslant 12m$）、大跨度隧道（$12m < B \leqslant 14m$）、特大跨度隧道（$B > 14m$）。

（6）按照国际隧道协会（ITA）定义的隧道横断面面积的大小划分标准，可以分为极小断面隧道（$2 \sim 3m^2$）、小断面隧道（$3 \sim 10m^2$）、中等断面隧道（$10 \sim 50m^2$）、大断面隧道（$50 \sim 100m^2$）和特大断面隧道（大于 $100m^2$）。

（7）按照隧道的用途，可以分为交通隧道、水工隧洞、市政隧道和矿山巷道。

下面按隧道用途分类展开介绍。

（一）交通隧道

交通隧道的作用是提供交通运输和人行的通道，以满足交通线路畅通的要求，一般包括有以下几种：

1. 铁路隧道

铁路隧道是修建在土中或水中，铺设轨道供铁路机车车辆通行的建筑物，如图1-2所示。铁路穿越山地、丘陵等地区时，往往会遇到山岭障碍，受限制坡度和最小曲线半径限制，需修建隧道以克服高程或平面障碍。隧道直接穿山而过，既可以使线路顺直，避免许多无谓的展线，缩短线路，又可以减小坡度，使运营条件得以改善，从而提高牵引定数，实现多拉快跑。

图1-2 铁路隧道

2. 公路隧道

公路隧道是供汽车和行人通行的隧道，一般分为汽车专用和汽车与行人混用的隧道，如图1-3所示。公路的限制坡度和最小曲线半径都没有铁路要求严格，但随着公路工程技术标准的提高，尤其是高速公路的修建，要求线路顺直、平缓、路面宽敞等，在穿越山区时，也常采用隧道方案。公路隧道的修建在改善公路技术状况，缩短运行距离，提高运输能力，以及减少事故等方面起到了重要的作用。

3.水下隧道

水下隧道是修建在海峡、江河、湖泊等水下的隧道。当交通线路需要跨越河流、湖泊、海湾或海峡等水域时，一般可以选择架桥、轮渡和隧道通过。当河道通航需要较高的净空，而桥梁受两端引线高程或用地的限制时，可采用水下隧道。水下隧道具有既不影响河道通航，又避免了风暴天气交通中断的风险，而且在战时不容易暴露交通设施的目标，具有防护层厚等优点，因此越来越受到人们的青睐。

4.城市轨道交通区间隧道

城市轨道交通区间隧道是车站之间行车所需空间的地下构筑物，如图1-4所示。城市轨道交通采用专用轨道导向运行，包括地铁系统、轻轨系统、单轨系统、有轨电车、磁浮系统、自动导向轨道系统、市域快速轨道系统。城市轨道交通具有速度快、安全性高、运能大、节能环保、准点舒适等突出优点，既是大城市公共交通系统的骨干，也是城市综合交通运输体系的重要组成部分。城市轨道交通区间隧道不占用地面面积，没有平面交叉，因而可以高速行车，节省乘车时间。在战时，城市轨道交通区间隧道还可以起到人防的功能。

图1-3　公路隧道

图1-4　城市轨道交通区间隧道

5.航运隧道

航运隧道是用以通过船只的地下隧道。当运河需要越过分水岭时，克服高程障碍成为十分困难的问题。如果修建航运隧道，把分水岭两边的河道沟通起来，既可以缩短船只航程，又可以省掉船闸的费用，使船迅速而顺直地驶过，使得航运条件大为改善。

6.人行地道

人行地道是下穿道路或轨道交通线供行人通过的专用地下通道，如图1-5所示。为了提高交通运送能力、减少交通事故，除架设街心过街天桥以外，也可以修建人行地道来穿越街道或跨越铁路、高速公路等。这样既可以缓解地面交通互相交叉现象，少占用地面空间，又大大降低了交通事故的发生率。

（二）水工隧洞

水工隧洞是在山体中或地下开挖的、具有封闭断面的过水通道，是水利工程和水力发电枢纽的重要组成部分，如图1-6所示。水工隧洞按作用可分为导流隧洞、泄洪隧洞、发电隧洞、放空隧洞和灌溉隧洞等。

图1-5 人行地道

图1-6 水工隧洞

1. 导流隧洞

导流隧洞是将施工期间河道水流导向基坑下游的隧洞。在河谷狭窄，地形条件不利于布置导流明渠，但河岸山体地质条件较好，工程要求一次拦断整个河床时，可采用导流隧道。

2. 泄洪隧洞

泄洪隧洞是泄放水库洪水以保证工程安全的隧洞。根据其布置和隧洞内水流特点，可分为无压、有压、混合型三种类型。泄洪隧洞由上游引水段、控制段、隧洞泄流段、消能工及下游退水渠组成。

3. 发电隧洞

发电隧洞是为水电站输送发电用水的隧洞。发电隧洞把水引入水电站的发电机组，产生动力资源。

4. 放空隧洞

放空隧洞是为检修、排沙或其他目的而修建，用于泄空水库存水的隧洞。

5. 灌溉隧洞

灌溉隧洞是从水库向灌溉区引水的隧洞。

（三）市政隧道

市政隧道是城市中安置市政设施的地下孔道。把市政设施安置在地下，不占用地面及以上空间，有利于保障城市安全、完善城市功能、美化城市景观。

1. 给水隧道

城市自来水管网遍布市区，必须要有合理规划和布置的地下孔道来安置这些管道。地下孔道既不破坏市容景观，也不占用地面，并且可避免遭受人为的损坏。

2. 污水隧道

污水隧道用于导流排污。一般污水隧道的进口处，多设有拦渣隔栅，把漂浮的杂物拦在隧道之外，不致涌入造成堵塞。

3.管路隧道

管路隧道用于埋设供热、燃气等管道。

4.线路隧道

线路隧道是用于安置输送电力电缆以及通信电缆的地下孔道。

5.地下综合管廊

地下综合管廊是建于城市地下用于容纳两类及以上城市工程管线的专用隧道，如图1-7所示。地下综合管廊是现代城市基础设施科学管理和规划的标志建筑，也是合理利用城市地下空间的科学手段，是城市市政隧道规划与建设的发展方向。

（四）矿山巷道

在地下采矿中，常设一些为开采服务的通道，从山体以外通向矿床，并将开采到的矿石运输出来，如图1-8所示。

图1-7 地下综合管廊

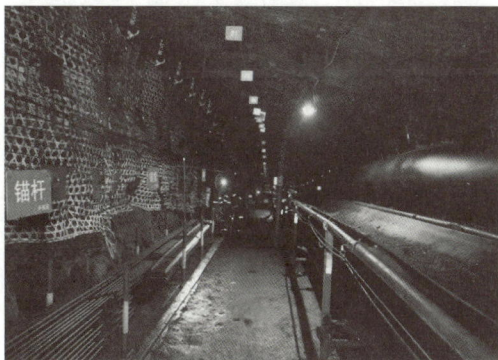

图1-8 矿山巷道

1.运输巷道

运输巷道主要用于矿山中，在山体中开凿通到矿床的隧道称为主巷道，是主要出入口和主要的运输干道。由主巷道通往各个开采面的巷道，分布如树枝状，分向各个采掘面。

2.给水巷道

给水巷道用于送入清洁水供采掘机械使用，并将废水及积水通过泵抽排出洞外。

3.通风巷道

通风巷道用于净化巷道中的空气，创造良好的工作环境，用通风机及时把巷道内的有害气体和污浊空气排除出去，并把新鲜空气补充进来。

⚠ 任务实施与总结评价

请完成本教材配套《铁路隧道工程施工与维护实训手册》中专业知识认知、能力素质训练及任务总结的相关内容，并依次进行学员自评、组长评价和指导老师评价。

任务二　认识隧道结构构造

◆ 任务引入

京沪高速铁路全长1318km，设计速度350km/h。作为国家战略性重大交通工程和重大创新工程，京沪高速铁路创造了一次建成里程最长、线路标准最高、运行速度最快的世界纪录。围绕京沪高速铁路建设，我国铁路系统经历了近20年的科研和技术攻关，形成了350km/h高速铁路理论体系，建成了高标准和高平顺性的基础设施，研制了高速铁路重大技术装备，研发了安全运营保障技术等，拥有了自主知识产权的技术和标准。京沪高铁实现了持续高速度、高密度、高安全性运行，打造了技术先进、安全可靠、性价比高的中国高铁品牌，以京沪高速铁路为代表的高铁已成为中国的一张亮丽名片。

图1-9　西渴马Ⅰ号隧道

京沪高铁隧道较少，共22座。其中，全线最长的隧道是西渴马Ⅰ号隧道，全长2.812km，施工现场如图1-9所示。在1999年研究制订的《京沪高速铁路线桥隧站设计暂行规定》中，首次对高速铁路隧道结构构造提出了要求。

▲ 任务描述

结合京沪高速铁路隧道设计的有关规定，熟悉高速铁路隧道的结构和构造，并能够查阅相关规范，说出相关要求。

◇ 相关知识

一　隧道建筑物的组成

隧道建筑物总体上可分为主体建筑物和附属建筑物两大部分。

隧道的主体建筑物是为了保持隧道的稳定，保证列车的安全运行而修建的，由洞身衬砌和洞门组成。在洞口容易坍塌或有落石的危险时，还需修建明洞；为满足高速铁路空气动力学效应，有时还建有缓冲结构。衬砌是用来加固隧道洞身，防止洞身周围地层发生风化剥落或坍塌的结构物；洞门则用来加固隧道的出入口，阻挡落石。两者共同保障车辆在隧道中的行车安全。

动画：
隧道结构
组成

隧道的附属建筑物是为了使隧道正常使用，保证列车安全运营，主要包括大、小避车洞及防排水设施等。在隧道较长、通风不良时，还要修建通风建筑物。此外，在隧道内还可能由于铁路电气化或通信信号等方面的需要而修建相应的附属建筑物（如电缆槽、无人增音站洞及绝缘梯车洞等各种洞室）。

二 衬砌构造

开挖后的隧道，为了保持围岩的稳定性，一般需要进行支护和衬砌。支护的主要方式有锚杆、钢架、钢筋网、喷射混凝土及其组合。衬砌的主要方式有整体式模筑混凝土衬砌、装配式衬砌、锚喷混凝土衬砌和复合式衬砌等。

(一) 整体式模筑混凝土衬砌

整体式模筑混凝土衬砌是指就地灌筑混凝土衬砌，简称模筑混凝土衬砌，如图 1-10 所示。其工艺流程依次为：立模、灌筑、养护、拆模。模筑衬砌的特点是：对地质条件的适用性较强，易于按需要成型，整体性好，抗渗性强，并适用于多种施工条件，如可用木、钢模板或衬砌模板台车等。依照不同的地质条件，或按照不同的围岩级别，模筑衬砌又有直墙式和曲墙式两种形式。

动画：衬砌

1. 直墙式衬砌

直墙式衬砌适用于地质条件比较好的情况，属于我国铁路隧道围岩分级中的 Ⅱ、Ⅲ 级围岩，有时也可用于 Ⅳ 级围岩。围岩压力以竖向为主，几乎没有或仅有很小的水平侧向压力。衬砌由顶部拱圈、两侧竖直边墙和下部铺底组成。图 1-11 为单线非电气化铁路隧道衬砌断面。顶部拱圈可采用圆弧形拱、坦三心圆拱或尖三心圆拱。洞内一侧设有排除洞内积水的排水沟。

图 1-10 整体式模筑混凝土衬砌

在地质条件较好时，为了节省坏工，也可以采用大拱脚薄边墙衬砌，如图 1-12 所示。其缺点是大拱脚支座施工困难，在非均质岩层中很难用钻爆法做出整齐稳定的支座。

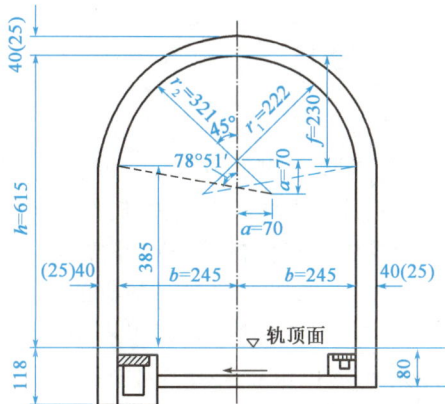

图 1-11 单线非电气化直墙式衬砌(尺寸单位:cm)

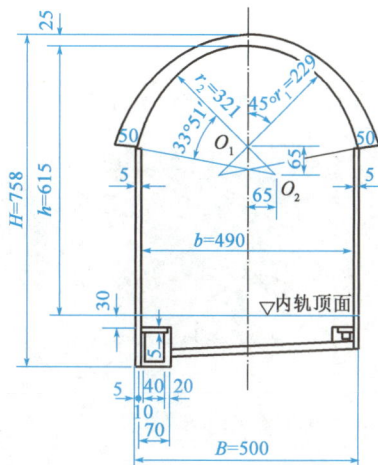

图 1-12 大拱脚薄边墙衬砌(尺寸单位:cm)

在地质条件尚好，侧压力不大，但又不宜采用大拱脚喷混凝土边墙衬砌时，为了节省边墙圬工，可以简化边墙。一种方法是降低边墙建筑材料的等级，如将混凝土边墙改为石砌边墙；另一种方法是采用柱式边墙，或连拱式边墙，统称为花边墙。如图1-13所示。

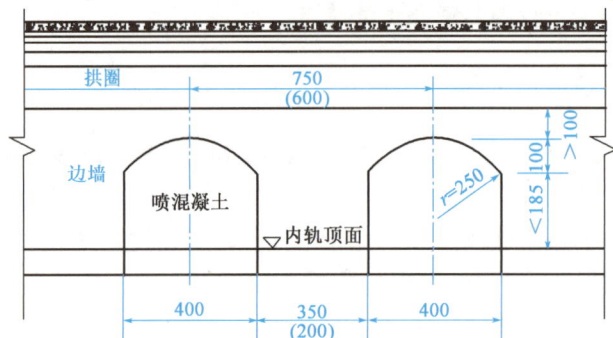

图1-13　连拱式边墙衬砌(尺寸单位:cm)

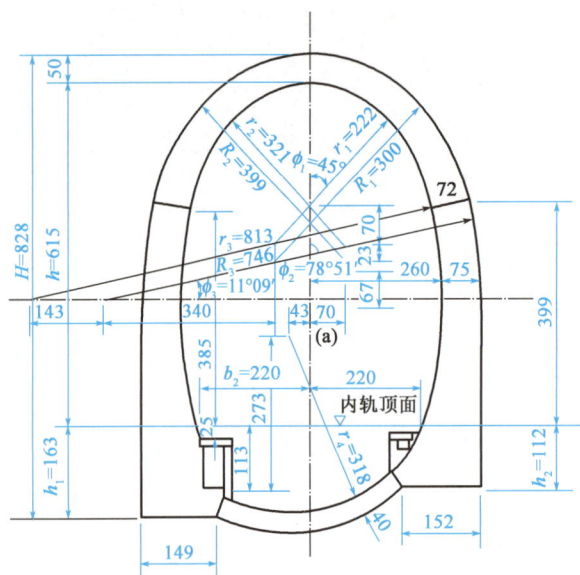

图1-14　单线非电气化曲墙式衬砌(尺寸单位:cm)

图1-15　装配式衬砌

2.曲墙式衬砌

曲墙式衬砌适用于地质条件比较差，岩体松散破碎，强度不高，又有地下水，侧向水平压力也相当大的Ⅳ、Ⅴ和Ⅵ级围岩情况。曲墙式衬砌由顶部拱圈、侧面曲边墙和底部仰拱(或铺底)组成。仰拱的作用是抵御底部围岩压力和防止衬砌沉降，并使衬砌形成一个环状的封闭整体结构，以提高衬砌的承载能力。图1-14为单线非电气化铁路隧道衬砌Ⅴ级围岩直线断面曲墙式衬砌标准图，其内部轮廓线由五心圆曲线组成。

(二)装配式衬砌

装配式衬砌是将衬砌分成若干块构件，这些构件在现场或工厂预制，然后运到坑道内用机械将它们拼装成一环接着一环的衬砌，如图1-15所示。这种衬砌的特点是：拼装成环后可立即受力，便于机械化施工，改善劳动条件，节省劳力。目前装配式衬砌多在使用盾构法施工的城市地下铁道中应用。

这种衬砌具有以下优点：

(1)一经装配成环，不需养护时间，即

可承受围岩压力。

（2）预制的构件可以在工厂成批生产，在洞内可以机械化拼装，从而改善了劳动条件。

（3）拼装时，不需要临时支撑，如拱架、模板等，从而节省大量的支撑材料和劳力。

（4）拼装速度因机械化而提高，缩短了工期，还有可能降低造价。

装配式衬砌的构造应满足下列条件：

（1）强度足够大且耐久。

（2）能立即承受荷载。

（3）装配简便，构件类型少，形式简单，尺寸统一，便于工业化制作和机械化拼装。

（4）构件尺寸大小和重量适合拼装机械的能力。

（5）有防水的设施。

（三）锚喷混凝土衬砌

锚喷混凝土衬砌是指锚喷结构既作为隧道初期支护，也作为隧道永久结构的衬砌形式。它具有隧道开挖后衬砌施作及时、施工方便和经济性好的显著特点。纤维喷射混凝土中的纤维能够显著改善喷混凝土的性能，在围岩整体性较好的军事工程、使用期较短及重要性较低的隧道中使用广泛。在公路、铁路隧道设计规范中，都有根据隧道围岩地质条件、施工条件和使用要求可采用锚喷衬砌的规定。

铁路隧道设计规定中规定，锚喷衬砌设计应符合下列要求：

（1）锚喷衬砌内轮廓线应比整体式衬砌适当扩大，除考虑施工误差和位移量外，应再预留 10cm 作为必要时补强用。

（2）遇下列情况不应采用锚喷衬砌：地下水发育或大面积淋水地段；能造成衬砌腐蚀或特殊膨胀性围岩地段；最冷月平均气温低于 -5℃ 地区的冻害地段；有其他要求的隧道。

锚喷混凝土衬砌一般由锚杆、喷射混凝土、钢架、钢筋网或其组合组成。

1. 锚杆

锚杆是用金属或其他高抗拉性能的材料制作的一种杆状构件。施工中使用机械装置和粘结介质，通过一定的施工操作，锚杆被安设在地下工程的围岩中，起到加固围岩的作用。锚杆支护作为一种支护手段，因具有技术、经济方面的优越性和能适应不同地质条件的特性，使其在地下工程领域得到广泛应用。

锚杆的类型很多，有全长粘结型锚杆、自进式锚杆、预应力锚杆、端头锚固型锚杆、摩擦型锚杆、组合锚杆等。

（1）全长粘结型锚杆采用水泥砂浆（或树脂）作为填充料，不仅有助于锚杆的抗剪和抗拉以及防腐蚀，而且具有较强的长期锚固能力，有利于约束围岩位移。全长粘结型锚杆安装简便，在无特殊情况的地下工程中，可大量用于初期支护和永久支护；隧道工程中，常用作系统锚杆和超前锚杆。

（2）自进式锚杆也属全长粘结型锚杆，它集钻孔、锚固、注浆加固于一体。自进式锚杆由厚壁中空钢管杆体配钻头、连接套筒、垫板、螺母组成，如图 1-16 所示。杆体外表全

11

长具有标准螺纹，可以任意切割或用连接套筒接长，用特制钎尾与凿岩机连接。它适用于易坍孔的破碎岩层，锚固深度大，锚固力强。

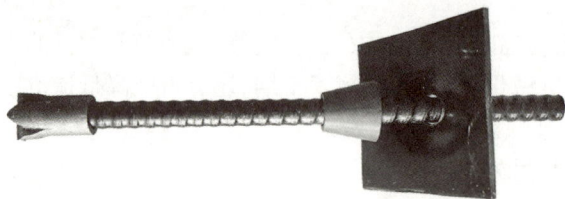

图 1-16　自进式锚杆

（3）预应力锚杆采用精轧螺纹钢为杆体，强度高，可用连接套接长。锚固砂浆终凝后，加垫板、螺母，用扭力扳手施加预应力。用于大吨位预应力锚固时，杆体分为锚固段和张拉段，中间用止浆塞分开，锚固段浆体达到强度后，用专用千斤顶施加预应力。成孔机械一般采用支架式钻机或工程钻机。

（4）端头锚固型锚杆有粘结（树脂）式和机械（胀裂）式锚固。它们的特点是能迅速锚固，以便安设垫板、螺母后及时提供支护力；安装受锚孔角度的影响较小。安装端头锚固型锚杆的托板时，螺母的拧紧扭矩不应小于 $100\text{N}\cdot\text{m}$。托板安装后，应定期检查其紧固情况，及时处理出现的问题。

（5）摩擦型锚杆常用的有楔缝式、缝管式、楔管式和水涨式几种，它们的共同特点是能迅速提供支护力，但杆体没有保护层，不能作为永久结构，适用于临时支护。

（6）组合锚杆是把两种或两种以上的锚杆结合在一起使用。如端头采用机械式锚头、尾部采用中空锚杆杆体，中间大部分杆体是螺纹钢筋，这样的组合既可立即提供锚固力，又能发挥杆体注浆、上螺母垫板的作用，同时杆体的成本也适中。

2. 喷射混凝土

喷射混凝土使用混凝土喷射机械，按一定的混合程序，将掺有速凝剂的细石混凝土喷射到岩壁表面，可迅速固结形成一层支护结构，对围岩起到支护作用。喷射混凝土可以作为隧道工程的永久性或临时性支护，也可以与各种形式的锚杆、钢纤维、钢筋网等构成组合式支护结构；具较强灵活性，可以根据需要分层次追加厚度。因此，喷射混凝土在地下工程中得到广泛应用。

3. 钢架

钢架一般选用钢筋、型钢、钢轨等材料，按设计要求预先制成构件，使用时焊接或栓接成整体。钢架一般可分为型钢钢架和格栅钢架两种。其常见结构如图 1-17 所示。

（1）型钢钢架通常由工字型钢、U 型钢、H 型钢、槽钢、钢轨等材料加工而成。型钢钢架的刚度和强度大，在软弱破碎围岩中施工或处理坍方时使用较多，但与混凝土粘结不好，与围岩间的空隙难于用喷射混凝土紧密充填，易致钢架附近喷射混凝土出现裂缝。

（2）格栅钢架一般由普通 Ⅱ 级钢筋经冷弯成型后，按隧道轮廓进行设计、焊接而成。格栅钢架的断面形式有三角形、矩形、四边形，如图 1-17c）所示。

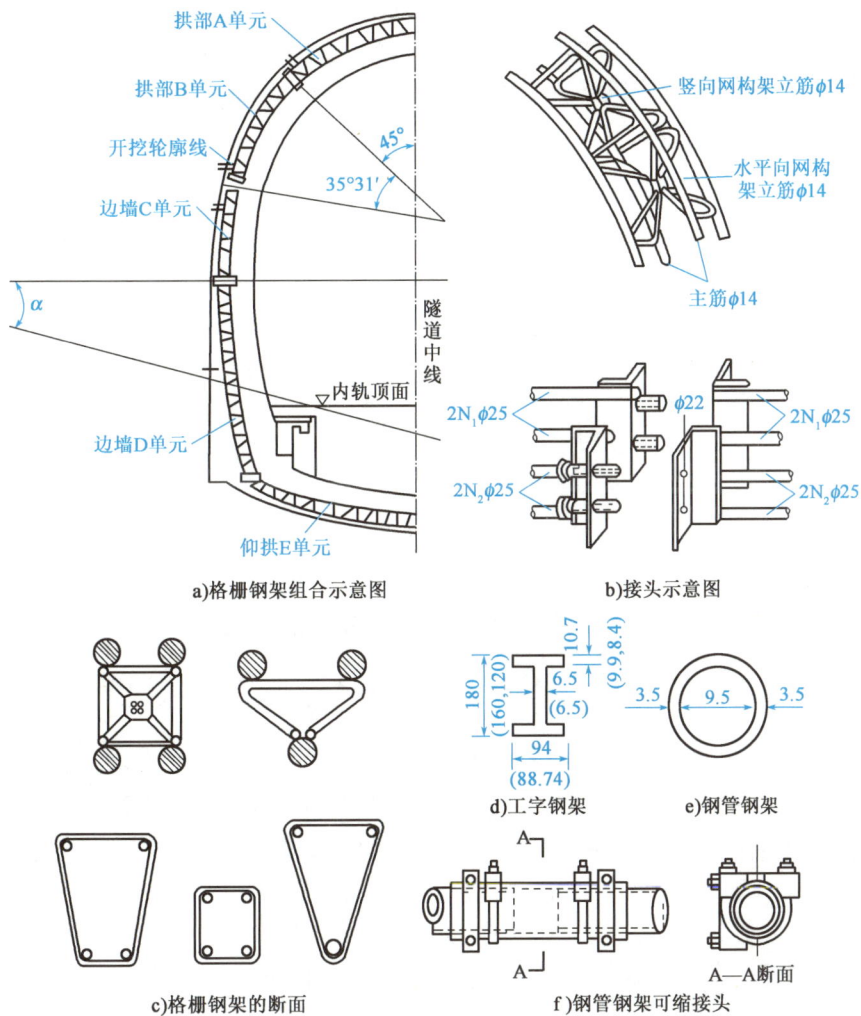

拱部A单元
拱部B单元
开挖轮廓线
边墙C单元
45°
35°31′
隧道中线
内轨顶面
竖向网构架立筋φ14
水平向网构架立筋φ14
主筋φ14
α
边墙D单元
仰拱E单元

a)格栅钢架组合示意图

2N₁φ25
φ22
2N₁φ25
2N₂φ25
2N₂φ25

b)接头示意图

10.7
180
(160,120)
6.5
(6.5)
94
(88.74)
(9.9,8.4)
3.5
9.5
3.5

d)工字钢架   e)钢管钢架

c)格栅钢架的断面

A
A
A—A断面

f)钢管钢架可缩接头

图 1-17　钢架结构构造(尺寸单位:mm)

4. 钢筋网

　　为了提高喷射混凝土的整体性,防止收缩开裂,使混凝土受力均匀,并提供一定的抗剪强度,利于抵抗岩石塌落和承受冲击荷载,有时要在喷射混凝土中配置钢筋网。钢筋网材料宜采用 Q235 钢,钢筋直径一般为 6 ~ 8mm,网格尺寸为 150mm × 150mm ~ 300mm × 300mm,搭接长度应为 1 ~ 2 个网格,采用焊接方式,如图 1-18 所示。

图 1-18　钢筋网

(四)复合式衬砌

　　复合式衬砌把衬砌分成两层或两层以上,可以是同一种形式、方法和材料施作的,也

动画：
初期支护

可以是不同形式、方法、时间和材料施作的。目前大都采用内外两层衬砌。按内外衬砌的组合情况可分为锚喷支护与混凝土衬砌。根据围岩条件不同分别采用不同的断面形式和支护、衬砌参数。图1-19为铁路隧道Ⅳ级围岩复合式衬砌标准图。

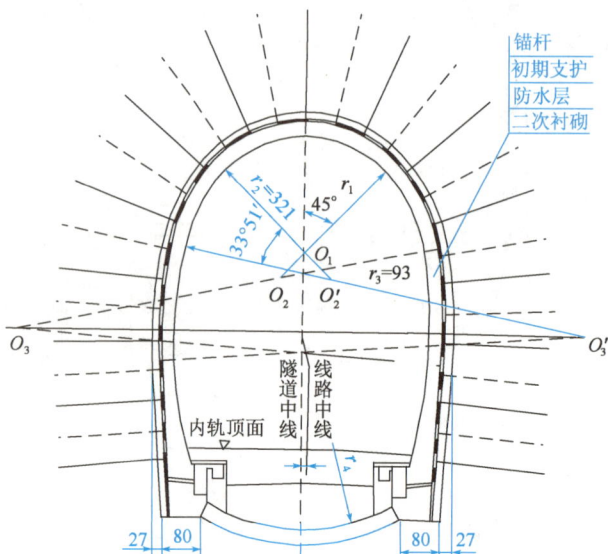

图1-19 铁路隧道Ⅳ级围岩复合式衬砌标准图(尺寸单位:cm)

复合式衬砌是先在开挖好的洞壁表面喷射一层早强混凝土(有时同时施作锚杆),凝固后形成薄层柔性支护结构(称初期支护)。它既能容许围岩有一定的变形,又能限制围岩产生有害变形,其厚度多在5~20cm。一般待初期支护与围岩变形基本稳定后再施作二次衬砌。为了防止地下水流入或渗入隧道内,可以在初期支护和二次衬砌之间设防水层,其材料可采用软聚氯乙烯薄膜、聚异丁烯片、聚乙烯等防水卷材,或用喷涂防水涂料等。

复合式衬砌可以保证初期支护施作及时,刚度小,易变形,与围岩密贴,从而能保护和加固围岩,促进围岩的应力调整,充分发挥围岩的自承能力。二次衬砌完成后,衬砌内表面光滑平整,可以防止外层风化,装饰内壁,增强安全感。它既能够充分发挥喷锚支护的优点,又能发挥二次衬砌永久支护的可靠作用。复合式衬砌是目前隧道工程常采用的衬砌形式。其设计、施工工艺过程与其相应的衬砌及围岩受力状态均较合理,十分符合衬砌结构的力学变化过程,能按受力和变形的规律,以及力学变化时间、变形发展状况,采取最适宜的工程措施;其质量可靠,能够达到较高的防水要求;也便于采用喷锚、钢支撑等工艺。因此,复合式衬砌是比较合理的结构形式,是目前铁路隧道主要的结构形式。

三 洞门与明洞

(一)洞门

洞门是隧道洞口用圬工砌筑用以保护洞口、排放流水并加以建筑装饰的支挡结构物。它联系衬砌和路堑,是整个隧道结构的主要组成部分,也是隧道进出口的标志。

洞门的作用有以下几个方面:

（1）减少洞口土石方开挖量。

洞口段范围内的路堑是根据地质条件以一定坡率开挖的。当隧道埋置较深时，开挖量较大，设置隧道洞门可以起到挡土墙的作用，减少土石方开挖量。

动画：洞门

（2）稳定边、仰坡。

修建洞门可减小引线路堑的边坡高度，缩小正面仰坡的坡面长度，使边坡及仰坡得以稳定。

（3）引离地表水流。

地表水流往往汇集在洞口，如不排除，将会侵害线路，妨碍行车安全。修建洞门可以把水流引入侧沟排走，确保运营安全。

（4）装饰洞口。

洞口是隧道唯一的外露部分，是隧道的正面外观。修建洞门可起装饰作用，特别是在城市附近、风景区及旅游区内的隧道更应配合当地的环境，进行艺术处理。

由于隧道洞口所处的地形、地质条件不同，洞门形式也有所不同，主要有如下几种：

1. 环框式洞门

环框式洞门，即只镶饰隧道衬砌两端部分，适用于隧道洞口仰坡极为稳固、岩层坚硬、节理不发育、不易风化、地形陡峻而又无排水要求的情况。其作用是加固洞口，减少雨后洞口滴水，并对洞口做简单的装饰。如图 1-20 所示。

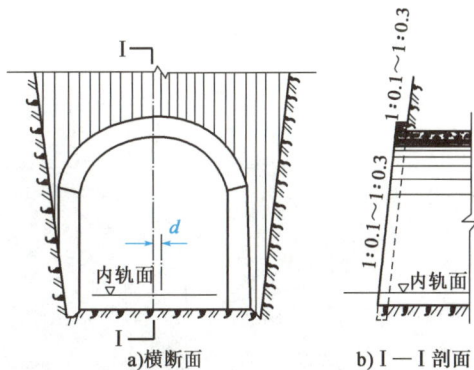

2. 端墙式洞门

端墙式洞门俗称一字式洞门，适用于地形开阔、岩层较为坚硬完整、山体压力很小的洞口地段，由端墙、洞门顶部排水沟组成。端墙的作用是抵抗山体纵向推力及支持洞口正面上的仰坡，保持其稳定。洞门顶部排水沟用来将仰坡流下来的地表水汇集后排走。如图 1-21 所示。

图 1-20　环框式洞门

a）横断面　　b）I—I 剖面

3. 柱式洞门

柱式洞门是从端墙式洞门发展而来的，它实际也是一种端墙形式的洞门。当岩层有较大主动侧压力时，如仍向端墙式洞门那样采用同一厚度的端墙，则过于安全，浪费圬工。为此，区别受力大小，将洞门设计成横向不等厚，且最厚处即为柱形的柱式洞门。柱式洞门适用于洞口地形较陡，地质条件较差，岩层有较大侧压力，仰坡有下滑可能性的地段，或洞口处地形狭窄，受地形或地质条件限制，设置翼墙无良好基础或不能设置翼墙的地段，这时可以在端墙中部设置两个断面较大的柱墩，以增加端墙的稳定性，如图 1-22 所示。

图 1-21　端墙式洞门

4.翼墙式洞门

当洞口地质较差（Ⅳ级及以上围岩），山体纵向推力较大时，可以在端墙式洞门的单侧或双侧设置翼墙。翼墙在正面起到抵抗山体纵向推力，增加洞门抗滑及抗倾覆能力的作用。翼墙两侧面具有保护路堑边坡起挡土墙作用。翼墙顶面与仰坡的延长面一致，其上设置水沟，将洞门顶水沟汇集的地表水引至路堑侧沟内排走。如图1-23所示。

图1-22　柱式洞门

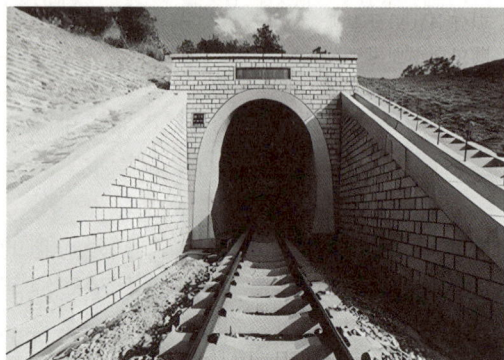

图1-23　翼墙式洞门

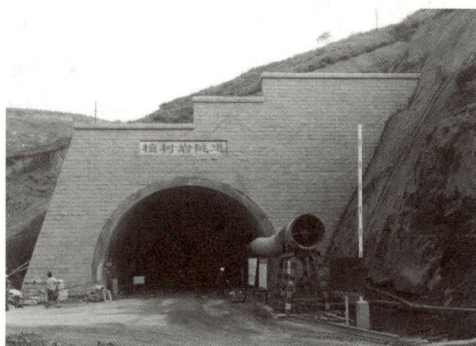

图1-24　台阶式洞门

5.台阶式洞门

当洞门处于傍山侧坡地区，地面横坡较陡，洞门一侧边坡较高时，为了减小仰坡高度及外露坡长，可以将端墙一侧顶部改为逐步升级的台阶形式，以适应地形的特点，减少仰坡土石开挖量。这种洞门也具有一定的美化作用，如图1-24所示。

6.斜交式洞门

当线路方向与地形等高线斜交时，可采用平行于地形等高线方向与线路成斜交的洞门。如图1-25所示。

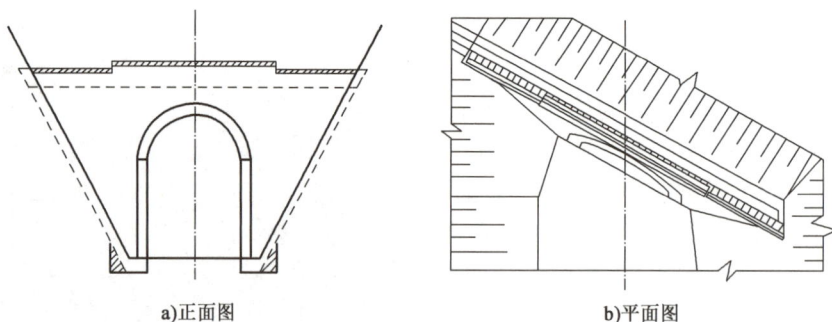

a)正面图

b)平面图

图1-25　斜交式洞门

在松软地层中，不宜采用斜交式洞门。斜交式洞门与线路中线的交角不应小于45°，一般斜交式洞门与衬砌斜口段是整体砌筑的。由于斜交式洞门与线路中线斜交，因而洞口环节衬砌跨度加大。衬砌斜口段的受力情况复杂，施工也不方便，因此，只有在十分必要时才采用。

7. 喇叭口式洞门

为了减缓高速列车的空气动力学效应，高速铁路隧道的单线隧道，一般设喇叭口缓冲段，同时兼作隧道洞门，如图 1-26 所示。

综上所述，洞门的形式较多，洞门形式应根据洞口的地形、地质条件、危害程度和所处的位置等确定，特别要注意洞口施工后地形改变的特点。

图 1-26　喇叭口式洞门

（二）明洞

明洞是设在隧道洞口部或路堑地段，为防止坍方、落石、雪崩等影响行车安全，采用明挖法修建的掩土建筑物。在隧道的进出口处，当遇到地质差且洞顶覆盖层较薄，用暗挖法难以进洞时；或洞口路堑边坡上受坍方、落石、泥石流等威胁而危及行车安全时；或铁路、公路、河渠必须在线路上方通过，且不宜修建立交桥或暗洞时，或为了减少隧道工程对环境的影响，保护环境和景观，洞口段需延长者，均需要修建明洞。明洞是隧道洞口或线路上起防护作用的重要建筑物。

明洞的结构类型常因地形、地质和危害程度的不同，有多种形式，采用最多的为拱式明洞和棚式明洞两种。

1. 拱式明洞

拱式明洞由拱圈、边墙和仰拱（或铺底）组成。它的内轮廓与隧道相一致，但结构截面的厚度要比隧道大一些，可分为路堑式对称型、路堑式偏压型、半路堑式偏压型、半路堑式单压型。

（1）路堑式对称型。

路堑式对称型明洞适用于路堑边坡处于对称或接近对称，边坡岩层基本稳定，仅防边坡有少量坍塌、落石，或用于隧道洞口岩层破碎，覆盖层较薄而难以用暗挖法修建隧道。

在挖出路堑的基面上，先修建与隧道衬砌相似的结构，然后在上面回填覆盖土石，夯紧并覆盖防水黏土层，黏土层上留有排水的沟槽，以防止地面水的渗入。两侧墙外填以浆砌片石，使其密实，如图 1-27 所示。

（2）路堑式偏压型。

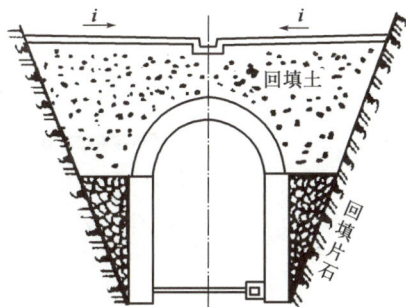

图 1-27　路堑式对称型明洞

路堑式偏压型明洞适用于两侧边坡高差较大的不对称路堑。它承受不对称荷载，拱圈为等截面，边墙为直墙式，外侧边墙厚度大于内侧边墙的厚度。如图 1-28 所示。

（3）半路堑式偏压型。

半路堑式偏压型明洞适用于地形倾斜，低侧处路堑外侧有较宽敞的地面供回填土石之用的地段，以增加明洞抵抗侧向压力的能力。此种明洞承受偏压荷载，拱圈为等截面，内侧边墙为等厚直墙式，外侧边墙为不等厚斜墙式。如图 1-29 所示。

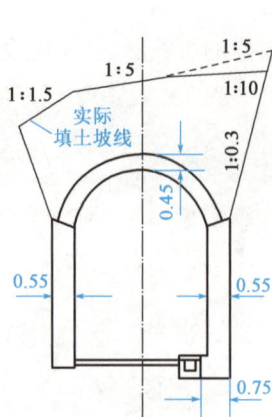

图 1-28　路堑式偏压型明洞(尺寸单位:m)　　　　图 1-29　半路堑式偏压型明洞(尺寸单位:m)

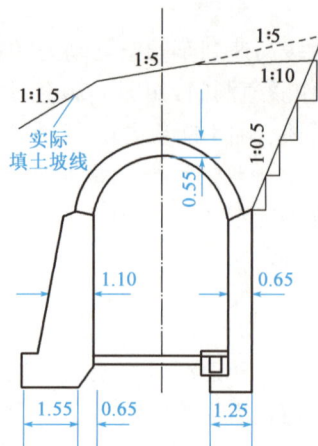

（4）半路堑式单压型。

在傍山隧道的洞口或傍山线路上半路堑地段,一侧边坡陡立且有塌方、落石的可能,对行车安全有威胁时;或隧道必须通过不良地质地段而急需提前进洞时,由于外侧地形狭小,地面陡峻,无法回填土石,以平衡内侧压力,都宜修建半路堑单压型明洞。由于受到单侧的压力,虽然结构内轮廓与隧道一致,仍是左右对称的,但结构截面却左右不同,内侧边墙为等厚直墙,外墙需要相对地加厚,而且必须把基础放在稳固的基岩上。有时,拱圈也可能采用变截面,以抵抗单侧的压力。

当外侧地形低洼,不能保持回填土的天然稳定坡度,或是按天然稳定坡度边坡将延伸很远时,可以在结构的外墙顶上接高一段挡墙,用以拦截土石的流走,称之为耳墙式拱形明洞,如图 1-30 所示。

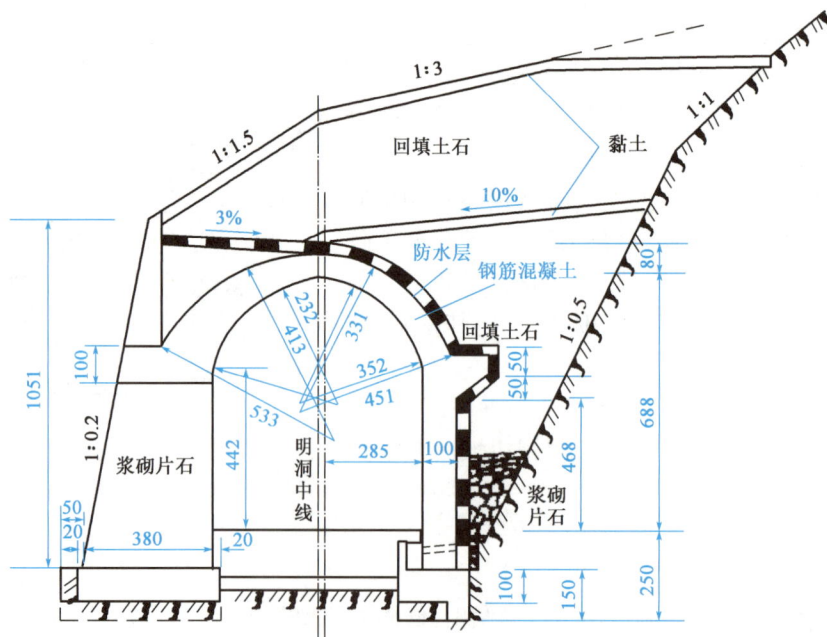

图 1-30　耳墙式拱形明洞(尺寸单位:cm)

2.棚式明洞

当山坡的塌方、落石数量较少,山体侧向压力不大,或因受地质、地形限制,难以修建拱式明洞时,可以修建棚式明洞。如图1-31所示。

棚式明洞常见的结构形式有盖板式、刚架式和悬臂式三种。

（1）盖板式棚洞。

盖板式棚洞是由内墙、外墙及钢筋混凝土盖板组成的简支结构。洞顶上不是拱圈而是平的盖板,其上回填土石,以使盖板免受山体落石的冲击。

图1-31　棚式明洞

内墙一般为重力式墩台结构,厚度较大,用以抵抗山体的侧向压力,其基础必须设在基岩或稳固的地基上。若是侧坡较陡,地面水不大,坡面稳定而坚实,采用重力式内墙开挖量太大时,也可以用钢筋混凝土锚杆挡墙的形式。

外墙不受侧向压力,仅承受梁和盖板的竖向荷载时,要求的地基承载力较小,此时外墙可以较薄,或可以根据落石的严重与否以及地质情况,采用立柱式（梁式）或连拱墙式结构。当外侧基岩较浅,地基基础承载力较大时,可采用立柱式。如图1-32所示。

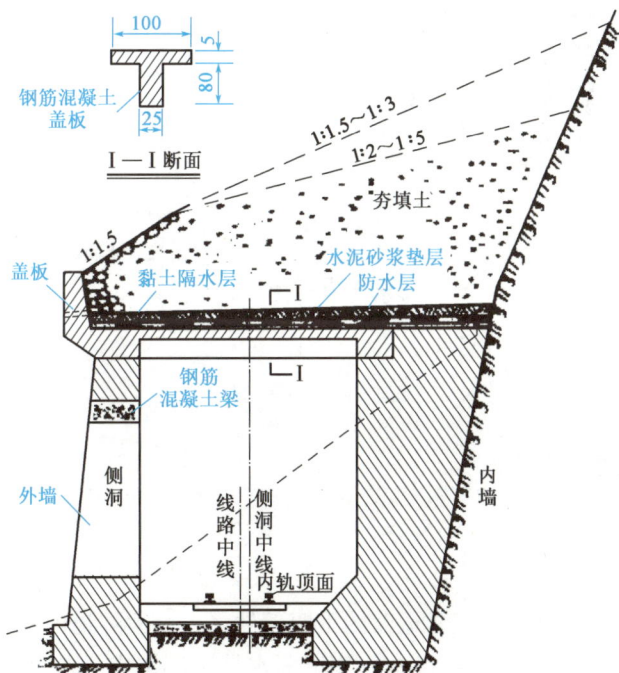

图1-32　盖板式棚洞(尺寸单位:cm)

（2）刚架式棚洞。

地形狭窄,山坡陡峻,基岩埋置较深而上部地基稳定性差时,可采用刚架式或长腿式外墙,将基础置于稳固的地基上,称为刚架式棚洞（或长腿式明洞）。刚架式棚洞主要由

图1-33 刚架式棚洞

外侧刚架、内侧重力式墩台结构、横顶梁、底横撑及钢筋混凝土盖板组成，并做防水层及回填土石处理。如图1-33所示。

（3）悬臂式棚洞。

对稳固而陡峻的山坡，外侧地形难以满足一般棚洞的地基要求，且落石不太严重时，可修筑悬臂式棚洞。如图1-34所示。

悬臂式棚洞内墙为重力式，上端接筑悬臂式横梁，其上铺以盖板，在盖板的内端设平衡重来维持结构受外荷载作用下的稳定性。同时为了保证棚洞的稳定性，要求悬臂必须伸入稳定的基岩内。悬臂式棚洞对内墙的稳定性要求严格，施工必须十分谨慎，加之该结构为不对称结构，所以应当慎重选用。

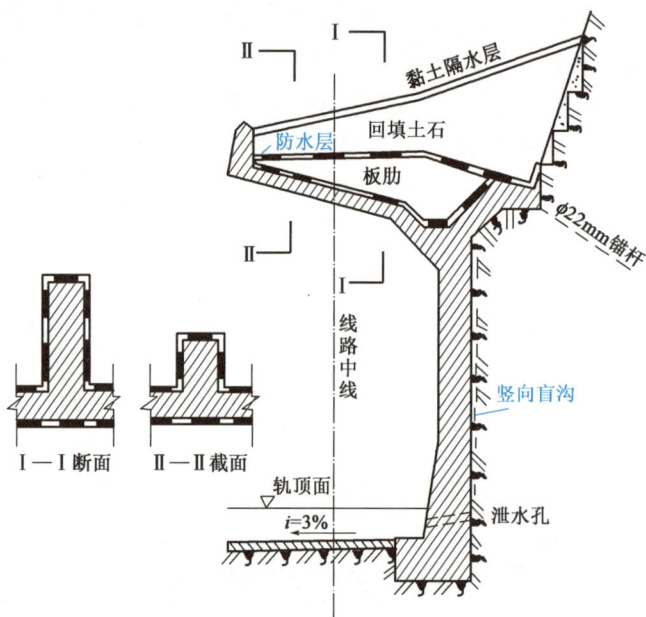

图1-34 悬臂式棚洞

四 隧道附属建筑物

（一）防排水设施

保持隧道干燥是使其能够正常运营的重要条件之一。但隧道内经常有一些地下水渗漏进来，且维修工作也会产生一些废水。隧道漏水易引起漏电事故和造成金属的电蚀现象，使隧道内的各种附属设施霉烂、锈蚀、变质、失效。在严寒地区，冬季渗入洞内的水结成冰凌，倒挂在衬砌拱顶上，侵入净空限界，危及行车安全。因此，隧道的防排水是隧道设计、施工和运营中的一个重要部分。

隧道的永久性防排水，是采用防排水工程措施实现的。通过理论分析和实践经验的总结，提出了"防、堵、截、排，因地制宜，综合治理"的原则，采取切实可靠的设计、施工措施,达到防水可靠、排水畅通、经济合理的目的。

1. 防水系统

铁路隧道防水等级可分为一、二、三、四级,各等级的防水标准应符合表1-1的规定。

防水等级标准 表1-1

防水等级	标准
一级	不允许渗水,结构内缘表面无湿渍
二级	不允许漏水,结构内缘表面可有少量因渗水形成的湿渍或水膜;总湿渍面积不大于总防水面积的2/1000;任意100m²防水面积上的渗水不超过3处,其单个形成的湿渍或水膜面积不大于0.2m²;平均渗入水量不大于0.05L/(m²·d),任意100m²防水面积上的渗入水量不大于0.15L/(m²·d)
三级	有少量漏水点,不得有线流和漏泥沙,安装设备的孔眼不渗水;任意100m²防水面积上的漏水点、渗水形成的水膜或湿渍不超过7处;单个湿渍或水膜面积不大于0.3m²,单点漏水量不得大于2.5L/(m²·d)
四级	有漏水点,不得漏泥沙

新建和改建铁路隧道的防水等级,应根据工程的重要性、使用功能、运营安全保障等确定,并满足下列要求:

(1)有客运作业或装修要求的车站隧道拱墙;高速铁路隧道拱墙;隧道抗冻设防段衬砌;隧道内供人员长期工作的洞室;因少量湿渍而影响设备正常运转、危及运营安全的设备洞室;因少量湿渍使贮存物质变质、失效的储物洞室应满足一级防水等级。

(2)电气化铁路隧道拱墙;内燃牵引铁路隧道拱墙;隧底结构;有人员经常活动的场所;安装一般电气设备的洞室、置放无防潮要求器材物料的洞室;辅助坑道内安装电动防火门、风机及其控制设备的段落应满足二级防水等级。

(3)运营期间作为防灾救援通道、检修通道、通风排烟通道的辅助坑道;人员临时活动场所;安装非电气设备的洞室应满足三级防水等级。

(4)对渗漏水量无严格要求的坑道、施工用临时洞室应满足四级防水等级。

按工程防水等级,根据工程规划、结构设计、工程地质状况、地表水和地下水条件,以及由于隧道建设可能引起的附近水文地质环境改变的影响,隧道工程防水系统可由地表处理、围岩防渗、衬砌结构自防水、防水层防水、接缝防水等根据需要组合构成,如图1-35所示。铁路隧道防水以混凝土结构自防水和防水板防水为主体,以接缝防水为重点,必要时采用注浆加强防水。

2. 排水系统

隧道的排水系统包括地表截排水沟、洞内侧沟及中心水沟,衬砌背后环向盲管(沟)、纵向盲管(沟)、横向排水管、泄水孔

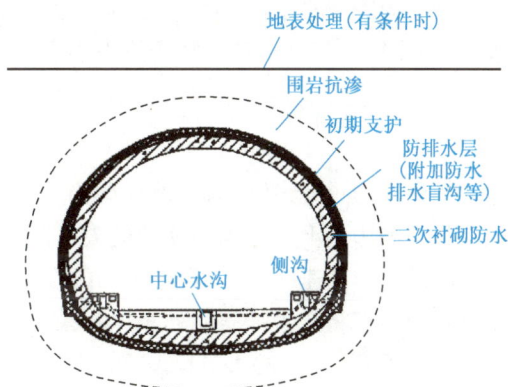

图1-35 隧道防水系统示意图

组成,必要时可设泄水洞或隧底设排水管(沟)。如图1-36所示。排水系统应有良好的排水效果,做到洞内排水畅通,无淤积堵塞。

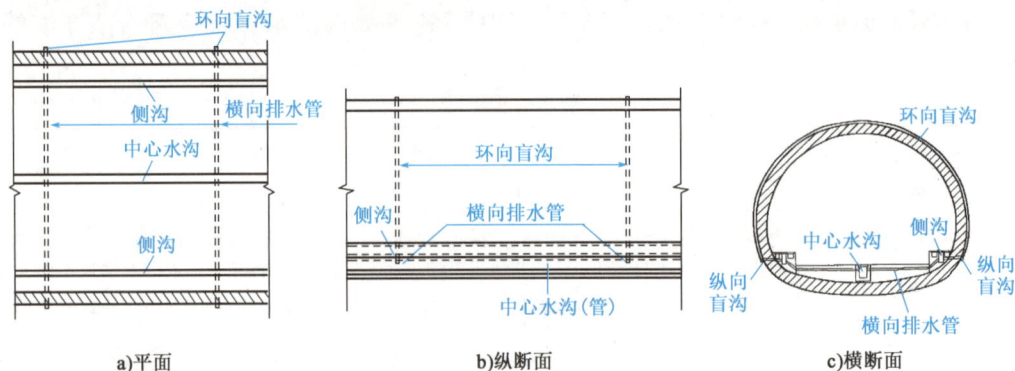

a) 平面　　　　　　　　b) 纵断面　　　　　　　　c) 横断面

图1-36　隧道排水系统示意图

隧道内侧沟主要用于汇集地下水,并将地下水引入中心水沟(管),同时起到沉淀和兼顾部分排水的作用。

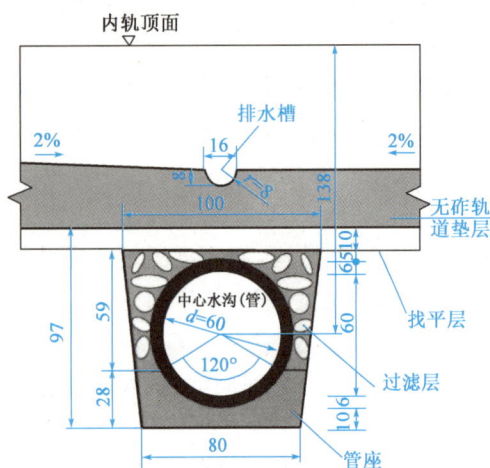

图1-37　中心水沟(管)(尺寸单位:cm)

中心水沟(管)是主要排水管,同时汇集道床顶部积水,疏干底板下积水,如图1-37所示。中心水沟(管)采用带孔预制混凝土管段拼接而成,纵向间隔一定距离设置检查井。

排水盲管包括环向盲管、纵向盲管和横向排水管。环向排水盲管的作用是在岩面和初期支护喷射混凝土之间、初期支护喷射混凝土与防水板之间提供过水通道,并使之下渗到纵向排水管。纵向排水盲管是沿隧道纵向设置在衬砌底部防水板与初期支护间的透水盲管,纵向排水管的作用是将环向排水管等排下来的水汇集并通过横向排水

管排到侧沟或中心水沟(管)。横向排水盲管位于衬砌基础的下部,布设方向与隧道轴线垂直,是连接纵向排水管与侧沟或中心水沟(管)的水流通道。

(二) 避车洞

当列车通过隧道时,为了保证洞内行人、维修人员及维修设备(小车、料具)的安全,在隧道两侧边墙上交错均匀修建的人员躲避及放置车辆、料具的洞室叫作避车洞。时速200km以上的高速铁路隧道,避车洞的设置将从空气动力学上影响高速运行的列车,而高速运行的列车将产生强烈的列车风。采用较大的隧道内净空面积后,在隧道内净空轮廓范围内设置宽1.2m的人员待避区时,不再设置避车洞;或从维修管理模式上改变行车及行车间隔时间,不进洞维修,每天集中在停车"天窗"进行综合检查与维修时,可不设人员待避区或避车洞。

避车洞根据其断面尺寸的大小分为大避车洞和小避车洞两种。

1. 大避车洞

大避车洞的净空尺寸为：宽4m，凹入边墙深2.5m，中心高2.8m。如图1-38所示。

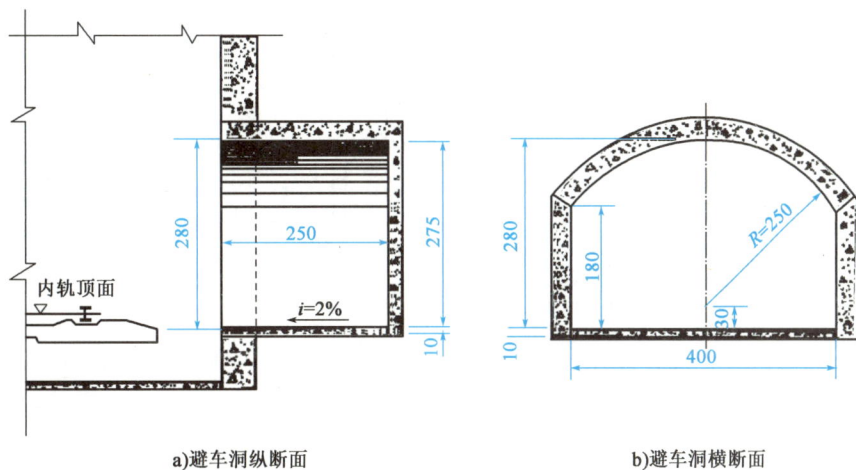

a)避车洞纵断面   b)避车洞横断面

图1-38　大避车洞(尺寸单位:cm)

在碎石道床的隧道内，每侧相隔300m布置一个避车洞。在整体道床的隧道内，因人员行车待避较方便，且线路维修工作量较小，为此，每侧相隔420m布置一个大避车洞。

当隧道长度在300~400m时，可在隧道中部布置一个大避车洞；隧道长度在300m以下时，可不布置大避车洞；如果两端洞口紧接桥或路堑，当桥上无避车台或路堑两边侧沟外无平台时，应与隧道一并考虑布置避车洞。

2. 小避车洞

小避车洞的净空尺寸为：宽2m，凹入边墙深1m，中心高2.2m。如图1-39所示。

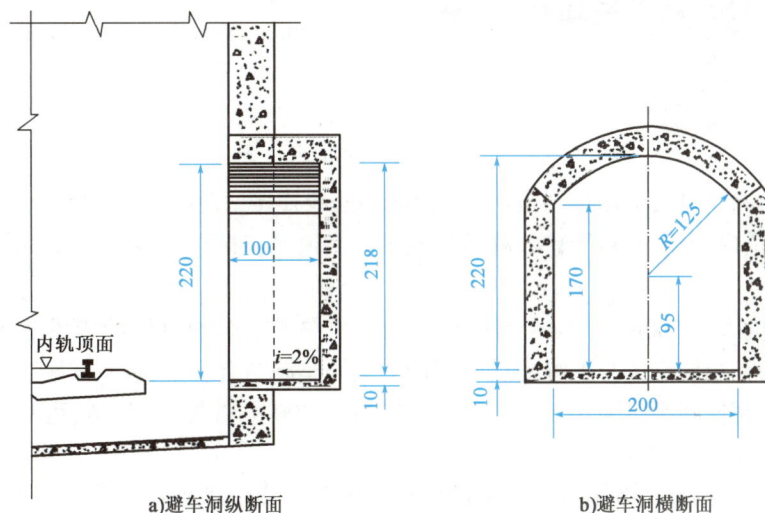

a)避车洞纵断面   b)避车洞横断面

图1-39　小避车洞(尺寸单位:cm)

无论在碎石道床或整体道床的隧道内，每侧边墙上应在大避车洞之间间隔60m(双线隧道按30m)布置一个小避车洞。

为使避车洞的位置明显，便于人员在光线暗淡的隧道内易于寻找，得以迅速地奔向最近的避车洞,且可不跨越线路,在避车洞内及其周边用石灰浆刷成白色,并在两侧距离为10m处的边墙上各绘一个白色的指向箭头,在运营期间应保证这些标志的鲜明醒目。如图 1-40 所示。

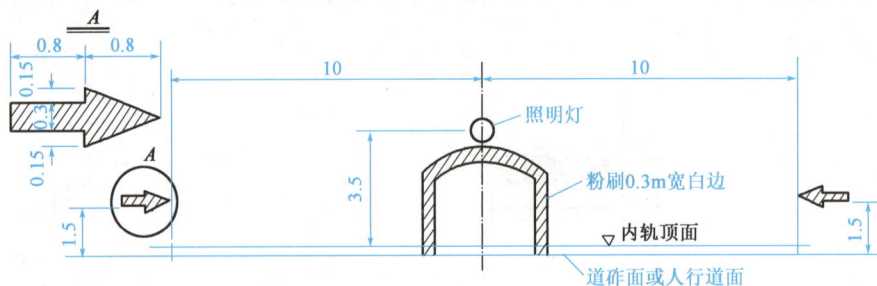

图 1-40　避车洞的指示标志(尺寸单位:m)

(三) 电缆槽及高低压供电

1. 电缆槽

穿过隧道的各种电缆,如照明、通信、电信以及电力等电缆,必须有一定的保护措施来防止潮湿、腐烂以及人为的损伤。解决的办法是沿着衬砌边墙下方,设置全长的电缆槽。

电缆槽是用混凝土浇筑围成的,附设在侧水沟的同侧(内侧)或异侧而不侵入隧道净空限界的位置,如图 1-41 所示。槽内铺以细砂或自熄性泡沫塑料为垫层,低压电缆可以

图 1-41　电缆槽

直接放在垫层面上,高压电缆则在槽边预埋的托架上吊起。槽顶有盖板用作防护。盖板顶面应与避车洞底面或道床顶面齐平。当电缆槽与水沟同侧并行时,应与水沟盖板齐平。通信和信号的电缆可以放在同一个电缆槽内,但缆间距离不应小于 100mm。电力线必须单独放在另外的电缆槽内。托架的间隔,在直线段不应超过 20m,曲线段不应超过 15m。

电缆槽在转折处,应以半径不小于 1.2m 的曲线连接,以免电缆因弯曲而折断。电力牵引区段隧道内接触网,对于单线隧道是悬吊在拱顶处,对于双线隧道是悬吊在线路中心上方的拱腰处。

隧道长度大于 500m 时,应在洞内设置余长电缆腔。余长电缆腔应沿隧道两侧交错布置,并应与专用洞室或与电缆槽设于同侧的大避车洞结合设置;每侧间距宜为 500m,设大避车洞时,每侧间距可为 420m 或 600m。长度为 500～1000m 的隧道,可只在其中部设置一处余长电缆腔。

隧道内养护维修或其他电气设备的供电一般是采用三相四线式供电,控制开关应集中设在隧道口便于操作处。

隧道照明主要为便于工作人员对隧道及其设备进行检查、养护维修以及洞内人员行走与躲避车辆而设置。电力照明采用固定式灯具,装置高度(距轨面)一般为 3.5～4m。

养护作业用的照明插座,一般设在避车洞内,装置高度(距轨面)不宜低于 1.5m。

2. 信号继电器箱和无人增音站洞

隧道内如需要设置信号继电器时，应在电缆槽同侧设置信号继电器箱洞，其宽度为2m，深度为2m，中心高度为2.2m。

根据电信号传输衰耗和通信设计要求，在隧道内设置无人增音站时，其位置可根据通信要求确定，亦可与大避车洞结合使用，但应将大避车洞加深2.5m。如不能结合时，则另行修建，其尺寸同大避车洞。

电力牵引的长隧道，如需设置存放维修接触网的绝缘梯车洞时，宜利用施工辅助坑道或避车洞修建，其间距约500m。

隧道内还有一些专门的构造设备。如洞门的检查梯、洞内变压器洞库、双孔隧道之间的行人横洞（宽2m，高2.2m，间距300～400m）和行车横洞（宽4m，高4.5m，间距600～800m）、存放消防器材及救援设施的洞室、报警及其他应急设施等按照具体需要予以布置。

（四）通风设施

为使隧道内具有符合卫生标准的空气环境，保证隧道中旅客、乘务人员、维护人员免受有害气体的危害，减少有害气体、湿气、高温等对隧道衬砌及有关设备的腐蚀和影响，应采取相应的隧道通风措施。隧道通风方式可分为自然通风和机械通风。

自然通风是利用洞内的天然风流和列车运行所引起的活塞风来达到通风的目的。机械通风则是在自然通风不能满足要求时，设置一系列通风机械设施，送入或吸出空气来达到通风的目的。

铁路隧道规范总结了许多实践经验，归纳了隧道通风的一般规定：电力机车牵引，长度大于20km的高速铁路隧道及长度大于15km的货运专线、客货共线铁路隧道应设置机械通风设施。内燃机车牵引，长度大于2km的铁路隧道宜设置机械通风设施。有特殊要求的铁路隧道应设置机械通风设施。

（五）防灾疏散救援设施

隧道的防灾疏散救援设施主要包括紧急救援站、紧急出口、避难所、疏散通道、横通道等。紧急救援站应满足火灾和非火灾事故列车停车后人员疏散要求；紧急出口、避难所及横通道应满足非火灾事故列车人员疏散要求。

1. 隧道内紧急救援站

对于双洞单线铁路隧道，多采用加密横通道的紧急救援站结构形式。这种结构形式是在隧道中部利用横通道将两座隧道相连，每条横通道均设置防火门，形成隧道之间互救、联络的防灾疏散救援格局。不带有避难空间的加密横通道型隧道内紧急救援站结构形式如图1-42所示。带有避难空间的加密横通道型隧道内紧急救援站结构形式如图1-43所示。

单洞双线隧道一般在隧道两侧新建连通主隧道的平行导洞，同时将施工辅助坑道的斜井或者横洞作为紧急救援站的进风风道和疏散通道，与加密横通道区域的平行导洞相连。两侧平导型隧道内紧急救援站结构形式如图1-44所示。

对于单洞单线隧道，一般在隧道一侧新建连通主隧道的平行导洞。单侧平导型隧道内紧急救援站结构形式如图1-45所示。

铁路隧道工程施工与维护

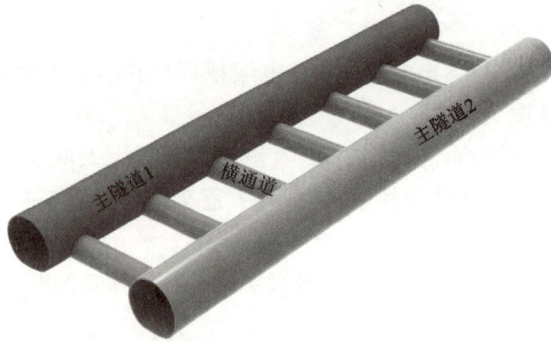

图 1-42 加密横通道型隧道内紧急救援站结构形式（无避难空间）

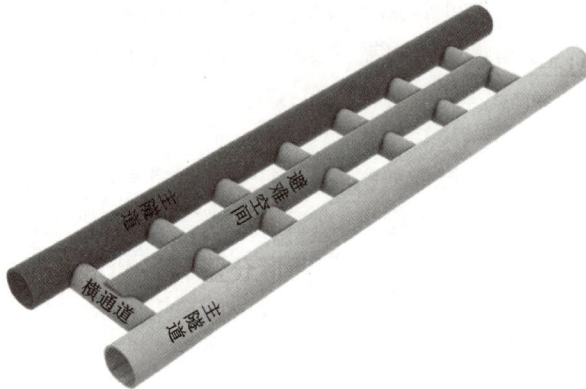

图 1-43 加密横通道型隧道内紧急救援站结构形式（有避难空间）

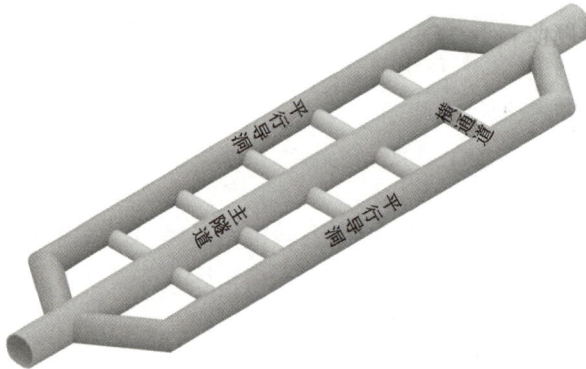

图 1-44 两侧平导型隧道内紧急救援站结构形式

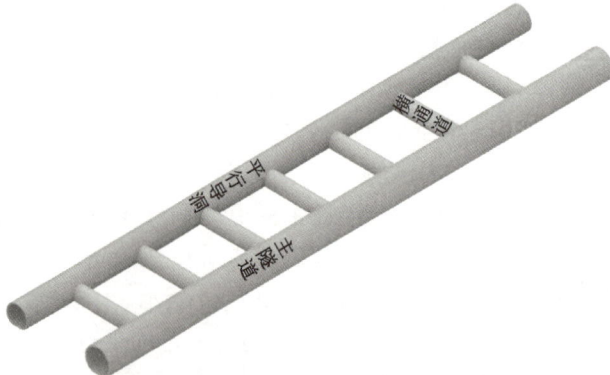

图 1-45 单侧平导型隧道内紧急救援站结构形式

2. 隧道口紧急救援站

（1）洞口疏散型。

洞口疏散型救援站适用于明线段长度大于250m的隧道群，可不考虑防灾通风问题，如图1-46所示。

图1-46　洞口疏散型救援站

（2）洞口辅助坑道型。

洞口辅助坑道型适用于单、双洞隧道群，需要考虑防灾通风问题。其中，辅助坑道包括平导、横洞、斜井等，洞口辅助坑道（横洞）型如图1-47所示。

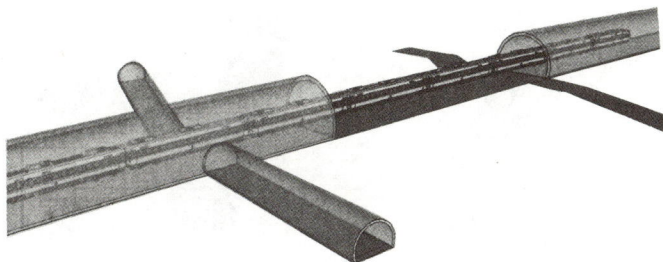

图1-47　洞口辅助坑道（横洞）型

（3）洞口横通道加密型。

洞口横通道加密型适用于双洞隧道群，需要考虑防灾通风问题，如图1-48所示。

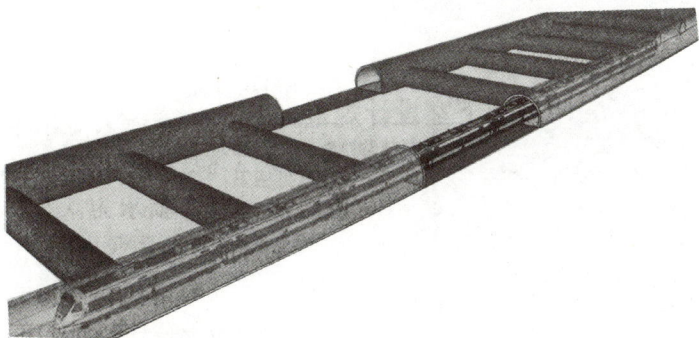

图1-48　洞口横通道加密型

3. 紧急出口及避难所

为便于非火灾事故的故障列车在隧道内疏散人员，可利用隧道施工辅助坑道设置紧急出口或避难所，如图1-49所示。结合我国铁路隧道工程的实际情况，长度10km及以上的单洞隧道，应在洞身段设置不少于1处紧急出口或避难所；长度5~10km的单洞隧道，宜结合施工辅助坑道,在隧道洞身段设置 1 处紧急出口或避难所。

隧道紧急出口宜优先选择平导或横洞;当选择斜井作为紧急出口时,其坡度不宜大于 12%,水平长度不宜大于 500m。当选择竖井作为紧急出口时,其垂直高度宜小于 30m,楼梯总宽度不应小于 1.8m。

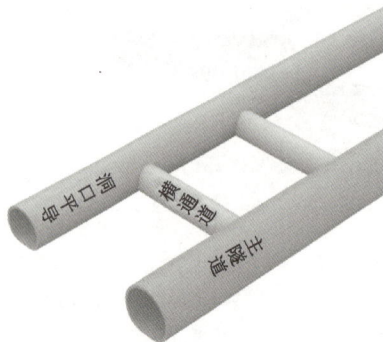

a)单洞隧道平导式紧急出口布置示意图

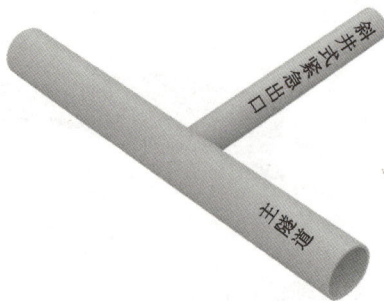

b)单洞隧道斜井式紧急出口布置示意图

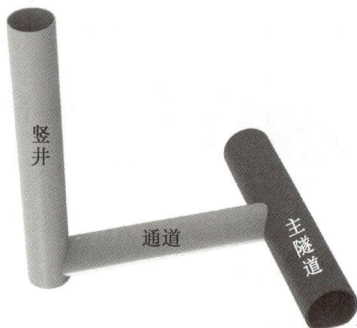

c)单洞隧道竖井式紧急出口布置示意图

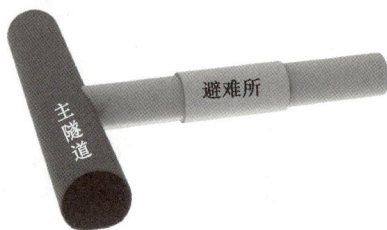

d)单洞隧道避难所布置示意图

图 1-49　单洞隧道紧急出口或避难所布置示意图

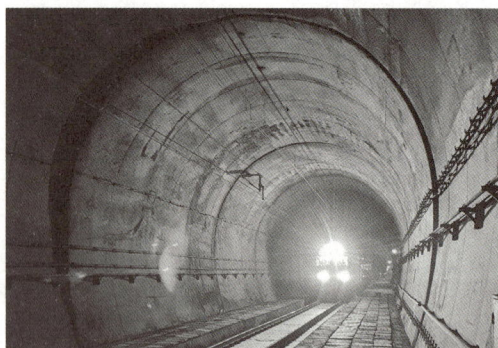

4.疏散通道

图 1-50　疏散通道

疏散通道利用隧道靠两侧边墙的水沟、电缆槽盖板面设置,其走行面高度不低于轨顶面,宽度不应小于 0.75m,疏散通道处的净空高度不应小于 2.2m,如图 1-50 所示。

⚠ 任务实施与总结评价

请完成本教材配套《铁路隧道工程施工与维护实训手册》中专业知识认知、能力素质训练及任务总结的相关内容,并依次进行学员自评、组长评价和指导老师评价。

艰苦奋斗，守正创新

隧道工程地质环境认知

【项目描述】

高速铁路具有运行速度高、曲线半径和限制坡度大、安全标准高等技术特征。尤其是山区高速铁路，隧道工程的占比很高，隧道的地质环境直接影响着线路方案的比选和隧道建设。本项目重点学习隧道工程地质勘察、隧道围岩分级和隧道围岩压力的计算。

【学习目标】

知识目标

1. 熟悉隧道工程施工调查的内容。

2. 掌握铁路隧道围岩分级的方法。

3. 掌握铁路隧道围岩压力的计算方法。

能力目标

1. 能够根据隧道工程施工调查的情况撰写调查报告。

2. 能够结合铁路隧道实际情况，根据《铁路隧道设计规范》(TB 10003—2016)进行围岩分级。

3. 能够结合铁路隧道实际情况，根据《铁路隧道设计规范》(TB 10003—2016)进行围岩压力计算。

素质目标

1. 学习宜万铁路马鹿箐隧道案例，了解地质环境对隧道建设的影响，激发学生对工程安全的责任感和使命感。

2. 学习铁路隧道围岩分级方法，通过教师引导探索新的围岩分级方法，培养创新意识和解决实际问题的能力。

3. 学习铁路隧道围岩压力计算方法，感受我国隧道工程师不断攻坚克难进行技术创新的精神，激发不断进行理论和技术创新来实现自我价值的使命感。

隧道工程地质环境认知

任务一　隧道工程地质勘察

◆ 任务引入

2006年1月21日，宜万铁路马鹿菁隧道出口段平导开挖至DK255+978时发生突水、突泥，突水总量约18万m³，在抢险抽水时又多次发生突水。马鹿菁隧道全长7879m，最大埋深约660m，隧道自进口至出口为连续15.3‰上坡。在线路左侧30m预留二线位置设置贯通平导，平导全长7850m。隧道穿越地层中灰岩地层为7408m，占隧道总长的94%，隧道区域漏斗、落水洞、暗河十分普遍，岩溶强烈发育，管道岩溶水系极为复杂。这次事故除多人逃生外，造成10人死亡，1人失踪。在该起事故中，地质勘查深度不够是发生事故的原因之一。隧道勘探深度不够，工程和水文地质现状与勘查成果差异较大；隧道通过的岩溶、断层破碎带等辨识不准确；物探异常区未进行加深勘察；岩溶的范围、规模、充填物、富水程度辨识不清；揭示地质不能及时修正；隧道线位没有尽可能绕避不良地质地段。

▲ 任务描述

结合《铁路工程地质勘察规范》(TB 10012—2019)，熟悉自然概况调查和工程地质调绘的内容，能够根据隧道的具体情况进行施工调查，并判别不良地质。

◇ 相关知识

隧道工程地质勘察是查明与建设隧道工程有关的场地自然特征、工程地质和水文地质条件，并进行工程地质条件评价的全过程。隧道勘察应根据不同阶段的任务、目的和要求，针对隧道工程的特点，开展调查、测绘、勘探和试验等工作，并编制勘察报告，做到搜集资料齐全、准确，满足设计要求。隧道勘察可分为设计阶段勘察和施工阶段勘察。隧道勘察各阶段调查的内容及范围见表2-1。

文档：隧道透水事故调查报告

隧道勘察各阶段调查的内容及范围　　　　　表2-1

阶段	时期	目的	内容	范围
初测	从研究比较线路到决定隧道线路	获取可行性研究选线所需的地形、地质及其他环境条件的资料，并为下一阶段调查提供基础资料；为判断隧道工程能否采用掘进机法施工提供必要的依据	地形、地质、环境、障碍物调查，大件设备运输条件调查等，一般包含收集既有资料及现场踏勘	包括比较线路在内的范围
定测	从决定隧道线路后到施工前	获取初步设计、施工计划、概算等所需的资料；为掘进机选型提供地质参数	地形、地质、环境、障碍物调查属于详细调查，包括各项措施、施工设备、弃渣场等具体内容	与隧道有关的地点及周围环境
施工中调查	施工期内	预测和确认施工中产生的问题，变更设计、施工管理等	地形、地质、环境等调查，洞内量测、开挖工作面观察、预计对施工影响并制定措施	隧道内及受施工影响的范围

一 隧道工程外部环境条件调查

隧道工程外部环境条件调查主要包括以下内容：

（1）自然概况调查，以地形地貌特征为主，包括自然地理，如山脉、水系、地形的陡缓、高程、地表植被、建筑物分布、与地质结构有关的地形地貌特征（如河流形态、阶地、溶蚀洼地、漏斗、峰丛、断层崖、沙丘）等的概括情况。

（2）施工环境调查，包括周围建筑物及人居状态，用以评估隧道施工对周围居民生产生活可能产生的影响及应采取的措施。

（3）环境保护调查，包括隧址区自然、生态、农林资源、水源等保护区的分布、范围、保护等级等，并确定相应的环境保护措施。

（4）气象资料调查，包括气温、气压、风、温度、降雨量、洪水、晴雨情况、降雪量、积雪及雪融期以及地层冻结深度，这些资料对隧道设计和施工都是必需的。

（5）施工条件调查，主要包括建筑材料及水、电供应情况，交通条件，施工场地及弃渣条件，也包括生活供应、医药卫生条件及开挖洞口的用地和建筑物拆迁等。

二 隧道工程地质调绘

工程地质调绘应充分收集、分析勘察区的各种地质资料，重视利用遥感地质解译成果，紧密结合工程设置，合理、有效地布置工程勘探、地质测试工作，为线路方案比选、工程建设场地的工程地质评价、工程修建对周边环境的影响评价和工程设计提供地质资料。地质调绘是隧道工程地质勘测的核心工作，应包括以下内容：

（1）查明地层、岩性及地质构造特征，着重查清地质构造性质、类型、规模；断层、节理、软弱结构面特征及其与隧道的组合关系和围岩的基本物理力学性质等。

（2）查明地下水类型及地下水位、含水层的分布范围及相应的渗透系数、水量、水压、水温和补给关系、水质及其对混凝土的侵蚀性，判断工程有无异常涌水、突水。

（3）查明影响隧道洞口安全或洞身稳定的崩塌、错落、岩堆、滑坡、岩溶、人为坑洞、泥石流、雪崩、冰川等不良地质现象和偏压等不利地形条件，分析其类型和规模以及发生原因、发展趋势，判明其对隧道影响的程度。

（4）查明含水砂层、风积沙、黄土、盐岩、膨胀土、多年冻土、软土、填土等特殊岩土，分析其成因、范围及岩土力学特性及对隧道的影响程度。

（5）查明有害气体、矿体及具有放射性危害的地层，确定分布范围、成分和含量。

（6）查明地应力水平，重点查明高地应力引起的大变形、岩爆分布范围及影响程度。

（7）濒临水库地区的隧道位于水库常水位或规划水位以下时，评价其与水库的水力联系。

（8）地震动参数。通过地震动峰值加速度0.1g及以上的地区时，调查历史地震对既有建筑物的毁损情况、自然破坏现象等，结合岩性、构造、水文地质等条件，确定地震动参数地理位置分界的具体里程及地点，分析评价其对隧道工程的影响。

三　施工调查

通过施工调查，可以了解和核对线路的全面情况，重点工程情况和沿线的施工条件等，确定符合实际情况的施工布置和施工方法，确定材料来源和运输方法，落实各项辅助工程和附属企业的设置，规划临时工程，作为编制施工组织设计和概预算的重要依据。施工调查的质量，直接关系到隧道工程施工的合理性。因此，施工调查既是设计部门勘测设计中的一项重要工作，也是施工企业在基本工程开工前必须进行的一项工作。

（一）施工调查的内容

施工调查前应查阅设计文件和相关资料，编制调查大纲。施工调查应包括下列内容：

（1）地理环境、气象、水文水质情况。

（2）辅助坑道、洞口位置及相邻工程情况。

（3）施工运输道路、水源、供电、通信、施工场地、征地拆迁情况、弃渣场地基容纳能力等。

（4）原材料及半成品的品种、质量、价格及供应能力，爆破器材的供应情况、供货渠道及管理方式等。

（5）交通运能、运价、装卸费率等。

（6）可供利用的劳动力资源状况，包括工费、就业情况等。

（7）生活供应、医疗、卫生、防疫、民俗及居民点的社会治安情况等。

（8）生态、环境保护的一般规定和特殊要求。

（9）对隧道施工有直接和间接影响的其他问题。

（二）施工调查报告

调查结束后根据调查情况编写书面的施工调查报告。施工调查报告主要包括下列内容：

（1）工程概况，包括工程环境、工程地质、水文地质，以及工程规模、数量、特点。

（2）临时设施方案，包括临时房屋、材料厂、施工便道及码头、电力及通信干线的选择、规模和标准。

（3）砂、石等当地材料的供应方案。

（4）生产生活供水、供电方案，施工通信方案。

（5）施工建议方案。

（6）当地风俗习惯及注意事项。

（7）环保要求及注意事项，可能对环境造成的影响。

（8）施工调查中发现的设计有关问题和优化设计建议。

（9）尚待进一步调查落实的问题。

四 不良地质

（一）滑坡

山坡地区，由于地下水的活动或是河流冲刷坡脚以及人为切坡等原因，山坡土体在重力作用下，沿某一软弱面有整体下滑的趋势，形成了滑坡，如图2-1所示。隧道通过这种地段时，将会受到突然的土体推力。有时会把结构物挤压破坏，或是剪切断开，有时甚至可以把整个隧道建筑物随土体而推向下移。所以，选择隧道位置时，应尽可能避开易滑坡地区。如果对滑坡面的位置已经了解清楚可以把隧道置于滑坡面以下的稳定岩体中。如果确知滑坡是多年静止了的死滑坡或古滑坡，在不得已时，也可以把隧道置于滑坡体之内，但要在隧道位置的滑坡体上部减载和加强排水，必要时对隧道下部的滑坡体也要进行加固处理。

（二）崩塌

文档：生产
安全事故
调查报告

山坡陡峻的地段，山体裂隙受风化而崩解，脱离母岩，易成块地从斜坡翻滚坠落。崩塌的出现是突然的，冲击力很大，不易防范，如图2-2所示。选择隧道位置时，最好不要沿这类山坡通过。不得已时，也不要把隧道置于地表不厚的傍山位置，应当尽可能地伸进山体之中，穿过稳定的岩层。岩体崩塌的情形不太严重，而洞口又必须落在崩塌地区，则可设置一段明洞来解决。

图2-1　滑坡

图2-2　崩塌

（三）岩堆

岩石经过风化作用，分解和剥离成为大小不一的块体，从山坡上方滚下，或冲刷夹持而堆积在山坡较平缓处或坡脚处，形成无黏结力的堆积体。隧道通过这类地区，开挖时极易发生坍方，给施工带来极大困难。这时，宜把隧道位置选在岩堆以下的稳定岩体之中。某隧道进出口部分通过岩堆地区，开挖时80％的导坑支撑发生折断，山顶出现纵向裂缝，数次坍方堵了洞口，给施工造成了极大困难。

（四）泥石流

山顶积聚的土壤和各种砾石、岩块受到水的浸融成为流体，顺山沟或峡谷流淌而下,来势凶猛,破坏力极大,如图2-3所示。有时可能摧毁铁路路基,甚至掩埋了铁路,堵塞了隧道。因此,在选择隧道位置时,务必躲开泥石流泛滥区。如躲避不开,也应选在泥石流下切深度以下的基岩中。要查明泥石流冲积扇范围,万不可把洞口放在冲积扇范围以内。

(五)岩溶

岩溶又称喀斯特,是可溶性岩层如碳酸盐类的石灰岩、白云岩以及硫酸盐类的石膏等受水的化学和物理作用产生沟槽、裂隙和空洞,以及由于空洞顶板塌落使地表产生陷穴、洼地等侵蚀及堆积地貌形态特征和地质作用的总称。溶洞中有的积水,有的被土石填充,对隧道工程影响很大,如图2-4所示。选择隧道位置时,应尽可能避开。如无法避开时,应探明溶洞的所在,隧道与溶洞应有足够的安全距离。实在无法做到而又在坚硬的岩类中,则可在溶洞内建桥通过。

图2-3　泥石流

图2-4　岩溶

(六)瓦斯

在产煤的地区中,蕴藏着有害气体,如甲烷(CH_4)和二氧化碳(CO_2)。隧道开挖时,有害气体逸出。轻则致人窒息,重则引起爆炸,危害甚大。选择隧道位置时,最好能避开。不得已时,应做好通风稀释的措施。

⚠ 任务实施与总结评价

请完成本教材配套《铁路隧道工程施工与维护实训手册》中专业知识认知、能力素质训练及任务总结的相关内容,并依次进行学员自评、组长评价和指导老师评价。

任务二　隧道围岩分级

◇ 任务引入

兰州至合作铁路(以下简称"兰合铁路")是国家"八纵八横"高速铁路纵向主通道兰(西)广通道的重要组成部分。兰合铁路与西成铁路共同构成了西北与西南地区的客运主通道,是一条以客运为主并兼顾沿线轻快货物的路网性国铁干线。兰合铁路全长

184.42km，主要技术标准为新建Ⅰ级双线铁路，旅客列车设计行车速度为200km/h，预留提速250km/h的平面条件。全线桥梁工程42座，长34.53km、占线路全长的23.4%；隧道工程21座，长80.4km、占线路全长的54.6%，全线桥隧比为78%。兰合铁路建成通车后，将与西宁至成都铁路联通，解决甘南、临夏两个少数民族自治州不通铁路的问题，对构建西北至西南地区的快捷主干通道，加强兰西城市群和成渝地区双城经济圈的联系，巩固脱贫攻坚成果和区域经济高质量发展意义重大。

兰合铁路黄家岭隧道位于临夏回族自治州东乡区。起迄里程为DK48+849~DK54+733，全长5884m，隧道最大埋深约403m。洞身线路采用单面坡设计，进口高程为1787.72m，出口高程为1806.32m。地质勘察资料如下：

(1)隧道区位于祁连褶地槽皱系东南端的中祁连中间隆起带，属于多旋回构造运动表现明显的地区，几次主要的构造运动对本区都有很大的影响。隧道区处于我国重要的地貌梯级过渡带，新构造运动十分强烈，山区河谷中发育了多级阶地。经现场地质调查、区域地质资料及地震安全性评价报告显示，隧道通过区未见断裂等构造形迹。

(2)黄家岭隧道区地下水的形成主要受地形地貌、地层岩性、地质构造、植被、降水量等多种因素的控制和影响。黄家岭隧道区地下水有第四系孔隙潜水、基岩裂隙水两种类型，主要赋存于泥岩、砂岩内，由于岩体胶结程度、黏粒含量及补给途径的不同，地下水的富水性及含水量在空间上存在一定的差异性，分布有较强的不均匀性。

(3)根据黄家岭隧道区水文地质计算的涌水量，结合隧道水文地质特征划分富水性分区，对隧道工程水文地质条件作如下评价：DK48+849~DK54+733为贫水区，洞身地层岩性主要为第四系砂质黄土、上第三系上新统泥岩为主局部夹有砂岩，岩体节理裂隙较发育，是地下水相对贫水场所。但是，隧道施工过程中在土石分界面、岩性变化带及浅埋冲沟处可能发生涌水现象，预测隧道最大涌水量约492m³/d。地下水主要接受大气降水、第四系孔隙潜水和基岩裂隙水的下渗补给。

(4)根据现场调查及钻探揭示，本工程出露地层主要为：第四系全新统错落堆积砂质黄土、块石土，冲积砂质黄土、粗圆砾土，上更新统风积砂质黄土、第四系中更新统风积砂质黄土、冲积粉土、卵石土；下伏基岩为上第三系泥岩、砂岩等；钻孔深度内均未见地下水发育。根据工程地质调绘及钻探，黄家岭隧道区第三系地层成岩时间晚，且所受构造运动以垂直升降为主，地层呈水平状，水平挤压运动甚少。隧道DK48+849~DK49+200、DK53+915~DK54+015以及DK54+605~DK54+720区段埋深较浅，且通过地层含有第四系砂质黄土、块石土。

以上勘察资料对黄家岭隧道建设有何指导意义呢？这就要首先根据上述资料进行隧道围岩分级，不同等级的围岩采取不同的设计参数和施工方法。

▲ 任务描述

结合兰合铁路黄家岭隧道的地质勘察资料，根据《铁路隧道设计规范》(TB 10003—2016)，熟悉围岩分级方法，能够对铁路隧道围岩进行分级。

◇ **相关知识**

一 **围岩分级方法**

围岩是指隧道开挖后其周围产生应力重分布范围内的岩（土）体，或是指在隧道开挖后对其稳定性产生影响的那部分岩（土）体。

所谓围岩分级，就是针对不同的工程要求，如爆破、开挖、支护、编制定额等，而把与之相适应的地质条件进行分类，以满足地下工程设计、施工的需要。隧道围岩分级是正确地进行隧道设计与施工的基础。一个较好的、符合地下工程实际情况的围岩分级，对改善地下结构设计，发展新的隧道施工工艺，降低工程造价，有着十分重要的意义。

目前国内外隧道围岩分级的方法很多，所采用的分类指标也不尽相同，但都是在隧道工程实践的基础上逐步发展起来的。随着人们对隧道工程、地质环境以及这两者间相互关系的了解，围岩分类方法亦在不断地深化和提高。从发展过程来看，大体上有以下几种类型：

（1）按岩石强度为单一岩性指标的分级法，具有代表意义的是我国工程界广泛采用的岩石坚固系数 f 值分级法。这种方法的优点是指标单一，使用方便，尤其是在 f 值分类法中，还将定量指标 f 值与作用在支护结构上的围岩压力直接联系起来，给设计和施工带来较大的方便。该方法的缺点是不能全面地反映岩体固有的性态。

（2）按岩体构造和岩性特征为代表的分级法，如太沙基分级法，1975 年我国铁路工程技术规范中所采用的铁路隧道围岩分级法属于这一类。这类方法的优点是正确地考虑了地质构造特征、风化状况、地下水情况等多种因素对隧道围岩稳定性的影响，并建议了各类围岩应采用的支护类型和施工方法；缺点是分级指标还缺乏定量描述，没有提供可靠的预测隧道围岩级别的方法，在一定程度上要等到隧道开挖后才能确定。

（3）与地质勘察手段相联系的分级法，如 1979 年前后日本提出的按围岩弹性波速度进行分级方法、岩芯复原率分级法等，属于这一范畴。这类方法的优点是分级指标大体上是半定量的，同时考虑了多种因素的影响；其缺点是分级的判断还带有一定的主观性，如弹性波速度低，可能是由于岩体完整、但岩质松软，地质坚硬且比较破碎，地形上局部高低相差悬殊等几种原因引起的。就弹性波速度这一个指标，就很难客观地得出准确的结论。

（4）多种因素的组合分级法，如岩体质量"Q"法，我国国防工程围岩分级法等，属于此范畴。这类方法是当前围岩分类法的发展方向，优点很多，只是部分定量指标仍需凭经验确定。

（5）以工程对象为代表的分类法，如专门适用于喷锚支护的原国家建委颁布的围岩分类法（1979 年），苏联在巴库修建地下铁道时所采用的围岩分级法（1966 年），属于这一范畴。这类方法的优点是目的明确，而且和支护尺寸直接挂钩，使用方便，能指导施工。但分级指标以定性描述为主，带有很大的人为因素。

二 隧道围岩分级

我国铁路行业通过长期的隧道工程实践，不断吸收国内外有关围岩分级的成果，提出了适合我国铁路隧道实际的围岩分级标准。目前现行的铁路围岩分级标准在《铁路隧道设计规范》(TB 10003—2016)作了明确规定。

(一)围岩分级的基本因素

围岩基本分级应由岩石坚硬程度和岩体完整程度两个基本因素确定。岩石坚硬程度和岩体完整程度应采用定性划分和定量指标两种方法确定。岩石坚硬程度划分为极硬岩、硬岩、较软岩、软岩和极软岩五类，见表2-2；岩体完整程度划分为完整、较完整、较破碎、破碎和极破碎五类，见表2-3。

岩石坚硬程度的划分 表2-2

岩石类别		单轴饱和抗压极限强度 R_c(MPa)	定性鉴定	代表性岩石
硬质岩	极硬岩	$R_c>60$	锤击声清脆，有回弹，振手，难击碎；浸水后，大多无吸水反应	未风化~微风化的A类岩石
	硬岩	$30<R_c\leqslant60$	锤击声较清脆，有轻微回弹，稍振手，较难击碎；浸水后，有轻微吸水反应	微风化的A类岩石；未风化~微风化的B、C类岩石
软质岩	较软岩	$15<R_c\leqslant30$	锤击声不清脆，无回弹，较易击碎；浸水后，指甲可刻出印痕	强风化的A类岩石；弱风化的B、C类岩石；未风化~微风化的D类岩石
	软岩	$5<R_c\leqslant15$	锤击声哑，无回弹，有凹痕，易击碎；浸水后，手可掰开	强风化的A类岩石；弱风化~强风化的B、C类岩石；弱风化的D类岩石；未风化~微风化的E类岩石
	极软岩	$R_c\leqslant5$	锤击声哑，无回弹，有较深凹痕，手可捏碎；浸水后，可捏成团	全风化的各类岩石和成岩作用差的岩石

注：1. A类岩石：岩浆岩(花岗岩、闪长岩、正长岩、辉绿岩、安山岩、玄武岩、石英粗面岩、石英斑岩等)；变质岩(片麻岩、石英岩、片岩、蛇纹岩等)；沉积岩(熔结凝灰岩、硅质砾岩、硅质石灰岩等)。

2. B类岩石：沉积岩(石灰岩、白云岩等碳酸盐类)。

3. C类岩石：变质岩(大理岩、板岩等)；沉积岩(钙质砂岩、铁质胶结的砾岩及砂岩等)。

4. D类岩石：第三纪沉积岩类(页岩、砂岩、砾岩、砂质泥岩、凝灰岩等)；变质岩(云母片岩、千枚岩等)，且岩石单轴饱和抗压强度 $R_c>15$MPa。

5. E类岩石：晚第三纪~第四纪沉积岩类(泥岩、页岩、砂岩、砾岩、凝灰岩等)，且岩石单轴饱和抗压强度 $R_c\leqslant15$MPa。

岩体完整程度的划分 表2-3

完整程度	结构面发育程度			主要结构面结合程度	主要结构面类型	相应结构类型	岩体完整性指数 K_v	岩体体积节理条数 J_v
	定性描述	组数	平均间距（m）					
完整	不发育	1~2	>1.0	结合好或一般	节理、裂隙、层面	整体状或巨厚层状结构	$K_v>0.75$	$J_v<3$
较完整		1~2	>1.0	结合差	节理、裂隙、层面	块状或厚层状结构	$0.55>K_v\leq0.75$	$3\leq J_v<10$
	较发育	2~3	1.0~0.4	结合好或一般		块状结构		
较破碎		2~3	1.0~0.4	结合差	节理、裂隙、劈理、层面、小断层	裂隙块状或中厚层状结构	$0.35<K_v\leq0.55$	$10\leq J_v<20$
	发育	≥3	0.4~0.2	结合好		镶嵌碎裂结构		
				结合一般		薄层状结构		
破碎		≥3	0.4~0.2	结合差	各种类型结构面	裂隙块状结构	$0.15<K_v\leq0.35$	$20\leq J_v<35$
	很发育	≥3	≤0.2	结合一般或差		碎裂结构		
极破碎	无序	—	—	结合很差		散体结构	$K_v\leq0.15$	$J_v\geq35$

（二）围岩基本分级

根据岩石坚硬程度和岩体完整程度将围岩分为6级，见表2-4。

围岩基本分级 表2-4

级别	岩体特征	土体特征	围岩基本质量指标 BQ	围岩弹性纵波速度 v_p（km/s）
Ⅰ	极硬岩，岩体完整	—	>550	A：>4.5
Ⅱ	极硬岩，岩体较完整；硬岩，岩体完整	—	451~550	A：3.5~4.5 B：>5.3 C：>5.0
Ⅲ	极硬岩，岩体较破碎；硬岩或软硬岩互层，岩体较完整；较软岩，岩体完整	—	351~450	A：4.0~4.5 B：4.3~5.3 C：3.5~5.0 D：>4.0
Ⅳ	极硬岩，岩体破碎；硬岩，岩体较破碎或破碎；较软岩或软硬岩互层，且以软岩为主，岩体较完整或较破碎；软岩，岩体完整或较完整	具压密或成岩作用的黏性土、粉土及砂类土，一般钙质、铁质胶结的粗角砾土、粗圆砾土、碎石土、卵石土、大块石土，黄土（Q_1、Q_2）	251~350	A：3.0~4.0 B：3.3~4.3 C：3.0~3.5 D：3.0~4.0 E：2.0~3.0

级别	岩体特征	土体特征	围岩基本质量指标 BQ	围岩弹性纵波速度 v_p（km/s）
V	较软岩,岩体破碎; 软岩,岩体破碎至破碎; 全部极软岩及全部极碎岩(包括受构造影响严重的破碎带)	一般第四系坚硬、硬塑黏性土,稍密及以上、稍湿、潮湿的碎(卵)石土、圆砾土、角砾土、粉土及黄土(Q₃、Q₄)	≤250	A:2.0~3.0 B:2.0~3.3 C:2.0~3.0 D:1.5~3.0 E:1.0~2.0
VI	受构造影响很严重呈碎石、角砾及粉末、泥土状的富水断层带,富水破碎的绿泥石或炭质千枚岩	软塑状黏性土、饱和的粉土、砂类土等,风积沙,严重湿陷性黄土	—	<1.0(饱和状态的土<1.5)

围岩基本质量指标 BQ 值,应根据岩石的坚硬程度和岩体的完整程度,按下式计算:

$$BQ = 100 + 3R_\mathrm{c} + 250K_\mathrm{v} \tag{2-1}$$

注意:当 $R_\mathrm{c} > 90K_\mathrm{v} + 30$ 时,应以 $R_\mathrm{c} = 90K_\mathrm{v} + 30$ 和 K_v 代入计算。

当 $K_\mathrm{v} > 0.04R + 0.4$ 时,应以 $K_\mathrm{v} = 0.04R + 0.4$ 和 R_c 代入计算。

(三)围岩级别定性修正

在围岩基本分级的基础上,结合隧道工程的特点,考虑地下水出水状态、初始地应力状态、主要结构面产状状态等因素进行修正。

1.地下水

隧道施工的大量实践证明,水是造成施工塌方、使坑道围岩丧失稳定的重要原因之一。在不同的围岩中水的影响是大不相同的。归纳有以下几种:

(1)使岩质软化,强度降低,对软岩尤为明显,对土体则可促使其液化或流动。

(2)在有软弱结构面的围岩中,会冲走充填物或使夹层液化,减少层间摩阻力促使岩块滑动。

(3)在某些围岩中,如石膏、岩盐和蒙脱石为主的黏土岩中,遇水后产生膨胀,在未胶结或弱胶结的砂岩中可产生流砂和潜蚀。

因此,在隧道围岩分级中水的影响是不容忽视的,在同级围岩中,遇水后应适当降低围岩级别。降低的幅度主要视围岩的岩性及结构面的状态、地下水的性质、大小、流通条件及对围岩浸润状况和危害程度而定。围岩分级中关于地下水影响的修正参照表2-5和表2-6。

地下水状态的分级 表2-5

地下水出水状态	渗水量[L/（min·10m）]
潮湿或点滴状出水	≤25
淋雨状或线流状出水	25~125
涌流状出水	>125

地下水影响的修正　　　　　　　　　　　　表2-6

地下水出水状态	围岩基本级别				
	I	II	III	IV	V
潮湿或点滴状出水	I	II	III	IV	V
淋雨状或线流状出水	I	II	III或IV①	V	VI
涌流状出水	II	III	IV	V	VI

注：①围岩岩体为较完整的硬岩时定为III级；其他情况定为IV级。

2. 初始应力状态

围岩初始地应力状态，当无实测资料时，可根据隧道工程埋深、地貌、地形、地质、构造运动史、主要构造线与开挖过程中出现的岩爆、岩芯饼化等特殊地质现象，按表2-7评估。初始地应力对围岩级别的修正，宜按表2-8进行。

初始地应力状态评估基准　　　　　　　　　　表2-7

初始地应力状态	主要现象	评估基准(R_c/σ_{max})
一般地应力	硬质岩：开挖过程中不会出现岩爆，新生裂缝较少，成洞性一般较好	>7
	软质岩：岩芯无或少有饼化现象，开挖过程中洞壁岩体有一定的位移，成洞性一般较好	
高地应力	硬质岩：开挖过程中可能出现岩爆，洞壁岩体有剥离和掉块现象，新生裂缝较多，成洞性较差	4～7
	软质岩：岩芯时有饼化现象，开挖过程中洞壁岩体位移显著，持续时间较长，成洞性差	
极高地应力	硬质岩：开挖过程中有岩爆发生，有岩块弹出，洞壁岩体发生剥离，新生裂缝多，成洞性差	<4
	软质岩：岩芯常有饼化现象，开挖过程中洞壁岩体有剥离，位移极为显著，甚至发生大位移，持续时间长，不易成洞	

注：1. R_c为岩石单轴饱和抗压强度（MPa）。
　　2. σ_{max}为最大地应力值（MPa）。

初始地应力影响的修正　　　　　　　　　　表2-8

初始地应力状态	围岩分级				
	I	II	III	IV	V
极高应力	I	II	III或IV①	V	VI
高应力	I	II	III	IV或V②	VI

注：①围岩岩体为较破碎的极硬岩、较完整的硬岩时定为III级；其他情况定为IV级。
　　②为沿岩体为破碎的极硬岩、较破碎及破碎的硬岩时定为IV级；其他情况定为V级。

本表不适用于特殊围岩。

（四）围岩级别定量修正

围岩级别定量修正主要是对围岩基本质量指标BQ进行修正，并以修正后获得的围岩基本质量指标值$[BQ]$依据表2-4确定围岩级别。

$$[BQ] = BQ - 100(K_1 + K_2 + K_3) \qquad (2-2)$$

式中：$[BQ]$——围岩基本质量指标修正值；

BQ——围岩基本质量指标值；

K_1——地下水影响修正系数，见表2-9；

K_2——主要软弱结构面产状修正系数，见表2-10；

K_3——初始地应力影响修正系数，见表2-11。

地下水影响修正系数 K_1 表2-9

地下水出水状态	岩体基本质量指标 BQ				
	>550	451~550	351~450	251~350	≤250
潮湿或点滴状出水	0	0	0~0.1	0.2~0.3	0.4~0.6
淋雨状或线流状出水	0~0.1	0.1~0.2	0.2~0.3	0.4~0.6	0.7~0.9
涌流状出水	0.1~0.2	0.2~0.3	0.4~0.6	0.7~0.9	1.0

主要软弱结构面产状影响修正系数 K_2 表2-10

结构面产状及其与洞轴线的组合关系	结构面轴向与洞轴线夹角<30°结构面倾角30°~75°	结构面轴向与洞轴线夹角>30°结构面倾角30°~75°	其他组合
K_2	0.4~0.6	0~0.2	0.2~0.4

初始地应力状态影响修正系数 K_3 表2-11

初始地应力状态	岩体基本质量指标 BQ				
	>550	451~550	351~450	251~350	≤250
极高应力	1.0	1.0	1.0~1.5	1.0~1.5	1.0
高应力	0.5	0.5	0.5	0.5~1.0	0.5~1.0

三 隧道围岩亚分级

（一）围岩亚分级

围岩亚分级可根据表2-12确定。

围岩亚分级 表2-12

围岩级别		围岩主要工程地质条件		围岩基本质量指标 BQ
级别	亚级	主要工程地质特征	结构特征和完整状态	
Ⅲ	Ⅲ₁	极硬岩（R_c >60MPa），岩体较破碎，结构面较发育，结合差	裂隙块状或中厚层状结构	391~450
		硬岩（R_c =30~60MPa）或软硬岩互层以硬岩为主，岩体较完整，结构面不发育、结合差	块状或厚层状结构	
	Ⅲ₂	极硬岩（R_c >60MPa），岩体较破碎，结构面发育、结合良好	镶嵌碎裂状或薄层状结构	351~390
		硬岩（R_c =30~60MPa）或软硬岩互层以硬岩为主，岩体较完整，结构面较发育、结合良好	块状结构	
		较软岩（R_c =15~30MPa），岩体完整，结构面不发育、结合良好	整体状或巨厚层状结构	

围岩级别		围岩主要工程地质条件		围岩基本质量指标 BQ
级别	亚级	主要工程地质特征	结构特征和完整状态	
IV	IV_1	极硬岩($R_c > 60MPa$)，岩体破碎，结构面发育、结合差	裂隙块状结构	311~350
		硬岩($R_c = 30 \sim 60MPa$)，岩体较破碎，结构面较发育、结合差或结构面发育、结合良好	裂隙块状或镶嵌碎裂状结构	
		较软岩($R_c = 15 \sim 30MPa$)或软硬岩互层以软岩为主，岩体较完整，结构面较发育、结合良好	块状结构	
		软岩($R_c > 5 \sim 15MPa$)，岩体完整，结构面不发育、结合良好	整体状或巨厚层状结构	
IV	IV_2	极硬岩($R_c > 60MPa$)，岩体破碎，结构面很发育、结合差	碎裂结构	251~310
		硬岩($R_c = 30 \sim 60MPa$)，岩体破碎，结构面发育或很发育、结合差	裂隙块状或碎裂状结构	
		较软岩($R_c = 15 \sim 30MPa$)或软硬岩互层以软岩为主，岩体较破碎，结构面发育、结合良好	镶嵌碎裂状或薄层状结构	
		软岩($R_c = 5 \sim 15MPa$)，岩体较完整，结构面较发育、结合良好	块状结构	
		土体:1. 具压密或成岩作用的黏性土、粉土及砂类土； 2. 黄土(Q_1、Q_2)； 3. 一般钙质、铁质胶结的碎石土、卵石土、大块石土	1 和 2 呈大块状压密结构，3 呈巨块状整体结构	
V	V_1	较软岩($R_c = 15 \sim 30MPa$)，岩体破碎，结构面很发育或发育	裂隙块状或碎裂结构	211~250
		软岩($R_c = 5 \sim 15MPa$)，岩体较破碎，结构面较发育、结合差或结构面发育、结合良好	裂隙块状或镶嵌碎裂结构	
		一般坚硬黏质土、较大天然密度硬塑状黏质土及一般硬塑状黏质土；压密状态稍湿至潮湿或胶结程度较好的砂类土，稍湿或潮湿的碎石土、卵石土、圆砾、角砾土及黄土(Q_3、Q_4)	非黏性土呈松散结构，黏性土及黄土呈松软结构	
V	V_2	软岩、岩体破碎；全部极软岩及全部极破碎岩(包括受构造影响严重的破碎带)	呈角砾状松散结构	≤210
		一般硬塑状黏土及可塑状黏质土；密实以下但胶结程度较好的砂类土，稍湿或潮湿且较松散的碎石土、卵石土、圆砾、角砾土；一般或坚硬松散结构的新黄土	非黏性土呈松散结构，黏性土及黄土呈松软结构	

项目二

隧道工程地质环境认知

43

（二）围岩亚分级修正

围岩亚分级应在表 2-12 的基础上，结合隧道工程的特点，考虑地下水出水状态、初始地应力状态、主要结构面产状状态等因素进行修正。围岩亚分级修正宜采用定性修正与定量修正相结合的方法，综合分析确定围岩级别。

1.围岩亚分级定性修正

（1）地下水

地下水出水状态分级宜按表 2-5 确定，地下水对围岩亚级级别的修正宜按表 2-13 进行。

表 2-13

地下水影响的修正

地下水出水状态	围岩基本级别					
	Ⅲ		Ⅳ		Ⅴ	
	Ⅲ₁	Ⅲ₂	Ⅳ₁	Ⅳ₂	Ⅴ₁	Ⅴ₂
潮湿或点滴状出水	Ⅲ$_1$	Ⅲ$_2$	Ⅳ$_1$	Ⅳ$_2$	Ⅴ$_1$	Ⅴ$_2$
淋雨状或线流状出水	Ⅲ$_2$	Ⅳ$_1$	Ⅴ$_1$	Ⅴ$_2$	Ⅵ	Ⅵ
涌流状出水	Ⅳ$_1$	Ⅳ$_2$	Ⅴ$_1$	Ⅴ$_2$	Ⅵ	Ⅵ

（2）初始地应力状态

围岩初始地应力状态，当无实测资料时，可按表 2-8 评估。初始地应力对围岩亚级级别的修正宜按表 2-14 进行。

表 2-14

初始地应力影响的修正

初始地应力状态	围岩基本分级					
	Ⅲ		Ⅳ		Ⅴ	
	Ⅲ$_1$	Ⅲ$_2$	Ⅳ$_1$	Ⅳ$_2$	Ⅴ$_1$	Ⅴ$_2$
极高应力	Ⅲ$_2$	Ⅳ$_1$	Ⅴ$_1$	Ⅴ$_2$	Ⅵ	Ⅵ
高应力	Ⅲ$_1$	Ⅲ$_2$	Ⅳ$_2$	Ⅴ$_1$	Ⅵ	Ⅵ

（3）主要结构面产状状态

主要结构面产状状态对围岩亚分级的修正，应考虑主要结构面产状与洞轴线的组合关系，并结合结构面工程特性、富水情况等因素综合分析确定。主要结构面是指对围岩稳定性起主要影响的结构面，如层状岩体的泥化层面，一组很发育的裂隙，次生泥化夹层，含断层泥、糜棱岩的小断层等。

2.围岩亚分级定量修正

围岩亚级分级定量修正应采用围岩基本质量指标修正值 $[BQ]$，其值可按公式（2-2）计算确定，并根据修正后的围岩基本质量指标 $[BQ]$ 按表 2-12 重新确定围岩级别。

44

⚠ **任务实施与总结评价**

请完成本教材配套《铁路隧道工程施工与维护实训手册》中专业知识认知、能力素质训练及任务总结的相关内容，并依次进行学员自评、组长评价和指导老师评价。

任务三　隧道围岩压力计算

◆ **任务引入**

沪昆高速铁路（简称沪昆高铁），由上海虹桥站至昆明南站，全长2252km，设计速度为长沙南站以东350km/h、长沙南站以西300km/h（预留350km/h），如图2-5所示。沪昆高铁是《中长期铁路网规划（2016年版）》中"八纵八横"高速铁路主通道之一，是中国东西向线路里程最长、速度等级最高、经过省份最多的高速铁路。

沪昆高速铁路曾家岭Ⅰ号隧道进口DK913+698～DK913+711段共计13m下穿扬子公路。里程在DK913+705处扬子公路垂直跨过曾家岭Ⅰ号隧道洞顶，隧道拱顶距离扬子公路路面5.0m。上部扬子公路路面宽8.0m，路面为30cm厚的钢筋混凝土。进口DK913+695～DK913+715段共计20m，采用Ⅴ_c复合式衬砌、中隔壁开挖法（CD法）进行施工，并设置φ108mm超前大管棚。开挖至

图2-5　沪昆高速铁路

DK913+695～DK913+715时，钢架采用I22b工字钢钢架，钢架间距50cm，钢筋网片采用φ10mm双层钢筋网防护。采用的支护结构是否安全，能否顺利开挖呢？这需要看支护结构到底承受多大的围岩压力。

▲ **任务描述**

结合沪昆高速铁路曾家岭Ⅰ号隧道相关资料，根据《铁路隧道设计规范》（TB 10003—2016），熟悉隧道围岩压力，能够对铁路隧道围岩压力进行计算。

◇ **相关知识**

一　围岩压力

隧道围岩压力是指隧道开挖后，围岩作用在隧道支护上的压力，是隧道支撑或衬砌结构的主要荷载之一。其性质、大小、方向以及发生和发展的规律，对正确地进行隧道设计与施工有很重要的影响。

在稳定的地层中开挖坑道，由于围岩在爆破后发生松动以及暴露后受到风化，个别落石现象也不可避免。在完整而坚硬的岩层中开挖隧道，也会遇到小块岩石突然脱离岩体向隧道内弹出，称为"岩爆"，这些都是围岩压力产生的现象。为了保证隧道有足够的净

空，就要修建支护结构，以阻止围岩的移动和崩塌，支护结构就是用来承受围岩压力的。

(一) 围岩压力的产生

围岩压力的产生是隧道工程的一个重要的力学特征，隧道是在具有一定的应力历史和应力场的围岩中修建的。所以，围岩初始应力场的状态极大地影响着在其中发生的一切力学现象，这是和地面工程极其不同的。

1. 围岩初始应力场

围岩初始应力场的形成与岩体的结构、性质、埋藏条件以及地质构造运动的历史等有密切关系。一般认为初应力场由自重应力和构造应力两种力系构成，从而将其分为自重应力场和构造应力场两大类，这两类应力场的基本规律有明显的差异。围岩的自重应力场比较好理解，它是地心引力和离心惯性力共同作用的结果。围岩的构造应力场就比较复杂，按其形成的时间，又可以分为以下两种：

（1）由于过去地质构造运动（如断层、褶曲、层间错动等）所引起的，虽然外部作用力移去后有部分恢复，但现在仍残存在岩体中的应力，以及岩石在形成过程中，由于热力和构造作用所引起的，虽经过风化、卸载、部分释放，现在仍残存着的原生内应力。这两种都称为构造残余应力。

（2）现在正在活动和变化的构造运动，如地层升降、板块运动等所引起的应力，称为新构造应力，地震的产生正是新构造应力的反映。

2. 自重应力场

在自重应力场中，地表以下任一深度 H 处的垂直应力等于其上覆岩体的重力，如图 2-6a)所示：

$$\sigma_z = \gamma H \tag{2-3}$$

式中：σ_z——上覆岩体的重力，以压应力为正；

　　γ——岩体的重度。

当上覆岩体为多层时，如图 2-6b)所示：

$$\sigma_z = \sum_{i=1}^{n} \gamma_i H_i \tag{2-4}$$

式中：γ_i——第 i 层岩体的重度；

　　H_i——第 i 层岩体的厚度。

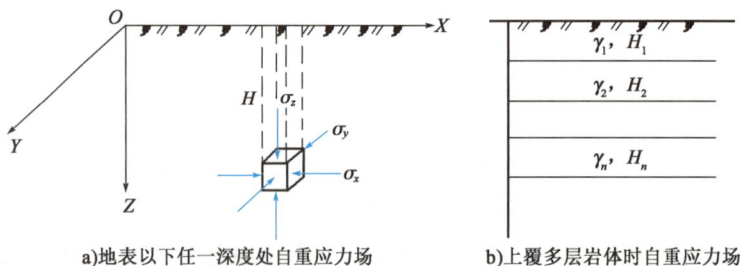

a)地表以下任一深度处自重应力场　　b)上覆多层岩体时自重应力场

图 2-6　地表水平时的自重应力场

该点的水平应力 σ_x、σ_y 主要是由于岩体的泊松效应所引起的，按弹性理论应为：

$$\sigma_x = \sigma_y = \frac{\mu}{1-\mu}\sigma_z \tag{2-5}$$

式中: μ——计算应力处岩体的泊松系数。

这里所说的只是基本概念,仅当地面为水平面,而岩体为各向同性的半无限弹性体时,上述各式才是有效的。实际的岩体组成比较复杂,不大可能是各向同性的,而且地面也都起伏不平。因此,围岩的自重应力场不能简单地由上述公式决定,必须根据三维弹性理论的基本方程,并考虑重力和各向异性求解,对此问题目前尚无精确的解析解。一般只能采用数值方法(如有限单元法)求得近似解。

试验资料表明,大多数岩石的泊松系数 μ 在 $0.15 \sim 0.35$ 范围内变化。因此,在自重应力场中,水平应力总是小于垂直应力。

深度对初始应力状态有着显著的影响,随着深度的增加,地应力是线性增大的。然而围岩本身的强度是有限的,当地应力增大到一定数值后,围岩将处于隐塑性状态。围岩物性值(E 和 μ)也是变化的,随着深度的增加, μ 值趋近于 0.5,即与静水压力相似,此时围岩接近流动状态,初始应力场各应力分量趋于相等,即

$$\sigma_x = \sigma_y = \sigma_z = \gamma H \tag{2-6}$$

由此可见,围岩的初始应力场是随深度而变的。其应力状态可视围岩的不同,分别处于弹性、隐塑性及流动三种状态。围岩的隐塑性状态,在坚硬围岩中,约在距地面 10km 以下,也有可能在浅处发生,如在岩石强度低(如泥岩)的地段。通常情况下,在隧道所涉及的范围内,都可视初始应力场为弹性的。

从上述内容可以看出围岩自重应力场的变化规律为:

(1)应力随深度呈线性增加。

(2)水平应力总是小于垂直应力,最多也只能与其相等。

3. 构造应力场

整个地下工程都是在某种应力场中的地壳上部范围内进行的。这种应力场基本上是由重力应力场和构造应力场构成的。地质力学认为,地壳各处发生的一切构造变形与破裂都是地应力作用的结果。因而,地质力学就把构造体系和构造形式在形成过程中的应力状态称为构造应力场,它是动态的。

由于形成构造应力场的原因非常复杂,因而,它在空间的分布极不均匀,而且随着时间的推移还不断发生变化,属于非稳定的应力场。但相对于工程结构物的使用期限来说,可以忽略时间因素,将它视为相对稳定的。即使如此,目前还很难用函数形式将构造应力场表示出来,只能通过实地量测找到一些规律性。已发表的一些地应力量测资料表明,我国大陆初始应力场(包括自重应力场和构造应力场)的变化规律大致可以归纳为如下几点:

(1)地质构造形态不仅改变了重力应力场,而且除以各种构造形态获得释放外,还以各种形式积蓄在岩体内,这种残余构造应力将对地下工程产生重大影响。

(2)垂直应力的量值随深度增加而增大,而且水平应力普遍大于垂直应力。构造应力场在不深的地方已普遍存在,而且最大构造应力的方向,近似为水平,其值常常大于重力应力场中的水平应力分量,甚至也大于垂直应力分量,这与重力应力场有很大不同。

(3)水平主应力具有明显的各向异性。水平主应力的另一个显著特点,就是具有很强的方向性,一般总是以一个方向的主应力占优势,很少有大、小主应力相等的情况。

根据实测资料可知,在我国大陆地壳中,最小主应力与最大主应力的比值为 $0.3 \sim 0.7$ 的占 70% 。也就是说,在我国大部分地区,最大水平主应力约为最小水平主应力的

1.4～3.3倍。

(二)围岩压力的分类

根据围岩压力形成的原因,可分为如下几种类型:

1. 松散压力

由于隧道开挖而使隧道上方的围岩松动或坍塌的岩体以重力形式直接作用在支护结构上的压力称为松散压力。松散压力按作用在支护上力的位置不同,分为竖向压力和侧向压力。松散压力通常在下列三种情况下发生:

(1)在整体稳定的岩体中,可能出现个别松动掉块的岩石。

(2)在松散软弱的岩体中,隧道顶部和两侧边帮冒落。

(3)在节理发育的裂隙岩体中,围岩某些部位沿软弱面发生剪切破坏或拉坏等局部塌落。

2. 形变压力

形变压力是指隧道开挖后由围岩变形引起的作用在支护上的挤压力(接触压力)。形变压力与围岩应力状态、支护时间和支护刚度有关。

3. 膨胀压力

当岩体具有吸水膨胀崩解的特征时,由于围岩膨胀所引起的压力称为膨胀压力。与形变压力相比,膨胀压力是由吸水膨胀引起的。

4. 冲击压力

冲击压力是在围岩中积累了大量的弹性变形能以后,由于隧道的开挖,围岩的约束被解除,能量突然释放而产生的压力。

由于冲击压力是岩体能量的积累与释放问题,所以它与高地应力和完整硬岩直接相关。弹性模量较大的岩体,在高地应力作用下,易于积累大量的弹性变形能,一旦破坏原始平衡条件,就会突然猛烈地大量释放。

(三)围岩松散压力的确定方法

围岩松散压力的确定目前有下列三种常用方法:

(1)直接量测法,是一种切合实际的方法,对隧道工程而言,也是研究发展的方向。但由于受量测设备和技术水平的制约,该方法目前还不能普遍适用。

(2)经验法或工程类比法,是根据大量以往工程实际资料的统计和总结,按不同围岩分级提出围岩压力的经验数值,作为后建隧道工程确定围岩压力依据的方法,是目前使用较多的方法。

(3)理论估算法,是在实践的基础上从理论上研究围岩压力的方法。由于地质条件的不确定性,影响围岩压力的因素又非常多,这些因素本身及它们之间的组合也带有一定的偶然性,企图建立一种完善的和适合各种实际情况的通用围岩压力理论及计算方法是困难的。因此,现有的围岩压力理论都不十分切合实际情况。

在理论计算方法中,考虑几个主要因素,使其结果相对地接近实际围岩压力的情况,是目前隧道工程设计中采用较多的方法。一般来讲,都是以某种简化的假设为前提,或以实际工程的统计分析资料为基础。

二 隧道围岩压力

（一）深埋隧道围岩压力的确定

我国现行《铁路隧道设计规范》（TB 10003—2016）中深埋隧道的围岩压力按松散压力考虑，假定隧道开挖后不加约束自由坍塌，将坍塌的岩土体重量作为确定围岩压力的依据。其垂直及水平匀布压力可按下列规定确定，计算图示如图2-7所示。

$$\begin{cases} q = \gamma h \\ h = 0.45 \times 2^{S-1} \omega \end{cases} \tag{2-7}$$

式中：q——围岩垂直均布压力，kPa；

γ——围岩重度，（kN/m^3）；

h——围岩压力计算高度，m；

S——围岩级别；

ω——宽度影响系数，$\omega = 1 + i(B-5)$；

B——坑道宽度（m）；

i——B 每增减 1m 时的围岩压力增减率：当 $B < 5$m 时，$i = 0.2$；$B > 5$m 时，$i = 0.1$；

其余符号同式（2-7）。

图 2-7　深埋隧道计算图示

式（2-7）的适用条件为：不产生显著偏压力及膨胀力的一般围岩及采用钻爆法（或开敞式掘进机法）施工的隧道。

在产生上述垂直压力的同时，隧道也会有侧向压力出现，即围岩水平均布压力 e。e 可按表2-15 中的经验公式计算（一般取平均值），其使用条件同式（2-7）。

围岩水平均布压力 e　表2-15

围岩级别	I ~ II	III	IV	V	VI
水平均布压力	0	$<0.15q$	$(0.15 \sim 0.30)q$	$(0.30 \sim 0.50)q$	$(0.50 \sim 1.00)q$

（二）浅埋隧道围岩压力的确定

对铁路隧道来说，浅埋段一般都出现在洞口范围，或削坡进洞地段，或隧道的某一较长区段处于天然台地之下地段，因隧道接近地表，围岩多为松散堆积物。

1. 深、浅埋隧道的判定原则

深埋和浅埋隧道的分界，按荷载等效高度值，并结合地质条件、施工方法等因素综合判定。

$$H = 2.5h \tag{2-8}$$

式中：H——深浅埋隧道分界的深度；

h——围岩压力计算高度（m）。

当隧道覆盖层厚度 $\geqslant H$ 时为深埋，当隧道覆盖层厚度 $< H$ 时为浅埋。

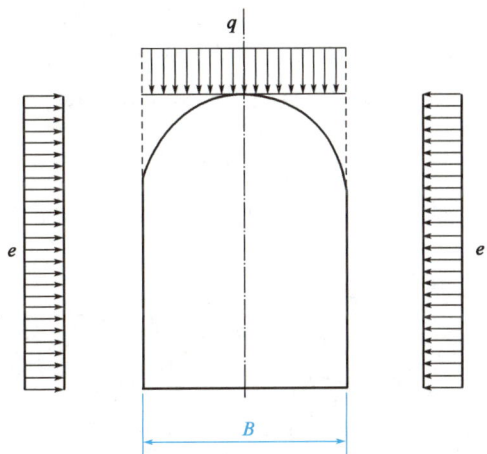

2. 浅埋隧道围岩压力的确定方法

当隧道埋深不大时，开挖的影响将波及地表，此时围岩压力计算不能再用上述深埋情况的计算公式，而应按浅埋情况分析计算。地面基本水平的浅埋隧道，所受的作用（荷载）具有对称性。

如图2-8所示，从松散介质极限平衡的角度，对施工过程中岩体运动的情况进行分析；若不及时支护，或施工时支护下沉，会引起洞顶上覆盖岩体 $EFHG$ 的下沉与移动，而且它的移动受到两侧其他岩体的夹持，反过来又带动了两侧三棱体 ACE 和 BDF 的下滑形成两个破裂面。为了简化，假定它们都是与水平面成 β 角的斜直面，如图2-8a）中的 AC 和 BD。研究洞顶上覆盖岩体 $EFHG$ 的平衡条件，即可求出作用在支护结构上的围岩松动压力。研究中沿隧道纵向取单位长度。

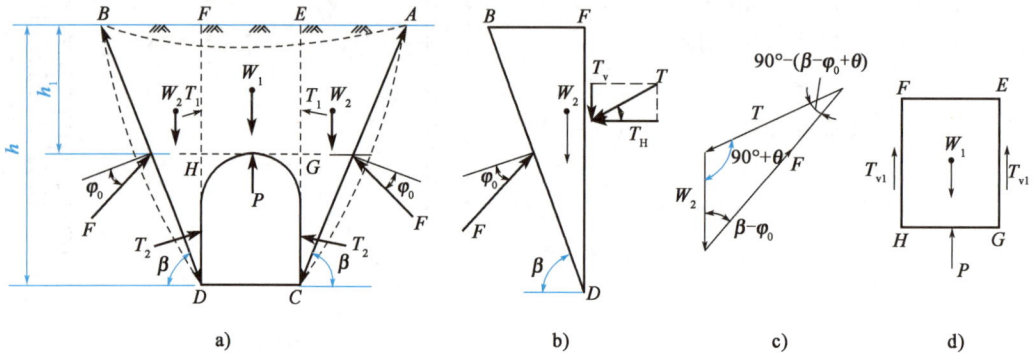

图2-8　浅埋隧道围岩压力的确定

作用在下滑岩体 $EFHG$ 上的力为：岩体重力 W_1 两侧三棱体 ACE 和 BDE 给予它的夹持力 T_1 以及隧道支护结构给予它的反力（也就是围岩给支护结构的荷载 P）。其中，只有 W_1 是已知的，而 T_1 和 P 都是未知的，所以，不可能从总的图式中解出作用在支护结构上的荷载 P，需要逐一分块解出这些未知力。

对于三棱块 BDF，其受力如图2-8b）所示。三棱块 BDF 的重力 W_2 为：

$$W_2 = \frac{1}{2} \gamma \times \overline{BF} \times \overline{DF} = \frac{1}{2} \gamma h^2 \frac{1}{\tan\beta} \tag{2-9}$$

根据力的平衡条件图2-8c），由正弦定理可知：

$$\frac{T}{\sin(\beta - \varphi_0)} = \frac{W_2}{\sin[90° - (\beta - \varphi_0 + \theta)]} \tag{2-10}$$

将式（2-9）代入上式，化简后可得：

$$T = \frac{1}{2}\gamma h^2 \frac{\tan\beta - \tan\varphi_0}{\tan\beta[1 + \tan\beta(\tan\varphi_0 - \tan\theta) + \tan\varphi_0\tan\theta]} \cdot \frac{1}{\cos\theta} \tag{2-11}$$

令

$$\lambda = \frac{\tan\beta - \tan\varphi_0}{\tan\beta[1 + \tan\beta(\tan\varphi_0 - \tan\theta) + \tan\varphi_0\tan\theta]}$$

则

$$T = \frac{1}{2}\gamma\, h^2\frac{\lambda}{\cos\theta} \tag{2-12}$$

上式中的 T 为 ED 面上的带动下滑力，其值为图 2-8a) 中的 T_1、T_2 之和。显然，三棱块给洞顶上方岩体的挟持力 T_1 随隧道施工方法等因素的不同而变化，其变化范围应在 $\frac{1}{2}\gamma\, h_1^2\frac{\lambda}{\cos\theta} \sim \frac{1}{2}\gamma\, h^2\frac{\lambda}{\cos\theta}$ 之间。为安全起见，计算中可取 $T_1 = \frac{1}{2}\gamma\, h_1^2\frac{\lambda}{\cos\theta}$。

由此可见，挟持力 T_1 的大小与岩体重度 γ、洞顶岩体高度 h_1、破裂角 β、岩体计算摩擦角 φ_0 及洞顶岩体两侧摩擦角 θ 有关。上述参数除 β 外皆为已知，下面来推求 β 值。

假定 β 是下滑岩体达到极限平衡时的破裂面倾角，此时夹持力 T_1 必为最大值。由 T_1 的极值条件即可将其求出，即令 $\dfrac{\mathrm{d}T_1}{\mathrm{d}\beta}=0$，求解得：

$$\tan\beta = \tan\varphi_0 + \sqrt{\frac{(1+\tan^2\varphi_0)\tan\varphi_0}{\tan\varphi_0 - \tan\theta}} \tag{2-13}$$

由上式可知，在 T_1 极值条件下的 β 值仅与 φ_0 和 θ 有关，而 φ_0 和 θ 是随围岩级别而定的已知值。在求得 β 后则 T_1 即可求得。

这里应指出，洞顶岩体 $EFHG$ 与两侧三棱体之间的摩擦角 θ 与破裂面 AC、BC 上岩体的计算摩擦角 φ_0 是不同的，因为 EG、FH 面上并没有发生破裂面，所以，$0 < \theta < \varphi_0$。θ 与岩体的物理力学性质有密切关系，是一个经验数字。表 2-16 列出各个级围岩摩擦角 θ 与计算摩擦角 φ_0 的关系。计算摩擦角 φ_0 的取值见表 2-17。

摩擦角 θ 与围岩计算摩擦角 φ_0 的关系   表 2-16

围岩级别	Ⅰ~Ⅲ	Ⅳ	Ⅴ	Ⅵ
θ 值	$0.9\varphi_0$	$(0.7\sim0.9)\varphi_0$	$(0.5\sim0.7)\varphi_0$	$(0.3\sim0.5)\varphi_0$

各级围岩计算摩擦角 φ_0 取值   表 2-17

围岩级别	Ⅰ	Ⅱ	Ⅲ	Ⅳ	Ⅴ	Ⅵ
φ_0 值	>78	70~78	60~70	50~60	40~50	30~40

现在根据洞顶上方岩体 $EFHG$ 的平衡条件来推求围岩压力 P，岩体 $EFHG$ 的受力情况如图 2-8d) 所示，其中 $W_1 = \gamma\, h_1 B$（B 为隧道宽度）。作用在支护结构上的力 P（围岩竖向压力）为：

$$P = W_1 - 2T_1\sin\theta = \gamma\, h_1(B - h_1\lambda\tan\theta) \tag{2-14}$$

从而围岩竖向均布压力为：

$$q = \frac{P}{B} = \gamma\, h_1\left(1 - \frac{h_1\lambda\tan\theta}{B}\right) \tag{2-15}$$

综上所述，计算浅埋隧道围岩竖向均布压力的公式为：

$$\begin{cases} q = \gamma\, h_1 \left(1 - \dfrac{h_1 \lambda \tan\theta}{B} \right) \\[2mm] \lambda = \dfrac{\tan\beta - \tan\varphi_0}{\tan\beta\left[1 + \tan\beta(\tan\varphi_0 - \tan\theta) + \tan\varphi_0\tan\theta \right]} \\[2mm] \tan\beta = \tan\varphi_0 + \sqrt{\dfrac{(1 + \tan^2\varphi_0)\tan\varphi_0}{\tan\varphi_0 - \tan\theta}} \end{cases} \tag{2-16}$$

若假定围岩水平压力按梯形分布（图 2-9），则隧道顶端与底端的水平压力强度为：

$$\begin{cases} e_1 = \gamma\, h_1 \lambda \\ e_2 = \gamma h\lambda \end{cases} \tag{2-17}$$

若为平均分布，则为：

$$e = \frac{1}{2}(e_1 + e_2) \tag{2-18}$$

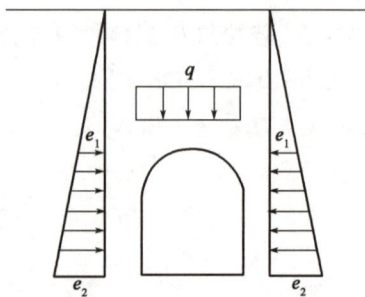

图 2-9　围岩水平压力梯形分布图

例题 1： 某铁路单线隧道处在 Ⅳ 级围岩中，如覆土厚度 $h_1 = 20\text{m}$，岩体自重 $\gamma = 21.5\text{kN/m}^3$，隧道开挖宽度 $B = 7.4\text{m}$，开挖高度为 8.8m，试计算围岩松散压力。计算时纵向取单位宽度。

解： 由式（2-7）可知

$\omega = 1 + i(B - 5) = 1 + 0.1 \times (7.4 - 5) = 1.24$

$h = 0.45 \times 2^{S-1}\omega = 0.45 \times 2^{4-1} \times 1.24 = 4.46\,(\text{m})$

由式（2-8）可知

$H = 0.5h = 0.5 \times 4.46 = 11.15\,(\text{m})$

$h_1 = 20\text{m} > H$，属深埋隧道。

由式（2-7）可知

$q = \gamma h = 21.5 \times 4.46 = 95.89\,(\text{kN/m})$

由表 2-15，可知

水平压力 $e = (0.15 \sim 0.3)q = 14.4 \sim 28.77\,(\text{kN/m})$

⚠ **任务实施与总结评价**

请完成本教材配套《铁路隧道工程施工与维护实训手册》中专业知识认知、能力素质训练及任务总结的相关内容，并依次进行学员自评、组长评价和指导老师评价。

勇担使命，争创一流

隧道常规施工技术认知

【项目描述】

　　隧道开挖是隧道施工的关键工序，决定了隧道成型的质量。在隧道施工中，开挖方式选择是隧道施工的先决条件，不同的开挖方式和施工工艺对隧道的质量、进度和成本都有着直接的影响。目前铁路隧道开挖方法主要有钻爆法、掘进机(TBM)法、盾构法、明挖法等。其中，钻爆法对地质条件适应性强、开挖成本低，特别适合于坚硬岩石隧道、破碎岩石隧道及大量短隧道的施工，目前仍是隧道掘进的主要手段，也是最成熟的隧道开挖技术。在隧道开挖后，如何迅速将开挖的石渣运到洞外，是加快隧道施工进度的决定性因素之一，尤其是独头掘进的长大隧道，出渣是否顺利往往是影响隧道掘进速度的关键因素。本项目结合隧道开挖的关键工序，重点学习洞口工程施工、隧道开挖方法、钻爆开挖、装渣运输等内容。

【学习目标】

知识目标

1. 熟悉隧道边(仰)坡施工工艺流程。

2. 熟悉隧道洞门施工方法和作业内容。

3. 掌握隧道明洞及缓冲结构施工作业流程。

4. 掌握铁路隧道常用的开挖方法及其特点。

5. 掌握隧道爆破设计的主要内容和计算公式。

6. 掌握隧道装渣运输机械设备的种类和特点。

能力目标

1. 能够结合隧道洞口工程实际情况，编制洞口工程施工作业指导书，并判断现场施工是否符合《客货共线铁路隧道工程施工技术规程》(Q/CR 9653—2017)的相关要求。

2. 能够根据隧道洞口工程施工实际,对边(仰)坡、洞门、明洞及缓冲结构的施工质量进行检验,并判断是否符合《铁路隧道工程施工质量验收标准》(TB 10417—2018)的相关要求。

3. 能够根据隧道工程实际情况,选择合适的开挖方法,并能够绘制施工工艺流程图。

4. 结合具体隧道的开挖施工,能够依据《客货共线铁路隧道工程施工技术规程》(Q/CR 9653—2017)对现场作业队伍进行指导。

5. 结合隧道开挖情况,能够对开挖质量进行检验,并判断是否符合《铁路隧道工程施工质量验收标准》(TB 10417—2018)的相关要求。

素质目标

1. 学习宜万铁路高阳寨隧道特别重大坍塌事故,了解隧道洞口施工的重要性,在隧道施工过程中树立人民至上的思想。

2. 学习国家重点工程川藏铁路隧道工程施工的案例,树立强国有我的责任担当。

3. 学习钻爆开挖法,熟悉隧道爆破施工中的危险因素,树立在隧道施工中安全第一的思想。

4. 学习装渣运输作业流程,了解弃渣场对周围环境的影响,树立在施工过程中的生态环保意识。

【学习导航】

隧道常规施工技术认知

任务一　洞口工程施工

◆ 任务引入

2007年11月20日8时44分，宜万铁路高阳寨隧道Ⅱ线进口（湖北省恩施州巴东县野三关镇境内，318国道1404km+800m处）发生特别重大坍塌事故，造成35人死亡，1人受伤。其中，现场施工人员4人，318国道上行驶的大客车内32人。经初步调查分析，事故发生的直接原因是隧道洞口边坡岩体在长期表生地质作用下，受施工爆破动力作用，致使边坡岩石沿原生节理面与母岩分离，在其自身重力作用下失稳向坡外滑出，岩体瞬间向下崩塌解体，造成事故发生。如图3-1所示。

隧道洞口地段，一般埋深浅，地质条件差，且常位于松散堆积或风化破碎的岩层中，地表水汇集，地下水丰富，施工稍有疏忽，极易发生坍塌事

图3-1　岩崩滑坡

故。甚至破坏山体稳定，引起地表开裂、山体滑坡等病害，严重威胁施工安全，影响施工的正常进展。隧道洞口是隧道施工中的关键地段，如咽喉，洞口安全可靠，使施工得以顺利进行，因此在隧道工程施工中应充分重视。

▲ 任务描述

结合宜万铁路高阳寨隧道Ⅱ线进口特别重大坍塌事故，掌握铁路隧道洞口工程部施工工艺流程；能够编制隧道洞口工程施工作业指导书；能够根据《客货共线铁路隧道工程施工技术规程》（Q/CR 9653—2017）指导现场施工；能够根据《铁路隧道工程施工质量验收标准》（TB 10417—2018）进行施工现场质量检验，并能够判断是否符合相关要求。

◇ 相关知识

隧道洞口工程一般包括洞口边（仰）坡的土石方开挖、防护；端墙、翼墙等洞门圬工；洞口排水系统；洞口检查设备安装、洞口加强段、洞门工程、明洞及缓冲结构。

一　边（仰）坡开挖及防护

隧道施工中，在洞口上方顺着隧道方向的削坡称为仰坡，而在洞口两侧的削坡称为边坡。如图3-2所示。

（一）施工工艺流程

隧道洞口边（仰）坡开挖及防护施工工艺流程如图3-3所示。

图 3-2　隧道边(仰)坡

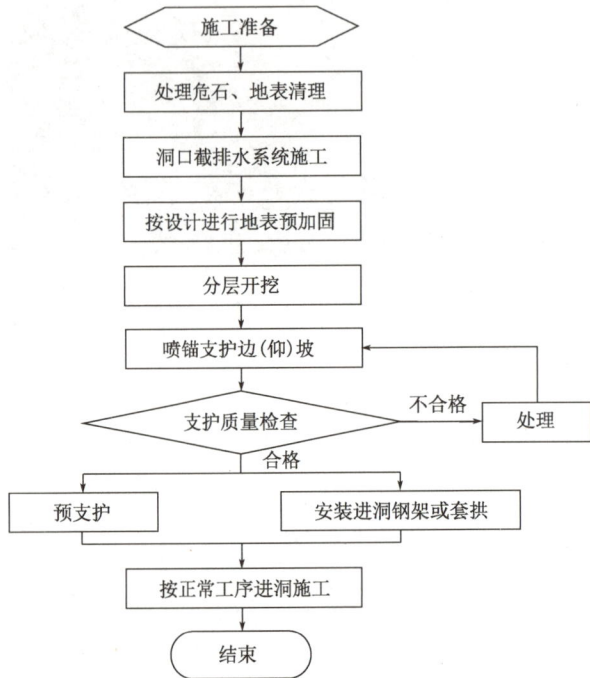

铁路隧道工程施工与维护

图 3-3　洞口边(仰)坡开挖及防护施工工艺流程图

(二)边(仰)坡开挖

隧道洞口边(仰)坡开挖前先清除边(仰)坡上的植被、浮土、危石,做好边(仰)坡的临时截水天沟,截水天沟距边(仰)坡开挖边线不小于5m。将地表水和边(仰)坡积水引离洞口,以防地表水冲刷而造成边(仰)坡失稳。

根据地形、地质条件,土方和强风化岩一般采用挖掘机开挖及装渣,自卸汽车运渣,人工配合清理边(仰)坡开挖面。但不得掏底开挖或上下重叠开挖。对于较硬的土层采用人工手持风镐进行凿除。石方一般采取松动爆破,机械和人工配合清理。石质地层仰坡开挖需要爆破时,应以浅眼松动爆破为主,且预留光爆层。开挖时应随时检查边坡和仰坡,如有滑动、开裂等现象,应适当施缓坡度或采取适当的加固措施。

洞口边(仰)坡开挖按设计控制坡度,由外向里,自上而下进行,分层开挖,并检查每层坡度,随挖随支护,加强防护,随时监测、检查山坡稳定情况。开挖过程中边(仰)坡上的浮石、危石要及时清除,对坡面凹凸不平处予以修整平顺。挖掘机开挖后预留 20 ~ 30cm 进行人工修坡,清除虚土。对于边(仰)坡土层较硬的围岩采用人工手持风镐进行凿除,减少对边(仰)坡原状土的扰动,确保边(仰)坡稳定,防止洞口边(仰)坡坍塌。

开挖过程中,边(仰)坡以外的植被不得破坏,尽可能确保土体植被的完整。当地质条件不良时,应采取稳定边坡和仰坡的措施。

(三)边(仰)坡防护

边(仰)坡开挖后及时进行打锚杆、挂钢筋网、喷混凝土临时防护,以防围岩风化,雨水渗透而滑塌。当边(仰)坡较高时，应分层开挖，分层防护。边(仰)坡防护如图3-4所示。

1. 喷射混凝土施工

喷射混凝土骨料用强制式拌和机分次投料拌和，为减少回弹量，降低粉尘，提高一次喷层厚度，应采用混凝土喷射机湿式喷射作业。喷射混凝土前先用高压风将岩面吹干净，混凝土严格按配合比拌和，随喷随拌。

喷射混凝土，一般分初喷和复喷二次进行。初喷在开挖完成后立即进行，以尽早封闭暴露坡面，防止雨水渗透而滑塌。复喷混凝土在锚杆和挂网安装后进行。

图 3-4　边(仰)坡防护

喷射混凝土分段、分片由下而上顺序进行，每段长度不超过6m，一次喷射厚度控制在4~6cm区间，喷射时插入长度比设计厚度大5cm的铁丝，每1~2m设一根，作为施工喷层厚度控制用，后一层喷射在前层混凝土初凝后进行，新喷射的混凝土按规定洒水养护。最少养护时间不少于7天(终凝2h以后)。

2. 砂浆锚杆施工

锚杆在坡面开挖和初喷混凝土后打设，一般采用砂浆锚杆，其施工工艺流程为：钻孔、清孔、注浆、插入杆体。

钻孔采用凿岩机，钻孔时确保孔口坡面整平，使坡面与钻孔方向垂直。锚杆预先在洞外按设计要求加工制作，施工时锚杆钻孔位置及孔深必须精确，锚杆要除去油污、铁锈和杂质。先用凿岩机按设计要求钻凿锚杆孔眼，达到标准后，用高压风清除孔内岩屑，用注浆泵将水泥砂浆注入孔内，然后将加工好的杆体插入孔内，并将锚杆与钢筋网焊为整体。待终凝后，按规范要求抽样进行锚杆抗拔试验，抗拔值应不小于设计值的90%。

3. 钢筋网施工

钢筋网在锚杆施作后安装，钢筋网在加工厂加工成片。钢筋类型及网格间距按设计要求施作。钢筋网根据被支护坡面的实际起伏状铺设，并在初喷混凝土后进行，与被支护坡面间隙小于3cm，钢筋网与钢筋网连接处、钢筋网与锚杆连接处点焊在一起，使钢筋网在喷射混凝土时不易晃动。

(四)质量检验

隧道洞口边(仰)坡开挖及防护质量检验见表3-1。

边(仰)坡开挖及防护质量检验　　　　　　表3-1

序号	项目	检验数量	检验方法
1	洞口排水沟、截水沟的平面位置、开挖断面应符合设计要求，水沟内无积水，纵向坡度不得小于3‰	全数检查	观察、测量
2	边(仰)坡以上的山坡危石应在边(仰)坡开挖前清除干净。洞口开挖施工应在超前支护完成后进行	全数检查	观察
3	采用机械开挖或光面、预裂爆破应保证开挖面完整平顺、无危石和坑穴。边坡坡面应平整且稳定无隐患，局部凹凸差不大于15cm	每洞门抽查检验5处	观察、尺量

序号	项目	检验数量	检验方法
4	石质边坡采用爆破法开挖应严格控制用药量,爆破不得对边坡造成隐患,不得对邻近建筑物造成损伤或产生隐患	每处洞门检查	对照爆破设计文件核对各项爆破参数
5	隧道洞口及边仰坡开挖后应及时核查地质情况,需要加固处理时应符合设计要求	全数检查	观察
6	隧道洞口的边(仰)坡开挖形式应符合设计要求	全数检查	观察
7	隧道洞口的边(仰)坡坡度和范围应符合设计要求	每不大于10m检查一个断面	测量
8	边(仰)坡开挖面应稳定、无危石	全数检查	观察

二 洞门施工

(一) 施工工艺流程

端墙式洞门施工工艺流程如图 3-5 所示,斜切式洞门施工工艺流程如图 3-6 所示。

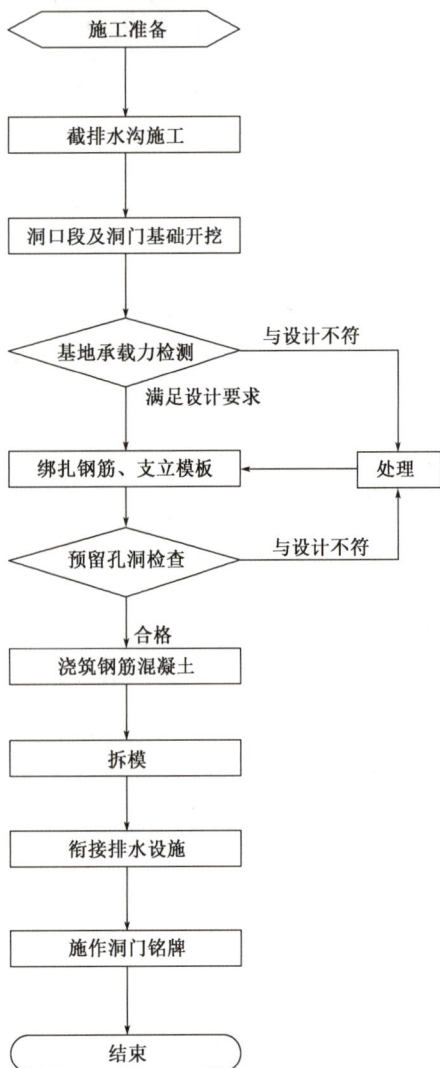

图 3-5　端墙式洞门施工工艺流程图

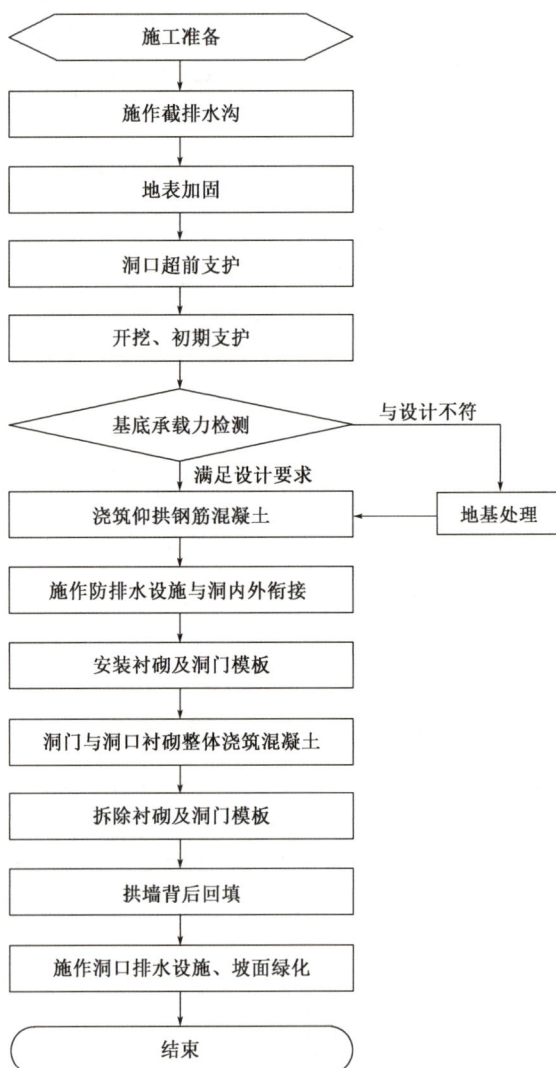

图 3-6　斜切式洞门施工工艺流程图

（二）洞门基础施工

洞门施工前，必须完成仰坡外的截、排水沟，对大气降雨形成的地表径流进行有效拦截，防止洞门基坑开挖后，在降雨期洞口周围大量雨水汇集，冲刷浸泡基坑，降低基底承载力。

截水沟施工完毕，在确保洞门施工前一切准备工作就绪后，包括人员、物资机具等准备到位，对挡墙、翼墙、端墙或明洞外侧大边墙的基坑进行准确测量放样，复核基坑轴线、高程，确保位置符合设计要求。

1. 基础开挖

当基坑边坡岩质较好、地层稳定时，采取垂直开挖，并对边坡进行临时喷锚防护；当基坑较深，垂直开挖不具备条件或难以保证边坡稳定时，根据现场地形情况和基坑边缘与已施作结构物的距离大小，适当采取放坡开挖，并加强对开挖边坡的有效加固，防止边坡失稳。基坑开挖过程中，做好地表防排水工作。基坑排水优先采用周边挡排的方式，必要时采取与基坑中心汇水相结合的方式，坑内设置水泵抽排。开挖中抽水不间断进行，水泵抽水能力选择渗水量的 1.5～2.0 倍，为防止排出的水回流、回渗，用胶管或水槽将水引至远处。

基坑采用挖掘机开挖，人工配合，遇坚石时采用浅眼松动爆破开挖。机械开挖至设计基底高程以上 20cm 时，由人工采用风镐挖至设计高程，确保基底不超挖。当岩面倾斜时，将岩面凿平，使承重面与重力成垂直角度，以防滑移，并清除基底面松动碎石块和杂物，基底高程符合设计要求。

2. 基地承载力检测

端墙及挡墙、翼墙基础、缓冲结构的基底承载力必须满足设计要求，承载力可采用静力触探试验或标准贯入试验检测。当设计对基础有特殊处理要求时，基坑开挖后及时进行基础处理加固。施工中，应仔细核对基础地质资料，遇黄土地层时，还应对黄土湿陷性进行现场试验，以准确确定湿陷范围和厚度，并根据试验结果及时调整处理措施。对于有湿陷性的黄土地基，一般采取灰土换填的方式进行处理，应先将基底相应厚度的湿陷性黄土挖出，然后分层夯填灰土，换填完毕后，按设计要求对换填层进行现场原位试验。

3. 沉降缝设置

端墙及挡墙、翼墙基础位于软硬不均的地基上时，除按设计要求处理外，还应在软弱地基分界处设沉降缝。

基础沉降缝与明洞沉降缝上下应处于同一截面上，并保持贯通，沉降缝缝宽和沉降缝填塞应符合有关规范或设计要求。

4. 基础混凝土施工

地基承载力及基坑尺寸检验合格后，安装模板。采用钢模板等定型钢模立模，确保有足够的刚度及稳定性。模板加固采用内拉外撑的方式，内部采用横向拉筋加固，外部采用钢管和方木加固。模板打磨光洁、无锈后涂刷脱模剂，安装模板。安装完毕，对其平面位置、高程进行复测，检查符合设计要求后即可报验，进行基础混凝土施工。混凝土施工前应将基坑清理干净，混凝土用振动棒振捣密实，表面抹平。基础超挖部分应用与基础同级混凝土和基础同步浇筑。明洞两侧的洞门墙基础必须对称施工，避免对明洞造成偏压，基础顶预埋 3 排片石或接缝钢筋与墙身混凝土连接。

洞门基础完成后，适时做好洞口排水与明洞或暗洞侧沟排水系统的衔接。

图 3-7　端墙式洞门施工

（三）端墙式洞门施工

端墙应在土石方开挖后及时完成，端墙及挡墙、翼墙的开挖轮廓面应符合设计要求。端墙式洞门施工如图 3-7 所示。

1.脚手架搭设

端墙混凝土施工前根据施工范围，搭设脚手架至端墙顶，以便固定侧向模板和墙面装饰施工，搭设中应预留出隧道进出洞运输通道位置。为满足安全要求，应在脚手架下和周围设置安全网。

2.模板安装

脚手架搭设完成并加固牢固后，进行模板的安装。先安装正面模板，然后安装背面模板，最后安装侧面模板。模板安装前先将端墙接触范围内的基础混凝土表面进行凿毛和清洗、修整连接钢筋，保证新老混凝土的良好结合。模板应用磨光机进行打磨，要求模板表面光泽均匀无污渍，并涂刷专业脱模剂。在已施工的混凝土基础上定位底部第一块模板，确定好高程和模板的坡度（设置坡度控制线），用起重机进行模板吊装，模板间采用螺栓连接牢固，拼缝处安设双面胶带。同时在模板与已浇筑的二次衬砌混凝土之间同样设置双面胶带或橡胶带，保证密贴，防止漏浆。模板每拼接一定高度后进行测量调整，并用脚手架管和钢筋拉杆进行加固，直到预设高度。模板拼装要求位置准确，结构尺寸无误，模板表面平整，拼缝严密无错台。

3.钢筋加工和安装

所有钢筋在运入现场使用前，按照要求进行抽样检查，检验合格后方可使用。钢筋在加工场内进行制作，钢筋加工和安装严格按照设计文件、施工技术规程、验收标准的要求进行施工，并经检验合格后进入下一道工序施工。为加强端墙与衬砌的整体性，一般明洞衬砌和端墙设置连接钢筋，连接钢筋（端墙锚筋）与衬砌中的纵筋要绑扎牢固。

4.混凝土施工

在洞门墙墙趾混凝土强度达到设计强度后且钢筋、模板检验合格后，进行混凝土端墙墙身和帽石的施工。施工前应对墙趾混凝土顶面进行凿毛处理。端墙混凝土一般以拱顶、帽石底为界分三次立模浇筑成型。

在浇筑洞门墙混凝土时，在明洞两侧必须对称浇筑，同时浇筑时每层厚度不得大于 30 cm。混凝土在验收合格的拌和站内集中加工生产，先由现场技术人员填写混凝土浇筑申请单，然后由试验人员根据原材料情况出具施工配合比，拌和站操作人员根据试验人员提供的配合比进行混凝土拌制。首盘混凝土拌好后，混凝土试验人员对混凝土进行性能测试，并根据试验结果进行调整，混凝土各项指标全部符合要求后进行批量生产。混凝土由混凝土运输车运至施工地点，通过混凝土泵车送至模板内，由于混凝土浇筑高度较高，在模板内挂串筒（串筒底口距混凝土高度不大于 2.0 m）下落混凝土，防止混凝土在下落过程中离析。为保证新老混凝土间的良好结合，混凝土入模前将基础和二次衬砌混凝土

铁路隧道工程施工与维护

表面进行湿润。

混凝土浇筑水平分层进行，每层混凝土厚度 30cm，混凝土采用插入式振动器进行振捣，振捣过程中应注意振动范围和振动时间，防止漏振和过振，同时振动棒注意不应碰撞模板和预埋件。混凝土的振捣以混凝土不再沉落，表面不泛气泡为度。在混凝土施工过程中应有专人查看模板，以免胀模、跑模现象出现。混凝土浇筑完成后应严格控制接缝面的平直度，注意插设接缝钢筋。端墙混凝土浇筑如图 3-8 所示。挡墙施工如图 3-9 所示。

图 3-8　端墙混凝土浇筑

图 3-9　挡墙施工

5.模板拆除

当端墙的混凝土全部浇筑完成并且在强度达到设计的 80% 后，进行模板拆除，利用起重机自上而下进行拆除，拆除过程中应有专人指挥，拆模时注重对成品混凝土的保护，禁止野蛮拆模，防止模板碰坏混凝土表面，模板拆除后进行洒水养护。

6.混凝土养护

在混凝土浇筑完成并初凝后将混凝土表面用棉毡进行覆盖并洒水湿润进行养护，当气温降低时应将整个模板表面用棉毡进行覆盖保温。混凝土的养护期不少于 14d。

在第一段混凝土施工完成后立模浇筑第二次混凝土。为保证新老混凝土的良好结合，老混凝土表面应进行凿毛处理。

7.挡墙、翼墙施工

端墙模板拆除后，凿毛挡墙、翼墙范围内的端墙和基础表面，整修好连接钢筋，并搭设脚手架绑扎钢筋和支立模板，模板的使用和拼装同上。混凝土的浇筑仍采用混凝土泵车，挡墙混凝土浇筑按照设计沉降缝的位置分段进行。

(四)斜切式洞门施工

1.洞门衬砌及斜切面施工

斜切式洞门除帽檐外其他部分的施工方式与明洞衬砌相同。斜切式衬砌结构内轮廓线与正洞内轮廓线相同的，一般利用洞身衬砌台车配合洞口斜切段定型钢模进行混凝土施工；斜切段衬砌为扩大断面结构的，利用洞身衬砌台车改装或制作可供循环利用符合扩大断面结构的衬砌台车组织施工。

首先进行台车定位与加固支撑，然后按设计要求绑扎洞门钢筋，施工时先将环向主筋安装到位，与模板台车间用垫块支撑，保证钢筋保护层厚度符合设计要求。内层主筋及纵向分布钢筋安装完毕后，在台车表面涂刷隔离剂，涂刷均匀且不污染衬砌钢筋。

安装上层钢筋，绑扎钢筋时注意纵向预留帽檐接茬钢筋，以备帽檐钢筋绑扎时连接用，使帽檐与洞门紧密地连接在一起。然后按照坐标将衬砌斜切面内外两条轮廓线放样到模板台车上，注意轮廓线的坐标是垂直模板台车的投影坐标，衬砌外层模板必须拼装紧密，防止灌注混凝土时由于泵送混凝土压力较大造成严重漏浆或者造成跑模现象。

图 3-10　斜切式洞门外模板

外模支立完毕后的加固工作非常重要，由于泵送混凝土的压力大，外模无外部自然支撑，仅靠人为加固，整个外模应紧密设置加固筋，每根加固筋应与衬砌主筋焊接牢固，外模除布设垂直方向的加固筋外，还应设置环向加固筋。外模支立的过程中分层按照轮廓线坐标点封闭衬砌斜切面，并与外模一起加固，最后形成整体封闭的空间，如图 3-10 所示。利用模板台车投料窗进行混凝土灌注，混凝土灌注时，随时观察外模的动向，是否漏浆，是否跑模，若个别点存在漏浆现象应立即停止泵送混凝土，将漏浆处封堵严密后继续灌注。

2. 帽檐施工

由于帽檐的轮廓线全为坐标控制，模板一般采用工厂化预制钢模板拼装帽檐。根据设计图中的帽檐轮廓线椭圆要素，计算出 a、b、c、d 轮廓线的三维坐标值来指导模板支立，如图 3-11 所示。由于帽檐模板是工厂化精密加工，所以只要在台车模板表面测量放出 c 轮廓线的具体位置就可以通过出厂模板编号顺序完成 ac 面模板安装，绑扎帽檐双层钢筋完毕后在已浇筑的斜切混凝土面上放出 d 轮廓线具体位置，再放出 b 轮廓线的部分控制点就可以安装定位 bd 面模板，最后再整体安装帽檐模板顶部盖板。

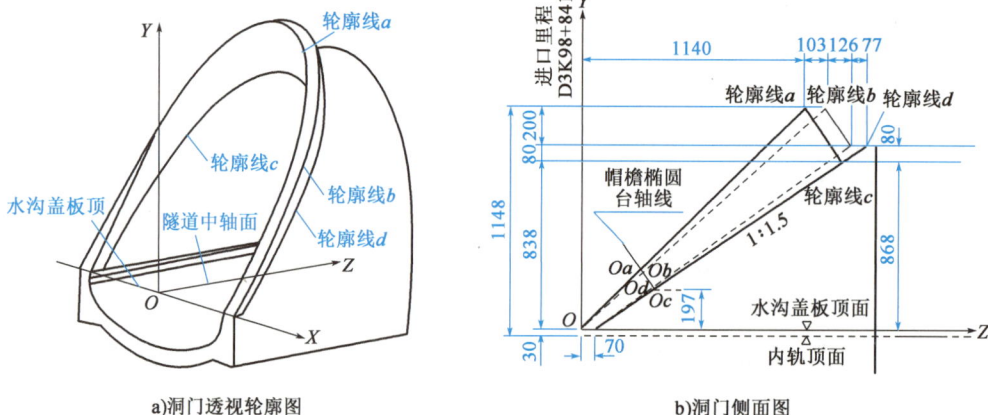

a)洞门透视轮廓图　　　　　　b)洞门侧面图

图 3-11　斜切式洞门图(尺寸单位:cm)

帽檐钢筋为双层钢筋，受力钢筋接头宜设置在受力较小处，并分散布置。受拉钢筋采用套筒机械连接方式，其他钢筋可采用绑扎搭接，钢筋施工前需现场放样后方可施工。钢筋接头应避开钢筋的弯曲处，距离弯曲点的距离不得小于钢筋直径的 10 倍。斜切面范围内纵向、环向主筋按斜切面及帽檐的形状进行变化，在相应部位断开，断开部位必须与封口钢筋连接。帽檐表面施作封口钢筋，封口钢筋沿帽檐外露面布置。

由于帽檐内外弧模板均无自然支撑，所以人为支撑必须稳固牢靠，如图 3-12 所示。混凝土施工时，必须控制灌注速度与振捣强度，并随时观察模板是否变形，漏浆时及时封堵，在不影响混凝土强度的前提下，尽量放慢灌注速度，每个投料口填满混凝土后应停顿一段时间，但不能超过混凝土的初凝时间，帽檐混凝土应加强养护。

拆除模板及支（拱）架的条件：当洞门结构跨径大于 8m 时，混凝土强度必须达到

图 3-12　帽檐内外弧模板

其设计强度标准值的 100%；当洞门结构跨径小于等于 8m 时，混凝土强度必须达到其设计强度标准值的 70%。

（五）洞门防排水及回填

斜切式洞门结构明挖施工段拱部和边墙外露部分，均应涂刷水泥基防水涂料。填土部分拱墙先施作厚 3cm 的 M10 水泥砂浆保护层，再铺设防水板。防水板外施作 3cm 厚的 M10 水泥砂浆保护层后再回填。

端墙背后排水管网的设置。管网可采用外包土工布的打孔波纹管，排水管在路基面高度处采用 PVC 管排入侧沟。端墙后横向排水管要求以不小于 3% 的坡度设置。

挡墙身在路基面处及以上部分，应设置的泄水孔，并上下左右交错布置。为防止泄水孔堵塞，应在泄水孔进口处设置反滤层，并在最低排泄水孔下部设置黏土隔水层。反滤层材料除了用填石外，也可考虑使用无纺布。

为便于隧道中心水沟排水，隧道洞口需设置检查井。当采用墙式洞门时，检查井设在距洞口里程 3m 处；当采用斜切洞门时，检查井设在隧线分界里程外路基范围内；当桥隧相连，洞口外无法设置检查井时，应根据具体设计图进行施工。

当洞口边（仰）坡设置骨架护坡防护时，斜切洞门在平台上坡脚处设置水沟，将水引排至线路两侧或自然沟；端墙式洞门在挡墙上部或挡墙侧的平台上设置挡水板，并将水引至吊沟，翼墙侧将水引至墙顶沟槽。

洞门端墙及挡翼墙后的空隙应根据实际情况，及时采用土石或改良土等回填密实，以确保边（仰）坡稳定。回填的土石不得含有石块、碎砖、灰渣及有机杂物，也不得有冻土。回填施工应均匀对称进行，并分层夯实，其两侧回填土面高差不得大于 50cm，人工夯实每层厚度不得大于 25cm，机械夯实每层厚度不得大于 30cm。洞门端墙及挡翼墙墙背超挖较少时，采用墙体同级材料回填，超挖较大时采用的回填材料应符合相关规定。隧道边坡超挖部分采用 Ml0 浆砌片石嵌补至坡面齐平，勿使墙后水流堵塞或造成积水现象。

(六)质量检验

(1)隧道洞门结构、挡(端)墙质量检验见表3-2。

洞门工程结构质量检验 表3-2

序号	项目	检验数量	检验方法
1	隧道洞门结构、挡(端)墙和明洞基础的地质情况和地基承载力应符合设计要求	同《铁路工程地质原位测试规程》(TB 10018—2018)	观察、地基承载力检验应符合《铁路工程地质原位测试规程》(TB 10018—2018)的规定
2	隧道洞门结构、挡(端)墙和明洞基础的基坑底面应无积水、虚渣、杂物	同《铁路工程地质原位测试规程》(TB 10018—2018)	观察、地基承载力检验应符合《铁路工程地质原位测试规程》(TB 10018—2018)的规定
3	隧道洞门结构、挡(端)墙、缓冲结构和明洞结构的钢筋规格、数量及安装应符合设计要求	全数检查	观察、尺量
4	隧道洞门结构、挡(端)墙、缓冲结构和明洞结构混凝土强度应符合设计要求	按规定的取样数量与频率进行检查、检测	符合《铁路混凝土强度检验评定标准》(TB 10425—2019)的相关规定
5	隧道洞门结构、挡(端)墙、缓冲结构和明洞结构的位置应符合设计要求	每不大于5m检查一个断面	尺量、测量
6	隧道洞门结构、挡(端)墙和明洞结构的变形缝位置和处理应符合设计要求	全数检查	观察、测量
7	泄水孔、泄水槽的位置、数量应符合设计要求，不得出现反坡	全数检查	观察、测量

(2)隧道洞门结构、挡(端)墙、明洞基础开挖尺允许偏差和检验方法应符合表3-3的规定。

开挖尺寸允许偏差和检验方法 表3-3

序号	项目	允许偏差(mm)	检查数量	检验方法
1	开挖边缘距线路中线距离	+500,0	全数检查	尺量，每边不少于5处
2	开挖长度、宽度	+100,0	全数检查	
3	基底开挖高程	−100,0	全数检查	测量，每边不少于5处

(3)隧道洞门结构、挡(端)墙、缓冲结构的几何尺寸允许偏差及检验方法应符合表3-4的规定。

铁路隧道工程施工与维护

洞门结构、挡（端）墙、缓冲结构几何尺寸允许偏差和检验方法　　表 3-4

序号	项目	允许偏差	检验数量	检验方法
1	基础中线平面位置	±10mm	每一浇筑段检查一个断面	测量，每边不少于4处
2	基础长度、宽度	+100mm，−10mm		
3	基础顶面高程	±20mm		
4	端、翼墙边缘平面位置	+10mm，0		
5	端、翼墙边缘顶面高程	±20mm		
6	斜切段、缓冲结构拱部高程	+30mm，0		
7	缓冲结构垂直度	2‰		尺量
8	表面平整度	15mm		2m靠尺测量，拱部不少于2处，墙身不少于4处

注：平面位置以隧道设计中线为准进行测量。

（4）隧道洞门结构、挡（端）墙和明洞的预埋件和预留孔洞的位置、数量应符合设计要求，其位置和尺寸允许偏差和检验方法应符合表 3-5 的规定。

预埋件和预留孔洞位置和尺寸允许偏差和检验方法　　表 3-5

序号	项目		允许偏差（mm）	检验数量	检验方法
1	预留孔洞	中心位置	15	每一浇筑段检查一次	尺量
		尺寸	+15，0		
2	预埋件	中心位置	5		
		外露长度	+10，0		

三　明洞及缓冲结构施工

明洞采用明挖法修建，是在露天的路堑地面上，或是在敞口的基坑内，先修筑结构物，然后再回填覆盖土石。这样修筑的构筑物，外形几乎与隧道无异，有拱圈、边墙和底板，净空与隧道相同，和地表相连处，也设有洞门、排水设施等。

动画：明挖法　　动画：隧道明洞施工

（一）施工工艺流程

明洞施工工艺流程如图 3-13 所示。

（二）基槽开挖

基槽开挖过程中应边开挖边检测各控制点的高程，避免超挖，对于局部欠挖部位必须及时处理，确保仰拱无欠挖。

土质挖方到基底高程后清理浮土，试验室派人在现场进行地基承载力试验，与设计图纸核对，地基承载力达到设计要求，对基底进行夯实，准备进行下道工序；如地基承载力不够，报业主、监理、设计单位变更设计，可采取浆片、混凝土换填等处理措施。

石质挖方到设计高程后清理浮渣，对进入到仰拱范围内的孤石进行小炮处理，经验收合格后进入下道工序。

铁路隧道工程施工与维护

施工准备

↓

洞口段及基槽开挖支护

↓

基底物探及承载力试验 —— 与设计不符 →

↓符合设计

仰拱混凝土 ←———— 处理

↓

填充混凝土

↓

模板台车就位

↓

模板检查 —— 不合格 →

↓合格

钢筋绑扎 ←———— 处理

↓

安装外模

↓

浇筑衬砌混凝土

↓

施作防水层及排水设施

↓

回填

↓

结束

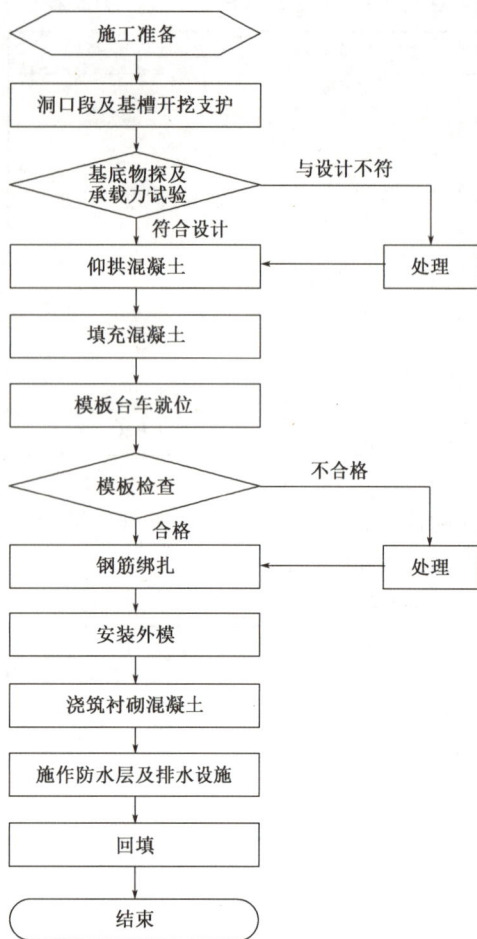

图 3-13　明洞施工工艺流程图

（三）仰拱及填充混凝土施工

1. 中心排水管施工

按照设计开挖中心排水管沟槽，浇筑管座混凝土，安装中心排水管，回填沟槽。施工过程中注意排水管安装要平顺，与管座间填充密实；沟槽按照设计回填，要求密实平整；按照设计预留检查井和引水管。

2. 钢筋绑扎

仰拱钢筋在钢筋加工场制作，钢筋在定制的模具上制作，注意按照规范要求错开钢筋搭接位置，保证搭接长度，钢筋存放在钢筋棚内或用防水布包严，防止锈蚀。

仰拱钢筋加工后运至现场绑扎，绑扎前对钢筋的位置进行放样；绑扎过程中严格控制钢筋位置、间距、保护层厚度、搭接焊缝长度和质量、钢筋绑扎点数量。

3. 模板安装

模板可采用大块木模或钢模进行现场的拼制，模板的刚度及平整度符合要求，支撑可采用钢管，确保支撑的牢固稳定，对拼缝不严密的局部采用膨胀胶进行填塞封堵，防止混凝土浇筑时出现漏浆造成混凝土出现麻面。

4. 仰拱混凝土浇筑

仰拱应整体浇筑，一次成型。混凝土采用拌和站集中拌和，混凝土搅拌运输车运输至施工地点直接入模进行浇筑。混凝土拌和及运输过程应确保混凝土质量，避免混凝土出现离析及混凝土坍落度损失过大，影响混凝土质量。混凝土振捣应确保混凝土满足内实外光的质量要求。仰拱回填的片石强度及大小必须符合要求。

5. 仰拱填充施工

填充混凝土应在仰拱混凝土终凝后浇筑，施工中注意施工要紧凑，保证仰拱回填混凝土浇筑厚度；注意控制顶面高程，避免侵入道床结构层。填充混凝土强度达到 5MPa 后允许行人通过，达到设计强度的 100% 后允许车辆通行。

（四）拱部施工

1. 台车拼装、定位

明洞衬砌施工采用整体式模板台车一次浇筑成型。模板台车按照隧道净空周边加大 5cm 设计，预留出变形量和施工误差，预防衬砌侵入隧道净空。加工后运到现场进行拼装，拼装过程中及时修整模板的平整度和模板间的错台，模板如有孔洞及时修补。模板台车内设上下扶梯和工作平台，并在工作平台四周设扶手，确保施工人员安全，如图 3-14

所示。

模板台车拼装完成后检查验收，仔细检查模板的弧度、平整度、模板错台、构件间连接的牢固性。

模板台车验收合格后行进至明洞位置根据测设的中心线就位，主要控制模板平面位置和拱顶高程，以及支撑的牢固性。台车定位借助测量仪器，用全站仪将隧道衬砌中心线测出，并用钢钉钉点做好标记，找出衬砌台车的中心，用吊垂找出台车中心线与衬砌中心线的偏差后进行调整，直至两中心线

图 3-14　模板台车

重合。再用水准仪测出衬砌台车中心顶面的高程，算出与衬砌中心顶面高程的差值后调整高度。分别测出左右两个脚点的方位，与设计方位对比，找出差值后进行调整。至此，台车的位置定位完成。将台车的支撑螺旋杆全部撑开并扭紧，每根螺旋杆必须都由专人负责检验，以防松动（混凝土浇筑过程中也要不定时的进行检验）。绑扎钢筋完毕后，用钢模板将台车端头封闭，封闭后的端头要密合，不能出现较大的缺口，要保证混凝土施工过程中，外模及堵头模板不漏浆。

2. 钢筋绑扎

拱圈钢筋在钢筋加工场加工，加工时注意按照规范要求错开钢筋搭接位置，保证搭接长度。加工后运至现场绑扎，绑扎前对钢筋的位置进行放样；绑扎过程中严格控制钢筋位置、间距、保护层厚度、搭接焊缝长度和质量、钢筋绑扎点数量。

钢筋绑扎中注意安装预埋件，要求预埋件固定牢固，防止混凝土浇筑过程中移动。如图 3-15 所示。

3. 外模安装

外模要有一定的刚度，拼接密实、支撑牢固。检查重点为模板缝隙和支撑牢固程度，避免跑浆和跑模。

两头端模同样要求拼接密实、支撑牢固。洞门处的端模尤为重点，保证浇筑后位置正确、光滑平整。端模安装过程中应按照设计要求安装环向止水带。

图 3-15　钢筋绑扎

4. 拱部混凝土浇筑

将台车上所有的工作和检查窗口全部打开，从衬砌台车的一侧接入混凝土输送泵的输送管道，调试混凝土搅拌设备及混凝土配合比后开始浇筑。混凝土在浇筑过程中要保证左右两侧同步浇筑，以平衡混凝土自重所带来的偏压力，防止将台车挤压偏位，造成胀模。混凝土入模后要及时振捣，振捣时间要适中，不能太长也不能太短，以免造成混凝土离析或不密实。在施振过程中要注意对预留及预埋件的保护，以免将其损坏，失去作用。在弧顶部位的混凝土可采用附着式振捣器对其进行的振捣。在施工过程中要保证混凝土的坍落度及良好的流动性以填充拱部的剩余空间。

混凝土施工完成后，要在规定的时间内进行拆模，以防止时间过长，混凝土附着于模板表面，不易拆除，最终导致粘连，影响混凝土表面的美观。泵送混凝土的拆模待混凝土强度达到8MPa后进行。

混凝土拆模后，要及时对其进行养护，以保证混凝土的强度按期增长。在实际施工中，可采用洒水养护。待混凝土强度达到要求后，方可取消对混凝土的养护。

（五）防水层施工

防水层施工应符合相关标准规范的要求。

（六）回填及排水系统

在明洞及洞门混凝土施工完成后，待混凝土的28d抗压强度达到设计要求，便可对明洞进行回填，如图3-16所示。

图3-16　隧道明洞回填

侧墙回填应两侧对称进行，石质地层中岩壁与墙背空隙较小时用与墙身同级混凝土回填；空隙较大时用片石混凝土回填密实。土质地层，应将墙背坡面挖成台阶状，用片石分层码砌，缝隙用碎石填塞密实。

洞顶回填的材料应选用均匀的碎石土，回填时要分层回填并压实。因不宜在明洞衬砌上施加过大压力，故压实工具应选用小型机具，分层进行拱顶回填，分层厚度不大于0.3m，两侧回填土面的高差不得大于0.5m。夯填超过拱顶1.0m以上后方可采用大型机械回填。回填的最后一层为耕植土，主要为日后的绿化工作做好准备，故耕植土可松铺。

洞顶要做好排水系统，如洞顶排水沟等，保障洞顶排水顺畅，无积水，可减轻洞内的防排水压力，达到综合防排的效果。侧沟在拱墙二次衬砌之后，与填充混凝土施工同时进行。水沟采用整体定型模板，一次浇筑成型。施工过程中控制好模板的中线、水平，并要求模板支撑牢固，防止浇捣时模板位移和上浮。水沟盖板在现场预制场集中进行预制。

（七）缓冲结构施工

隧道洞口的缓冲结构可以消减列车进入隧道时诱发的空气动力学效应。缓冲结构的净空断面积大于隧道净空断面积，并在顶部和边墙上开有窗口，可以缓解列车运行空间条件骤变的程度，从而起到消减微气压波的作用。缓冲结构紧邻隧道洞门，其施工要求与明洞施工没有明显区别。

（八）质量检验

（1）明洞和缓冲结构的质量检验见表3-2。缓冲结构的几何尺寸允许偏差及检验方法应符合表3-6的规定。

缓冲结构几何尺寸允许偏差和检验方法　　表3-6

序号	项目	允许偏差	检验数量	检验方法
1	斜切段、缓冲结构拱部高程	+30mm，0	每一浇筑段	测量，每边不少于4处
2	缓冲结构垂直度	2‰	检查一个断面	尺量

序号	项目	允许偏差	检验数量	检验方法
3	表面平整度	15mm	每一浇筑段检查一个断面	2m靠尺测量,拱部不少于2处,墙身不少于4处

注:平面位置以隧道设计中线为准进行测量。

（2）明洞的预埋件和预留孔洞的位置、数量应符合设计要求,其位置和尺寸允许偏差和检验方法应符合表3-5的规定。

（3）明洞混凝土结构外形尺寸允许偏差和检验方法应符合表3-7的规定。

明洞混凝土结构外形尺寸允许偏差和检验方法　　　　　表3-7

序号	项目	允许偏差（mm）	检验方法
1	边墙平面位置	±15	尺量
2	拱部高程	+60,0	测量
3	边墙、拱部表面平整度	8	2m靠尺检查或断面仪测量

（4）回填材料种类、粒径以及回填压实质量应符合设计要求。检验数量、检验方法应符合《铁路工程土工试验规程》（TB 10102—2023）的规定。回填分层厚度、回填高度和坡度允许偏差应符合表3-8的规定。

回填分层厚度、回填高度和坡度允许偏差　　　　　表3-8

序号	项目	允许偏差	检验数量	检验方法
1	分层厚度	±100mm		
2	回填高度	+500mm,0	全数检查	测量
3	坡度	+1%,0		

⚠ **任务实施与总结评价**

请完成本教材配套《铁路隧道工程施工与维护实训手册》中专业知识认知、能力素质训练及任务总结的相关内容,并依次进行学员自评、组长评价和指导老师评价。

任务二　选择隧道开挖方法

◆ **任务引入**

哈大高速铁路(简称哈大高铁)是我国在东北地区修建的第一条高速铁路,全线运营里程921km,设计速度350km/h,是世界首条高寒地区高速铁路,如图3-17所示。哈大高铁克服了季节性冻土施工、接触网融冰、道岔融雪、车体防寒等多项技术难题,为世界高铁建设贡献了中国方案。

哈大高铁隧道较少,笔架山隧道是全线4座重点隧道之一,起讫里程为DK67+255~DK67+600,全长345m,埋深30m,开挖面

图3-17　哈大高铁

积209m²。隧道所处位置地表覆盖0.5~2.0m细角砾土,下部为页岩和石英砂岩,其中Ⅲ级围岩159m,Ⅳ级围岩186m。隧道应该如何进行开挖呢?

▲ 任务描述

结合隧道施工模型和虚拟软件，掌握铁路隧道开挖方法；理解各种施工方法的特点；能够根据隧道现场的实际情况，选择合适的开挖方法；能够编制隧道开挖作业指导书，并根据《客货共线铁路隧道工程施工技术规程》(Q/CR 9653—2017)指导现场施工。

◇ 相关知识

隧道施工就是要挖除坑道范围内的岩体，并尽量保持坑道围岩的稳定。显然，开挖是隧道施工的第一道工序，也是关键工序。在坑道的开挖过程中，围岩稳定与否，虽然主要地取决于围岩本身的工程地质条件，但无疑开挖对围岩稳定状态有直接而重要的影响。因此，隧道开挖的基本原则是：在保证围岩稳定或减少对围岩扰动的前提条件下，选择恰当的开挖方法和掘进方式，并应尽量提高掘进速度。即在选择开挖方法和掘进方式时，一方面应考虑隧道围岩地质条件及其变化情况，选择能很好地适应地质条件及其变化，并能保持围岩稳定的方法和方式；另一方面应考虑坑道范围内岩体的坚硬程度，选择能快速掘进，并能减少对围岩扰动的方法和方式。

隧道施工中，开挖方法是影响围岩稳定的重要因素之一。因此，在选择开挖方法时，应对隧道断面大小及形状、围岩的工程地质条件、支护条件、工期要求、工区长度、机械配备能力、经济性等相关因素进行综合分析，采用恰当的开挖方法，尤其应与支护条件相适应。

隧道开挖方法实际上是指开挖成型方法。按开挖隧道的横断面分部情形，开挖方法可分为全断面开挖法、台阶开挖法、分部开挖法等。

一 全断面开挖法

全断面开挖法是按设计轮廓线一次爆破开挖成型，再施作衬砌的施工方法，如图 3-18 所示。

图 3-18　全断面施工

(一)适用条件

全断面开挖法一般适用于 Ⅰ、Ⅱ、Ⅲ 级围岩，Ⅳ、Ⅴ 级围岩在采取有效措施稳定开挖面后，也可采用全断面开挖法。

(二)特点

(1)可以减少开挖对围岩的扰动次数，有利于围岩天然承载拱的形成。

(2)全断面开挖法有较大的作业空间，有利于采用大型配套机械化作业，提高施工速度，防水处理简单，且工序少，便于施工组织和管理。

(3)对地质条件要求高，围岩必须有足够的自稳能力。

(4)由于开挖面较大，围岩相对稳定性降低，且循环工作量相对较大。

(5)当采用钻爆法开挖时，每次深孔爆破振动较大，因此要进行精心的钻爆设计和严格的控制爆破作业。

（三）施工作业

1.施工工序

全断面开挖法的施工工序如图 3-19 所示。

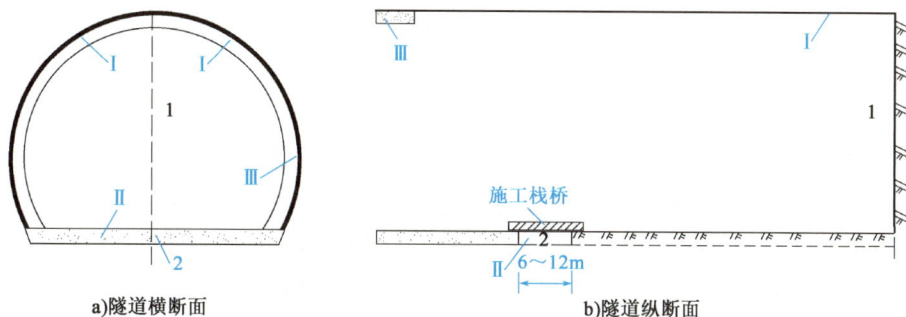

a)隧道横断面   b)隧道纵断面

图 3-19　全断面开挖法施工工序示意图

1-开挖;2-检底;Ⅰ-初期支护;Ⅱ-铺底混凝土;Ⅲ-拱墙混凝土

2.施工工艺流程

全断面开挖法的施工工艺流程如图 3-20 所示。

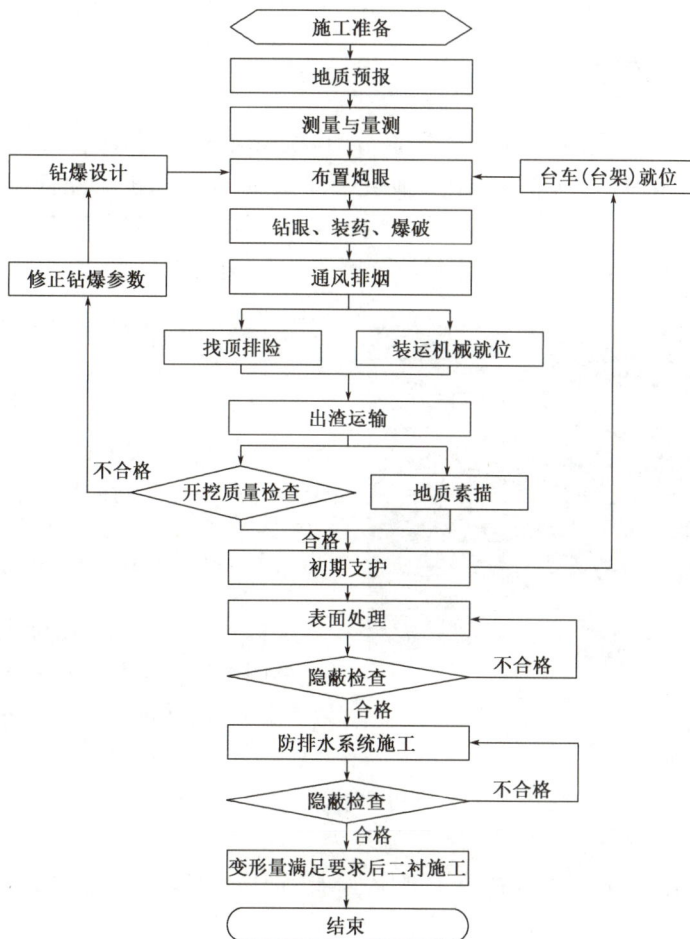

图 3-20　全断面开挖法施工工艺流程图

3. 施工要点

（1）加强对开挖面前方的工程地质和水文地质的调查。对不良地质情况，要及时预测预报、分析研究，随时准备好应急措施（包括改变施工方法），以确保施工安全和工程进度。

（2）控制一次同时起爆的炸药量和循环进尺，降低爆破震动对围岩的影响和确保开挖工作面的稳定。

（3）长隧道及特长隧道应采用大型施工机械，各种施工机械设备应合理配套，充分发挥机械设备的综合效率。

（4）加强各辅助作业和辅助施工方法的设计与施工检查。尤其在软弱破碎围岩中使用全断面开挖时，应对支护后围岩的变形进行动态量测与监控，使各辅助作业的三管两线（即高压风管、高压水管、通风管、电线和运输路线）保持良好状态。

（5）Ⅰ、Ⅱ级围岩开挖循环进尺不宜大于3.5m，Ⅲ级围岩循环进尺不宜大于3.0m；Ⅳ、Ⅴ级围岩在采取有效的超前预加固措施稳定开挖工作面后，若采用全断面开挖法，循环进尺不得大于2m。

（6）全断面开挖法选择支护类型时，应优先考虑锚杆、喷混凝土、挂网、钢架等支护形式。

二 台阶开挖法

动画:台阶
开挖法

　　台阶开挖法是将开挖断面分两部或多部开挖，如图3-21所示。台阶开挖法有多种开挖方法，可根据地层条件、断面大小和机械配备情况选用。台阶开挖法可分为上、下两部（二台阶）或上、中、下三部（三台阶）开挖，其演变有三台阶七步开挖法、弧形导坑预留核心土开挖法等。

图3-21　台阶开挖法施工

（一）适用条件

　　二台阶法适用于单线隧道及围岩地质条件较好的双线隧道；三台阶法用于隧道断面较高、单层台阶断面尺寸较大时。

（二）特点

（1）灵活多变，适用性强，凡是软弱围岩、第四纪堆积地层、均可采用二台阶法作为基本方法，地层变好或变坏时，可以及时变更、变换成其他方法。

（2）台阶法开挖具有足够的作业空间和较快的施工速度。台阶法有利于开挖面的稳定性，尤其是上部开挖支护后，下部作业则较为安全。

（3）上下部作业有干扰，应注意下部作业对上部稳定性的影响。另外，台阶开挖会增加围岩扰动次数。

铁路隧道工程施工与维护

（三）二台阶法

二台阶法也称正台阶法，根据台阶长度可分为长台阶法、短台阶法和超短台法阶（也称微台阶）三种，如图3-22所示。在施工中究竟选择何种二台阶开挖法，一般根据以下两个条件决定：

（1）初次支护形成闭合断面的时间要求，围岩越差，闭合时间越短。

（2）上断面施工所用的开挖、支护、出渣等机械设备施工场地大小的要求。

对于软弱围岩，主要考虑前者，以确保施工安全；对较好围岩，主要考虑如何更好地发挥机械设备的效率，确保施工中的经济效益，因此，只考虑后者。

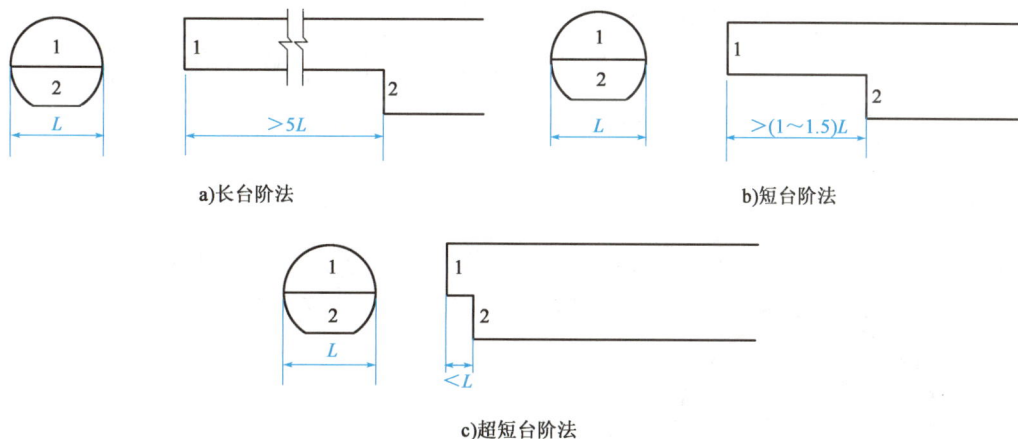

a)长台阶法　　　　　　　　b)短台阶法

c)超短台阶法

图3-22　二台阶的类型
注：数字表示开挖顺序。

1. 长台阶法

长台阶法是将断面分成上半断面和下半断面两部分进行开挖，上、下断面相距较远，一般上台阶超前50m以上或大于5倍洞跨。施工时上、下部可配属同类机械进行平行作业。当隧道长度较短时，亦可先将上半断面全部挖通后，再进行下半断面施工，即为半断面法。

长台阶法的开挖断面小，有利于维持开挖面的稳定，适用范围较全断面法广，在Ⅰ～Ⅴ级围岩中均可采用，在上、下两个台阶上，分别进行开挖、支护、运输、通风、排水等作业，因此台阶长度要适当长些。但台阶长度过长，会增加支护封闭时间，同时增加通风排烟、排水的难度，降低施工的综合效率，台阶长度一般在50～80m之间。

2. 短台阶法

短台阶法也是分成上、下两个断面进行开挖，只是两个断面相距较近，一般上台阶长度小于5倍，但大于1～1.5倍洞跨。台阶长度既要实现分台阶开挖，又要实现支护及早封闭。

短台阶法可缩短支护结构闭合时间，改善初期支护的受力条件，有利于控制隧道围岩的变形，适用范围广泛，Ⅲ～Ⅴ级围岩均可采用。

短台阶法的缺点是上台阶出渣时对下半断面施工的干扰大，不能全部平行作业。为解决这种干扰，可采用长皮带运输上台阶的石渣，或设置由上半断面过渡到下半断面的坡道，将上台阶的石渣直接装车运出。过渡坡道的位置可设在中间，亦可交替地设在两侧。过渡坡道法适用于断面较大的双线隧道。

3. 超短台阶

超短台阶法也是分成上、下两个断面进行开挖，但上台阶仅超前 3～5m，只能采用交替作业。台阶长度小于 3m 时，无法正常进行钻眼和拱部的喷锚作业支护；台阶长度大于 5m 时，利用爆破将石渣翻至下台阶有较大困难，必须采用人工翻渣。

由于超短台阶法初次支护全断面闭合时间短，更有利于控制围岩变形，所以其适用于 Ⅴ～Ⅵ级围岩，要求及早封闭断面的场合。

超短台阶法的缺点是上、下断面相距较近，机械设备集中，作业时相互干扰大，生产效率低，施工速度较慢。

4. 施工作业

（1）施工工序。

二台阶开挖法的施工工序如图 3-23 所示。

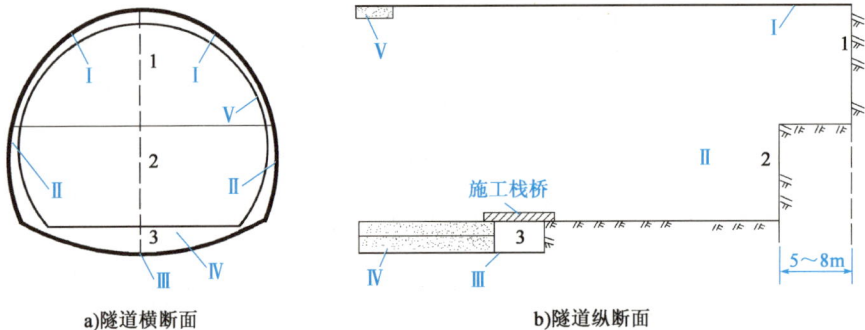

a)隧道横断面　　　　　　　　　b)隧道纵断面

图 3-23　二台阶法施工工序示意图

1-上台阶开挖;2-下台阶开挖;3-仰拱开挖;Ⅰ-上台阶初期支护;Ⅱ-下台阶初期支护;Ⅲ-仰拱喷混凝土;Ⅳ-仰拱填充混凝土;Ⅴ-拱墙混凝土

（2）施工工艺流程。

二台阶开挖法的施工工艺流程如图 3-24 所示。

（3）施工要点。

①钻爆开挖时应采用弱爆破，爆破时严格控制炮眼深度及装药量。

②台阶高度应根据地质情况、隧道断面大小和施工机械设备情况确定，其中上台阶高度以 2～2.5m 为宜。

③下台阶断面开挖应两侧交错进行，下台阶开挖后仰拱施工应紧跟。施工中应解决好上下台阶的施工干扰问题，下部应减少对上部围岩、支护的扰动。

④施工中，应按有关规范及标准图的要求，进行监控量测，及时反馈结果，分析洞身结构的稳定，为支护参数的调整、浇筑二次衬砌的时机提供依据。

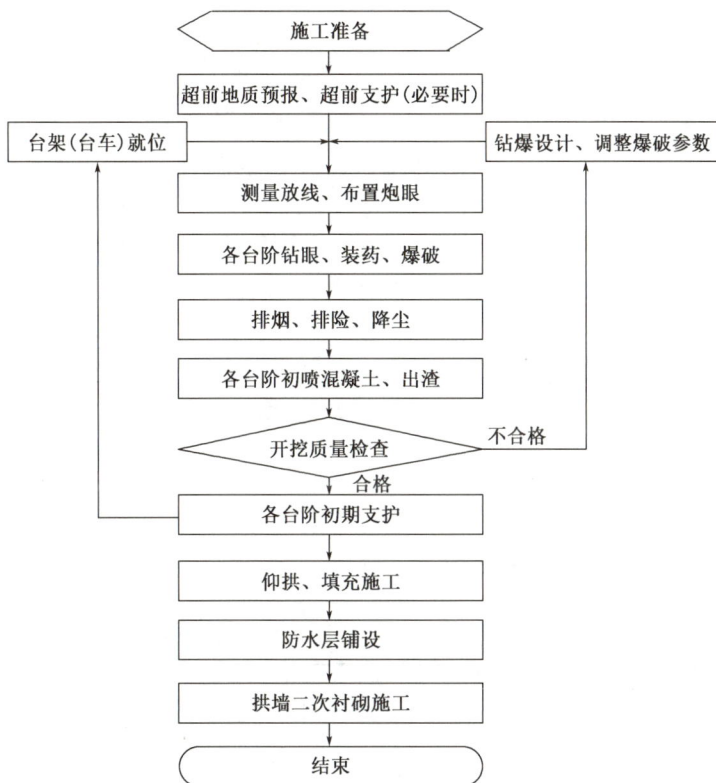

图 3-24　二台阶、三台阶法施工工艺流程图

⑤上台阶施作钢拱架时，采用扩大拱脚和锁脚锚杆等措施，控制围岩和初期支护变形，必要时施作临时仰拱。

⑥下台阶在上台阶喷射混凝土达到设计强度 70% 以上时开挖，当岩体不稳定时需缩短进尺，必要时分下台阶左右两部开挖，并及时施作初期支护和仰拱。

⑦下台阶施工时要保证初期支护钢架整体顺接平直，螺栓连接牢靠。

(四)三台阶法

三台阶法是将隧道分成上、中、下三个断面进行开挖，如图 3-25 所示。三台阶开挖法可用于双线隧道Ⅲ、Ⅳ级围岩，单线隧道Ⅵ级围岩地段。

1. 台阶划分原则

三台阶的划分应遵循以下两点：一是拱部第一台阶矢跨比不得小于 1/5，且台阶高度在满足人工作业空间需求的前提下，尽量低。矢跨比小于 1/5，则支护的力学性能更接近于梁而不是拱，这是危险的，所以一般情况下，拱部第一台阶矢跨

图 3-25　三台阶法施工

比按照 1/5 ~ 1/3 确定;降低拱部第一台阶高度的意义在于,当掌子面发生滑塌时,其停止滑塌的条件就是塌体形成坡面,所以,降低拱部第一台阶高度有助于尽快稳定滑塌。二是第二台阶底位于隧道断面圆心高度位置。第二台阶底位于隧道断面圆心位置的意义在于,当围岩发生变化时,有利于工法的转变。如围岩由Ⅲ级变为Ⅳ级时,由于Ⅲ级围岩一般采取二台阶开挖法施工,且其台阶划分就是以圆心为准的,只要先暂停中台阶掘进而只掘进上台阶,约两个循环后三台阶的型式就形成了(刚开始上台阶的渣扒至中台阶即可,不必运出);当围岩由Ⅳ级变为Ⅲ级时,只要暂停上台阶的掘进,两、三个循环后,二台阶的形式即形成。

台阶长度的确定。上台阶长度的确定主要考虑两个条件:一是满足凿岩机作业所需长度要求,二是不得小于上台阶高度。中台阶长度的确定主要考虑满足挖掘机作业空间需求和确保上台阶稳定。上、中台阶长度一般为 5 ~ 8m。

2. 施工作业

(1)施工工序。

三台阶法的施工工序如图 3-26 所示。

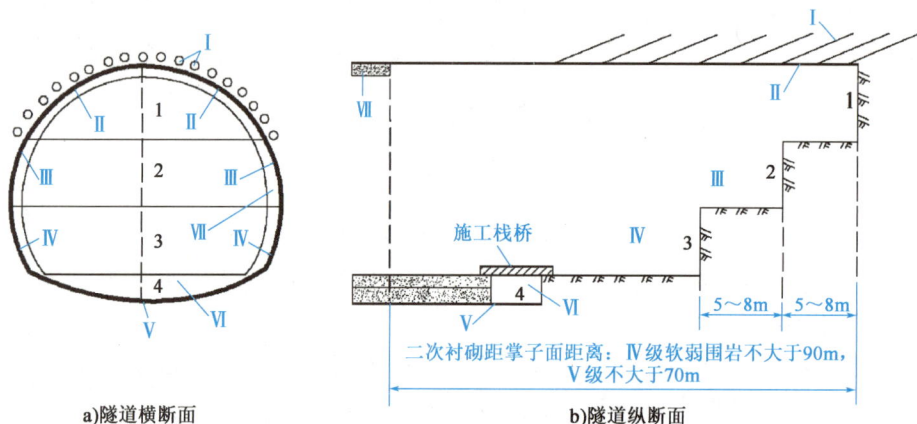

a)隧道横断面   b)隧道纵断面

图 3-26　三台阶开挖法施工工序示意图

1-上台阶开挖;2-中台阶开挖;3-下台阶开挖;4-仰拱开挖;Ⅰ-超前小导管;Ⅱ-上台阶初期支护;Ⅲ-中台阶初期支护;Ⅳ-下台阶初期支护;Ⅴ-仰拱初期支护;Ⅵ-仰拱填充混凝土;Ⅶ-拱墙混凝土

(2)施工工艺流程。

三台阶开挖法的施工工艺流程与二台阶法相同如图 3-24 所示。

(3)施工注意事项。

①钻爆开挖石质隧道时,应采用光面爆破技术。

②超前支护的长度应大于进尺的 2 倍以上。

③各步台阶一次开挖长度宜控制在 2 ~ 3m 之间,下台阶开挖后仰拱应紧跟。

④中、下台阶开挖时要确保支护基础襟边宽度不小于 1.0m。

三　弧形导坑预留核心土法

弧形导坑预留核心土法是在上部断面以弧形导坑领先,其次开挖下半部两侧,再开挖中部核心土的方法，如图 3-27 所示。

图 3-27　弧形导坑预留核心土法施工

(一)适用条件

弧形导坑预留核心土开挖法可用于单线隧道Ⅳ～Ⅵ级围岩、双线隧道Ⅲ～Ⅵ级围岩地段。

(二)特点

(1)能适应不同跨度和多种断面形式，与中隔壁法(CD法)、交叉中隔壁法(CRD法)、双侧壁等开挖工法相比没有需拆除的临时支护，节省投资。

(2)在地质结构复杂多变、软硬围岩相间的隧道施工中，便于灵活及时地调整施工工法，进度稳定，工期保障性强。

(3)无须增加特殊设备，施工投入少，工艺可操作性强。

(4)开挖工作面稳定性好，施工比较安全。

(三)施工作业

1.施工工序

弧形导坑预留核心土施工工序如图 3-28 所示。

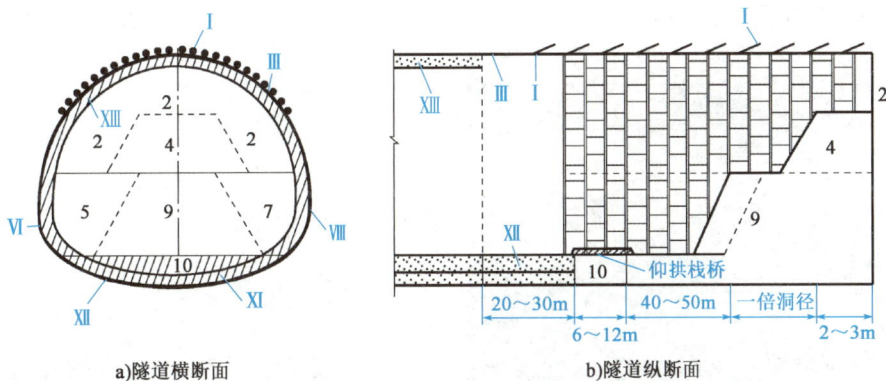

a)隧道横断面　　　　　　b)隧道纵断面

图 3-28　弧形导坑预留核心土施工工序示意图

2-上部弧形导坑开挖;4-上部核心土;5、7-两侧开挖;9-下部核心土开挖;10-仰拱开挖(捡底);Ⅰ-超前支护;Ⅲ-上部初期支护;Ⅵ、Ⅷ-两侧初期支护;Ⅺ-仰拱初期支护;Ⅻ-仰拱及填充混凝土;ⅩⅢ-拱墙二次衬砌

2.施工工艺流程

施工工艺流程如图 3-29 所示。

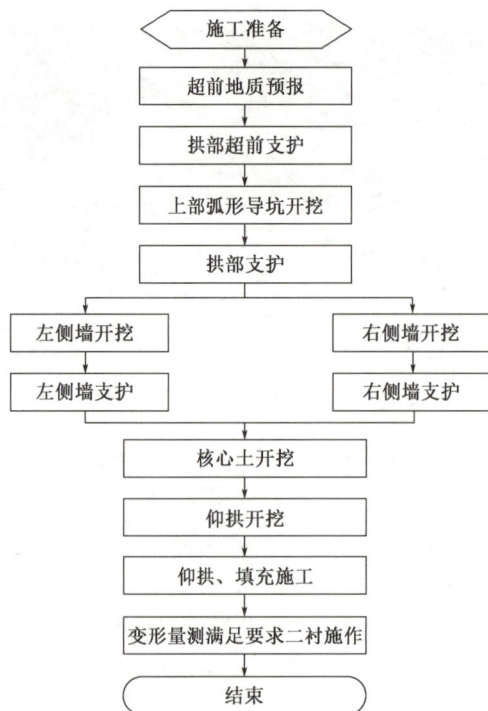

图 3-29　弧形导坑预留核心土法施工工艺流程图

3.施工要点

（1）环形开挖每循环长度宜为 0.5～1m。

（2）开挖后应及时施作喷锚支护、安装型钢支撑或格栅支撑，每两榀钢架之间应采用钢筋连接，并应加设锁脚锚杆，全断面初期支护完成距拱部开挖面不宜超过 30m。

（3）预留核心土面积的大小应满足开挖面稳定的要求，一般不小于整个断面的 50%。

（4）当地质条件差，围岩自稳时间较短时，开挖前应在拱部设计开挖轮廓线以外进行超前支护。

（5）上部弧形，左、右侧墙部，中部核心土开挖各错开 3～5m 进行平行作业。

（6）仰拱要超前二次衬砌且分别全幅浇筑，全断面衬砌时间根据监控量测确定，距离掌子面一般不超过 70m。

四　三台阶七步开挖法

三台阶七步开挖法，是以弧形导坑开挖留核心土为基本模式，分上、中、下三个台阶七个开挖面，各部位的开挖与支护沿隧道纵向错开平行推进的隧道施工方法，如图 3-30 所示。

图 3-30　三台阶七步开挖法施工

（一）适用条件

三台阶七步开挖法适用于开挖断面为 $100～180m^2$，具备一定自稳条件的 Ⅳ、Ⅴ 级围岩地段隧道施工。

（二）特点

（1）施工空间大，方便机械化施工，可以多作业面平行作业。部分软岩或土质地段可以采用挖掘机直接开挖，工效较高。

（2）当地质条件发生变化时，便于灵活、及时地转换施工工序，调整施工方法。

（3）适应不同跨度和多种断面形式，初期支护工序操作便捷。

（4）在台阶法开挖的基础上，预留核心土，左右错开开挖，利于开挖工作面稳定。

（5）当围岩变形较大或突变时，在保证安全和满足净空要求的前提下，可尽快调整闭合时间。

(三)施工作业

1.施工步骤

三台阶七步开挖法施工步骤如图3-31所示，开挖透视图如图3-32所示。

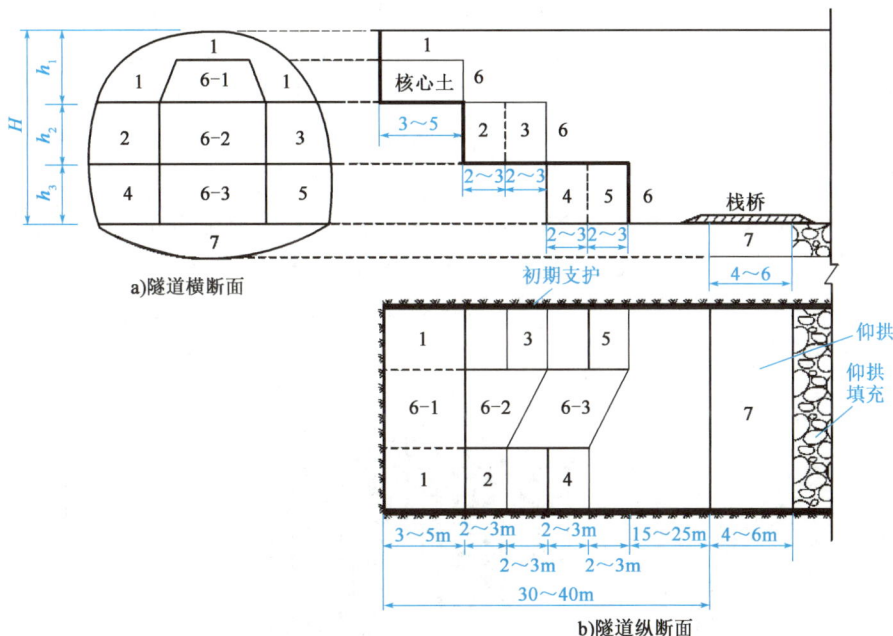

图3-31 三台阶七步开挖法施工步骤

注：1.上台阶开挖高度不小于上台阶开挖跨度的0.3倍，一般为3.0~4.0m。

2.中、下台阶开挖高度为隧道总开挖高度(不含仰拱)减去上台阶开挖高度后平均分配，一般为3.0~3.5m。

3.上台阶核心土长度(隧道纵向)为3.0~5.0m，高度为1.5~2.5m，宽度为上台阶开挖跨度的1/3~1/2。

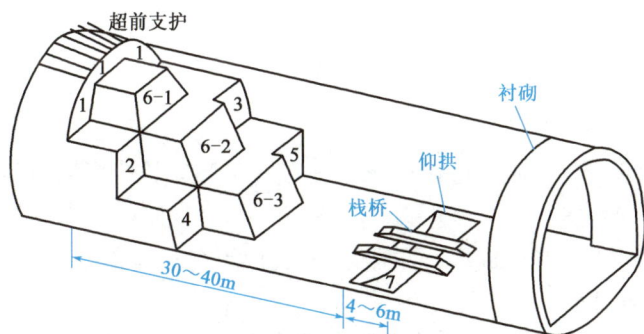

图3-32 三台阶七步开挖法开挖透视图

第1步，上部弧形导坑开挖：在拱部超前支护后进行，环向开挖上部弧形导坑，预留核心土，核心土长度宜为3~5m，宽度宜为隧道开挖宽度的1/3~1/2。开挖循环进尺应根据初期支护钢拱架间距确定，最大不得超过1.5m，开挖后立即初喷3~5cm混凝土。上台阶开挖矢跨比应大于0.3，开挖后应及时进行喷、锚、网系统支护，架设钢架，在钢架拱脚以上30cm高度处，紧贴钢架两侧边沿按下倾角30°打设锁脚锚杆，锁脚锚杆与钢架牢固焊接，复喷混凝土至设计厚度。

第 2、3 步，左右侧中台阶开挖：开挖进尺应根据初期支护钢架间距确定，最大不得超过 1.5m，开挖高度一般为 3～3.5m，左、右侧台阶错开 2～3m，开挖后立即初喷 3～5cm 混凝土，及时进行喷、锚、网系统支护，接长钢架，在钢架墙脚以上 30cm 高度处，紧贴钢架两侧边按向下倾角 30°打设锁脚锚杆，锁脚锚杆与钢架牢固焊接，复喷混凝土至设计厚度。

第 4、5 步，左、右侧下台阶开挖：开挖进尺应根据初期支护钢架间距确定，最大不得超过 1.5m，开挖高度一般为 3～3.5m，左、右侧台阶错开 2～3m，开挖后立即初喷 3～5cm 混凝土，及时进行喷、锚、网系统支护，接长钢架，在钢架墙脚以上 30cm 高度处，紧贴钢架两侧边按向下倾角 30°打设锁脚锚杆，锁脚锚杆与钢架牢固焊接，复喷混凝土至设计厚度。

第 6 步，上、中、下台阶预留核心土：各台阶分别开挖预留的核心土，开挖进尺与各台阶循环进尺一致。

第 7 步，隧底开挖：每循环开挖长度宜为 2～3m，开挖后及时施作仰拱初期支护，完成两个隧底开挖、支护循环后，及时施作仰拱，仰拱分段长度宜为 4～6m。

2. 施工工序

施工工序如图 3-33 所示。

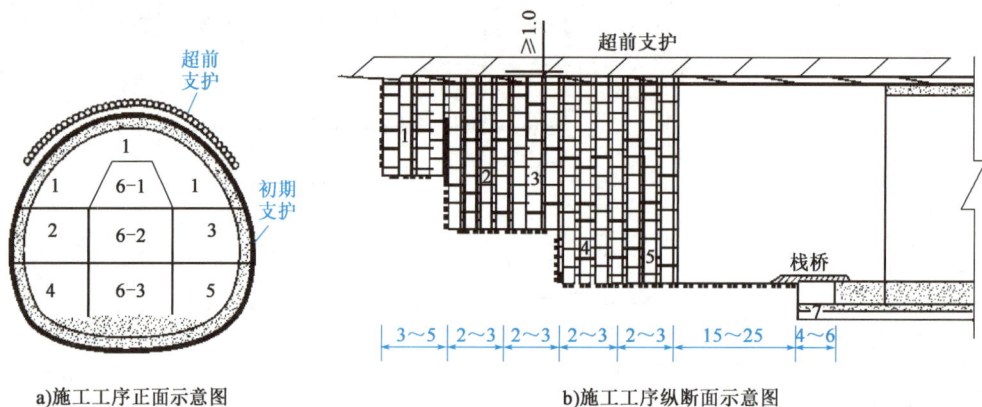

a)施工工序正面示意图　　　　　b)施工工序纵断面示意图

图 3-33　三台阶七步开挖法施工工序（尺寸单位：m）

3. 施工工艺流程

三台阶七步开挖法施工工艺流程如图 3-34 所示。

4. 施工要点

（1）三台阶七步开挖法施工应做好工序衔接。工序安排应紧凑，尽量减少围岩暴露时间，避免因长时间暴露引起围岩失稳。

（2）初期支护应及时封闭成环，全断面初期支护闭合时间宜控制在 15d 左右，有条件时应尽量缩短闭合时间。

（3）仰拱应超前施作，仰拱距上台阶开挖工作面宜控制在 30～40m，铺设防水板、二次衬砌等后续工作应及时进行。

（4）二次衬砌距仰拱宜保持 2 倍以上衬砌循环作业长度，但不得大于 50m。

（5）在满足作业空间和台阶稳定的前提下，应尽量缩短台阶长度，核心土长度应控制在 3～5m，宽度宜为隧道开挖宽度的 1/3～1/2。

（6）三台阶七步开挖法施工应严格控制开挖长度，根据围岩地质情况，合理确定循环进尺，每次开挖长度不得超过 1.5m；开挖后立即初喷 3～5cm 混凝土，以减少围岩暴露时间。

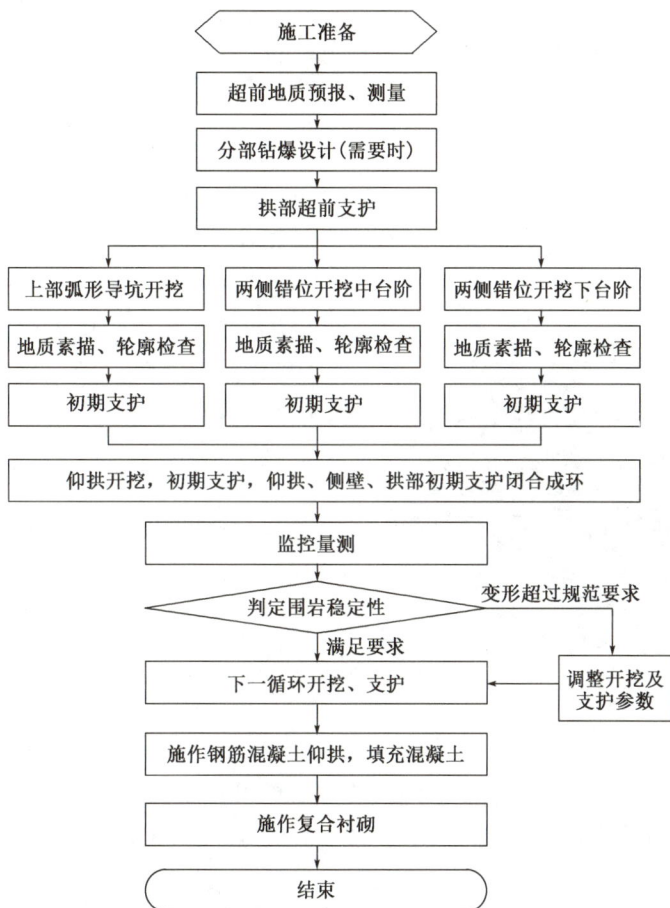

施工准备

↓

超前地质预报、测量

↓

分部钻爆设计（需要时）

↓

拱部超前支护

↓

上部弧形导坑开挖 → 地质素描、轮廓检查 → 初期支护

两侧错位开挖中台阶 → 地质素描、轮廓检查 → 初期支护

两侧错位开挖下台阶 → 地质素描、轮廓检查 → 初期支护

↓

仰拱开挖，初期支护，仰拱、侧壁、拱部初期支护闭合成环

↓

监控量测

↓

判定围岩稳定性 ——变形超过规范要求→ 调整开挖及支护参数

↓满足要求

下一循环开挖、支护 ←

↓

施作钢筋混凝土仰拱，填充混凝土

↓

施作复合衬砌

↓

结束

图 3-34　三台阶七步开挖法施工工艺流程图

（7）严格按设计要求施作超前支护，控制好超前支护外插角，严格按注浆工艺加固地层，保证隧道开挖在超前支护的保护下施工。

（8）隧道周边部位应预留 30cm 人工开挖，其余部位宜采用机械开挖，局部需要爆破时，必须采用弱爆破，不得超挖。施工时应严格控制装药量，减少对围岩的扰动。

（9）中、下台阶左、右侧开挖应错开，严禁对开，左右侧错开距离宜为 2～3m。

（10）钢架应严格按设计及规范要求加工制作和架设。钢架应架设在坚实基面上，严禁拱（墙）脚悬空或采用虚渣回填。钢架应与锁脚锚杆（管）焊接牢固。

（11）隧道超挖部位必须回填密实，严禁初期支护背后存在空洞。必要时初期支护背后应进行充填注浆，保证初期支护与围岩密贴。

（12）施工过程中可采用增加拱（墙）脚锁脚锚杆（管）、增设钢架拱（墙）脚部位纵向连接筋、扩大拱（墙）脚初期支护基础及增设拱（墙）脚槽钢垫板等增强拱（墙）脚承载力措施控制变形。

（13）应加强监控量测工作，根据量测结果，及时调整支护参数，确定二次衬砌施作时间，进行信息化施工管理。

（14）应完善洞内临时防排水系统，严禁积水浸泡拱（墙）脚及在施工现场漫流，防止基底承载力降低。当地层含水率高时，上台阶开挖工作面附近宜开挖横向水沟,将水引至隧道中部或两侧排水沟排出洞外。必要时应配合井点降水等措施,降低地下水位至隧道仰拱以下,确保施工顺利进行。反坡施工时,应设置集水坑将水集中抽排。

五 中隔壁法(CD法)

中隔壁法(CD法)是将隧道分为左右两大部分进行开挖,先在隧道一侧采用台阶法自上而下分层开挖,待该侧初期支护和中隔墙临时支护完成,且喷射混凝土达到设计强度70%以上时再分层开挖隧道的另一侧,其分部次数及支护形式与先开挖的一侧相同,如图3-35所示。

图3-35 中隔壁法施工

(一)适用条件

中隔壁法一般适用于Ⅳ、Ⅴ级围岩浅埋双线隧道,软弱围岩或三线隧道采用中隔壁法时宜增设临时仰拱。

(二)特点

中隔壁法将大断面隧道施工分隔为小断面洞室施工,缩短了围岩暴露时间,中隔壁能有效地阻止支护结构收敛变形和下沉,有利于围岩稳定。但拆除中隔壁时风险较大,一定程度上影响施工速度。

(三)施工作业

1.施工工序

中隔壁法施工工序如图3-36所示。

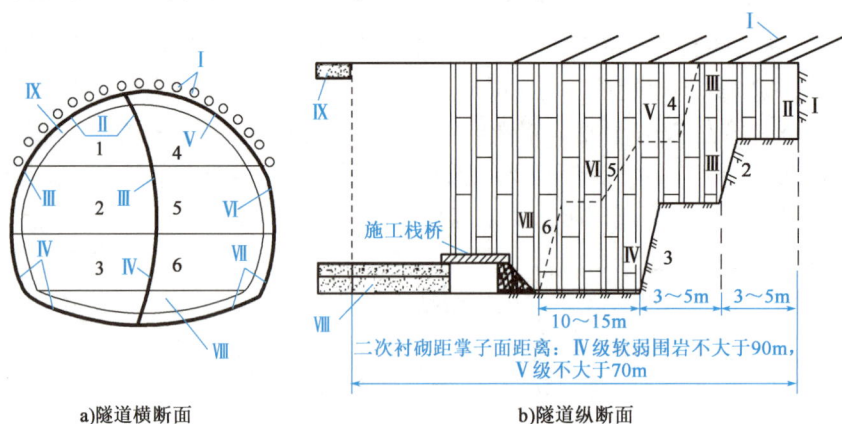

a)隧道横断面   b)隧道纵断面

图3-36 中隔壁法施工工序示意图

1-左侧上部开挖;2-左侧中部开挖;3-左侧下部开挖;4-右侧上部开挖;5-右侧中部开挖;6-右侧下部开挖;Ⅰ-超前小导管;Ⅱ-左侧上部初期支护;Ⅲ-左侧中部初期支护;Ⅳ-左侧下部初期支护;Ⅴ-右侧上部初期支护;Ⅵ-右侧中部初期支护;Ⅶ-右侧下部初期支护;Ⅷ-仰拱及填充混凝土;Ⅸ-拱墙二次衬砌

2. 施工工艺流程

施工工艺流程如图3-37所示。

3. 施工要点

（1）左右部的开挖高度应根据地质情况、隧道断面大小和施工设备确定。每侧按两部或三部台阶开挖。

（2）各部开挖时，周边轮廓应尽量圆顺，减小应力集中。

（3）开挖循环进尺不宜大于初期支护钢架设计。

（4）后一侧开挖形成全断面时，应及时完成全断面初期支护闭合。

（5）开挖时，先后距离一般保持在10～15m；单侧开挖应采用短台阶，台阶长度3～5m。

（6）先行侧的中隔壁应设置成向外鼓的弧形。

（7）各部开挖时，相邻部位的喷射混凝土强度应达到设计强度70%以上。

（8）在灌筑二次衬砌前，应逐段拆除中隔壁临时支护，拆除时应加强量测，一次拆除长度应根据量测结果确定，一般不宜超过15m。临时支护拆除后应及时施作仰拱和二次衬砌。

（9）特殊情况下可将中隔壁浇筑在仰拱中，待铺设防水板时再割断。

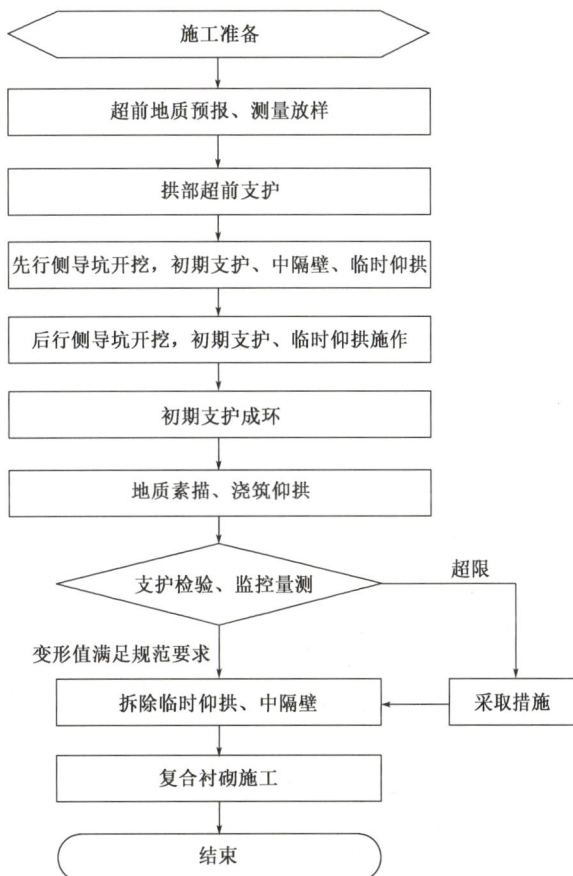

施工准备 → 超前地质预报、测量放样 → 拱部超前支护 → 先行侧导坑开挖，初期支护、中隔壁、临时仰拱 → 后行侧导坑开挖，初期支护、临时仰拱施作 → 初期支护成环 → 地质素描、浇筑仰拱 → 支护检验、监控量测 →（超限→采取措施）；变形值满足规范要求 → 拆除临时仰拱、中隔壁 → 复合衬砌施工 → 结束

图3-37 中隔壁法施工工艺流程图

六 交叉中隔壁法（CRD法）

交叉中隔壁法（CRD法）仍是将隧道分侧分层进行开挖，分部封闭成环。每开挖一部均及时施作锚喷支护、安设钢架、施作中隔壁、安装底部临时仰拱。一侧超前的上、中部，待初期支护完成且喷射混凝土达到设计强度70%以上时再开挖隧道另一侧的上、中部，然后开挖一侧的下部，最后开挖另一侧的下部，左右交替开挖。如图3-38所示。

（一）适用条件

交叉中隔壁法适用于Ⅴ、Ⅵ级围岩

图3-38 交叉中隔壁法

及围岩较差的浅埋地段。

(二)特点

交叉中隔壁法是大跨度、软弱围岩隧道分部开挖、钢架支撑、仰拱先行施工方法中的一种。各部开挖及支护自上而下，步步成环，及时封闭，各分部封闭成环时间短。中隔壁能有效地阻止支护结构收敛变形和下沉，在控制地面沉降和土体水平位移等方面优于其他工法；但拆除中隔壁时风险较大，工序繁杂，施工速度较慢。

(三)施工作业

1.施工工序

交叉中隔壁施工工序如图3-39所示。

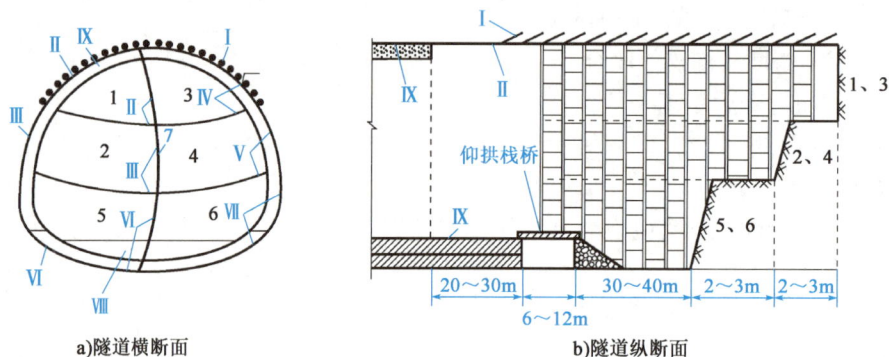

a)隧道横断面 　　b)隧道纵断面

图3-39　交叉中隔壁法施工工序示意图

1-左侧上部开挖；2-左侧中部开挖；3-右侧上部开挖；4-右侧中部开挖；5-左侧下部开挖；6-右侧下部开挖；7-拆除中隔墙及临时仰拱；Ⅰ-超前支护；Ⅱ-左侧上部初期支护成环；Ⅲ-左侧中部初期支护成环；Ⅳ-右侧上部初期支护成环；Ⅴ-右侧中部初期支护成环；Ⅵ-左侧下部初期支护成环；Ⅶ-右侧下部初期支护成环；Ⅷ-仰拱及填充混凝土；Ⅸ-拱墙二次衬砌

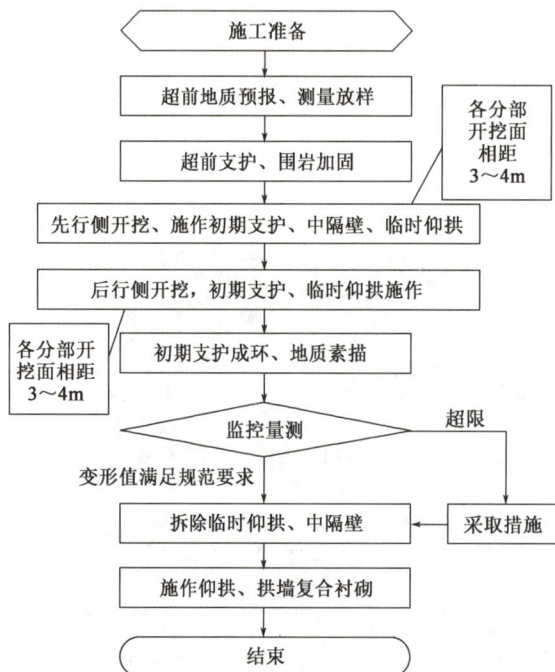

图3-40　交叉中隔壁法施工工艺流程图

2.施工工艺流程

交叉中隔壁法施工工艺流程如图3-40所示。

3.施工要求

(1)根据地质条件，隧道断面的分部，应以初期支护受力均匀，便于发挥人力、机械效率为原则，一般水平方向分两部、上下分2～3层开挖。

(2)先行施工部位的临时支撑(中隔壁、临时仰拱)，均应有向外(下)鼓的弧度。

(3)同一层左、右侧两部纵向间距不宜大于15m，上下层开挖工作面相距一般保持在3～4m，且待喷射混凝土强度达到设计强度的70%后开挖相邻部位。

（4）各部的开挖及支护应自上而下，开挖后及时施作初期支护、中隔壁、临时仰拱，步步成环，尽量缩短成环时间。

（5）隧道左右开挖小断面水平临时支护保持对接一致。

（6）根据监控量测结果，中隔壁及临时仰拱在仰拱浇筑前逐段拆除，每段拆除长度一般不宜超过 15m。

七 双侧壁导坑法

双侧壁导坑法是采用先开挖隧道两侧导坑，及时施作导坑四周初期支护及临时支护，必要时施作边墙衬砌，然后再根据地质条件、断面大小，对剩余部分采用二台阶或三台阶开挖的方法。如图 3-41 所示。

（一）适用条件

双侧壁导坑法适用于浅埋双线或三线隧道 V、VI 级围岩。

（二）特点

双侧壁导坑法具有开挖断面小、扰动范围小、支护快、封闭早和安全性高等特点。采用双侧壁导坑法施工时，两侧导坑开挖根

图 3-41 双侧壁导坑法施工

据围岩情况可全断面开挖，也可以分步开挖。对变形较大、初期支护结构开裂破坏的，在两侧壁导坑内中部增设临时型钢横撑，以达到维护稳定的目的。

（三）施工作业

1. 施工工序

双侧壁导坑法施工工序如图 3-42 所示。

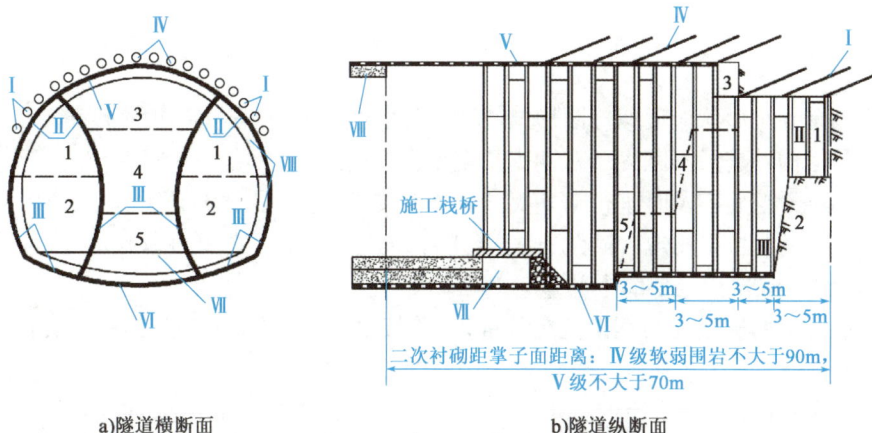
a)隧道横断面　　　b)隧道纵断面
图 3-42 双侧壁导坑法施工工序示意图

1-两侧上部开挖；2-两侧下部开挖；3-中壁上部开挖；4-中壁中部开挖；5-中壁下部开挖；Ⅰ-两侧超前小导管；Ⅱ-左侧上部初期支护；Ⅲ-两侧下部初期支护；Ⅳ-拱部超前小导管；Ⅴ-中壁上部初期支护；Ⅵ-中壁下部初期支护；Ⅶ-仰拱混凝土施工；Ⅷ-拱墙混凝土

2.施工工艺流程

双侧壁导坑法施工工艺流程如图 3-43 所示。

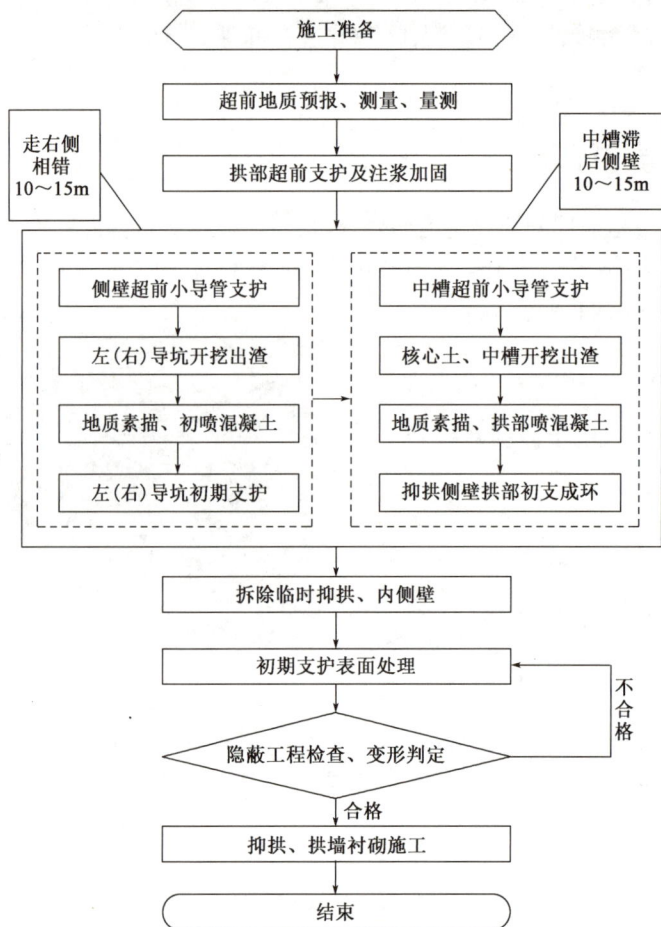

```
                        施工准备
                           │
                  超前地质预报、测量、量测
                           │
走右侧                拱部超前支护及注浆加固           中槽滞
相错                                              后侧壁
10～15m                                           10～15m
    ┌─────────────────────────────────────────────┐
    │  ┌──────────────────┐   ┌──────────────────┐ │
    │  │ 侧壁超前小导管支护 │   │ 中槽超前小导管支护 │ │
    │  └──────────────────┘   └──────────────────┘ │
    │  ┌──────────────────┐   ┌──────────────────┐ │
    │  │ 左(右)导坑开挖出渣 │   │ 核心土、中槽开挖出渣 │ │
    │  └──────────────────┘   └──────────────────┘ │
    │  ┌──────────────────┐   ┌──────────────────┐ │
    │  │ 地质素描、初喷混凝土 │   │ 地质素描、拱部喷混凝土 │ │
    │  └──────────────────┘   └──────────────────┘ │
    │  ┌──────────────────┐   ┌──────────────────┐ │
    │  │ 左(右)导坑初期支护 │   │ 抑拱侧壁拱部初支成环 │ │
    │  └──────────────────┘   └──────────────────┘ │
    └─────────────────────────────────────────────┘
                           │
                  拆除临时抑拱、内侧壁
                           │
                  初期支护表面处理 ◄──────── 不合格
                           │
              隐蔽工程检查、变形判定
                           │ 合格
                  抑拱、拱墙衬砌施工
                           │
                         结束
```

图 3-43　双侧壁导坑法施工工艺流程图

3.施工要求

(1)侧壁导坑形状应近似椭圆形,导坑断面宽度宜为整个隧道断面宽度的 1/3。

(2)开挖循环进尺不宜大于初期支护钢架设计间距。

(3)导坑开挖后应及时进行初期支护及临时支护,并尽早封闭成环。

(4)双侧壁导坑采用短台阶法开挖,台阶长度为 3～5m,必要时留核心土;左右侧壁导坑施工可同步进行,应超前中部 10～15m。

(5)拱部与两侧壁间的钢架应定位准确,连接牢固,确保架设钢架连接后在同一个垂直面内,避免钢架发生扭曲。

(6)当全断面初期支护封闭成环后,量测显示支护体系稳定,变形很小时,方可拆除临时支护,一次拆除长度不得大于 15m,并加强监控量测。

(7)临时支护拆除完成后,应及时施作仰拱及二次衬砌。

八 质量检验

每循环开挖后，应做好地质编录和核对工作，如所揭示的围岩与设计不符，或隧底承载力不足，应及时提请设计变更。岩溶隧道应根据设计要求对洞身周边岩溶赋存情况进行探测，并应采取相应的工程措施。开挖质量检验应符合表3-9的规定。

文档：铁路隧道冒顶坍塌事故调查报告

项目三 隧道常规施工技术认知

开挖质量检验　　　表3-9

序号	项目	检验数量	检验方法
1	隧道开挖断面的中线和高程应符合设计要求	每一开挖循环检查一次	测量
2	隧道开挖轮廓尺寸应符合设计要求，并应控制超欠挖，围岩完整石质坚硬岩石个别突出部位最大欠挖值不大于50mm，且每1m²不大于0.1m²	每一开挖循环检查一次	观察、测量，留存影像资料
3	隧底开挖后应对地质情况进行确认，有地基承载力设计要求时应符合设计要求	每一开挖循环检查一次	地质描述，留存影像资料，地基承载力检验应符合《铁路工程地质原位测试规程》（TB 10018—2018）的规定
4	岩溶隧道应按设计要求对隧底情况进行探测	岩溶发育段每不大于12m检查一次	钎探、钻孔或物探，留存影像资料

⚠ 任务实施与总结评价

请完成本教材配套《铁路隧道工程施工与维护实训手册》中专业知识认知、能力素质训练及任务总结的相关内容，并依次进行学员自评、组长评价和指导老师评价。

任务三　钻爆开挖

◆ 任务引入

京沪高速铁路滕州隧道位于山东省枣庄市木石镇大峪庙村西的蟠龙山，处于低山丘陵区。进出口地势较平缓，各有约230m浅埋地段，埋深约5m。山顶附近植物茂盛，出口大部分基岩裸露，植物稀少。隧道全长1504m，隧道最大埋深为130m。隧道通过地层为灰岩，鲕状、隐晶质、块状构造，厚层～中厚层状，节理裂隙发育，含泥质条带，以薄层状为主，夹中厚层鲕状灰岩及竹叶状灰岩，强风化～弱风化，地表多溶沟，充填黏土。隧道围岩为Ⅱ～Ⅴ级。

根据隧道通过的地质条件及隧道的设计断面，洞身开挖采用台阶开挖法施工，钻爆施工。隧道上部半径7.10m的半圆形断面为上台阶，隧道下部高2.97m、宽14.2m的矩形断面为下台阶。隧道全断面面积121.35m²，隧道上部半圆拱形断面面积79.18m²，隧道下部矩形断面面积42.17m²。隧道是如何进行爆破的呢？

动画：钻爆法简介

文档:钻爆法隧道智能建造:
最新技术与未来展望

▲ **任务描述**

在认识凿岩设备、爆破器材的基础上,结合京沪高速铁路滕州隧道地质条件、开挖断面等,能够进行爆破设计;结合实际隧道施工情况,能够判断现场爆破是否符合《爆破安全规程》(GB 6722—2014)的相关要求。

◇ **相关知识**

一 凿岩设备

隧道工程中常使用的凿岩机有风动凿岩机和液压凿岩机。另有电动凿岩机和内燃凿岩机,但较少采用。其工作原理都是利用镶嵌在钻头体前端的凿刃反复冲击并转动破碎岩石面成孔。有的可通过调节冲击功大小和转动速度以适应不同硬度的石质,达到最佳成孔效果。

(一)风动凿岩机

风动凿岩机俗称风钻,以压缩空气为动力,如图3-44所示。它具有结构简单,制造容易,操作方便,使用安全,不怕超负荷和反复启动,在多水多尘的恶劣环境中仍能正常使用等优点,但压缩空气的供应设备比较复杂,能量利用率低,工人劳动强度大,动力投资费用高,且噪声大。

图3-44 风动凿岩机

根据支持和向前推进方式的不同,风钻又可分为手持式、气腿式、伸缩式、导轨式四种。手持式凿岩机的质量为10~25kg,可用在中硬或坚硬岩石中。气腿式凿岩机的质量为23~50kg,气腿的推力除了支持凿岩机的质量外,还可对凿岩机产生向前的推力,其在工作面上的就位和转移都很容易,主要用在坚硬岩石上钻水平或倾斜的炮眼。伸缩式凿岩机的质量一般在40kg左右,附有气腿,与主机在同一纵向轴线上连成一体,立于地面钻朝上的炮眼。导轨式凿岩机一般重36~110kg,架设在导轨上,由自动推进器向前推进,适于安装在凿岩台车上,能钻凿各个方向的炮眼,在中硬以上岩石中使用。

(二)液压凿岩机

液压凿岩机是以电力带动高压油泵,通过改变油路,使活塞往复运动,实现冲击作用,如图3-45所示。液压凿岩机能自动调节冲击频率、扭矩、转速和推力等参数,适应不同性质的岩石,以提高凿岩功效,且润滑条件好,各主要零件使用寿命较长。

与风动凿岩机相比,液压凿岩机具有以下主要特点:

(1)动力消耗少,能量利用率高。液压凿岩机动力消耗仅为风动凿岩机的1/3~1/2;液压凿岩机的能量利用率可达30%~40%,而风动的仅有15%。

（2）凿岩速度快。液压凿岩机比风动凿岩机的凿岩速度快 50% ~ 150%。在花岗岩中纯钻进速度可达 170 ~ 200cm/min。

（3）环境保护较好。液压钻的噪声比风钻降低 10 ~ 15dB；液压钻也没有像风钻那样的排气，工作面没有雾气和粉尘，空气较清新。

（4）液压凿岩机构造复杂，造价较高，质量大，附属装置较多，多安装在台车上使用。

（三）凿岩台车

将多台凿岩机安装在一个专门的移动设备上，实现多机同时作业，集中控制，称为凿岩台车，如图 3-46 所示。凿岩台车的钻机为液压钻，比风动钻机提高了电能利用率；钻进速度快，钻眼深；施工人员少，劳动强度低；对操作技术要求高，施工环境好；工程成本高，维修要求高；软岩中不能充分发挥其优势。

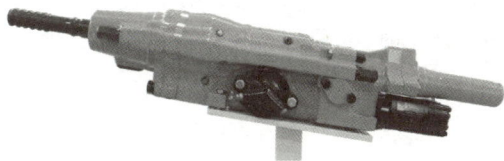

图 3-45　液压凿岩机

图 3-46　凿岩台车

凿岩台车按其走行方式可分为轨道走行、轮胎走行和履带走行三种。按控制的自动化程度来分，凿岩车可以分为人工控制、电脑控制、电脑导向三种。人工控制是由人工控制操纵杆来实现钻机的定位、定向和钻进的。钻眼位置由工程师标出，钻眼方向则由操作手按经验目测确定。电脑控制凿岩台车的所有动作都在电脑的控制下进行，必要时可由操作手进行干预，如图 3-47 所示。电脑导向凿岩台车不仅具有电脑控制功能，

图 3-47　电脑控制凿岩台车

而且可以在隧道定位（导向）激光束的帮助下进行自动定位和定向，因此能进一步缩短钻眼作业时间，提高钻眼精度，减少超欠挖量。

（四）钻头和钻杆

钻头直接连接在钻杆前端（整体式）或套装在钻杆前端（组合式），钻杆尾则套装在凿岩机的机头上，钻头前端则镶入硬质高强耐磨合金钢凿刃。凿刃起着直接破碎岩石的作用，其形状、结构、材质、加工工艺是否合理都直接影响凿岩效果和自身的磨损。

凿刃的种类按其形状可分为片状连续刃及柱齿刃（不连续）两类：片状连续刃又有一字形、十字形等几种布置形式；柱齿刃有球齿、锥形齿、楔形齿等形状之分。钻头形式如图3-48所示。

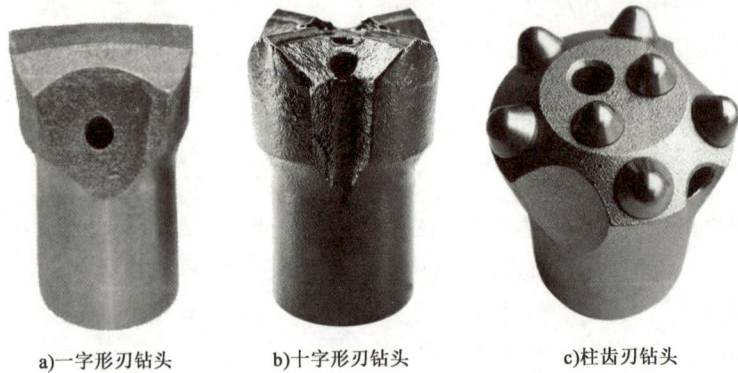

a)一字形刃钻头   b)十字形刃钻头   c)柱齿刃钻头

图3-48　钻头

常用钻头的钻孔直径有38mm、40mm、42mm、45mm、48mm等，用于钻中空孔眼的钻头直径可达102mm，甚至更大。超过50mm的钻孔施工时，需要配备相应型号和钻孔能力的钻机施工。钻头和钻杆均有射水孔，压力水即通过此孔清洗岩粉。

二　爆破器材

（一）炸药

1.炸药的性能

炸药爆炸是一种高速化学反应过程。在这个过程中，炸药物质成分发生改变，生成大量的气体物质，并释放大量的热能，表现在对周围介质的冲击、压缩、破坏和抛掷作用。炸药的性能取决于其所含化学成分。掌握炸药等爆破材料的性能，对正确使用、储存、运输，以及确保安全和提高爆破效果，具有重要意义。炸药的主要性能如下：

（1）敏感度。

炸药的敏感度简称感度，是指炸药在外界起爆能作用下发生爆炸反应的难易程度，也就是炸药爆炸对外能的需要程度，根据外能形式的不同，炸药感度主要有以下几种：

①热敏感度：指炸药爆炸的最低温度，表示炸药对热的敏感度，亦称爆发点。

②火焰感度：表示炸药对火焰（明火星）的敏感度。有些炸药虽然对温度比较迟钝。但对火焰却很敏感，如黑火药一接触明火星便易燃烧爆炸。

③机械感度：指炸药对机械能（摩擦、撞击）作用的敏感程度。一般来说，对于撞击比较敏感的炸药，对摩擦也比较敏感。一般以试验次数的爆炸百分率来表示。

④爆轰感度：指炸药对爆炸能的敏感程度。通常在起爆能作用下，炸药的爆炸是由冲击波、爆炸产物流或高速运动的介质颗粒的作用而激发的。不同的炸药所需的起爆能也不同。爆轰感度一般用极限起爆药量表示。

（2）爆速。

炸药爆炸时爆轰作用在炸药内部的传播速度称为爆速。不同成分的炸药有不同的爆速，但一般来说密度越大的炸药其爆速也越高。但硝铵类炸药装药密度大于 1.15g/cm 时，爆速反而会下降。相同成分的炸药，其爆速还受装填密实程度、药量、含水率和包装材料等因素的影响。

（3）爆力。

炸药爆炸时对周围介质做功的能力称为爆力（或爆炸威力）。炸药的爆力越大，其破坏能力越强，破坏的范围及体积也越大。一般来说，爆炸产生的气体物质越多，爆炸速度越快或爆温越高，则其爆力越大。炸药的爆力通常用铅柱扩孔试验法测定。铅柱扩孔容积等于 $280cm^3$ 时的爆力称为标准爆力。

（4）猛度。

炸药爆炸后对与之接触的固体介质的局部破坏能力称为猛度，这种局部破坏表现为固体介质的粉碎性破坏程度和范围大小。一般地，炸药的爆速越高，其猛度越大。炸药的猛度通常用铅柱压缩法测定，以铅柱被爆炸压缩的数值（mm）表示，试验装置如图 3-49 所示。

（5）稳定性。

爆炸稳定性是指炸药经起爆后，能否连续、完全爆炸的能力，其主要受炸药的化学性质、爆轰感度以及装药密度、药包大小（或药卷直径）、起爆能量等因素的影响。其评价指标有临界直径、最佳密度、管道效应和殉爆距离。

图 3-49　铅柱压缩法试验装置

①临界直径。工程爆破采用柱状装药时，常用药卷的"临界直径"来表示炸药的爆炸稳定性。临界直径是指柱状装药时，被动药卷能发生殉爆的最小直径。临界直径越小，其爆炸稳定性越好。如铵梯炸药的爆炸稳定性较好，其临界直径为 15mm。浆状炸药的爆炸稳定性较差，其临界直径为 100mm，但加入敏化剂后其临界直径降为 32mm，也能稳定爆炸。

工程爆破中，为保证装药能稳定爆炸而不发生断爆，在选择药卷直径时应注意以下两点：一是药卷直径不小于炸药的临界直径。装药直径越大，其爆炸越稳定。当药卷直径超过其值（极限直径）后，爆炸稳定性将不随药卷直径而变化。二是若因需要减少炸药用量而缩小装药（药卷）直径时，则应相应选用爆轰感度较高的炸药或加入敏化剂以降低其临界直径。

②最佳密度。对于单质猛炸药，其装药密度越大，则其爆速越大，爆炸越稳定。对于工程用混合炸药，在一定密度范围内，也有以上关系。炸药爆炸稳定，且爆速最大时的装药密度称为"最佳密度"。如硝铵类炸药的最佳密度为 $0.9 \sim 1.19g/cm^3$，乳化炸药一般为 $1.05 \sim 1.30g/cm^3$。但随后爆速也随着炸药密度的增加而下降，直至某一密度时，爆炸不稳定，甚至拒爆，这时炸药的密度称为"临界密度"。

③管道效应。工程爆破中，常采用钻孔柱状药卷装药，若药卷直径较钻孔直径小，则在药卷与孔壁之间有一个径向空气间隙。药卷起爆后，爆轰波使间隙中的空气产生强烈的空气冲击波，这股空气冲击波速度比爆轰波速度更高。其在爆轰波未到达之前，即将未爆炸的炸药压缩，当炸药被压缩到临界密度以上时，就会导致爆速下降，

甚至熄爆，这种现象称为管道效应。为减少管道效应，可减小间隙，或采用高感度、高爆速的炸药。

④殉爆距离。一个药包爆炸(主动药包)后，能引起与它不相接触的邻近药包(被动药包)爆炸，这种现场称为"殉爆"。发生殉爆的原因是主动药包爆炸产生冲击波和高速气流，使临近药包在其作用下而爆炸，是否发生殉爆，则主要取决于主动药包的药量和爆力、被动药包的爆轰敏感度、主动药包与被动药包之间的距离和介质性质。当主动、被动药包采用同性质炸药的等直径药卷时，则用被动药包可能发生殉爆的最大距离来表示被动药包的殉爆能力，称为"殉爆距离"，其反映了主动药包的致爆能力。

(6)安定性。

炸药的安定性是指其物理化学性质的安定性，主要表现为吸湿、结块、挥发、渗油、老化、冻结和化学分解。如硝铵炸药吸湿性很强，也容易结块，一旦结块需人工解潮和碾碎后再使用。胶质炸药易老化和冻结，老化的胶质炸药敏感度和爆速将降低，威力减小；冻结的胶质炸药敏感度高，使用危险，必须解冻后才允许使用。硝铵类炸药安定性差，易分解，在运输和存放中，应通风避光，不宜堆放过高。

2. 隧道工程中常用的炸药

工程用炸药一般以某种或几种单质炸药为主要成分，另外加一些外加剂混合而成。目前，隧道爆破施工中使用最广泛的是硝铵类炸药。硝铵类炸药品种极多，其主要成分为硝酸铵、占60%以上，其次是TNT或硝酸钠(钾)、占10%~15%。

(1)铵梯炸药。

在无瓦斯坑道中使用的铵梯炸药，称为岩石炸药，其中2号岩石炸药是最常用的一种；在有瓦斯坑道中使用的铵梯炸药，称为煤矿炸药，其是在岩石炸药的基础上外加一定比例的食盐作为消焰剂的煤矿安全炸药。

(2)浆状(水胶)炸药。

浆状炸药是由氧化剂溶液、敏化剂、胶凝剂为基本成分组成的混合炸药。水胶炸药是在浆状炸药的基础上应用交联技术，使之形成塑性凝胶状态，进一步提高了炸药的化学稳定性和抗水性，炸药结构更均匀，提高了传爆性能。浆状(水胶)炸药具有抗水性强、密度高、爆炸威力大、原料广、成本低和安全等优点，常用在露天有水深孔爆破中。

(3)乳化炸药。

通常以硝酸铵、硝酸钠水溶液与碳质燃料通过乳化作用，形成的乳脂状混合炸药，亦称为乳胶炸药，如图3-50所示。其外观随制作工艺不同而呈白色、淡黄色、浅褐色或银灰色。乳化炸药具有爆炸性能好、抗水性能强、安全性能高、环境污染小、原料来源广和生产成本低、爆破效率比浆状及水胶炸药更高等优点。有关资料表明，在地下开挖中保持原使用2号岩石炸药孔网参数不变的情况下，乳化炸药可使平均炮孔利用率稳

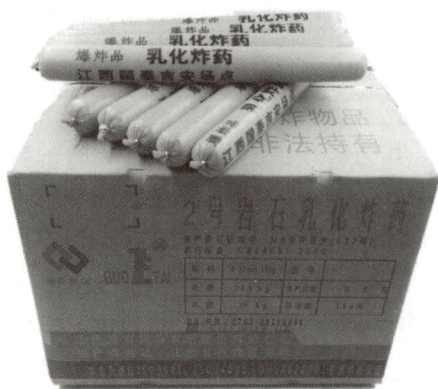

图3-50　乳化炸药

定在90%以上，平均炸药单耗较2号岩石炸药下降1.359%。在露天爆破中，使用乳化炸药每立方米岩石炸药耗量比混合炸药（浆状炸药70%～80%，铵油炸药30%～20%）降低23.1%，延米炮孔爆破量增加18.2%，石渣大块率从0.97%～1.0%下降到0.6%～0.7%，尤其适用于硬岩爆破。

（4）硝化甘油炸药。

硝化甘油炸药又称为胶质炸药，是一种高猛度炸药，它的主要成分是硝化甘油（或硝化甘油与二硝基乙二醇的混合物）。硝化甘油炸药抗水性强、密度高、爆炸威力大，因此适用于水和坚硬岩石的爆破。它对撞击摩擦的敏感度高，安全性差、价格昂贵，保存期不能过长，容易老化而使性能降低甚至失去爆炸性能，一般只在水下爆破中使用。

隧道爆破使用的炸药一般均由厂制或现场加工成药卷，药卷直径有22mm、25mm、32mm、35mm、40mm等，长度为165～500mm，可按爆破设计的装药结构和用药量来选择使用。隧道工程中常用的几种炸药成分性能见表3-10。各种系列炸药的成分、性能具体可查阅相关资料及产品说明书。

（5）煤矿许用炸药。

对于瓦斯隧道，由于掘进工作面的空气中大部分都有瓦斯或煤尘，当其在空气中的含量达到一定浓度时，一旦遇到电火花、明火及爆破作业，就有可能引起爆炸。因此，用于瓦斯隧道掘进中的炸药应当具备一定的安全条件，对于不同瓦斯等级的煤矿所使用的炸药，应具有相应的安全等级。瓦斯隧道引燃、引爆瓦斯煤尘的因素，除电气火花和明火外，主要来自爆破作业。爆破引燃、引爆瓦斯煤尘的原因主要有三方面，即空气冲击波的发火作用、炽热或燃烧的固体颗粒的发火作用和气体爆炸产物的发火作用，其中后两者的发火作用是主要因素。

瓦斯等级是按照煤矿平均日产1t煤的瓦斯涌出量和涌出形式分级的。瓦斯等级越高，发生爆炸等灾害的危害性就越大。一般来说，空气中的瓦斯浓度在4%～5%时，就有发生爆炸的危险。我国《爆破安全规程》（GB 6722—2014）规定，距工作面20m以内的风流中瓦斯含量达到1%，就应该停止装药、爆破作业，加强通风，以防止局部瓦斯浓度升高。

煤矿许用炸药是指允许用于有瓦斯和煤尘爆炸危险作业面的炸药，应该符合以下要求：

①应对能量有一定的限制，其爆热、爆温、爆压和爆速都要求低一些，使爆炸后不致引起空气的局部高温，这就有可能降低瓦斯、煤尘的发火率。

②应有较高的起爆敏感度和较好的传爆能力，以保证其爆炸的完整性和传爆的稳定性，这样就使爆炸产生物中未反应的炽热固体颗粒大大减少，从而提高其安全性。

③有毒气体生成量应符合国家有关规定，氧平衡接近于零。一般来说，正氧平衡的炸药在爆炸时易生成氧化氮和初生态氧，容易引起瓦斯发火。二负氧平衡的炸药，爆炸反应不完全，会增加未反应的炽热固体颗粒，容易引起二次火焰，导致瓦斯发火。

④炸药成分中不能含有金属粉末，以防止爆炸后生成炽热固体颗粒。

铁路隧道工程施工与维护

隧道工程中常用的几种炸药规格、性能及适用范围

表 3-10

序号	炸药名称	药卷规格			药卷性能							适用范围
		直径(mm)	长度(mm)	质量(g)	密度(g/cm³)	爆速(m/s)	猛度(mm)	爆力(mL)	殉爆距离(cm)	有害气体(L/kg)	保存期(月)	
1	2号岩石硝铵炸药(标准型)	35	165	150	0.95	3050	12	320	7	<43	6	适用于一般岩石隧道。孔径40mm以下的炮眼爆破，大孔径的光爆
2	2号岩石小药卷	22	270	105	0.84	2200	—	320	3	<43	6	适用于一般岩石隧道的周边光爆
3	1号抗水岩石硝铵(大直径)	42	500	450	0.95	3850	14	320	12	<45	6	适用于一般有水岩石隧道，孔径42mm的深孔炮眼爆破
4	1号抗水岩石硝铵(小直径)	25	165	80	0.96	2400	12	320	6	<45	6	适用于一般有水岩石隧道的周边光面爆破
5	RJ-2乳胶炸药(大直径)	40	330	490	1.20	4100	13~16	340	13	<42	6	适用于坚硬岩石隧道，孔径48mm的深炮眼爆破；适用于有水隧道
6	RJ-2乳胶炸药(标准型)	32	200	190	1.20	3600	12	340	9	<42	6	适用于一般有水岩石隧道，孔径40mm以下的炮眼爆破，大孔径光爆
7	粉状硝化甘油炸药(标准型)	32	200	170	1.10	4200	16	380~410	15	<40	8	适用于有一定涌水量的隧道、竖井，斜井掘进爆破中
8	粉状硝化甘油炸药(2号光爆)	22	500	152	1.10	2300~2700	13.7	410	10	<40	8	适用于岩石隧道的周边光面爆破
9	SHJ-K型水胶炸药	35	400	650	1.05~1.35	3200~3500	—	340	3~5	—	—	适用于岩石隧道，孔径48mm的深炮眼爆破，且属水型炸药
10	EJ-102乳化炸药(标准型)	32	200	170	1.15~1.35	4000	15~19	88~143	10~12	22~29	—	适用于一般有水岩石隧道的炮眼爆破
11	EJ-102乳化炸药(小直径)	20	500	190	1.15~1.35	4000	15~19	88~143	2	22~29	—	适用于一般有水岩石隧道的周边光面爆破

为使炸药具有上述特性,应在煤矿需用炸药组分中添加一定量的消焰剂,常用的消焰剂有食盐、氯化钠或其他类的物质。煤矿许用膨化硝铵炸药如图3-51所示。

图3-51　煤矿许用膨化硝铵炸药

(二)起爆材料

起爆材料包括实施爆破时激发炸药所需要的一系列起爆和传爆材料,如导火索、雷管、导爆索、继爆管、塑料导爆管等。设置传爆起爆系统的目的是在距装药(药包或药卷)以外的安全距离处通过发爆(点火、通电或激发枪)和传递,使安设在药包或药卷中的雷管起爆,并引发药包或药卷爆炸,从而达到爆破岩石的目的。

1.电雷管

电雷管是在火雷管中加设电发火装置而成的,是用导电线传输电流使装在雷管中的电阻发热而引起雷管爆炸的,如图3-52所示。

(1)电雷管可分为即发电雷管(图3-53)和迟发电雷管(图3-54)。

为实现延期起爆,迟发电雷管的延期时间是在即发电雷管中加装延期药来实现的。延期时间的长短均用段数来表示。

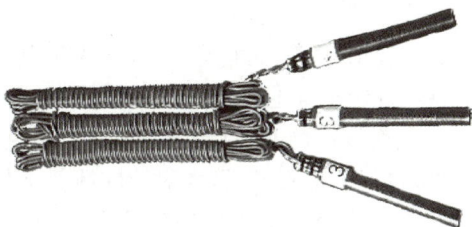

图3-52　电雷管

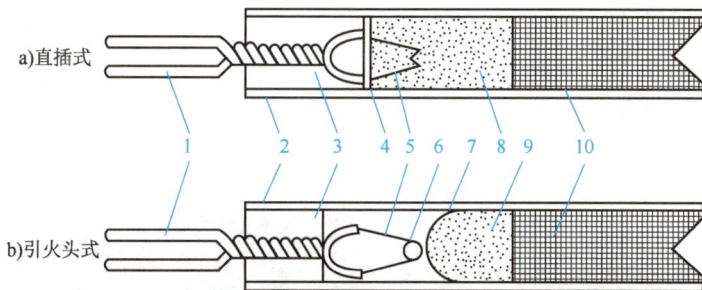

图3-53　即发电雷管构造示意图

1-脚线;2-管壳;3-密封塞;4-纸垫;5-桥丝;6-引火头;7-加强帽;8-DDNP;9-正起爆药;10-副起爆药

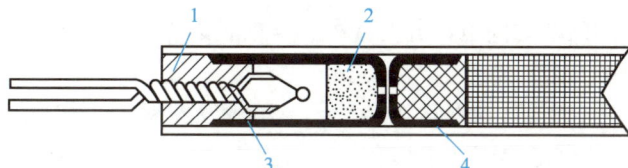

图3-54　迟发电雷管构造示意图

1-塑料塞;2-延期药;3-延期内管;4-加强帽

（2）迟发电雷管按其延期时间差可分为秒迟发和毫秒迟发系列。

国产秒迟发电雷管按延期时间的长短分为 7 段，段数越大，延期时间越长。最长延期时间为 $(7.0+1.0)\,\text{s}$。

国产毫秒迟发电雷管有 5 个系列，其中第二系列是工程中常用的一个时间系列，第一、第五系列为高精度系列，第三、第四系列的延期时间间隔分别为 100 ms 和 300 ms。

（3）发爆电源可用交、直流照明或动力电源，也可以用各种类型的专用电起爆。对于康钢丝电雷管，一般要求在 10 ms 的传导时间内，其发火冲量 $(K=I^2t)$ 最小不得低于 $25\,\text{A}^2\cdot\text{ms}$，最大不得超过 $45\,\text{A}^2\cdot\text{ms}$。在有杂散电流的条件下，应采用抗杂散电流电雷管。

2. 塑料导爆管与非电雷管

（1）塑料导爆管。

塑料导爆管是用来传递微弱爆轰给非电雷管，使之爆炸的传爆材料之一，因其是由瑞典科学家诺雷尔（Nonel）首创的一种新型传爆材料，故也称诺雷尔管。它是在聚乙烯塑料管［外径 $(2.95\pm0.15)\,\text{mm}$，内径 $(1.4\pm0.10)\,\text{mm}$］的内壁涂有一层高能炸药［主要成分是奥托金或黑索金，$(16\pm2)\,\text{mg/m}$］，管壁上的高能炸药在冲击波作用下可以沿着管道方向连续稳定爆轰，从而将爆轰传播到非电雷管使雷管起爆。弱爆轰在管内的传播速度为 1600～2000 m/s，但因其微弱，而不致炸坏塑料管。

塑料导爆管的优点是：抗电、抗火、抗冲击性能好；起爆、传爆性能稳定，甚至在扭结、180°对折、局部断药、管端对接的情况下均能正常传爆。它不能直接起爆炸药，应与非电毫秒雷管配合使用。其在使用过程中破坏能力强、安装简单、使用方便、价格便宜，且可作为非危险品运输，因而在隧道工程中被广泛应用，尤其是在带电环境施工和炮眼数较多时使用，更能发挥其优势。

（2）非电雷管构造及延期时间系列。

非电雷管需与塑料导爆管配合使用，其构造如图 3-55 所示。

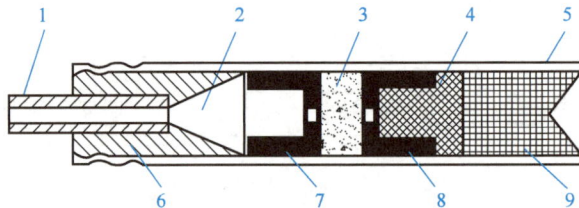

图 3-55　迟发非电雷管构造示意图

1-塑料导爆管；2-消爆空腔；3-延期药；4-正起爆药；5-金属管壳；6-塑料联结套；7-空心帽；8-加强帽；9-副起爆药

国产非电雷管的延期时间也可分为毫秒、半秒、秒迟发三个系列。

（3）导爆管发爆。

导爆管可用 8 号火雷管、导爆索、击发枪、专用激发器发爆。其连接和分枝可集束捆扎雷管继爆，也可以用连通器连接继爆。导爆管雷管如图 3-56 所示。

3. 导爆索与继爆管

（1）导爆索。

导爆索是以单质猛炸药黑索金或泰安作为索芯的传爆材料。其经雷管起爆后，可以直接引爆其他炸药。根据适用条件的不同，导爆索主要分为普通导爆索和安全导爆索两种。

普通导爆索是目前生产和使用较多的一种，其具有一定的防水性能和耐热性能，但在爆轰传播过程中火焰强烈，所以只能用在露天爆破和没有瓦斯的地下爆破作业。其爆速不小于6500m/s。如图3-57所示。

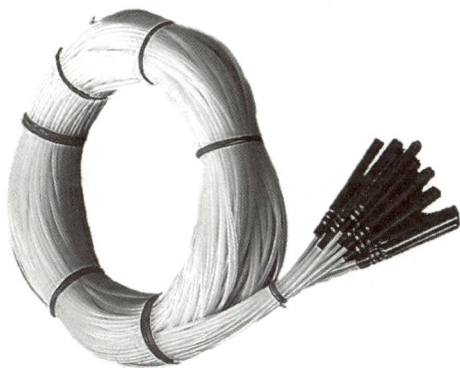

图3-56 导爆管雷管

图3-57 导爆索

安全导爆索是在普通导爆索的药芯或外壳内加了适量消焰剂，使爆轰过程中产生的火焰变小，温度降低，不会引爆瓦斯或矿尘，专供有瓦斯或矿尘爆炸危险的地下爆破作业使用。其爆速不小于6500m/s。

因导爆索能直接引爆炸药，故在隧道工程中，当采用小直径药卷间隔装药时，常用导爆索将各被动药卷与主动药卷连接，以使被动药卷均能连续爆炸，从而减少数量或简化装药结构，实现减少装药量，达到有控制弱爆破的目的。在装药量计算时，应计算导爆索的爆力并计入炸药用量中。

（2）继爆管。

继爆管是一种专门与导爆索配合使用的，具有毫秒延期作用的起爆器材，如图3-58所示。

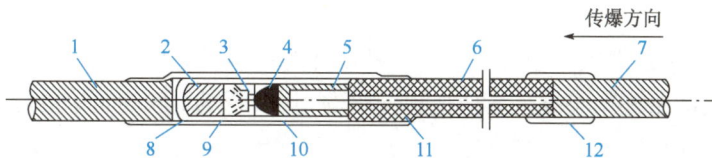

图3-58 导爆索与继爆管

1-导爆索；2-副起爆药；3-加强帽；4-缓冲剂；5-大内管；6-消爆管；7-导爆索；8-雷管壳；9-正起爆药；10-纸垫；11-外套管；12-连接管

导爆索与继爆管具有抵抗杂散电流和静电引起爆炸危害的能力，装药时可不停电，增加了纯作业时间，所以导爆索-继爆管起爆系统在矿山和其他工程爆破中得到了广泛应用。其缺点是成本比毫秒电雷管系统高，且在有瓦斯的环境中危险性高，网络中的导爆索不能交叉。

动画：钻爆开挖

有关资料表明，以上三种起爆系统的费用比为：导爆管系统：电力系统：导爆索系统=1.0∶1.2∶3.0。

三 炮眼、掏槽与爆破设计

动画:隧道爆破

动画:隧道炮眼
布置

(一) 炮眼的种类和作用

隧道开挖爆破的炮眼数目与隧道断面、围岩级别、爆破方法等有关,多在几十至几百个范围内。炮眼按其所在断面的位置、爆破作用、布置方式和有关参数的不同,可大分为掏槽眼、辅助眼和周边眼,如图3-59所示。

1. 掏槽眼

针对隧道爆破只有一个临空面的特点,为提高爆破效果,先在开挖断面的适当位置,布置一些装药量较多的炮眼,先行爆破,炸出一个槽腔,为后续炮眼的爆破创造出新的临空面。

2. 辅助眼

位于掏槽眼与周边眼之间的炮眼,统称为辅助眼。其作用是扩大掏槽眼炸出的槽腔,为后续和周边眼爆破创造出临空面。通常把靠近掏槽眼的炮眼并有扩大掏槽作用的炮眼,称为"辅助掏槽眼"或"扩槽眼";把靠近周边眼的一排炮眼称为"内圈眼"。

辅助眼的作用是进一步扩大掏槽眼的体积和增大爆破量,并为周边眼创造有利的爆破条件。其布置主要是解决间距和最小抵抗线问题,这可以由工地经验决定,最小抵抗线为炮眼间距的60% ~ 80%。

3. 周边眼

沿隧道周边布置的炮眼,称为周边眼。其作用是炸出较平整光滑的隧道断面轮廓。按其所在位置的不同,又可分为帮眼、顶拱眼、底板眼,分别为图3-58中3号、4号、5号炮眼。

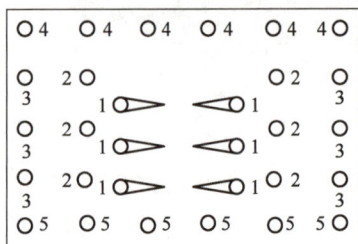

a)横断面图

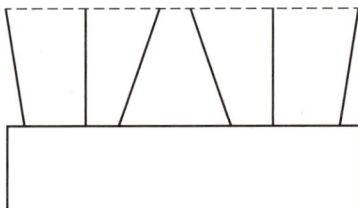

b)纵断面图
图3-59　炮眼示意图
1-掏槽眼;2-辅助眼;3、4、5-周边眼

周边眼的作用是爆破后使坑道断面达到设计的形状和规格。周边眼原则上沿着设计轮廓均匀布置,间距和最小抵抗线应比辅助眼的小,以便爆出较为平顺的轮廓。

(二) 常用掏槽形式和主要参数

掏槽爆破炮眼布置有许多不同的形式,归纳起来可分为斜眼掏槽、直眼掏槽和混合掏槽。以下根据隧道断面的大小,对常用的掏槽形式进行论述。

1. 小断面隧道掏槽技术

所谓小断面一般指断面面积在20m²以下平行导坑或超前大断面施工的上导坑、下导坑、分部开挖的局部断面等。

一般情况下,掏槽眼应布置在开挖面的中下部;但在岩质软硬不均的岩层中,应布置在岩层较为薄弱的位置。另外,掏槽眼必须比其他眼深0.15 ~ 0.25m,才能为扩槽眼创造出足够深度的临空面,以保证循环掘进进尺。

小断面隧道掏槽眼爆破主要有斜眼掏槽和直眼掏槽两种形式。

（1）斜眼掏槽。

斜眼掏槽主要有两种形式：锥形掏槽和楔形掏槽。

①锥形掏槽。所谓锥形掏槽，是由数个共同向中心倾斜的炮眼组成，炮眼倾斜角度一般为60°～70°，岩石坚硬，倾角越小。眼底距离为0.2～0.4m，岩石越硬，距离越小。各掏槽眼均布设于同一段毫秒雷管，同时起爆，利用各方向上的炸药爆力将位于槽区的岩石"炸出"，爆破后的槽子成角锥形，还需要设扩槽眼将之扩大成较大的临空面。

锥形掏槽具有三种炮眼布置形式：四角锥形、五角锥形或六角锥形。其中，四角锥形掏槽也称四门斗，适用于岩层整体均匀、节理不发育、层理不明显、岩质较坚硬的岩层；五角锥形掏槽适用于较坚硬的倾斜岩层与整体岩层；六角锥形掏槽适用于坚硬且整体性良好的岩层。

各种锥形掏槽炮眼布置形式如图3-60所示。

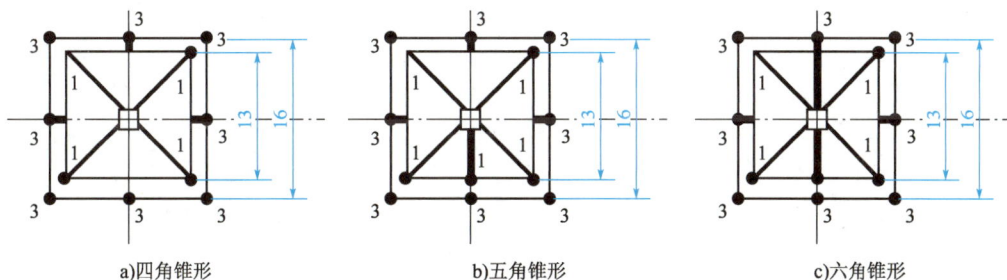

图3-60　常见锥形掏槽炮眼布置图(尺寸单位:cm 炮眼旁数字表示雷管段数)

锥形掏槽一般用于较坚硬的整体岩层中，由于岩层坚硬，锥形掏槽眼深度均控制在2m以下，循环进尺在1.5m左右，在整个断面上炸药单耗一般在2.5kg/m³以上。

②楔形掏槽。楔形掏槽由数对(一般为2～4对)相对称且相向倾斜的炮眼组成，爆破后形成楔形的槽子。

楔形掏槽的优点是爆力比较集中，爆破效果较好，掏出的槽子体积较大，可以适应各种不同坚硬程度的岩层。

根据楔形方向的不同，楔形掏槽可分成水平楔形和垂直楔形两种。水平楔形掏槽是指成对的掏槽炮眼位于垂直于水平面的平面内。水平楔形掏槽适合于层理接近于水平或倾斜平缓的围岩，以及均匀性整体性好的围岩。垂直楔形掏槽是指成对的掏槽眼位于平行于水平面的平面内。因为炮眼均接近于水平，钻凿方便，因此垂直楔形掏槽在小断面掘进时使用比较广泛。其主要形式有普通和层状两种，其中层状炮眼布置的特点是按普通的水平槽眼每对上下交错布置，使其排列更加均匀，在中等硬度的岩层中可获得良好的爆破效果。

③斜眼掏槽的主要优缺点。

斜眼掏槽的优点：适用于各种岩层，并能获得较好的掏槽效果；所需掏槽眼数目较少，单位装药量小于直眼掏槽；槽眼位置和倾角的准确度对掏槽效果的影响较小。

斜眼掏槽的缺点：炮眼深度受掘进断面的限制，尤其在小断面中更为突出；爆破时，岩石的抛掷距离较大，爆堆分散，容易损坏设备和支护。

（2）直眼掏槽。

直眼掏槽是由若干个彼此距离很近、相互平行、垂直于开挖面的数个炮眼组成。最常用的小断面直眼掏槽有五梅花小直径中空直眼掏槽、螺旋形掏槽和菱形掏槽。

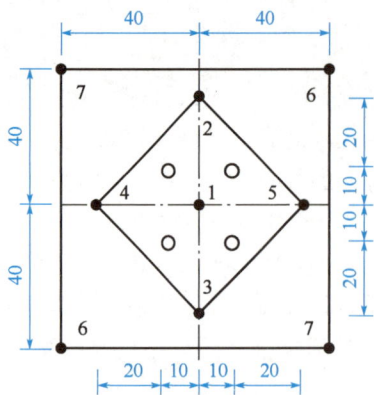

图 3-61　五梅花小直径中空直眼掏槽炮眼布置
（尺寸单位：cm；炮眼旁数字表示雷管
段数；空心圆代表空孔，不装炸药）

①五梅花小直径中空直眼掏槽。掏槽眼的布置如图3-61所示，在1号眼的周围布置4个距离很近的小直径空眼作1号眼的临空面，1号眼起爆后，在中央形成一个孔洞，作其他眼的临空面，这样逐步扩大形成槽腔，其装药量至炮眼深度的90%左右。

②螺旋形掏槽。掏槽眼布置如图3-62所示。在中硬岩或硬岩中用得最多且最成功。螺旋形掏槽一般均需要在掏槽中部布置数个空眼，岩层越硬，整体性越好，所需的空眼数亦相对越多。首爆眼距空眼最近，以空眼作为临空面，其他掏槽眼可视岩质、岩层条件决定是采用4眼还是5眼布置，各装药孔渐成螺旋形远离空眼中心，一次起爆，三空眼螺旋形掏槽在中硬岩中能得到较好的爆破效果，炮眼利用率可达90%以上。

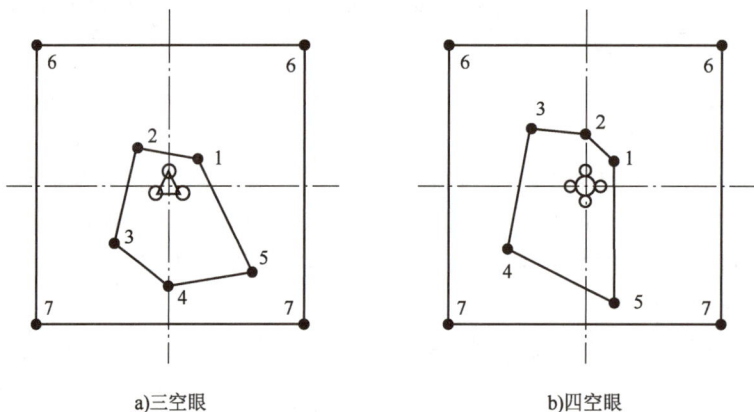

a)三空眼　　　　　　　　　　b)四空眼

图 3-62　三空眼、四空眼螺旋形掏槽炮眼布置示意图（炮眼旁数字表示雷管段数；空心圆代表空孔，不装炸药）

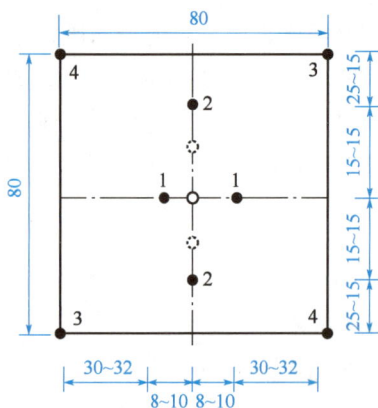

图 3-63　菱形掏槽炮眼布置图（尺寸单位：cm；
炮眼旁数字表示雷管段数；空心孔
代表空孔，不装炸药）

③菱形掏槽。常用且能取得良好掏槽效果的菱形掏槽炮眼布置如图3-63所示。较软的岩层中部布置一个空眼，且炮眼间距取小值，较硬的岩层中布置三空眼，且炮眼间距取大值，起爆顺序对称进行。1、2号炮眼爆后形成一个菱形槽腔，装药量取其炮眼深度的90%左右，一般均能取得满意的效果。

④直眼掏槽的优缺点。直眼掏槽一般使用于中硬岩或坚硬岩层，由于炮眼与掌子面垂直，所以炮眼深度不受开挖面宽度和高度的限制，适宜于钻凿较深的炮眼并提高每循环进尺，在小断面导坑掘进时可达2.8～3.0m；所有炮眼均垂直

铁路隧道工程施工与维护

于掌子面钻进,容易控制;钻眼时,各凿岩机相互干扰较少,便于多台凿岩机同时作业,可提高凿岩效率;容易控制眼底深度,使眼底在同一垂直面上;炮眼利用率高,可达 90% ~ 100%;石碴抛掷距离较近,不易打坏支护及机具设备等;在各种硬度的岩层中都可使用。直眼掏槽的缺点是需要较多的炮眼数目和较多的炸药,钻眼位置一定要准确,误差不能太大。另外,直眼掏槽对岩性的适应性不强,岩性变硬一点,就需要改变掏槽眼布置形式或增加空眼数量,也就是说,直眼掏槽的技术含量相对较高,更多地依赖于钻爆经验及数量程度。

(3)斜眼与直眼掏槽使用条件对比。

根据以上论述,将两大类掏槽的使用条件加以对比,详见表 3-11。

斜眼与直眼掏槽使用条件对比表

表 3-11

序号	直眼掏槽	斜眼掏槽
1	大小断面均可以	大断面较适用
2	韧性岩层不适用	对各种地质条件均适用
3	一次爆破深度可以较大	受隧道宽度限制,不宜太深(<5m)
4	技术要求高,钻眼精度影响大	相对来说可稍差些
5	炸药用量较多	炸药用量相对较少
6	需要雷管段数多	需要雷管段数少
7	钻眼相互干扰少	钻眼时,钻机干扰大
8	渣堆较集中	抛渣远,易打坏设备

在实际应用中,应根据现场条件,特别是地质条件,因地制宜地选择恰当的掏槽方式,除考虑上述因素外,还应考虑经济及技术效果,而不应墨守成规,生搬硬套。

2. 中断面隧道掏槽技术

所谓中断面,主要指断面面积大于 $20m^2$ 且小于 $60m^2$ 的开挖断面。在中断面中,炮眼深度一般在 2.5m 以上,如果掏槽不成功,爆破残眼深,再次处理麻烦,还影响施工进度与效益,故中断面爆破应重视掏槽技术。目前中断面掏槽技术主要有:使用人工手持风钻进行单级或复式楔形掏槽、使用凿岩台车进行大直径中空直眼掏槽。

(1)单级楔形掏槽。

单级楔形掏槽仅仅依靠数对主掏槽眼进行掏槽爆破,后方的扩槽眼、辅助眼再将槽腔扩大,从而达到为其他炮眼创造临空面的目的。与小断面掏槽眼一样,只要将掏槽眼与掌子面的夹角控制在 60°左右,并按设计装药爆破,即可取的较好的爆破效果。该掏槽形式适合于各种不同的围岩,特别是在中硬岩中的应用较为广泛。

某隧道采用的单级楔形掏槽炮眼布置如图 3-64 所示。一般情况下,各对掏槽眼之间的上下排距取 0.4 ~ 0.6m,硬岩取小值,中硬岩取大值;大掏槽眼底间距控制在 0.2 ~ 0.4m区间,同样硬岩取小值,中硬岩取大值;掏槽眼布置采用 4 + 3 + 2 型,即 4 个掏槽眼、3 个扩槽眼、2 个辅助眼,后面的掘进眼可视围岩的软硬程度取 1 ~ 3 个;大掏槽眼通常取4 排即可,岩石软时可用 3 排,坚硬时可用 5 排或更多,或在大掏槽眼前加数对小掏槽,变为二级楔形掏槽。

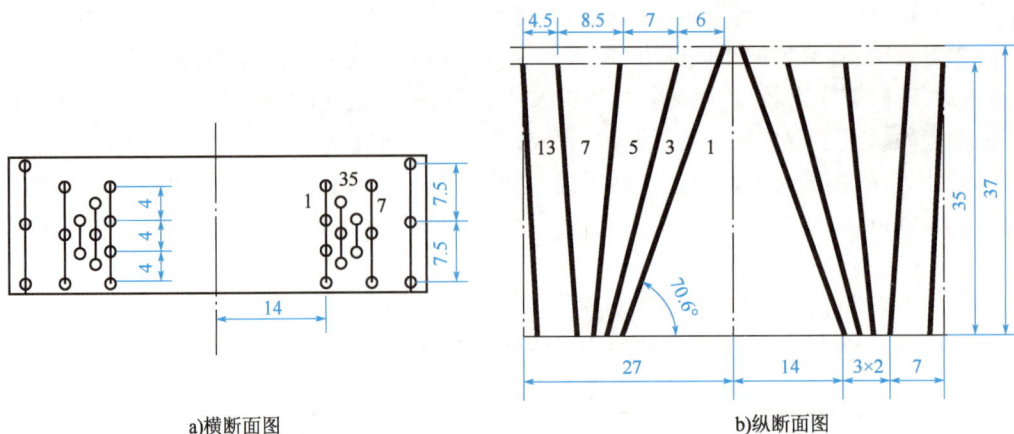

a)横断面图   b)纵断面图

图3-64　单级楔形掏槽炮眼布置图(尺寸单位:cm,炮眼旁数字表示雷管段数)

　　单级楔形掏槽的主要优点是炮眼数量少,对炮眼钻进精度要求不是很高,容易控制和掌握;适用于各类岩层,不需大直径钻眼设备。其缺点是岩渣抛掷较远,易砸坏洞内施工设备。

　　(2)复式楔形掏槽。

　　在遇到岩石坚硬或掘进断面较大时,可采用复式楔形掏槽。复式楔形掏槽也称 V 形掏槽,是在浅眼楔形掏槽的基础上发展起来的,只要钻眼精度达到深度和角度要求,按设计装药,一般均能取得良好的效果。二级复式楔形掏槽和三级复式楔形掏槽如图 3-65 所示。上下片间距为 50～90cm,硬岩取小值,软岩取大值;在硬岩中爆破时,最好采用高威力炸药(如乳化炸药等),排数通常只用两排即可,岩石十分坚硬时可用三排或四排。

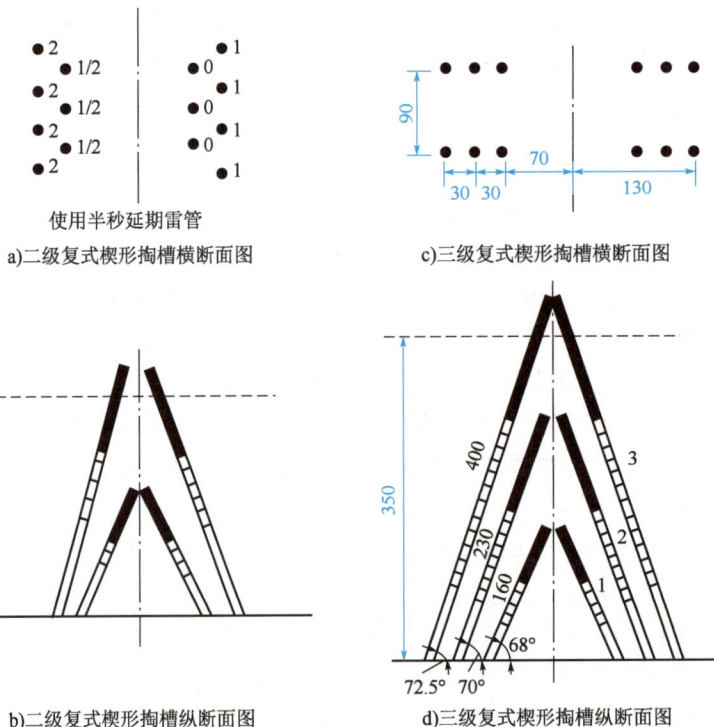

使用半秒延期雷管

a)二级复式楔形掏槽横断面图   c)三级复式楔形掏槽横断面图

b)二级复式楔形掏槽纵断面图   d)三级复式楔形掏槽纵断面图

图3-65　复式楔形掏槽炮眼布置图(尺寸单位:cm,炮眼旁数字表示雷管段数)

（3）大直径中空直眼掏槽。

大直径中空直眼掏槽实际上是直眼掏槽的一种。大直径中空直眼掏槽是在掌子面中下部用大直径钻机钻凿一个或几个中空炮眼，通常采用大于100mm的炮眼作为掏槽炮眼的临空面，在大直径炮眼的周围配合一些小炮眼，以逐渐增大的距离布置掏槽炮眼进行掏槽，一般有菱形掏槽、螺旋形掏槽、对称掏槽等。炮眼利用率比小直径炮眼掏槽高，一般适用于中硬、硬岩的大断面深孔爆破。

采用大直径中空直眼掏槽，首先要求钻眼方向精确，尽量减少眼位偏差值；按设计的起爆顺序起爆，最好使用毫秒雷管；控制掏槽眼间距，且用于中硬岩、硬岩整体性好的掩体中，以防止殉爆。其次，控制掏槽眼的炸药用量，以防止"压死"而拒爆。

大直径中空直眼掏槽的几种基本类型如图3-66所示。

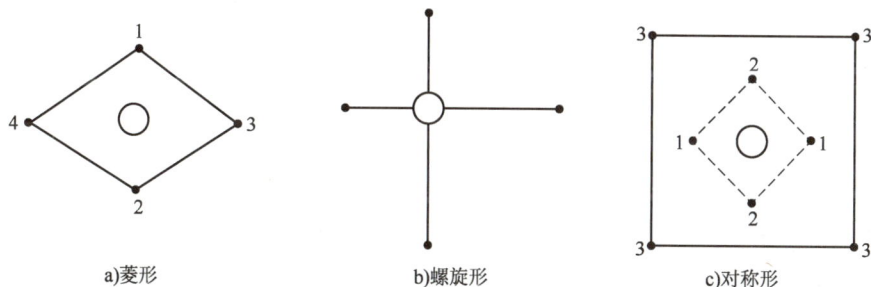

a)菱形   b)螺旋形   c)对称形

图3-66　大直径中空直眼掏槽的基本类型（炮眼旁数字表示雷管段数；空心圆代表空孔，不装炸药）

3. 大断面隧道掏槽技术

当坑道开挖断面在$60m^2$以上时，由于施工操作空间较大，在中硬岩全断面开挖法或台阶开挖法施工时，一般在施工中采用大楔形掏槽技术，可以取得较好的经济效果。目前大断面掏槽主要有使用人工手持风钻或凿岩台车进行大楔形掏槽、使用凿岩台车进行大直径中空直眼掏槽。

（1）大楔形掏槽。

大楔形掏槽是普通单级楔形掏槽技术在隧道全断面开挖中的扩展，为目前国内使用较多的人工手持风钻 + 台架模式提供的一种配套技术，该技术能够满足大断面隧道快速、经济掘进的需求。

大楔形掏槽与普通单级楔形掏槽的最大区别在于主掏槽眼之间的眼口间距增大了。普通单级楔形掏槽每对主掏槽眼眼口间距基本上在3m以内，掏槽区域高度约为1.5m，即掏槽面积基本上不超过$5m^2$。而大楔形掏槽主要掏槽眼眼口间距则拉大至5m左右，掏槽高度则可达4m，掏槽面积最大可达$20m^2$。

（2）大直径中空直眼掏槽。

大瑶山隧道采用直眼掏槽全断面深孔爆破开挖，其进口为砂岩夹板岩，局部板岩夹砂岩，构造发育，属Ⅲ级围岩，个别地段为Ⅳ级；而后是震旦系长石英砂岩及砂岩与板岩互层，节理较发育，岩体较完整，为Ⅱ级围岩，开挖断面为$85m^2$，炮眼深度为5.15m。出口地质情况为震旦系之灰绿色板岩夹砂岩，中厚层夹薄层状，节理发育，呈背斜褶曲，而后为震旦系之绿色、绢绿色板岩夹砂岩，中厚层夹波层状，围岩为Ⅱ～Ⅳ级，开挖断面为$91.9～97.4m^2$，钻眼深度为5.15m。

炮眼布置和起爆顺序如图 3-67 所示。图 3-67a)与图 3-67d)由于雷管总段数不足，起爆顺序有所改变，即前面 1~5 段跳段使用，后面连续使用。大瑶山隧道绝大部分采用 3 中空孔和 4 中空孔的掏槽形式。

大瑶山隧道大断面深眼爆破一般均能取得满意的效果。从爆破的统计来看：进口爆破 57 个循环，进尺 271.32m，平均循环进尺 4.76m，炮眼利用率 92.5%。出口爆破 80 个循环，进尺 374.2m，平均循环进尺 4.68m，炮眼利用率 91%。

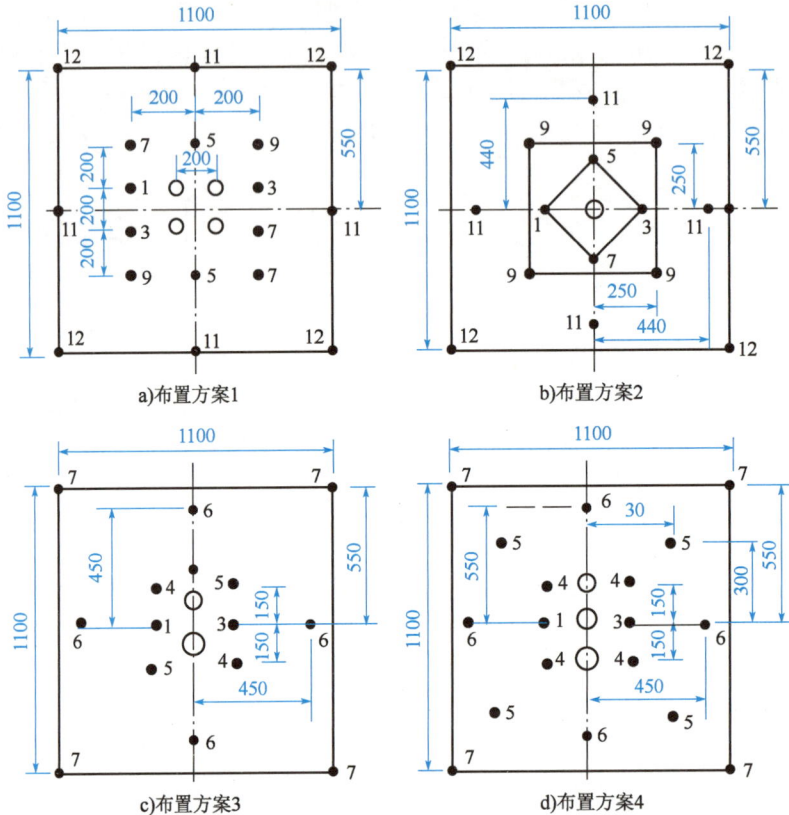

图 3-67 大瑶山隧道掏槽眼炮眼布置及起爆顺序(尺寸单位：cm；炮眼旁数字表示雷管段数；空心圆代表空孔，不装炸药)

(三)爆破设计

爆破设计的内容包括炮眼(掏槽眼、辅助眼、周边眼、底板眼)的布置、深度、斜率和数量，爆破器材、装药量和装药结构，起爆方法和爆破顺序，钻眼机具和钻眼要求、主要技术指标及必要的说明等。隧道爆破设计应做到"有图、有表、有计算、有说明"，并应绘制大比例尺交底图，向作业工人交底，以付诸实施。

1. 隧道爆破设计的依据

(1)工程地质条件、围岩级别。

(2)开挖方法。

(3)开挖断面。

(4)掘进循环进尺。

(5)钻研机具。

（6）爆破器材。

（7）施工队伍的操作技术。

（8）周围环境，尤其是城市隧道，更要考虑环境因素。

2. 隧道爆破设计的方法与内容

（1）利用精简参数及数理统计出来的参数，作为设计参数。

（2）工程类比方法。

①工程地质条件。

②断面大小。

③使用的爆破器材，尤其是炸药种类与药卷直径。

④爆破效果。

（3）一些简单的计算。

①炮眼个数。

②装药量与单耗、装药集中度等。

（4）要有炮眼布置图，包括掏槽眼、辅助眼、掘进眼。掏槽眼较复杂时，应绘制大样图。图中要标明起爆先后顺序和雷管的安排布置。一般有正面图和剖面图即可。

（5）要有钻孔、装药表，标明钻孔名称、钻孔直径、钻孔深度、角度、装药量、延时雷管段数（段别）、开挖断面、开挖进尺、炮眼利用率、炸药总量、单耗、雷管单耗。

（6）要有简单扼要的说明，包括工程地质条件、钻孔、装药、堵塞要求、安全技术措施及经济指标等。

3. 爆破参数设计

炮眼参数包括炮眼直径、炮眼数量和炮眼深度。

（1）炮眼直径。

炮眼直径对凿岩生产率、炮眼数量、单位炸药消耗量和平整度均有影响。炮眼直径及相应药径的增加可使炸药能量相对集中，使爆炸效果得以提高，但炮眼直径过大将导致凿岩速度下降，并影响岩石破碎质量、洞壁平整程度和围岩稳定性。因此，必须根据岩性、凿岩设备和工具、炸药性能等进行综合分析，合理选用孔径。药卷与炮眼壁之间的空隙通常为炮眼直径的 10% ~ 15%。一般隧道的炮眼直径在 32 ~ 50mm 之间，大型液压钻机可打直径 102mm、75mm、63mm 的炮眼，作为中空孔。

（2）炮眼数量。

炮眼数量主要与开挖断面、炮眼直径、岩石性质和炸药品种（性能）有关，炮眼的多少直接影响凿岩工作量。炮眼数量按照其能装完设计的炸药量来计算，通常按各炮眼平均分配炸药量的原则进行。

$$N = \frac{qS}{xm} \tag{3-1}$$

式中：N——炮眼数量（个），不包括不装药的空孔眼数；

q——单位炸药消耗量，按工程类比法，直接查找参考值，或根据经验在 1.2 ~ 2.4kg/m² 之间选取，硬岩取大值，软岩取小值；

S——开挖断面面积；

x——装药量系数（计算装药系数），即装药长度与炮眼全长的比值，可参考表 3-12 中所列数据；

m——每米药卷的炸药质量（kg/m），2 号岩石铵梯炸药每米质量见表 3-13。

装药量系数 x 值   表 3-12

炮眼种类	围岩级别			
	IV	III	II	I
掏槽眼	0.50	0.55	0.80	0.80 ~ 0.85
辅助眼	0.40	0.45	0.60	0.70 ~ 0.75
周边眼	0.40	0.45	0.50	0.60

2 号岩石铵梯炸药每米质量 m 值   表 3-13

药卷直径（mm）	32	35	38	40	44	45	50
m（kg/m）	0.78	0.96	1.10	1.25	1.52	1.59	1.90

炮眼数量最常用的经验值见表 3-14。

炮眼数量参考值   表 3-14

围岩级别	开挖面积（m²）				
	4 ~ 6	7 ~ 9	10 ~ 12	13 ~ 15	40 ~ 50
IV	10 ~ 13	15 ~ 16	17 ~ 19	20 ~ 24	—
III	11 ~ 16	16 ~ 20	18 ~ 25	23 ~ 30	—
II	12 ~ 18	17 ~ 24	21 ~ 30	27 ~ 35	75 ~ 90
I	18 ~ 25	28 ~ 33	37 ~ 42	43 ~ 48	80 ~ 100

按式（3-1）计算出的 N 值，或表 3-14 的参考值，还应根据光面爆破、预裂爆破增加一些周边眼来作调整。

（3）炮眼深度。

炮眼深度决定着每一掘进循环钻眼工作量、出渣工作量、循环时间和次数及施工组织，对掘进速度的影响很大，对围岩的稳定性和断面超欠挖也有重大的影响。因此合理的炮眼深度，应是在隧道施工优质、安全、节省投资的前提下，既能够防止爆破面以外围岩发生过大的松动，减少繁重支护，避免过大的超欠挖，又能获得最好掘进速度的炮眼深度。一般根据下列因素确定：

①考虑围岩的稳定性，并避免过大的超欠挖。

②考虑凿岩机的允许钻眼长度、操作技术条件和钻眼技术水平。

③考虑掘进循环安排，保证充分利用作业时间。

确定炮眼深度 L 常用的方法有以下三种。

①经验公式。采用垂直楔形掏槽时，可按开挖断面的宽度 B 确定：

$$L = (0.5 ~ 0.7)B \tag{3-2}$$

②利用每一掘进循环的进尺数及实际的炮眼利用率来确定：

$$L = \frac{l}{\eta} \tag{3-3}$$

式中：l——每掘进循环的计划进尺数（m）；

η——炮眼利用率，一般不应低于 0.85。

③按循环时间确定：

$$L = \frac{T - \left(\dfrac{Nt'}{n} + t_3 + t_5 + t_6 + t_7 \right)}{\dfrac{N}{nv} + \dfrac{\eta S \sin\theta}{\rho}} \tag{3-4}$$

式中：T——一次循环时间（min）；

N——炮眼数量（个）；

n'——同时装药的放炮工人数（人）；

t'——每个炮眼装药所需的时间（min）；

t_3——起爆及通风时间（min）；

t_5——此时间应包括开挖面设置钻眼和装渣机械与清除危石的时间，以及其他时间损失等（min）；

t_6——喷锚作业时间（min）；

t_7——位移量测时间（min）；

n——同时使用的凿岩机台数（台）；

v——钻眼速度（m/min），可根据 L 的大致值近似决定；

η——炮眼利用系数，一般取 0.8 ~ 0.9；

S——开挖断面面积（m^2）；

ρ——按实方计算的实际装渣生产率（m^3/min）；

θ——炮眼与开挖面所成的平均角度（°）。

（4）装药量的计算及分配。

炮眼装药量的多少是影响爆破效果的重要因素。药量不足，会炸不开，使炮眼利用率降低、爆落石渣块过大；装药量过多，则会破坏围岩稳定，崩坏支撑，抛渣过散、过远，对装渣不利，增加洞内有害气体，也会相应地增加排烟时间和供风时间。合理的药量应根据所使用炸药的性能和质量、地质条件、开挖断面尺寸、临空面数量、炮眼直径和深度、爆破的质量与安全控制要求来确定。

目前，多采用体积公式计算出一个循环的总药量，然后按各种类型炮眼的爆破特征进行分配，再在爆破实践中加以检验与修正，直到取得良好的爆破效果为止。

总用量 Q 可按下式确定：

$$Q = qL'S \tag{3-5}$$

式中：q——爆破每立方米岩石所需炸药的消耗量，主要取决于围岩级别、临空面数量、断面大小见表 3-15 所列经验数据可供参考，所用的炸药为 2 号岩石铵梯炸药；

L'——设计进尺，其值等于炮眼深度乘以炮眼利用率；

S——开挖断面面积（m^2）。

爆破岩石所需单位耗药量（kg/m^3）　　表 3-15

开挖部位和开挖面积（m^2）		围岩级别			
		IV	III	II	I
一个自由面	4～6	1.5	1.8	2.3	2.9
	7～9	1.3	1.6	2.0	2.5
	10～12	1.2	1.5	1.8	2.25
	13～15	1.2	1.4	1.7	2.1
	16～20	1.1	1.3	1.6	2
	40～50	—	—	1.2	1.6
多个自由面	扩大挖底	0.6	0.7	0.9	1.1～1.2
		0.5	0.6	0.8	1.0

（5）炮眼布置。

按照围岩级别和开挖断面、掏槽形式等在断面图上布置炮眼。炮眼布置应遵守下列原则：

①先布置掏槽眼，其次是周边眼，最后是辅助眼。掏槽眼一般应布置在断面中央偏下部位，其深度应比其他眼加深 10～20cm。为爆出平整开挖面，除掏槽眼与底板眼外，所有掘进炮眼眼底应基本落在同一平面上。底部炮眼深度一般与掏槽眼相同。之所以要加深掏槽眼、底板眼深度，是因为要确保掏槽的掏槽效果和深度，保证底板不留台阶。

②周边眼沿隧道轮廓布置，基本上取等距离布眼，断面拐角拐弯处应布眼，应考虑周边眼有一定的外插角，外插倾斜率宜为 0.03～0.05，使前后两排炮眼的衔接台阶短小，一般为 10～15cm，即以不影响风钻操作为宜。深孔爆破其台阶会大些，一般为 25～35cm，应尽量控制超挖。

③施工经验表明，一般抵抗线为炮眼间距的 60%～80%。

④炮眼间距取决于围岩级别、炮眼直径、炸药种类。一般在采用 2 号岩石铵梯炸药卷时，抵抗线 W 取 0.8～1.0m，硬岩取小值，软岩取大值。这样炮眼间距为 1.0～1.2m。拱部范围可取大一些，底板眼抵抗线取小一些。

⑤当炮眼深度超过 2.5m 时，靠近周边眼的内圈眼应与周边眼有相同的外插角。

⑥当岩层层理明显时，炮眼方向应尽量垂直于层理面。

隧道开挖面炮眼，在上述原则的基础上，有以下几种布置方式：

①直线形布眼，将炮眼按垂直方向或水平方向围绕掏槽开挖口直线形逐层排列。

②多边形布眼，围绕掏槽部位由里向外逐层布置成多边形。

③弧形布眼，顺着拱部轮廓线逐圈布眼。

④圆形布眼，当开挖面为圆形时，炮眼围绕断面中心逐层布置成圆形。

（6）堵塞炮泥。

隧道内所用的炮眼堵塞材料一般为砂和黏土的混合物，比例大致为砂占比 40% ~ 50%、黏土占比 50% ~ 60%，堵塞长度视炮眼直径和孔深而定。当炮眼直径为 32mm 和 45mm 时，堵塞长度不能小于 20cm 和 45cm。深孔爆破堵塞长度应在 45cm 以上。

四 光面爆破

炸药在炮孔内爆炸时，产生强大的冲击波和高压气体，并猛烈冲击炮孔周围岩体，使得周围岩体破碎或开裂。当在有限的轮廓范围内进行开挖爆破时，如隧道及地下工程、矿山井巷的掘进等，一方面要求爆破开挖的边界尽量与设计的轮廓线相符合，不要出现超挖和欠挖，同时也要求开挖边界上的岩体能尽量保持完整无损。光面爆破和预裂爆破，就是为达到上述目标而采用的控制爆破技术。

控制开挖轮廓的爆破作业，可以在设计开挖断面内的岩体爆破之前进行，也可以在这之后进行。前种情况，就是预先沿设计轮廓线用爆破方法形成一条裂缝，这种方法称为预裂爆破；后一种情况则是在设计断面内的岩体爆破塌落以后才爆破轮廓炮孔，通常称为光面爆破。显然，两者的爆破条件是不完全相同的，预裂爆破时，药包在受夹制的状态下爆破，只有一个自由面，而光面爆破则有两个自由面。由于受各种不同条件的限制，在隧道和巷道中不常用预裂爆破技术，因为爆炸冲击能量在直接作用于孔间并形成控制裂隙面的同时，也会影响围岩，但是预裂爆破在大断面的隧道和洞室中也有成功的实例。

光面爆破是沿着设计轮廓线布置一排平行的炮孔，孔内采用不耦合装药，使每个炮孔既是爆破孔，又是邻近孔的导向孔。不耦合装药可以减小作用在孔壁上的爆炸压力，目的是使爆破后留下的围岩具有光滑表面，符合设计要求，并尽量不受损伤，提高围岩的稳定性和自身的承载能力。光面爆破技术主要用于掘进断面周边的一圈岩石，重点是顶部炮眼和帮眼，所以又称为轮廓爆破或周边爆破。采用光面爆破既可以沿设计轮廓线爆破出规整的断面轮廓，又对周围岩体的损伤很小，因此得到了广泛的应用。

（一）光面爆破的主要参数

光面爆破参数即周边眼的爆破参数，决定了光面爆破的质量，因此，光面爆破技术的核心就是合理设计周边眼的装药结构、崩落厚度、眼间距和装药量，并尽量使各周边眼同时起爆。目前，光面爆破参数设计一般以理论计算为参考，主要通过工程类比和现场试验来调整确定。

1. 装药结构

为确保周边孔爆破后形成光面且对围岩不造成损伤，装药结构的设计至关重要。目前公认的是周边眼采用小直径、低猛度、爆轰稳定性好的低威力专用炸药，用不耦合装药或空气间隔装药结构来实现光面爆破。

不耦合系数 K_d 可按下式确定：

$$K_d = \frac{d_b}{d_c} \geqslant \left(\frac{n\rho_c D^2}{8K_b\sigma_c} \right)^{\frac{1}{6}} \tag{3-6}$$

式中：ρ_c、D——炸药的密度和爆速；

　　　d_b、d_c——炮孔直径和装药直径；

　　　　n——压力增大倍数，取 $8 \sim 10$；

　　　σ_c——岩石单轴抗压强度；

　　　K_b——体积应力状态下岩石强度增大系数。

在实际施工中，周边眼装药结构常采用以下三种不同形式，如图 3-68 所示。图 3-68a）为标准药径的空气间隔装药结构；图 3-68b）为小直径药卷间隔装药结构；图 3-68c）为小直径药卷连续装药结构，这是一种典型的光面爆破装药结构形式。

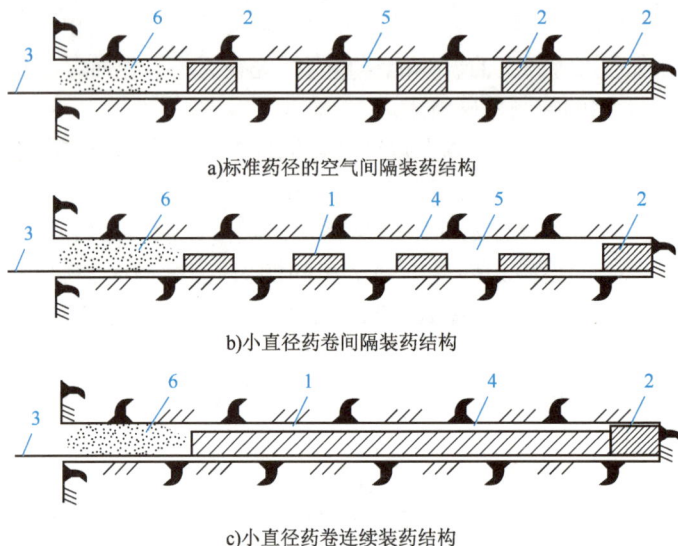

a)标准药径的空气间隔装药结构

b)小直径药卷间隔装药结构

c)小直径药卷连续装药结构

图 3-68　周边眼装药结构

1-φ25mm 药卷;2-φ32mm 药卷;3-导爆索(或脚线);4-径向空气间隔;5-空气间隔;6-堵塞

2. 周边眼间距

合适的炮眼间距应使炮眼间形成贯穿裂缝。炮眼间距 E 可按下式确定：

$$E = \left(\frac{2bp_1}{\sigma_t} \right)^{\frac{1}{a}} d_b \tag{3-7}$$

式中：a——应力波衰减系数，$a = 2 - b$，$b = \dfrac{v}{1-v}$，v 为泊松比；

　　　p_1——作用在炮眼上的初始应力峰值；

　　　σ_t——岩石抗拉强度。

根据实践经验，E 一般为炮眼直径的 $10 \sim 20$ 倍。

3. 邻近系数和最小抵抗线

光面爆破炮眼的最小抵抗线是指周边眼至邻近崩落眼的垂直距离，或称光爆层厚度，是光面爆破的主要设计参数。光面爆破层厚度的理论计算很难，实际中多以现场试验和工程类比来确定。最小抵抗线过大，光爆层的岩石将得不到适当破碎；反之，则在反射波作用下，在围岩内产生较多的裂缝，影响围岩稳定。

光爆层厚度与周边眼间距有密切关系，通常可以综合考虑。将周边眼间距与光爆层厚的比值称为周边眼密集系数 m，该比值应控制在 $0.8 \sim 1.0$ 区间，即周边眼间距不宜大于光爆层厚度,且确保先在周边孔间形成贯通裂缝。实际中根据岩层特性,光爆层厚度 W 取 $500 \sim 700$ mm 为宜,也可采用以下经验公式确定:

$$W = \frac{q_b}{CEl_b} \qquad (3\text{-}8)$$

式中:q_b——炮眼内的装药量;

l_b、E——炮眼深度和间距;

C——爆破系数,相当于炸药单耗量。

4. 装药量

周边眼装药量常以单位炮眼深度的平均装药量,即线装药密度来表示,且采用线装药密度来控制爆炸作用对炮眼壁面的破坏程度。工程应用中,当岩石坚固性系数 $f = 4 \sim 6$ 时,线装药密度为 $0.10 \sim 0.14$ kg/m;当 $f = 8 \sim 10$ 时,线装药密度为 $0.14 \sim 0.25$ kg/m,也可按下式计算:

$$q = 0.33ekW^2 \qquad (3\text{-}9)$$

式中:e——炸药换算系数,$e = 320/P$,P 为炸药的爆力;

k——爆出标准漏斗时的单位体积耗药量;

W——光面爆破炮眼的最小抵抗线(光爆层厚度)。

5. 起爆时差

在掘进光面爆破中,起爆顺序分为正序起爆和反序起爆。反序起爆就是所谓的预裂爆破,先将周边孔起爆,而后再爆破掏槽眼和崩落眼。由于周边眼不在一条直线上,预裂爆破效果不佳,目前掘进爆破中已很少采用。通常光面爆破采用周边孔后爆的正序起爆,分全断面一次爆破和预留光爆层爆破。一般预留光爆层的爆破效果要好一些,但需要二次起爆,实际中也较少采用。只有在掘进断面大、雷管段数不足或起爆能力不够时才考虑采用。

试验和工程爆破表明:周边眼同时起爆时,贯穿裂缝平整,微差起爆次之,秒延期起爆最差。同时起爆时,炮眼间的贯穿裂缝形成得较早,一旦裂缝形成,其周围岩体内的应力下降,从而抑制了其他方向裂缝的形成和扩展,爆破形成的壁面就较平整。若周边眼起爆时差超过 0.1s,各炮眼就如同单独起爆一样。炮眼周围将产生较多的裂缝,并形成凹凸不平的壁面。因此,在光面爆破中应尽可能地减小周边眼的起爆时差,选用同段同批次的雷管。

周边眼与其相邻炮眼的起爆时差对爆效果的影响也很大。如果起爆时差选择合理,则可获得良好的光爆效果。理想的起爆时差应该使先发爆破的岩石应力作用尚未完全消失,且岩体刚开始断裂移动时,后发爆破立即起爆。在这种状态下,既为后发爆破创造了自由面,又能形成应力叠加,发挥微差爆破的优势。实践证明,起爆时差随炮眼深度的不同而不同,炮眼愈深,起爆时差应愈大,一般为 $50 \sim 100$ ms。

岩石隧道光面爆破一次开挖进尺不宜大于 3.5m,爆破参数应通过试验确定。当无试验条件时,有关参数可参照表 3-16。

光面爆破常用参数   表 3-16

岩石类别	周边眼间距 E(mm)	周边眼抵抗线 W(mm)	相对距离 E/W	装药集中度(kg/m)
极硬岩	500 ~ 600	550 ~ 750	0.8 ~ 0.85	0.25 ~ 0.40
硬岩	400 ~ 550	500 ~ 600	0.8 ~ 0.85	0.15 ~ 0.25
软质岩	300 ~ 450	450 ~ 600	0.75 ~ 0.8	0.04 ~ 0.15

注：1. 表列参数适用于炮眼深度 1.0 ~ 3.5m，炮眼直径 40 ~ 50mm，药卷直径 20 ~ 35mm。

     2. 断面较小或围岩软弱、破碎或对开挖成形要求较高时，周边眼间距 E 应取较小值。

     3. 周边眼抵抗线 W 值应大于周边眼间距 E 值。软岩取较小的 E 值时，W 值应适当增大。E/W，软岩取小值，硬岩及小断面取大值。

     4. 装药集中度 q 以装药长度的平均线装药密度计，施工中应根据炸药类型和爆破试验确定。

(二)光面爆破施工要求

光面爆破掘进有两种施工方法，即全断面一次爆破和预留光爆层分次爆破。

全断面一次爆破时，按起爆顺序分别装入多段毫秒电雷管或非电塑料导爆管起爆系统起爆，起爆顺序为掏槽眼、辅助眼、周边眼，多用于掘进小断面单线隧道和巷道。

在大断面的隧道和洞室掘进时，可采用预留光爆层分次爆破。采用超前掘进小断面导洞，然后扩大至全断面，这种方法又称为修边爆破。修边爆破的优点是可根据最后留光面爆破层的具体情况调整爆破参数，节约爆破材料，提高光面爆破的效果和质量；其缺点是施工工艺复杂，增加了辅助时间。

为保证光面爆破的良好效果，除根据岩石条件、工程要求正确选择光面爆破参数外，精确的钻眼也是极为重要的，是保证光面爆破质量的前提。对钻眼的要求是：平、直、齐、准。

炮眼要按照以下要求施工：

(1)所有周边眼应彼此平顺，其深度一般不用比其他炮眼深。

(2)各炮眼均应垂直于工作面。实际施工时，周边眼不可能完全与工作面垂直，必然有一个角度，根据炮眼深度一般取 3° ~ 5°。

(3)如果工作面不齐，应按实际情况调整深度及装药量，力求所有炮眼底部落在同一断面上。

(4)开眼位置要准确，偏差不得大于 30mm。对于周边眼，开眼位置均应位于掘进断面的轮廓线上，不允许有偏向轮廓线里面的误差。

五 钻爆施工

钻爆施工是钻爆设计付诸实施的重要环节，包括钻孔、装药、堵塞和爆破后可能出现的问题处理等。隧道爆破通常都要求每一循环进尺尽可能大，但在很多情况下，往往会碰到由于过高估计爆破效果而带来的一些困难。因此在施工设计中，不仅要了解实际掘进速度的可行性，还要研究开挖方法。

(一)钻爆开挖工艺流程

钻爆开挖工艺流程如图 3-69 所示。

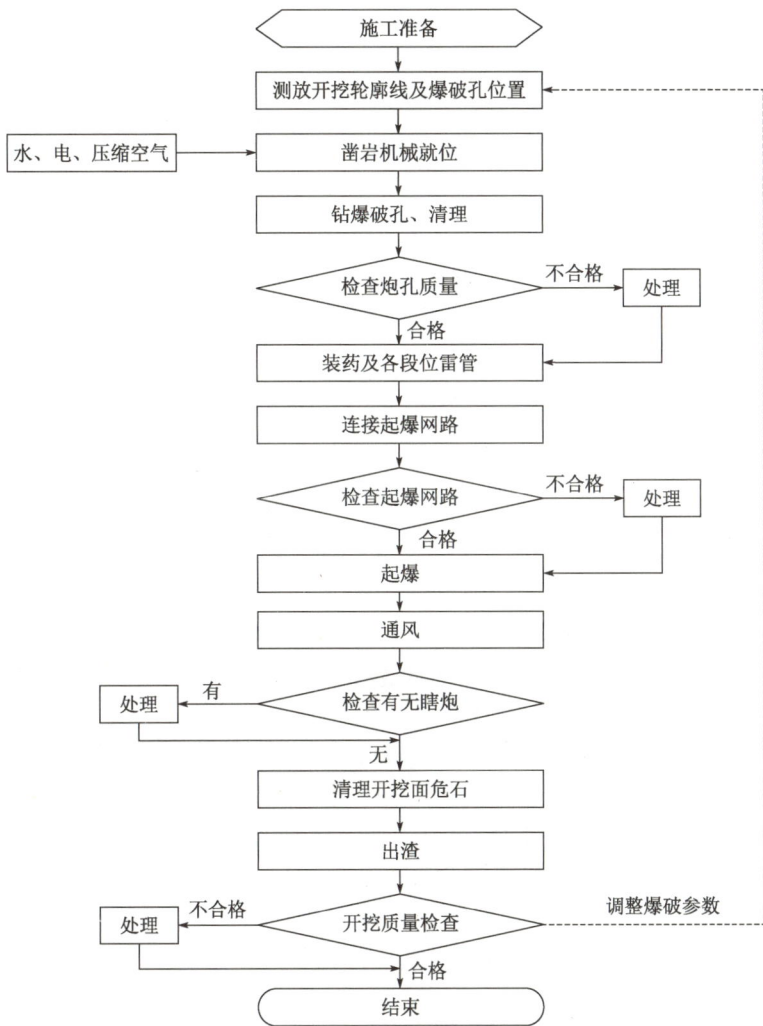

图 3-69　钻爆开挖工艺流程

(二)钻眼

目前,在隧道开挖爆破过程中,广泛采用的钻孔设备为凿岩机和凿岩台车。施工时应根据钻爆设计要求选定钻眼效率高的钻眼机械。当采用液压式多臂凿岩台车作业时,应密切注意钻眼石屑的排除情况,注意保护钻头,凿岩台车钻眼如图 3-70 所示。为保证达到良好的爆破效果,施钻前应由专门人员根据设计布孔图现场布设,必须标出

图 3-70　钻眼作业

掏槽眼和周边眼的位置,严格按照炮眼的设计位置、深度、角度和眼径进行钻眼。如出现偏差,由现场施工技术人员确定其取舍,必要时废弃重钻。

炮眼的深度、角度、间距应按设计要求确定,并应符合下列精度要求:

（1）掏槽眼眼口间距误差和眼底间距误差不得大于5cm。

（2）辅助眼眼口间距误差不得大于10cm。

（3）周边眼眼口位置误差不得大于5cm，眼底不得超出开挖断面轮廓线15cm。

（4）内圈炮眼至周边眼的排距误差不得大于5cm；炮眼深度超过2.5cm时，内圈炮眼与周边眼宜采用相同的斜率。

（5）当开挖面凹凸较大时，应按实际情况调整炮眼深度，并相应调整装药量，力求除掏槽眼外的所有炮眼眼底在同一垂直面上。

钻眼完成后，应按炮眼布置图进行检查并做好记录。不符合要求的炮眼应重钻，经检查合格后才能装药爆破。

（三）装药

炮眼装药前应对装药开挖工作面附近进行安全检查，对检查出的问题及时处理；清除炮眼内的岩粉、积水。使用压缩空气吹眼器时应避免炮眼内飞出的岩粉、岩块等杂物伤人。炮眼清理完成后，应检查炮眼深度、角度、方向和炮眼内部情况，处理不符合要求的炮眼。炮眼缩孔、坍塌或有裂缝时不得装药。

装药时应严格按照设计的炸药量进行装填。隧道爆破中常采用的装药结构有连续装药、间隔装药及不耦合装药等，连续装药结构按照雷管所在位置不同又可分为正向起爆和反向起爆两种形式，如图3-71a)、b)所示。

实践表明，反向起爆有利于克服岩石的挟制作用，能提高炮眼利用率，减小岩石破碎块度，爆破效果较正向起爆为好。但反向起爆较早装入起爆药卷，会影响后续装药质量。在有水情况下，起爆药卷易受潮拒爆，还易损伤起爆引线，机械化装药时易产生静电早爆。

隧道周边眼一般采用小直径药卷连续装药结构或普通药卷间隔装药，如图3-71c)、d)所示。当岩石很软时，也可用导爆索装药结构，即用导爆索取代非炸药药卷进行装药。眼深小于2m时，也可采用空气柱装药结构。

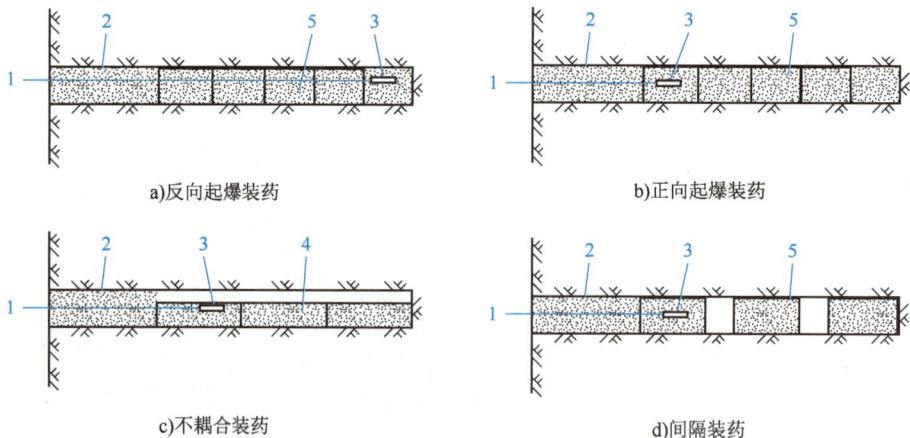

a)反向起爆装药　　b)正向起爆装药

c)不耦合装药　　d)间隔装药

图3-71　装药结构

1-引线；2-炮泥；3-雷管；4-小直径药卷；5-药卷

（四）堵塞及起爆

1. 堵塞

炮孔堵塞质量的好坏对爆破效果和炸药消耗量具有重要的影响。堵塞炮孔的作用主要是延缓爆轰气体迅速从炮孔中溢出，延长爆轰气体的作用时间，从而增强爆破效果。炸药在炮孔中爆炸后产生强烈的爆轰波，生成高温高压气体。爆轰波传入岩石后，成为岩石中的冲击波，进而衰减为应力波。岩石在应力波的作用下产生初始裂隙，高温高压气体的急速膨胀和沿初始裂隙的进一步"楔入"，将使裂隙继续扩张，岩石破碎，并被抛掷移位。若不堵炮泥，爆生气体就会过早地从孔口冲出，其膨胀做功的能力大部分将被浪费，必然影响爆破效果。因此，要充分发挥爆生气体在破碎岩石方面的作用，必须强调炮孔堵塞质量。

填塞炮泥一靠"惯性"，二靠"自封"。在炮孔中放入炮泥后，如果用炮棍猛击，则由于自身的惯性，炮泥很容易发生横向膨胀，挤住孔壁并形成封口，从而确保炮孔中炸药的爆炸效果。可见炮孔应当选用惯性大、易横向塑性变形并且摩擦系数大的材料堵塞。较好的材料为黏土：沙子＝2：1，含水率约为25％。现场试验和大量爆破实践证明，炮孔堵塞长度一般不应小于最小抵抗线或排距，通常为最小抵抗线的1.0～1.2倍。光面爆破周边眼堵塞长度不宜小于30cm；其他炮眼深度小于1m堵塞长度不宜小于炮眼深度的1/2，深度1～2.5m堵塞长度不宜小于0.5m，深度超过2.5m堵塞长度不宜小于1m。炮泥宜采用炮泥机制作，如图3-72所示。

2. 爆破网络

爆破网络是隧道爆破成败的关键，直接影响爆破效果和爆破质量。爆破网络必须保证每个药卷都按设计的起爆顺序和起爆时间起爆。起爆主导线应敷设在电线和管路的对侧。不得已设在同一侧时，与钢轨、管道等导电体的间距必须大于1.0m，并悬空架设。在地下水较多的地段，所用爆炸材料应能防水，连接线应采用塑料导线；敷设爆破网路时接头不得浸在水中，并应加强接头的防水与绝缘处理。

3. 起爆

每次起爆前，爆破员应仔细检查起爆网路；清点人数，确认无误后，方可下达起爆命令。起爆人员接到起爆命令后，必须发出爆破警号，并等待5s后方可起爆。起爆人员必须最后离开爆破地点，并在有掩护的安全地点起爆。隧道爆破如图3-73所示。

图3-72　炮泥制作

图3-73　隧道爆破瞬间

实施爆破时，所有人员应撤至不受有害气体、振动及飞石伤害的安全地点。安全地点至爆破工作面的距离，应根据爆破方法与装药量计算确定，在独头坑道内不得小于200m。

（五）质量检验

开挖爆破时，围岩破坏范围过大，将威胁到施工安全；石渣块度过大，将影响装运速度；眼底不平，炮眼利用率不高，会影响掘进速度；爆破效果不好，超挖过大，会造成经济效益不好。隧道爆破后，应对爆破效果、开挖断面形状、轮廓尺寸等进行检验。

1. 爆破效果

（1）硬岩无剥落，中硬岩基本无剥落，软弱围岩无大的剥落或坍塌。开挖轮廓符合设计要求，开挖面平整。

（2）隧道两次爆破形成的接茬错台，采用凿岩机钻眼时，不应大于 15cm；采用凿岩台车钻眼不应大于 25cm。

（3）爆破进尺达到钻爆设计要求，渣块块度满足装运要求。

（4）隧道爆破周边炮眼痕迹保存率，硬岩不应小于 80%，中硬岩不应小于 60%，并应在开挖轮廓面上均匀分布。如图 3-74 所示。

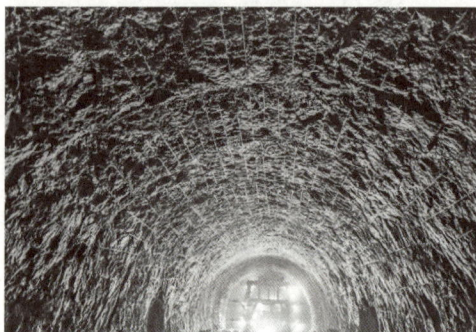

图 3-74　炮眼痕迹

2. 超欠挖

（1）隧道开挖的允许超挖值应符合表 3-17 的要求。

隧道允许超挖值（单位：cm）　　　　　　　　表 3-17

开挖部位		围岩级别		
		I	II ~ IV	V、VI
拱部	平均线形超挖	10	15	10
	最大超挖	20	25	15
边墙平均线形超挖		10	10	10
仰拱、隧底	平均线形超挖	10		
	最大超挖	25		

注：1. 本表适用炮眼深度不大于 3.0m。炮眼深度大于 3.0m 时，可根据实际情况另作规定。

　　2. 平均线性超挖值＝超挖横断面积/爆破设计开挖断面周长（不含隧底）。

　　3. 最大超挖值是指最大超挖处至设计开挖轮廓切线的垂直距离。

（2）隧道欠挖应严格控制。岩石个别突出部分（每 $1m^2$ 不大于 $0.1m^2$）欠挖不应大于 5cm。

六　盲炮原因及其预防和处理

放炮时，炮眼内预期发生爆炸的炸药因故未发生爆炸的现象称为盲炮，俗称瞎炮。炸药、雷管或其他火工品不能被引爆的现象称为拒爆。

（一）盲炮产生的原因

1. 电力起爆产生盲炮

电力起爆产生盲炮的原因有：电雷管的桥丝与脚线焊接不好，引火头与桥丝脱离，延期导火索未引燃起爆药等；雷管受潮或同一网路中采用不同厂家、不同批号和不同结构性能的雷管，或者网路电阻配置不平衡，雷管电阻差太大，致使电流不平衡，从而每个雷管获得的电能有较大的差别，获得足够起爆电能的雷管首先起爆而炸断电路，造成其他雷管不能起爆；电爆网路短路、断路、漏接、接地或连接错误；起爆电源起爆能力不足，通过雷管的电流小于准爆电流；在水孔中，特别是溶有铵梯类炸药的水中，线路接头绝缘不良造成电流分流或短路。

2. 导爆索起爆产生盲炮

导爆索起爆产生盲炮的原因有：导爆索因质量问题或受潮变质，起爆能力不足；导爆索药芯渗入油类物质；导爆索连接时搭接长度不够，传爆方向接反，连成锐角，或敷设中使导爆索受损；延期起爆时，先爆的药炸断起爆网路。

3. 导爆管起爆系统拒爆产生盲炮

导爆管起爆系统拒爆产生盲炮的原因有：导爆管内药中有杂质，断药长度较大（断药15cm以上）；导爆管与传爆管或毫秒雷管连接处卡口不严、有异物（如水、泥沙、石屑）进入导爆管；导爆管管壁破裂、管径拉细；导爆管过分打结、对折；采用雷管或导爆索起爆导爆管时捆扎不牢、四通连接件内有水、防护覆盖的网路被破坏，或雷管聚能穴朝着导爆管的传爆方向，以及导爆管横跨传爆管等；延期起爆时首段爆破产生的振动飞石使延期传爆的部分网路损坏。

（二）盲炮的防治

盲炮的防治应注意以下措施：

（1）爆破器材妥善保管，严格检查，禁止使用技术性能不符合要求的爆破器材。

（2）同一串联支路上使用的电雷管，其电阻差不应大于0.8Ω，重要工程不得超过0.3Ω。

（3）不同燃速的导火索应分批使用。

（4）提高爆破设计质量。设计内容包括炮眼布置、起爆方式、延期时间、网路敷设、起爆电流、网路检查等。对重要爆破，必要时须进行网路模拟试验。

（5）改善爆破操作技术，保证施工质量。火雷管起爆要保证导火索与雷管紧密连接。雷管与药包不能脱离；电力起爆要防止漏接、错接和折断脚线，网路接地电阻不得小于0.1MΩ，并要经常检查开关和线路接头是否处于正常状态。

（6）在有水的工作面或水下爆破时，应采取可靠的防水措施，避免爆破器材受潮。

（三）盲炮处理

处理盲炮必须在爆破员直接指导下进行，并应在当班处理完毕；当班未能处理完毕，必须向接班爆破员现场交接。

1. 浅眼爆破盲炮处理

（1）经检查确认炮孔的起爆线路完好时，可重新起爆。

（2）打平行眼装药爆破，平行眼距盲炮孔口不得小于0.3m，为确定平行眼的方向，允许从盲炮口取出长度小于20cm的填塞物。

（3）用木制、竹制或其他不发生火星的材料制成的工具，轻轻地将炮眼内大部分填塞物掏出，用聚能药包诱爆。

（4）在安全距离外用远距离操纵的风水管吹出盲炮填塞物及炸药，但必须采取措施回收雷管。

（5）盲炮应在当班处理，当班不能处理或未处理完毕，应将炮眼情况（盲炮数量、炮眼方向、装药数量和起爆药包位置、处理方法和处理意见）在现场交接清楚，由下一班继续处理。

2. 深孔爆破盲炮处理

（1）爆破网路未受破坏且最小抵抗线无变化者，可重新连线起爆；最小抵抗线有变化者，应验算安全距离，并加大警戒范围后连线起爆。

（2）在距离炮口不小于 10 倍炮孔直径处另打平行孔装药起爆。爆破参数由爆破工作领导人确定。

（3）所用炸药为非抗水硝铵类炸药且孔壁完好者，可取出部分填塞物，向孔内壅水使之失效，然后进一步处理。

⚠ 任务实施与总结评价

请完成本教材配套《铁路隧道工程施工与维护实训手册》中专业知识认知、能力素质训练及任务总结的相关内容，并依次进行学员自评、组长评价和指导老师评价。

任务四　装渣运输

◇ 任务引入

隧道开挖后，需要将开挖的石渣运至洞外弃渣场，即装渣运输作业。装渣和运输是隧道施工中的重要工序，占整个掘进循环作业时间的 35% ~ 50%，控制着隧道施工速度。提高装渣运输的效率是加快隧道施工进度的关键，尤其对长大隧道施工尤为重要。如何正确选择装渣机械和运输车辆，确定合理的装渣运输方案，并减少相互干扰，是本任务要学习的内容。

▲ 任务描述

在认识装渣运输机械设备，了解其特点的基础上，能够根据隧道开挖作业、地形地貌、施工条件等具体情况，选择合适的装渣运输方式，并能选择合适的装渣运输机械。

◇ 相关知识

一 装渣作业

（一）装渣机械

装渣机械的装载能力应满足作业循环所规定的时间要求，能满足装载开挖设计中最大岩石块度的需要。确定装渣设备的装渣能力时，应注意使其与每次开挖的土石方量及运输车辆的容量相适应，从而达到提高隧道掘进速度的目的。

1.装渣机械分类

装渣机械的类型很多，按其扒渣机构形式可分为：挖斗式、蟹爪式、立爪式、铲斗式四种。其中，铲斗式装渣机为间歇性非连续装渣机，有翻斗后卸、前卸和侧卸三种卸渣方式；蟹爪式、立爪式和挖斗式装渣机是连续式装渣机，均配备有刮板（或链板）转载后卸机构。

装渣机的走行方式有轨道走行、履带走行和轮胎走行三种，也有配备履带走行和轨道走行两套走行机构的。轨道走行式装渣机须铺设走行轨道，因此其工作范围受到轨道位置的限制。但有些轨道走形式装渣机的装渣机构能转动一定角度，以增加其工作宽度。当工作面较宽时，可增铺轨道来满足更大的工作宽度要求。履带走行和轮胎走行的装渣机移动灵活，工作范围不受限制。但在泥土质的隧道中，有可能因洞内临时道路承载能力较低和道路泥泞而出现打滑和下陷。

装渣机的选择应充分考虑围岩及坑道条件、工作宽度及其与运输车辆相匹配和组织，以充分发挥各自的工作效能，缩短装渣的时间。

2.翻斗式装渣机

翻斗式装渣机又称铲斗后卸式装渣机，如图3-75所示。它利用机体前方的铲斗铲起石渣，经机体上方将石渣投入机后的车斗内。装完一个斗车后，把重车推出，把另一个空车推进，才能继续装渣，是非连续型装岩机械。该机构造简单、操作方便，但装载宽度窄，工作长度较短，需铺设临时轨道至渣堆，工作效率低。主要用于小断面或规模较小的隧道中。

3.耙斗式装渣机

耙斗式装渣机简称扒渣机，如图3-76所示。它结构简单，制造容易，维修方便，装渣效率高，可将坑道齐头的石渣先行扒出而起到翻渣作用，便于与钻眼工作平行作业，因而使用范围广。扒渣机在装渣作业时，为了提高效率，应保持一定的作业距离。其长度应按扒渣机距工作面的距离、扒渣机长度、一列空车长度等因素综合确定。

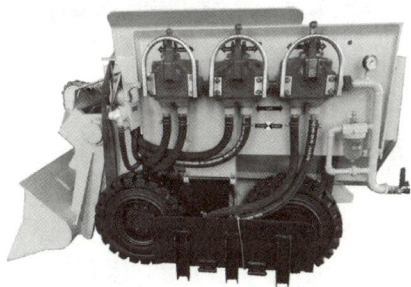

图3-75　翻斗式装渣机

图3-76　耙斗式装渣机

4.蟹爪式装渣机

蟹爪式装渣机多采用履带走行，电力驱动。它是一种连续装渣机，其前方倾斜的受料盘上装有一对由曲轴带动的扒渣蟹爪。装渣时，受料盘插入岩堆，同时两个蟹爪交替将岩渣扒入受料盘，并由刮板输送机将岩渣装入机后的运输车内。如图3-77所示。

因受蟹爪拨渣限制，岩渣块度较大时，其工作效率显著降低，故主要用于块度较小的岩渣及土的装渣作业。工作能力一般在 $60\sim80m^3/h$ 区间。

5. 立爪式装渣机

立爪式装渣机是一种连续装渣机械，有轨道行走、履带行走和轮胎行走三种，由机体、立爪、刮板或链板输送机三部分组成。立爪式装渣机前方装有一对扒渣立爪，可以将前方或左右两侧一定范围内的石渣扒入受料盘，并由刮板输送机将岩渣装入机后的运输车内。立爪扒渣的性能较蟹爪式的好，对岩渣的块度大小适应性强。如图 3-78 所示。

图 3-77　蟹爪式装渣机

图 3-78　立爪式装渣机

6. 挖掘式装渣机

挖掘式装渣机扒渣机构为自由臂式挖掘反铲，其他同蟹爪式装渣机，并采用电力驱动和全液压控制系统，配备有轨道走行和履带走行两套走行机构。工作宽度可达 3.5m，工作长度可达前方 7.11m，且可以下挖 2.8m 和兼作高 8.34m 范围内清理工作面及找顶工作，生产能力可达为 250m^3/h。如图 3-79 所示。

7. 铲斗式装渣机

铲斗式装渣机多采用轮胎走行，也有采用履带走行或轨道走行。轮胎走行的铲斗式装渣机多采用铰接车身、燃油发动机驱动和液压控制系统。如图 3-80 所示。

图 3-79　挖掘式装渣机

图 3-80　铲斗式装渣机

轮胎走行铲斗式装渣机转弯半径小，移动灵活，铲取力强，铲斗容量大，达 0.76 ～ 3.8m^3，工作能力强；可侧卸也可前卸、卸渣准确，但燃油废气污染洞内空气，须配备净化器或加强隧道通风，常用于较大断面的隧道装渣作业。

轨道走行和履带走行的铲斗式装渣机，多采用电力驱动。轨道走行装渣机一般只适用于断面较小的隧道，履带走行的大型电铲则适用于特大断面的隧道。

（二）装渣作业

装渣作业是隧道掘进循环中占用时间最多，又与其他作业干扰较大的一项作业。尤其是当该开挖部面积较大，爆破后石渣较多时，能否快速装载将是决定开挖施工速度的关键因素之一。为了及时地将洞内爆下的石渣装运出去，要充分利用和发挥机械设备的作用和效率，根据渣量选择合适的装渣机，尽量缩短装渣作业线长度，合理调车，减少辅助作业时间、保证作业安全。

1. 渣量计算

装渣就是把开挖下来的石渣装入运输车辆。钻爆开挖一个单循环产生的石渣量应为爆破后的虚渣体积，可按下式计算：

$$Z = R \cdot \Delta \cdot L \cdot S \tag{3-10}$$

式中：Z——单循环爆破后石渣量（m^3）；

    R——岩体松胀系数，即岩体松方体积与其实方体积的比值。岩体被爆破后的松胀系数 R 值的大小与岩体的密度有关，隧道工程中常按围岩级别确定 R 值，见表3-18；

    Δ——超挖系数，根据爆破对超挖的控制情况而定，一般可取 $1.05 \sim 1.15$；

    L——设计循环掘进进尺（m）；

    S——开挖的断面面积（m^2）。

岩体松胀系数 R 值　　　　表3-18

岩体级别	I	II	III	IV	V		VI	
土石名称	石质	石质	石质	石质	硬黏土	砂夹卵石	黏性土	砂砾
松胀系数 R	1.85	1.8	1.7	1.6	1.35	1.30	1.25	1.15

2. 装渣生产率

需要的装渣生产率，按隧道掘进月进度计划要求的平均装渣生产率计算，可按下式计算：

$$A_b = \frac{K \cdot \Delta \cdot D \cdot S}{720 \cdot R \cdot \lambda} \tag{3-11}$$

式中：A_b——需要的装渣生产率（m^3/h）；

    D——坑道月计划进度（m/30d）；

    S——隧道开挖面积（m^2）；

    R——掘进循环率，$R = \dfrac{计划全月的循环次数}{本月日历工天应有的循环次数}$；

    λ——装渣占掘进时间的百分比；

其他符号含义同式（3-10）。

按照公式算出需要的装渣生产率后，在选择装渣机时，应按装渣机的实际生产率略大于需要的生产率来选择。因为装渣机理论生产率系根据装机不停顿装渣计算的，而实际施工中装渣机的装渣能力受很多因素影响因而有所下降，故装渣机的实际生产率仅为理论生产率的 $1/5 \sim 1/3$。

3. 有轨装渣作业

（1）临时轨道延伸。

隧道开挖工作面随着每个掘进循环不断向前延伸，轨道也需不断延长，当增加的长度不足一个正式轨节时，为了使装渣机靠近工作面进行装渣作业，需临时延伸轨道。常用的方法有短轨、爬道、卧轨、扣轨等。

①短轨。短轨类似轨排，但一股为固定轨，一股为活动轨，如图 3-81 所示。其长度一般为 1m、1.5m、2m 等。当掘进不足铺设 1 根长轨时，用不同长度短轨向工作面延伸。若已够 1 根长轨时，拆掉临时短轨，铺设整根钢轨，成为正式轨道。在铺设短轨前，应先放好正式轨道的枕木，以便铺设长轨。在铺设短轨时，如正式轨道接头不齐，可冲击活动轨，使其前后移动直至与轨道连接为止。

②爬道。爬道是由 2 根 4～5m 长的槽钢用钢板焊接成一定轨距的梯子形轨道，如图 3-82所示。在爬道前端应削成尖形，便于插入渣堆。使用时，将爬道先扣套在正式轨道或短轨上的尽头端，用装渣机的铲斗撞顶爬道的后端，使爬道尖端插入渣堆。当爬道延伸完时，可拆除爬道，换铺短轨，然后继续使用爬道向前延伸。爬道不易掉道，推进也方便，但发生变形时不易校正。

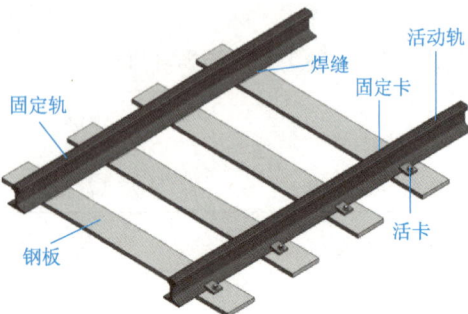

图 3-81　短轨

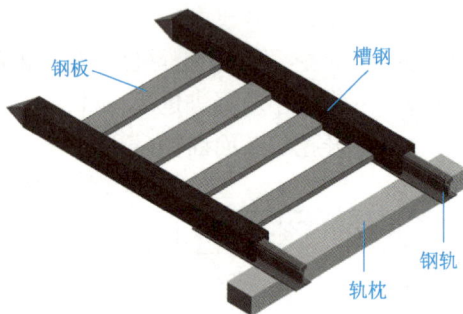

图 3-82　爬道

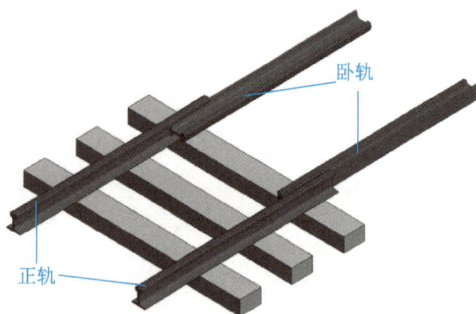

图 3-83　卧轨

③卧轨。卧轨就是将钢轨侧放，有轨头向内式和轨头向外式 2 种，二者都是让装渣机车轮在钢轨侧面上行走，如图 3-83 所示。使用时也是用装渣机铲斗将卧轨顶入渣堆。其结构比较简单，铺设方便，在使用时可随时向前推进。轨头向内式卧轨较为常用，但要求卧轨下面和两侧用石渣捣紧，以免装渣机车轮在钢轨底上滚动。卧轨对装渣机手操作技术要求也很高，否则容易掉道。

④扣轨。扣轨是把钢轨轨头朝下反扣在正式轨道钢轨外侧，轨头紧贴正轨轨腰，在扣轨外侧用轨块顶撑并用道钉固定，2 股钢轨之间用短木撑支顶，以保持轨距。为便于顶进渣堆，可将扣轨前端切割成尖形，使用时只需锤击扣轨尾部，即可将轨道向前延伸。扣轨延伸轨道，一般适用于人工及小型装渣机装渣。

（2）调车作业。

随着开挖面向前推进，装渣地段的调车是十分关键的。据实际测量，装满一斗车石渣所需平均时间为 30～50s，调车时间普遍大于装车时间，即装渣机停歇时间比工作时间长。而合理的调车方法与所采用的调车设备和铺设的轨道数量有密切的关系，一般可分为单道及双道 2 种不同的调车方法。

①单道调车法。一般在靠近装渣机后，设置便于安装和移动的前方调车设施，随着掘进延伸，在其后一定距离设岔线作为存放空、重车及调车之用。

使用平移调车器与错车岔线调车，如图 3-84 所示。随着开挖面的向前推进，平移调车器可以很方便地向前搬动，每安设一次只需 2 人，用时 20min。采用折叠式平移调车器及侧向道岔，直接推出空车，当工作面距岔线过长时，则在中间加设调车侧洞，以缩短平移调车器到开挖面的距离（一般在 15 ~ 20m 为宜，最大不应超过 30m）。平移调车器如图 3-85所示。

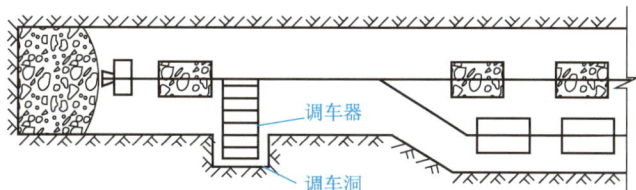

图 3-84　平移调车器与错车岔线调车

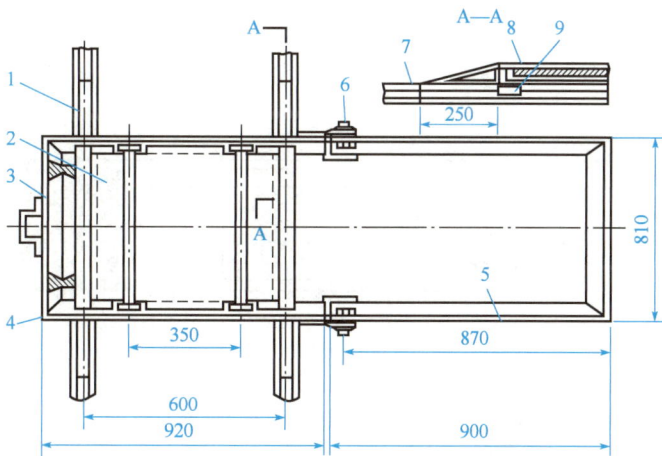

图 3-85　平移调车器(尺寸单位:cm)

1-轨道;2-转车盘;3-活动盘;4-滚轮;5-固定盘;6-连接螺栓;7-轨道平面;8-移车盘的轨面;9-角钢

装渣机后设置浮放双开道岔调车，如图 3-86 所示。使用浮放双开道岔调车，是在浮放道岔上，固定一股道存放空车，另一股道存放重车。每列车的斗车数，除按浮放双开道岔所能容纳的斗车数量外，再增加一辆。这是因为有一辆斗车已在装岩机处装渣。

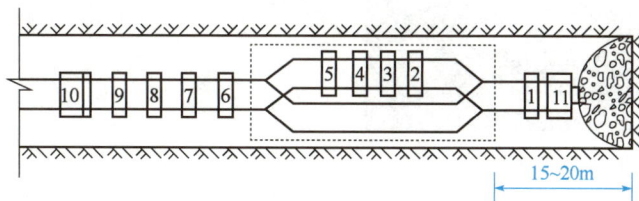

图 3-86　单道用浮放双开道岔

1 ~ 9-斗车;10-牵引机车;11-装渣机

②双道调车法。双道单机装渣时，使用平移调车器调车，如图 3-87 所示，或采用水平移车器调车，如图 3-88 所示。双道双机装渣时，使用浮放菱形道岔调车，如图 3-89 所示。

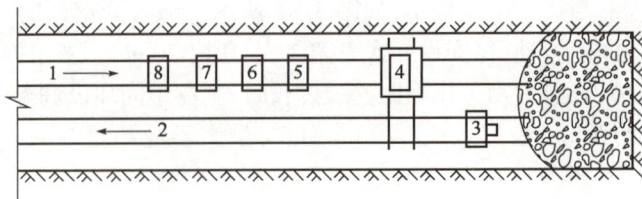

图 3-87　双道平移调车器调车

1-空车线;2-重车线;3-装渣机;4～8-空斗车

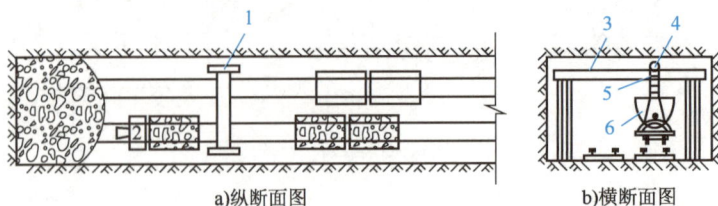

a)纵断面图　　　　b)横断面图

图 3-88　双道水平移车器调车

1-水平移车器;2-装渣机;3-小钢轨;4-滚轮;5-导链;6-空斗车

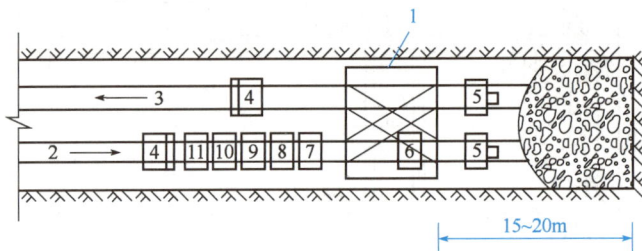

15～20m

图 3-89　双道双机用浮放菱形道岔

1-浮放菱形道岔;2-空车道;3-重车道;4-机车;5-装渣机;6～11-斗车

图 3-90　挖掘机装渣

4.无轨装渣作业

无轨装渣作业采用履带式装渣机或轮胎式装渣机进行,也可采用挖掘机进行装渣,如图 3-90 所示。这可以免除经常铺拆临时短轨,减少了工序与干扰,无装渣机掉道等问题,因而可加快装渣速度。

二 运输作业

(一) 运输机械

1.有轨运输车辆

有轨运输的车辆有斗车、梭式矿车、槽式列车等。

（1）斗车。

斗车结构简单,使用方便,适应性强,如图 3-91 所示。斗车运输是比较经济的运输方式。斗车按其容量大小可分为小型斗车和大型斗车;按其断面形状分为 V 形、U 形、箱形及箕斗形等;按其卸渣方法分为侧倾、前倾及三方向倾等。

小型斗车轻便灵活,满载率高,调车便利,一般均可人力翻斗卸渣。大型斗车单车容量较大,须用动力机车牵引。目前隧道施工中为配合高效率的大铲斗装渣机和减少单个斗车的调车时间,已逐步采用大容量的斗车,现场已采用大容量(如 $6m^3$ 乃至 $30m^3$)的大斗车。

图 3-91 斗车

（2）梭式矿车。

梭式矿车由前车体和后车体组成车箱,其底部装有刮板运输机,石渣可从前端送入,断续开动刮板运输机,可把渣石沿车箱全长全部装满,如图 3-92 所示。在卸载地点,开动刮板运输机可把车厢中的石渣卸掉。梭式矿车可以单车运输,也可组列运输,既可在单轨线路上由正面端卸渣,也可在双轨线路上侧面端卸渣。梭式矿车由机车牵引,可在各种隧道施工中使用。

（3）槽式列车。

槽式列车是由一个接渣车、若干个仅有侧挡板而没有前后挡板的斗车单元和一个卸渣车串联组成的长槽形列车,在其底板处安装有贯通整个列车的风动链板式输送带,如图 3-93 所示。使用时由装渣机向接渣车内装渣,装满接渣车后,开动链板传送带使石渣在列车内移动一个车位,如此连续作业,即可装满整个列车。卸渣时采取类似的操作,由卸渣车将石渣卸去。

图 3-92 梭式矿车

图 3-93 槽式列车

（4）牵引机车。

牵引机车一般分为电瓶车和内燃机车两种,主要用于坡度不大的隧道运输牵引。电瓶车牵引无废气污染,但电瓶须充电,能量有限。必要时可增加电瓶车台数,以保证行车速度和运输能力。内燃机车牵引能力较大,但增加洞内噪声污染和废气污染。必要时,须配备废气净化装置和加强通风。

2. 无轨运输车辆

无轨运输车辆主要是指自卸汽车,如图 3-94 所示。

图 3-94 自卸汽车

125

（二）运输作业

1. 有轨运输作业

（1）机车、斗车数量的确定。

为了提高有轨运输能力，加快隧道施工速度，应备齐足够数量的牵引机车和出渣斗车。

①机车牵引定数 Q_c：

$$Q_c = \frac{F}{\omega + i_p} - W \tag{3-12}$$

式中：F——机车牵引力；

ω——列车的单位阻力，考虑附加阻力，可近似取 80N/t；

i_p——坡度单位阻力，取运输道路的最大限制坡度，‰；

W——机车自重，t。

②每列车牵引的斗车数目 n：

$$n = \frac{Q_c}{Q + q} \tag{3-13}$$

式中：Q_c——机车牵引定数（t）；

Q——斗车载重量（t）；

q——石渣质量（t）。

③出渣需要的斗车数量 y：

$$y = \frac{N}{n_1} \tag{3-14}$$

式中：N——每班出渣总车数，$N = \dfrac{VK}{mn_2}$，其中 K 是土石松散系数，松软土石为 $1.1 \sim 1.2$，坚硬岩石为 $1.15 \sim 1.6$；m 是斗车容积石渣质量（$\mathrm{m^3}$）；n_2 是斗车装满系数，一般取 $0.7 \sim 0.9$；

n_1——每工班车辆循环次数，$n_1 = T/t$，其中 T 是每工班净出渣时间（min）；t 是车辆循环一次需要的时间（min）。

④需要机车数量 N_c：

$$N_c = \frac{N}{nm_1} \tag{3-15}$$

式中：m_1——每工班机车的循环次数，$m_1 = T/T_p$，其中 T_p 是机车循环一次需要的时间（min），由调车、编组、运行、会车、卸渣等时间综合求得。

N、n、T 同前。

上述计算数目为实际需用量。施工现场为了保证机械设备正常运转不耽误工期，需要有一定的备用量。其中备用系数为：斗车为需用量的 $40\% \sim 50\%$，机车为需用量的 $50\% \sim 100\%$。此外，还应考虑进料需要的斗车数。

（2）轨道铺设。

轨道布置对于行车调度、车辆周转、出渣进料影响较大，应根据隧道长度、工期要求及开挖方法等选择合理的布置方案。常用的轨道布置形式有单线轨道和双线轨道。

①单线轨道。

单线轨道运输能力较低，一般用在地质较差的短隧道中。为解决错车问题，在成洞地段可铺设会车线，其有效长度应至少能容纳一列火车(一般为 50~60m)，如图 3-95a)所示。在距离开面 20~30m 处应铺设 5~10m 长的简易道岔岔线或安装平移调车器供出渣调车之用。

②双线轨道。

当隧道地质条件较好，要求施工速度较快和运输能力较大时，应开挖双线导坑断面，布置双线运输。双车道可使轨道随掘进延伸，一次铺成。进出隧道的列车各行一股道，具有互不影响、车辆周转快的特点，是提高隧道运输效率的主要方法之一。为满足调车需要，每隔 100~200m 设一渡线，每隔 2~3 个渡线铺设一反向渡线，如图 3-95b)所示。在距导坑开挖面 15~20m 处设置菱形浮放道岔，空斗车和装满石渣的斗车分别停在两股道上，用单机车或双机车进行调车作业。

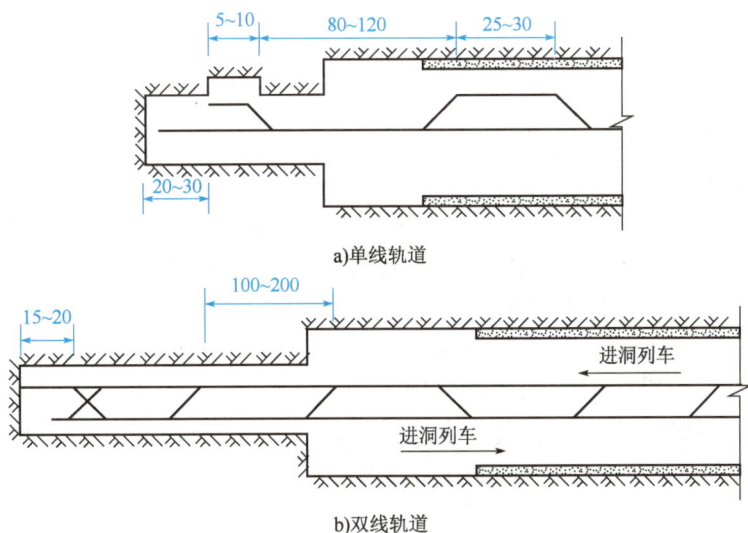

图 3-95 洞内轨道布置(尺寸单位:m)

③有平行导坑轨道布置。

当隧道施工采用平行导坑方案时，则平行导坑为施工出渣、进料运输提供了有利条件。通常采取在平行导坑中设单车道加错车道，正洞为单车道加局部双车道，两者共同构成了一个完整的双股道运输体系，如图 3-96 所示。利用平行导坑组成的运输系统具有运输能力大、相互干扰少等特点，适用于施工速度要求快的隧道。

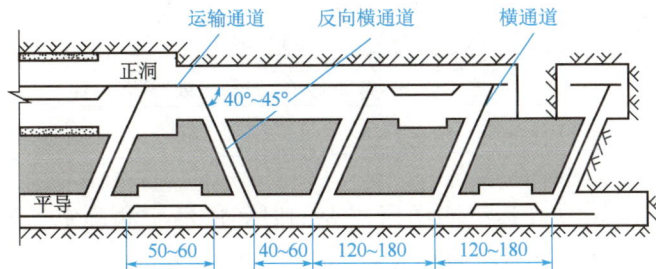

图 3-96 平行导坑运输(尺寸单位:m)

④洞外轨道。

隧道洞外应布置卸渣线、错车线和各种用途的专用线。卸渣线应不少于2条，以便使重载列车尽快卸渣回空，避免因等待卸渣而延误时间。卸渣线还应具有随着卸渣的进行而向前延伸和横向拨移的功能。

为解决洞外错车问题，在洞外适当位置应设置错车线。要求道岔设置合理，并有足够的有效长度，以减少列车运行中的相互干扰。

洞外砂、石、木料堆放处，水泥库、木工棚、机车车辆修理停放场、充电房、混凝土搅拌站等均应铺设专用线。专用线应力求紧凑，与运输线分开布置，以减少对出渣运输的干扰。

⑤线路铺设要求。

钢轨类型：宜为38kg/m或43kg/m。

道岔型号：不宜小于6号道岔，并安装转辙器。

轨枕：间距不应大于0.7m。

道床：厚度不应小于20cm。

使用大型轨行式机械时，线路铺设标准应符合机械规格、性能的要求。轨道运输设单道时，每间隔300m应设一个会车道。

（3）运输组织。

①列车运行图。

列车运行图是根据隧道的施工方法、各工序的进度、轨道布置、机车车辆配备及运距等情况，来确定列车数量，以及列车在工作面装车和调车、编组、运行、错车、卸车、列车解体编组等所需的时间，综合考虑确定列车数量后编制而成的。

图3-97表示某隧道出渣运输的列车运行图。图3-97中，横坐标表示时间，纵坐标表示距离，列车的运行用斜线表示，装渣、卸渣、编组、解体、调车等用水平线表示。图中共有三组列车，洞内设编组站一个，洞外设会让站一个。以第一组列车为例，重车运行20min，卸渣10min，空车返回到会让站5min，在会让站停车待避5min，再运行10min到编组站，在编组站停车待避5min，再行车5min到终点。空车解体、装渣、重车编组15min，全列车往返循环一次共75min。

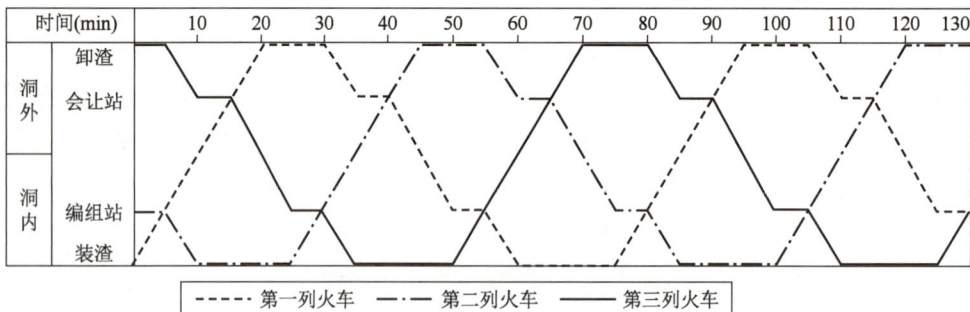

图3-97　列车运行图

在实际的隧道施工中，运行图中所需要的时间应经实测确定。随着隧道施工的不断向前推进和卸渣线的不断向前延伸，运输距离愈来愈长，因此运行图也要定期修正。

当列车运行图编制完成，一旦付诸实践之后，各项作业均应遵照执行，不得随意改动，以免打乱全局计划。

②运输调度。

建立健全调度指挥系统，以进行运输工作中的日常指挥和解决出现的问题。如及时调配车辆，及时消除运输障碍，以及运行图被打乱时统一指挥列车运行等。

2. 无轨运输作业

随着隧道施工方法已逐步由分部开挖向大断面开挖发展，使每一掘进循环作业中炸下的石量增多，装渣运输工作量加大，但因工序简化，工作面宽敞，因而给使用大型装载机械及重载自汽车提供了条件。无轨运输不需要铺设复杂的运输轨道，具有运输速度快、管理工作简单、配套设备少等特点。但由于内燃机排放大量废气，对洞内空气污染较为严重，尤其长期在长大隧道中使用，需要有强大的通风设施。

在隧道施工中，应选用车身较短、车斗容量大、转弯半径小、车体坚固、轮胎、配有废气净化装置、并能双向驾驶的自卸汽车，以增加运行中的灵活性，避免洞内回车和减轻对洞内空气的污染。

由于无轨运输采用的装渣、运渣设备都是自配动力，属自行式，其调车作业主要是解决回车、错车和装渣场地问题。由于隧道开挖断面和洞内运输距离不同，调车方式也不同。有条件构成循环通路时，最好制定单向行驶的循环方案，以减少回车、错车需用场地及待避时间。当开挖断面较小，只能设置单车通道而装渣点距洞口又较近时，可考虑汽车倒行进洞至装渣点装渣，正向开行出洞，不设置错车、回车场地。如果洞内运行距离较长时，可在适当位置将导洞向侧壁加宽构成错车、回车场地，以加快调车作业。当隧道开挖断面较大，足够并行两辆汽车时，应布置成双车通道，在装渣点附近回车，空车、重车各行其道，以提高出渣速度。

三 卸渣作业

卸渣要根据地形特点并考虑弃渣的利用和处理，进行全面的规划，合理安排卸渣。要注意节约用地，不占或少占农田；洞口有桥涵而又必须弃渣时，要事先制定可靠措施，避免对洞口桥墩台造成偏压而使之移位、变形；沿河弃渣时要注意避免堵塞河道。

根据洞口地形，布置较短的卸渣线路，堆渣场地势要低。应尽量避免倒运弃渣，并充分考虑卸渣场地的伸展。对于可利用洞内弃渣作路基及衬砌材料的卸渣场地，还要考虑到取用时的方便性。如洞口附近地势平坦，弃渣困难时，可根据机械设备情况，牵引至高台卸渣或远运。

卸渣作业的安排与卸渣场码头的设置，应能适应每个洞口出渣高峰期的需要，根据卸渣场地地形条件、弃渣利用情况、车辆类型，妥善布置卸渣线和卸渣设备，提高卸渣速度，尽量减少调车时间，做到安全、有效、快速卸渣。

有轨运输进行卸渣时，卸渣线路应设安全线，并设置1% ~3%的上坡道，卸渣码头应搭设牢固，并设有挂钩、栏杆及车挡装置，防止溜车。卸渣设备的选型应与运输机械相匹配。使用侧卸式矿车或大型矿车运渣时，应配置自动卸渣设备，以提高卸渣速度。

图3-98　隧道弃渣场

弃渣场应结合当地自然环境、水土保持、人文景观、运输条件、弃渣利用等因素综合考虑，卸渣场应做好挡墙护坡、排水系统、绿化覆盖等配套设施。当弃渣场规模较大时，应在顶面设置排水沟，坡面采取植被防护等措施，防止水土流失，影响生态环境，如图3-98所示。

弃渣应按照设计的位置和容量弃土，如现场与设计不符，应按程序进行变更设计。应避免在路堑上方弃土，严禁在膨胀土、黄土路堑边坡上方弃土。严禁在不良地质体、不稳定斜坡、软弱地基上弃土。严禁在村庄等人员居住区及铁路上游沟槽内弃土。

⚠ 任务实施与总结评价

请完成本教材配套《铁路隧道工程施工与维护实训手册》中专业知识认知、能力素质训练及任务总结的相关内容，并依次进行学员自评、组长评价和指导老师评价。

求真务实，开拓进取

复合式衬砌施工

【项目描述】

隧道开挖破坏了地层的初始应力平衡状态，围岩应力、应变发生变化，洞壁产生变形，变形过大将导致围岩松动甚至坍塌。在开挖后的洞室周边施作钢架、混凝土等支撑物，向洞室周边提供抗力，控制围岩变形，这种开挖后隧道内的支撑体系，称为隧道支护。高速铁路隧道多采用复合式衬砌支护结构，复合式衬砌由初期支护、防水层、二次衬砌组合而成。本项目重点学习复合式衬砌施工技术。

【学习目标】

知识目标

1. 熟悉初期支护施工工艺流程。
2. 掌握混凝土喷射工艺及其适用条件。
3. 熟悉隧道常用锚杆、钢架的施工工艺流程。
4. 熟悉隧道结构防排水的施工工艺流程。
5. 掌握防水板施工工艺流程及材料要求。
6. 熟悉隧道二次衬砌施工工艺流程。
7. 掌握隧道二次衬砌施工的方法和注意事项。

能力目标

1. 能够结合隧道工程实际情况，编制初期支护、结构防排水、二次衬砌施工作业指导书，并完成技术交底。
2. 能够结合现场初期支护施工情况，根据《客货共线铁路隧道工程施工技术规程》(Q/CR 9653—2017)的相关要求，指导现场作业队伍施工。
3. 能够结合现场防排水施工情况，根据《客货共线铁路隧道工程施工技术规程》(Q/CR 9653—2017)的相关要求，指导现场作业队伍施工。

4. 结合具体隧道的二次衬砌施工,能够依据《客货共线铁路隧道工程施工技术规程》(Q/CR 9653—2017)对现场作业队伍进行指导。

5. 能够根据隧道初期支护施工情况,进行质量检验,并判断是否符合《铁路隧道工程施工质量验收标准》(TB 10417—2018)的相关要求。

6. 能够根据隧道防排水施工情况,进行质量检验,并判断是否符合《铁路隧道工程施工质量验收标准》(TB 10417—2018)的相关要求。

7. 能够根据隧道二次衬砌施工情况,进行质量检验,并判断是否符合《铁路隧道工程施工质量验收标准》(TB 10417—2018)的相关要求。

素质目标

1. 学习初期支护和衬砌施工要做到"内实外美"的原则,作为新时代青年,要努力在建功立业中做好"谋事要实,创业要实,做人要实"。

2. 学习结构防排水,通过隧道无钉孔铺设防水板技术的成功运用,领悟要通过不断实践和创新,发明新技术、新材料、新工艺。

3. 学习西康高铁秦岭太兴山隧道群的施工技术,了解隧道施工现场的创新技术,培养攻坚克难的勇气。

【学习导航】

复合式衬砌施工

任务一　初期支护施工

◈ 任务引入

西康高速铁路(简称西康高铁)是我国"八纵八横"高铁网包(银)海通道、京昆通道的重要组成部分,新建正线全长约171km,设计速度350km/h,线路自规划西安东站南端引出,跨越沪河,穿越秦岭,经过柞水、镇安、旬阳,接入安康西站,于2021年6月29日正式开工建设。西康高铁全线共20座隧道,穿越秦岭段号称"穿越秦岭的地下高铁",从进入秦岭的首个隧道秦岭太兴山隧道开始到安康隧道为止,该段线路长度148.5km,隧道全长达141.9km,隧道占比95.55%,仅有6.6km的非隧道区段。其中,秦岭太兴山隧道全长18.831km,是西康高铁全线最长的一级高风险隧道,隧道内地质复杂,穿越4条深大断裂、10条次级断裂,岩爆段落长,断面变化复杂,施工难度大,是全线重点控制性工程。如图4-1所示。太兴山隧道在开挖后是如何进行初期支护的呢?

图 4-1　太兴山隧道

▲ 任务描述

结合西康高铁秦岭太兴山隧道的案例,掌握铁路隧道初期支护施工工艺流程;能够编制隧道初期支护施工作业指导书;能够根据《客货共线铁路隧道工程施工技术规程》(Q/CR 9653—2017)指导现场施工;能够根据《铁路隧道工程施工质量验收标准》(TB 10417—2018)进行施工现场质量检验,并能够判断是否符合相关要求。

◇ 相关知识

一　施工工艺流程

初期支护是现代隧道工程中常用的支护形式和方法,其施工流程如图4-2所示。

二　喷射混凝土施工

喷射混凝土用作隧道支护的特点如下:

(1)喷射混凝土致密,早期强度高,可与围岩牢固粘结形成整体,改传统模筑混凝土的消极支护为积极支护,且薄层柔性喷射混凝土与围岩能够共同变形,从而减少作用在支护结构上的压力。

(2)能及时支护,有效地控制围岩的有害变形,有利于安全施工。

(3)不用模板、拱架,节省大量钢木材料,相应地降低了隧道工程建造成本。

(4)施工工艺简单,操作方便,机械化程度高,减轻劳动强度,提高施工效率。

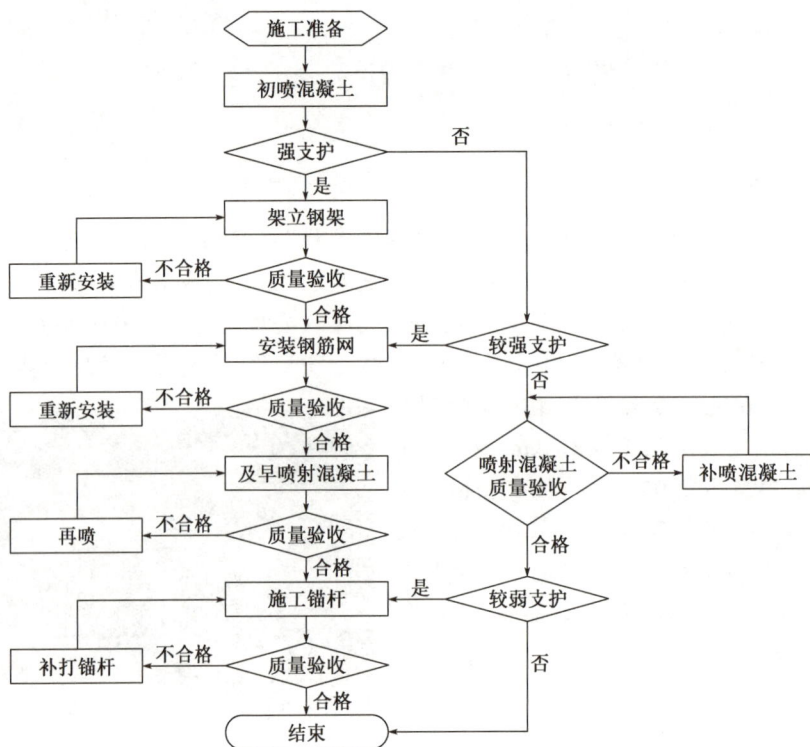

图 4-2　初期支护施工流程图

（5）占作业空间少，为快速掘进创造有利条件。

（一）喷射工艺

喷射混凝土的工艺有：干喷、潮喷、湿喷和混合式喷射四种，其主要区别是各工艺中的投料工序不同，尤其是加水和速凝剂的时机不同，其中湿喷混凝土按其输送方式的不同，可分为风送式、泵送式、抛甩式和混合式，应根据实际情况选用。

1. 干喷

干喷是将骨料、水泥按一定的比例干拌均匀，然后投入喷射机料斗，同时加入速凝剂，用压缩空气使干混合料在软管内呈悬浮状态，压送到喷枪，在喷头处加入高压水混合，以较高速度喷射到岩面上，其工艺流程如图 4-3 所示。

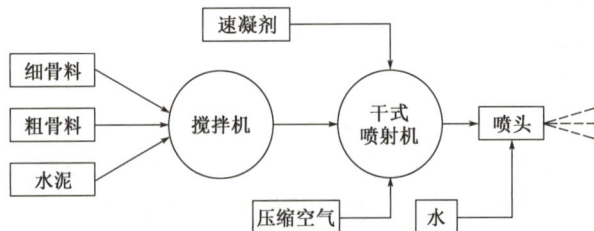

图 4-3　干喷、潮喷工艺流程

干喷的缺点是产生粉尘量较大，回弹率高，加水由喷嘴处的阀门控制，水灰比的控制程度与喷射手操作的熟练程度有直接关系；优点是使用的机械较简单，机械清洗和故障处理较容易。

2. 潮喷

潮喷是将骨料预加少量水，使之呈潮湿状，再加水泥拌和，从而降低上料、拌和及喷射时的粉尘，但大量的水仍是在喷头处加入和喷出的。潮喷工艺流程和使用机械与干喷工艺相同，如图 4-3 所示。

3. 湿喷

湿喷是将骨料、水泥和水按设计的比例拌和均匀，用湿式喷射机压送拌和好的混凝土混合料至喷头处，再在喷头上添加速凝剂喷出，其工艺流程如图 4-4 所示。

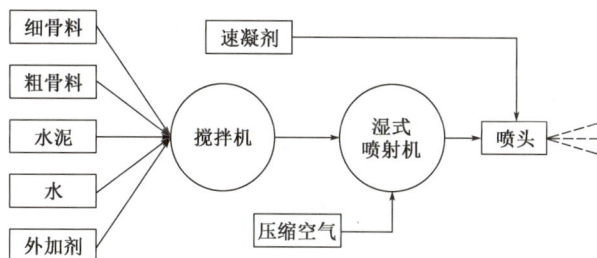

图 4-4　湿喷工艺流程

湿喷混凝土的质量较容易控制，喷射过程中的粉尘较少、回弹率较小。湿喷混凝土坍落度应控制在 5~6cm，以使喷射时水泥砂浆不粘管，以确保质量。但湿喷对湿喷机械要求高，机械清洗和故障处理较困难。对于喷层较厚的软岩和渗水隧道不宜采用湿喷。

4. 混合式喷射(SEC 式喷射)

混合式喷射又称水泥裹砂造壳喷射。喷射机具由泵送砂浆系统和风送混合料系统两部分组成。首先将一部分砂加第一次水拌湿，投入全部水泥，强制拌和成以砂为核心外裹水泥壳的球体，然后加第二次水和减水剂，拌和成 SEC 砂浆；再将另一部分砂与石、速凝剂按配合比配料，强制搅拌成均匀的干混合料；将拌和成的砂浆及干混合料分别通过砂浆泵和干式喷射机，由高压胶管输送到混合管混合，最后由喷头喷出。其工艺流程如图 4-5 所示。

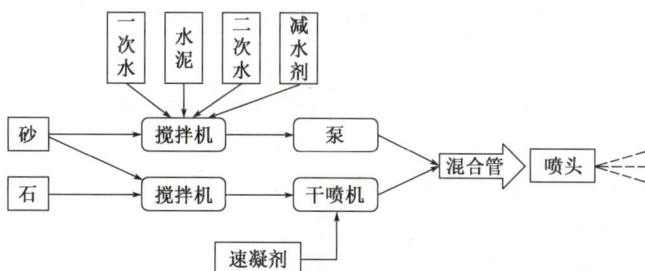

图 4-5　混合喷射工艺流程

混合式喷射是将分次投料搅拌工艺与喷射工艺相结合，其关键是水泥裹砂(或砂、碎石)造壳工艺技术。混合式喷射工艺使用的主要机械设备与干喷工艺基本相同，但混凝土的质量较干喷混凝土的质量好，且粉尘和回弹大幅度降低。混合式喷射使用机械数量较多,工艺技术较复杂,机械清洗和故障处理较麻烦。因此,混合式喷射工艺一般只在喷射大量混凝土和大断面隧道工程中使用。

混合式喷射混凝土强度等级可达到 C30 ~ C35,而干喷和潮喷混凝土强度等级较低,一般只能达到 C20。

以上几种喷射方式,各有其特点,在施工中应结合具体情况选用。各种喷射方式的喷射混凝土质量、作业条件、输送距离、粉尘、回弹、故障处理和清洗养护特点见表4-1。

常用喷射方式比较　　　　　表 4-1

项目	干喷	潮喷	湿喷	混合式喷射
喷射混凝土质量	由于喷嘴处将水与干拌混合料混合,所以质量取决于作业人员的熟练程度和能力	由于砂、石料预湿后,再在喷头第二次加水,水化较好,所以质量有所提高	能事先将水在内的各种材料正确计量,充分混合,所以质量容易管理	由于集中了干喷、湿喷的优点,所以质量好,强度高
作业条件	由于供应干喷混合料,所以供料作业的限制少	因在地面对骨料进行预湿,所以供料作业的限制少	供料较困难,操作也麻烦,设备占空间较大	设备的规模大,适用于大断面隧道施工,在作业空间有限的隧道中使用时,其适用范围是有限的,同时操作和工艺复杂
一般采用的水平输送距离	40 ~ 60m	40m	20 ~ 40m	40m
粉尘	多	较少	少	少
回弹	较多	较少	少	少
故障处理	较容易	较容易	堵管后处理较困难	困难
清洗养护	容易	较容易	麻烦	很麻烦

高速铁路隧道应采用湿喷工艺,特殊地质条件下不能湿喷时需另行设计。

(二)原材料及配合比

1. 原材料

喷射混凝土的原材料包括水泥、粗骨料、细骨料、水、外加剂(速凝剂)等。

(1)水泥。

为保证喷射混凝土的凝固时间,并与速凝剂有较好的相溶性,所用水泥应具有强度高、抗渗好和耐久性好的特点。因此,应选用强度等级为 42.5 及以上的硅酸盐水泥或普通硅酸盐水泥。在地质条件复杂的隧道中应选用早强水泥;有特殊要求时应使用相应的特种水泥,选用水泥在使用前均应做强度试验。

当骨料具有碱-骨料反应活性时,水泥的碱含量不应超过 0.60%。高强湿喷混凝土用水泥的碱含量不宜超过 0.60%。

当喷射混凝土所处环境为硫酸盐化学侵蚀环境时,胶凝材料的抗蚀系数(56d)不得小于 0.80。胶凝材料抗蚀系数按现行《铁路混凝土》(TB/T 3275—2018)附录 M 检验。当喷射混凝土所处环境为严重硫酸盐化学腐蚀环境时,宜选用铝酸三钙含量小于 5.0% 的熟料所生产的硅酸盐水泥。

（2）粗骨料。

为防止在喷射混凝土过程中管道堵塞，并出于对减小回弹率和保证混凝土支护结构的强度考虑，应采用坚固耐久的碎石或卵石，且粒径不宜大于16mm。当为钢纤维喷射混凝土时，粒径不宜大于10mm。

粗骨料的碱活性应按现行《铁路混凝土》（TB/T 3275—2018）对骨料的矿物组成和碱活性矿物类型先进行鉴别和相关试验。碱活性可采用快速砂浆棒膨胀率进行检验，粗骨料的快速砂浆棒膨胀率应小于0.30%。

不得使用具有碱-碳酸盐反应活性的粗骨料，其岩石柱膨胀率应小于0.10%。冻融破坏环境和干湿交替环境下，粗骨料的吸水率不应大于1%。

（3）细骨料。

为保证喷射混凝土的强度，减少施工作业时的粉尘，以及降低混凝土硬化时的收缩裂纹，应选用级配合理、质地坚固、吸水率低、孔隙率小的天然河砂或机制砂、混合砂，不得使用海砂。湿喷混凝土所用细骨料细度模数应大于2.5，含泥量应不大于3%，泥块含量应不大于0.5%。高强湿喷混凝土细骨料宜选择细度模数为2.6~3.0的1区中砂，含泥量应不大于2%。

机制砂及用于加工机制砂的母岩，其性能指标应满足铁路相关标准要求。混合砂是机制砂与除海砂外的天然砂按一定比例的混合产物，混合砂细度模数宜控制在2.5~3.0区间。混合砂的质量标准和检验方法按机制砂的相关要求进行。

（4）水。

为保证喷射混凝土正常凝结和硬化，保证其强度和稳定性，水质应符合工程用水的有关规定，不得使用污水以及 pH 值小于 6.5 的酸性水和硫酸盐含量（按 SO_4^{2-} 计）≥2000mg/L 的水，也不得使用含有影响水泥正常凝结与硬化的有害物质的其他水。

（5）外加剂。

所用外加剂应对混凝土的强度及与围岩的粘结力基本无影响；对混凝土和钢材无腐蚀作用；对混凝土的凝结时间影响不大（除速凝剂和缓凝剂外）；不具吸湿性，易于保存；不污染环境，对人体无害。若使用碱性速凝剂，砂、石（骨）料均不得含有活性二氧化硅，以免产生碱-骨料反应，引起混凝土开裂。

外加剂应选用能改善混凝土性能且品质稳定的产品。外加剂与其他原材料或外加剂间应具有良好的适应性，外加剂的品种和掺量应经试验确定。

液体速凝剂的性能和检验要求应符合表4-2和表4-3的规定。现场抽检速凝剂可采用对应工程所用的水泥进行试验。

液体速凝剂的性能　　　　　　　　　　　　　　　　　　　表4-2

序号	检验项目	技术要求	检验方法
1	pH 值	≥2.0，且应在生产厂控制值的 ±1 之内	按《混凝土外加剂匀质性试验方法》（GB/T 8077—2023）检验
2	氯离子含量（按折固含量计，%）	≤0.1	
3	碱含量（按折固含量计，%）	低碱≤5.0；无碱≤1.0	
4	硫酸钠含量（按折固含量计，%）	*	

续上表

序号	检验项目		技术要求	检验方法
5	净浆凝结时间	初凝时间(min)	≤5	按《铁路隧道湿喷混凝土施工技术规程》(Q/CR 9249—2020)检验
		终凝时间(min)	≤12	
6	稳定性(上清液或底部沉积物体积,mL)		≤5	
7	砂浆抗压强度	1d抗压强度(MPa)	≥7.0	按《喷射混凝土用速凝剂》(GB/T 35159—2017)检验
		28d抗压强度比(%)	≥90	
		90d抗压强度保留率(%)	≥100	

注：*硫酸钠含量值用于计算湿喷混凝土的总三氧化硫含量。

液体速凝剂的检验要求　　表4-3

序号	检验项目	检验要求					
		质量证明文件检查		抽样试样检验			
1	pH值						
2	氯离子含量(按折固含量计,%)	√	检查每一供应商提供的每种产品的质量证明文件；施工单位、监理单位均参与全部检查	√	下列情况之一时，检验一次：1.任何新选料源。2.使用同厂家、同品种的产品达12个月及出厂日期达12个月的产品。施工单位试验检验；监理单位平行检验	—	同厂家、同品种、同编号的产品每50t为一批计。不足50t时也按一批次。施工单位每批次抽检一次；监理单位按施工单位抽检次数的20%进行见证检验
3	碱含量(按折固含量计,%)	√		√		—	
4	硫酸钠含量(按折固含量计,%)	√		√		—	
5	稳定性(上清液或底部沉积物体积,ml)	√		√			
6	净浆凝结时间(min)	√		√		√	
7	砂浆抗压强度(MPa)	√		√		√	

2. 配合比

喷射混凝土配合比应满足设计强度和喷射工艺的要求，并通过试喷确定。

(1)胶骨比主要是考虑既能满足混凝土强度要求，又可减少回弹损失。水泥用量过少，回弹量大，初期强度发展缓慢；水泥用量过多，既不经济，又造成混凝土的收缩增大。水泥与骨料的灰骨质量比一般为1:4～1:5。

(2)水胶比对混凝土强度和回弹损失有重要影响。当水胶比在0.40～0.50范围时，混凝土强度较高，喷射中回弹量和粉尘均较小。湿喷混凝土水胶比不应大于0.50，最大用水量不宜大于200kg/m³，胶凝材料用量不宜小于400kg/m³，钢纤维湿喷混凝土的胶凝材料用量不宜小于450kg/m³，高强湿喷混凝土的胶凝材料用量不宜小于500kg/m³。

(3)含砂率一般为45%～60%，具体数值应通过试验确定。实践表明，含砂率低于45%或高于60%，均容易造成堵管、回弹率高、强度低且收缩加大。

(4)速凝剂和其他外加剂的最佳掺量，必须通过试验确定，并且满足要达到各龄期的设计强度要求。工程实践证明，速凝剂效果因水灰比和施工温度的不同而有差异。水灰比愈大，速凝剂效果愈差；施工温度愈高，速凝效果愈好。当施工温度低于5℃时，即使加入速凝剂，喷射混凝土也很难成型。

（5）湿喷混凝土的水泥用量会影响混凝土的和易性和黏聚性，从而影响混凝土在喷射管道中的输送及回弹率。在对湿喷混凝土水泥用量作出规定的前提下，需结合原材料、湿喷设备、作业要求等具体条件，调整混凝土坍落度以利于湿喷的实施。实践证明，坍落度在 8 ~ 13mm 时，较利于湿喷的实施。

（6）湿喷混凝土中可适量掺入粉煤灰、矿渣粉或硅灰等矿物掺合料。采用硅酸盐水泥或普通硅酸盐水泥时，矿物掺合料的复合掺量不宜大于 30%，具体掺量应通过试验确定。

合理适当的配合比，必须满足喷射混凝土工艺流程的基本要求，即易喷射，不易堵管，减小回弹率和粉尘；同时，要符合设计要求，即质量好、强度高、密实度高、防水性能好，并达到其他物理力学指标等要求。

（三）机械设备

施工中喷射混凝土所使用主要机械设备有喷射机、喷射机械手、强制式搅拌机、压缩空气机、压力水泵、上料机等。

1. 喷射机

喷射机是喷射混凝土的主要设备。国内有多种定型产品，各有其特点，可以根据施工的具体情况选用，但需保证喷射混凝土的质量，减少回弹和粉尘，控制施工成本，提高工作效率。

常用的干式混凝土喷射机有双罐式喷射机、转体式喷射机、螺旋式喷射机、转盘式喷射机，如图 4-6 所示。

湿式混凝土喷射机分为罐式喷射机、转子式喷射机、泵送式喷射机和离心式喷射机四类。湿式混凝土喷射机可以降低喷射回弹率，使粉尘浓度下降，且水化作用好，混凝土塑性较好，强度也因而提高；但其机械构造较为复杂，机械使用费较高，机械清洗和故障处理较麻烦。湿式混凝土喷射机如图 4-7 所示。

图 4-6　干式混凝土喷射机

2. 喷射机械手

喷射混凝土机械操作是关系喷射混凝土质量好坏的重要环节，因此，必须按有关施工技术要求及操作规定进行作业。喷头的移动和喷射方向与距离的控制，一般多采用机械手控制，只有少量或局部的喷射才采用人力直接控制。人力直接控制，尽管可以近距离观察碎石喷射情况，但劳动强度大，且有粉尘损害身体健康，因此要求戴防尘面具。另外，对软弱破碎围岩施工时，在需紧跟开挖面及时施喷情况下，采用人力直接控制有可能因突发性坍塌而危及施工人员的人身安全；对于大跨径大断面隧道，还需打设临时性喷射工作台架，不仅费时费材且影响施工喷射效果及工期进度。

采用喷射机械手，则可避免以上人力直接控制的不足，并且较方便灵活，作业范围亦大。如图 4-8 所示。

图4-7　湿式混凝土喷射机

图4-8　喷射机械手

3. 搅拌机

由于采用干式喷射机，喷射时混合料是干料，拌和时易产生粉尘。因此，应采用涡轮浆强制式混凝土搅拌机。

图4-9　压缩空气机

4. 压缩空气机

压缩空气机（俗称空压机），如图4-9所示。它是混凝土喷射机的动力设备。为了防止压缩空气中的油水混入喷射混凝土中，在高压风进入混凝土喷射机前必须先通过油水分离器（有过滤式和拆板式两种），把油水过滤、排掉，避免喷射混凝土产生结块、堵管等现象。

（四）施工作业

1. 施工工艺流程

喷射混凝土施工工艺流程如图4-10所示。

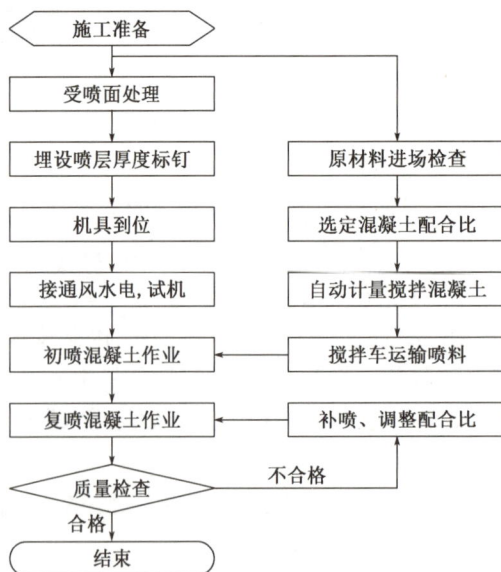

图4-10　喷射混凝土施工工艺流程图

2.准备工作

喷射混凝土作业前，应做好以下准备工作：

（1）检查开挖断面净空尺寸。

（2）清除松动岩块和墙脚岩渣、堆积物，并向料斗加水冲洗受喷面。若岩面受水容易潮解、泥化时，只能用高压风清扫。

（3）设置控制喷射混凝土厚度的标志。一般采用埋设钢筋头做标志，亦可在喷射时插入长度比设计厚度大5cm的铁丝，每1~2m设一根，以作为施工控制使用。

（4）检查机具设备和风、水、电等管线路，并试运转。喷射机应具有良好的密封性能；输料连续、均匀；附属机具的技术条件应能满足喷射作业需要。

（5）岩面如有渗漏水，应予妥善处理，其施工示意如图4-11所示。

①对于大股涌水，因采用注浆堵水后再喷射混凝土。一般情况下，可顺涌水出漏点打孔，压注速凝浆液（水泥-水玻璃浆液）进行封堵，如图4-11a）所示。

②对于小股涌水或裂隙渗漏水，视具体情况，宜进行岩面注浆（布孔宜密，钻孔宜浅），或采用小导管沿隧道周边环形注浆进行封堵，如图4-11b）所示。

③对于集中出水点，可顺水路（节理、裂隙）设排水半管或线形排水板，将水引到隧底水沟或纵向排水管，如图4-11c）所示。

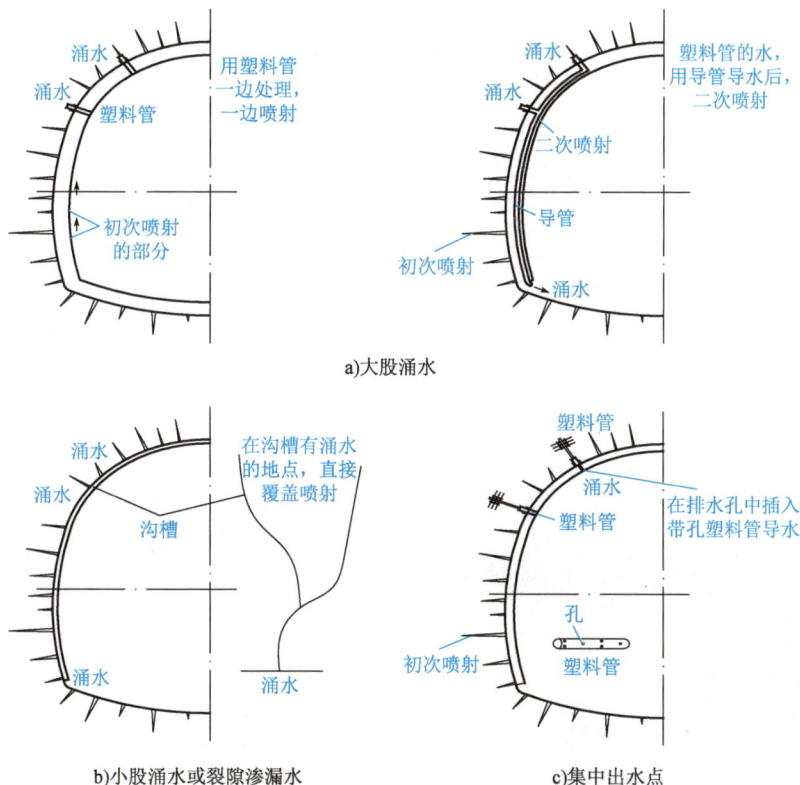

a）大股涌水

b）小股涌水或裂隙渗漏水

c）集中出水点

图4-11 有涌水、渗漏水或潮湿的岩面喷射前的处理

3.喷射作业

（1）初次喷射混凝土应在开挖后及时进行，喷射厚度不少于4cm。

（2）喷射操作程序应为：打开速凝剂辅助风，缓慢打开主风阀，启动速凝剂计量泵、主电机、振动器，向料斗加混凝土。

（3）喷射混凝土作业应采用分段、分片、分层依次进行，喷射顺序应自下而上，分段长度不宜大于 6m。喷射时先将低洼处大致喷平，再自下而上顺序分层、往复喷射。喷射施工顺序如图 4-12 所示。

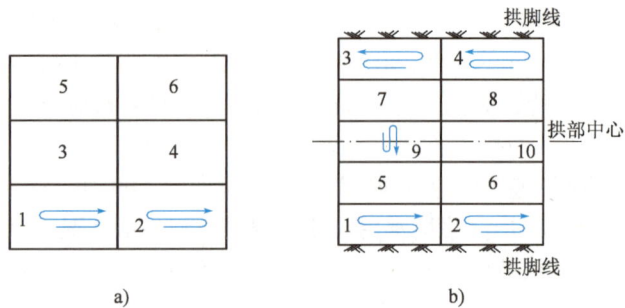

图 4-12　喷射混凝土施工顺序

①喷射混凝土分段施工时，完成一段混凝土喷射应预留斜面，斜面宽度为 200～300mm，斜面上需用压力水冲洗润湿后再行喷射。

②分片喷射要自下而上进行并先喷钢架与壁面间混凝土，再喷两钢架之间混凝土。边墙喷混凝土应从墙脚开始向上喷射，使回弹不致裹入最后喷层。

③分层喷射时，后一层喷射应在前一层混凝土终凝后进行。若终凝 1h 后再进行喷射，则应先用风、水清洗喷层表面。混凝土的一次喷射厚度以喷混凝土不滑移不坠落为度，既不能太厚而影响喷混凝土的粘结力和凝聚力，也不能太薄而增大了回弹率。边墙一次喷射混凝土厚度控制在 7～10cm，拱部控制在 5～6cm，并保持喷层厚度均匀。顶部喷射混凝土时，为避免产生坠落，两次间隔时间宜为 2～4h。

（4）喷射速度要适当，以利于混凝土的压实。风压过大，则喷射速度快，回量增加；风压过小，则喷射速度慢，压实力小，影响喷射混凝土强度。因此，在开机后要注意观察风压，起始风压达到 0.5MPa 后，才能开始操作，并据喷嘴出料情况调整风压。一般工作风压为边墙 0.3～0.5MPa，拱部 0.4～0.65MPa。

（5）喷射时，喷射角度尽可能接近 90°，以获得最大压实和最小回弹。喷嘴与受喷面间距宜为 0.6～1.8m，如图 4-13 所示；喷嘴应连续、缓慢作横向环行移动，一圈压半圈，喷射手操作喷嘴在空中画出的环形圈，横向 40～60cm，高 15～20cm；若受喷面被钢架、钢筋网覆盖时，可将喷嘴稍加偏斜，但不宜小于 70°。如果喷嘴与受喷面间的角度太小，会造成混凝土物料在受喷面上的滚动，形成凹凸不平的波形喷面，进而会增加回弹率，影响喷混凝土的质量。

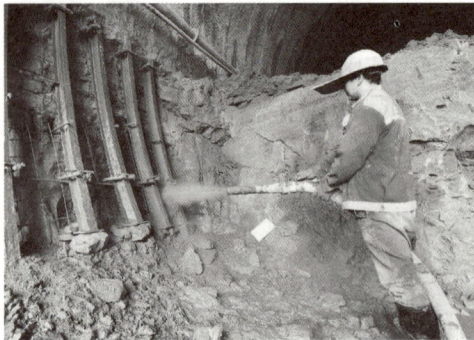

图 4-13　喷射作业

（6）有渗水和大面积潮湿的岩面与喷射混凝土不易粘结，则在岩面上初喷混凝土时可适当增加水泥用量，增强粘结性。

（7）喷射混凝土终凝2h后，应进行养护。石质隧道采用喷雾养护，黄土隧道采用养护液养护，养护时间不小于14d。当气温低于5℃时，不得洒水养护。

4. 施工控制要点

（1）喷射混凝土原材料检验合格后才能使用。速凝剂应妥善保管，防止受潮变质。严格控制拌合物的水灰比，经常检查速凝剂注入环的工作状况。喷射混凝土的坍落度宜控制在8～13cm，过大混凝土会流淌，过小则容易出现堵管现象。喷射过程中应及时检查混凝土的回弹率和实际配合比。喷射混凝土的回弹率：侧壁不应大于15%，拱部不应大于25%。

（2）喷射混凝土拌合物的停放时间不得大于30min。

（3）在隧道开挖后须及时进行施作。喷射混凝土严禁选用潜在碱活性骨料。喷混凝土时应预埋厚度控制标志，严格控制喷射混凝土的厚度。

（4）喷射前，应仔细检查喷射面，如有松动土块应及时处理。喷射机应布置在安全地带，并尽量靠近喷射部位，便于掌机人员与喷射手联系，随时调整工作风压。

（5）喷射完成后应检查喷射混凝土与岩面粘结情况，可用锤敲击检查；同时测量其平整度和断面，并将此断面与开挖断面对比，确认喷射混凝土厚度是否满足设计和规范要求。当有空鼓、脱壳时，应及时凿除，冲洗干净，进行重喷，或采用压浆法充填。

（6）在喷射侧壁下部时，需将上半断面喷射时的回弹物清理干净，防止将回弹物卷入下部喷层中形成"蜂窝"而降低支护强度。

（7）经常检查喷射机出料弯头、输料管和管路接头，发现问题及时处理。管路堵塞时，必须先关闭主机，然后才能进行处理。

（8）喷射完成后应先关主机，再依次关闭计量泵、振动棒和风阀，然后用清水将机内、输送管路内残留物清除干净。

（9）喷射混凝土冬期施工时，洞口喷射混凝土的作业场合应有防冻保暖措施；作业区的气温和混合料进入喷射机的温度均不应低于5℃；不得在结冰的层面上进行喷射混凝土作业；混凝土强度未达到6MPa前，不得受冻。

（五）钢纤维喷射混凝土

围岩内应力大和内应力变化大的地段，变形量大，素混凝土容易开裂、掉块，掺入一定量的钢纤维或聚合物纤维，可以改善喷射混凝土的抗拉、抗压及抗剪性能，增加喷层的柔性和抗裂性，称之为钢纤维喷射混凝土。钢纤维如图4-14所示。

钢纤维喷射混凝土的一个主要特点是具有良好的韧性，即在基体混凝土开裂后产生较大塑性变形时能保

图4-14 钢纤维

持承载力不显著降低，可适应岩爆和大变形情况下的应力释放，具有吸收变形的能力。作为初期支护，控制一定程度的开裂是允许的，而钢纤维混凝土的韧性可使与岩面紧密贴合的喷层不但具有一定的柔性，而且在与围岩共同变形过程中持续有效地提供支护抗力，从而有效地适应和控制围岩的变形。

1. 原材料要求

（1）钢纤维内不得含有明显的锈蚀、油脂及其他妨碍钢纤维与水泥粘结的杂质；因加工不良造成的粘连片、铁屑及杂质不应超过钢纤维质量的1%；钢纤维内不得含有妨碍水泥硬化的化学成分。

（2）钢纤维宜用普通碳素钢制成，抗拉强度不得小于600MPa，应能满足一次弯折90°不断裂。钢纤维断面直径（或等效直径）应为0.3～0.8mm，长度应为20～35mm，并不得大于输料软管以及喷嘴内径的70%，长径比为30～80，长度偏差不应超过长度公称值的±5%。

（3）钢纤维掺量宜根据弯曲韧度指标确定，并应考虑到喷射时钢纤维混凝土各组分回弹率不同的影响，以喷射到岩面上的钢纤维混凝土中钢纤维的实际含量作为依据。钢纤维喷射混凝土的钢纤维实际含量不宜大于78.5kg/m³（体积率1.0）。最小含量可依据钢纤维的长径比参照表4-4选用。

钢纤维混凝土中钢纤维的最小实际含量要求 表4-4

钢纤维的长径比	40	45	50	55	60	65	70	75	80
最小实际含量（kg/m³）	65	50	40	35	30	25	20	20	20
最小实际体积率	0.83	0.64	0.51	0.45	0.38	0.32	0.25	0.25	0.25

（4）钢纤维喷射混凝土的强度等级不宜低于CF30，并应满足结构设计对抗压强度、抗拉强度、抗折强度的要求。

（5）钢纤维喷射混凝土骨料应采用连续级配，粗骨料最大粒径不宜大于10mm，砂率不应小于50%。

（6）钢纤维喷射混凝土的原材料中宜加入矿渣粉或粉煤灰等活性掺合料。设计无要求时，矿渣粉的掺量可为水泥质量的5%～15%，粉煤灰的掺量可为水泥质量的15%～30%。掺和料掺量的选择应通过试验确定。

（7）钢纤维喷射混凝土宜采用无碱速凝剂，其掺量应根据试验确定，通常为水泥用量的2%～5%；如掺入高效减水剂或增塑剂，其品种和剂量应通过试验确定，并应经现场试喷检验。

2. 配合比设计

（1）根据钢纤维喷射混凝土抗压强度要求确定水胶比，宜为0.40～0.45。
（2）根据弯曲韧度比和弯拉强度要求确定钢纤维掺量。
（3）根据和易性和输料性能确定水、水泥及外加剂用量。
（4）根据骨料粒径和级配、砂的细度及和易性确定砂率，不宜小于50%。

钢纤维喷射混凝土中可加入矿渣粉或粉煤灰等活性掺合料。设计无要求时，矿渣粉的掺量宜为水泥质量的5%～15%，粉煤灰的掺量宜为水泥质量的15%～30%。具体掺量应通过试验确定。

3. 拌和

钢纤维喷射混凝土的搅拌应满足下列要求：

（1）钢纤维喷射混凝土的搅拌工艺应确保钢纤维在拌合物中分散均匀，不结团，宜优先采用将钢纤维、水泥、粗骨料、细骨料先干拌后加水湿拌的方法；也可采用先投放水泥、粗骨料、细骨料和水,在拌和过程中分散加入钢纤维的方法,必要时采用钢纤维播料机将其均匀地分散到混合料中,不得成团。

(2)钢纤维喷射混凝土的各种材料的质量,应按施工配合比和一次拌和量计算确定,各种材料的称量允许偏差见表4-5。

材料称量的允许偏差   表4-5

材料名称	钢纤维	水泥、混合料	粗细骨料	水	外加剂
允许误差(%)	±2	±2	±3	±1	±2

(3)钢纤维混凝土的搅拌时间应通过现场匀质性试验确定,并应较普通混凝土规定的搅拌时间延长 1~2min。采用先干拌后加水的搅拌方式时,干拌时间不宜少于 1.5min,总搅拌时间不宜小于 3min。

4. 施工要点

(1)喷射钢纤维混凝土,应选用经过试验检验的喷射机械,注意防止钢纤维结团堵管。一般可采用水溶性粘结剂将钢纤维粘结成片状,在搅拌过程中可以较为容易分离成单一纤维,避免结团堵管现象发生。

(2)钢纤维混凝土施作同普通喷射混凝土,但钢纤维对输料管的磨耗大,一般要比普通混凝土大 30%~40%,尤其输料管拐弯处磨耗更为严重。对此可每班将胶管翻转 1~2次,以延长输料管的使用寿命。

(3)所用风压要比普通喷射混凝土高 0.02~0.05MPa;当输送距离小于 40m 时,风压一般可为 0.05~0.18MPa。

(4)在钢纤维喷射混凝土的表面宜再喷射一层厚度为 10mm 的水泥砂浆,其强度等级不应低于钢纤维喷射混凝土。

(六)合成纤维喷射混凝土

合成纤维喷射混凝土中的纤维主要有聚丙烯纤维、聚乙烯纤维、尼龙纤维、玻璃纤维、碳纤维等,其品种、规格较多,但施工中主要使用的合成纤维为聚丙烯纤维。聚丙烯纤维是由丙烯(CH_3-CH=CH_2)聚合而成的高分子化合物,是一种结构规整的结晶性聚合物。如图4-15所示。

合成纤维喷射混凝土应符合下列要求:

(1)合成纤维应具有良好的耐酸、碱性和化学稳定性,并经改性处理,具有良好的分散性,不结团。

(2)合成纤维抗拉强度应符合设计要求,当设计无要求时,长度宜为 12~19mm。

(3)合成纤维掺量应通过试验确定。在无特殊要求情况下,常用掺量为 0.8~1.2kg/m³。

(4)搅拌时间宜为 4~5min。搅拌完成后随机取样,如纤维已均匀分散成单丝,则混凝土可投入使用,若仍有成束纤维,则至少延长 30s 搅拌时间才可使用。

(5)合成纤维喷射混凝土的水胶比宜为 0.35~0.45。

图 4-15 聚丙烯纤维

三 钢筋网施工

为了提高喷射混凝土的整体性,防止收缩开裂,使混凝土受力均匀,并提供一定的抗剪强度,利于抵抗岩石塌落和承受冲击荷载,有时要在喷射混凝土中配置钢筋网。目前,我国各类隧道工程中应用钢筋网喷射混凝土支护的比较多,主要用于软弱破碎围岩,而更多的是与锚杆或钢拱架共同形成联合支护。

钢筋网材料宜采用 Q235 钢,钢筋直径一般为 6～8mm,网格尺寸为 150mm×150mm～300mm×300mm,搭接长度应为 1～2 个网格,采用焊接方式。

(一)钢筋网片加工

钢筋网片采用Ⅰ级钢筋焊制,在钢筋加工场内集中加工。先用钢筋调直机把钢筋调直,再截成钢筋条。钢筋网片尺寸根据拱架间距和网片之间搭接长度综合考虑确定。

钢筋焊接前,要先将钢筋表面的油渍、漆污、水泥浆和用锤敲击能剥落的浮皮、铁锈等清除干净;加工完毕后的钢筋网片应平整,钢筋表面无削弱钢筋截面的伤痕。

图 4-16　钢筋网片

(二)成品的存放

制作成型的钢筋网片必须轻抬轻放,避免摔地产生变形。钢筋网片成品应远离加工场地,堆放在指定的成品堆放场地。存放和运输过程中要避免潮湿的环境,防止锈蚀、污染和变形。钢筋网片如图 4-16 所示。

(三)挂网施工

按图纸标定的位置挂设加工好的钢筋网片,钢筋片随初喷面的起伏铺设,绑扎固定于先期施工的系统锚杆之上,再把钢筋片焊接成网,网片搭接长度为 1～2 个网格。

(四)施工控制要点

(1)钢筋网格尺寸应符合设计要求,网格间距允许偏差为 ±5mm。

(2)钢筋网在初喷混凝土以后铺挂,且保护层厚度不得小于 2cm。

(3)砂层地段应先加铺钢筋网,沿环向压紧后再喷射混凝土。

(4)钢筋网应随初喷面的起伏铺设,与受喷面的间隙一般不大于 3cm,与锚杆(锚杆安装 3d 后)或其他固定装置连接牢固。

(5)采用双层钢筋网时,第二层钢筋网应在第一层钢筋网被混凝土覆盖后铺设,其覆盖厚度不应小于 3cm。

(6)在开始向钢筋网喷射混凝土时,应适当缩短喷头至受喷面的距离,并调整喷射角度,这样可提高喷射料流的冲击力,迫使混凝土挤入钢筋背后,保证钢筋能被混凝土完全包裹,并保证喷层的密实性。钢筋保护层厚度不得小于 4cm。

(7)喷射中如有脱落的石块或混凝土块被钢筋网卡住时,应及时清除后再喷射混凝土。

四 锚杆施工

锚杆是用金属或其他高抗拉性能的材料制作的一种杆状构件。施工中使用机械装置和粘结介质，通过一定的施工操作，锚杆被安设在地下工程的围岩中，起到加固围岩的作用。

(一)水泥砂浆锚杆施工

水泥砂浆锚杆是最常用的锚杆支护形式，其杆体宜采用 HRB335、HRB400 级带肋钢筋，锚杆体材质的断裂伸长率一般不得小于 16%，允许抗拉力与极限抗拉力要符合设计要求。锚杆杆体使用前要除锈、除油，并保持平直。

锚杆使用的水泥砂浆宜采用中细砂，使用前过筛，粒径不大于 2.5mm。水泥砂浆强度不宜低于 M20，砂胶比宜为 1:1~1:2（质量比），水胶比一般为 0.38~0.45。

1. 施工工艺流程

砂浆锚杆施工工艺流程如图 4-17 所示。

2. 水泥砂浆锚杆施工

（1）钻孔。

图 4-17　砂浆锚杆施工工艺流程图

钻孔前应根据设计要求和围岩情况定出孔位，作出标记。当隧道采用全断面开挖法施工时，锚杆钻孔机械的最大作业高度不应小于隧道开挖内净空高度；采用台阶开挖法施工时，钻机推进梁长度应与台阶净空高度相匹配，并宜达到推进梁一次钻孔作业满足锚孔设计深度的要求。钻孔机具应根据锚杆类型、规格及围岩情况选择。液压凿岩机的冲击功率不应小于 12kW，冲击频率不应小于 60Hz。风动凿岩机的功率宜与岩石硬度相匹配，当钻孔深度大于 4.0m 时，不宜采用风动凿岩机。系统锚杆宜沿隧道周边径向钻孔，或与岩体主结构面或岩层层面成大角度方向钻孔。钻孔孔径大小应满足锚杆杆体的注浆保护层厚度要求，钎头大端直径应大于锚杆杆体直径 20mm。钻孔深度不应小于锚杆设计长度。钻孔应顺直，孔壁无错台。钻孔如图 4-18 所示。

图 4-18　钻孔

（2）注浆。

水泥砂浆锚杆作业程序是：先注浆，后放锚杆。具体操作步骤是：先将水注入牛角泵内，并倒入少量砂浆，初压水和稀浆湿润管路，然后再将已调好的砂浆倒入泵内。将注浆管插至锚杆眼底，将泵盖压紧密封，一切就绪后，慢慢打开阀门开始注浆。在气压推动下，砂浆不断压入眼底，注浆管跟着缓缓退出眼孔，并始终保持注浆管口埋在砂浆内，以免浆中出现空洞。将注浆管全部抽出后，立即把锚杆插入眼孔，然后用木楔堵塞眼口，防止砂浆流失。

注浆开始或中途暂停超过 30min 时，应用水润滑注浆管路；注浆孔口压力不得大于

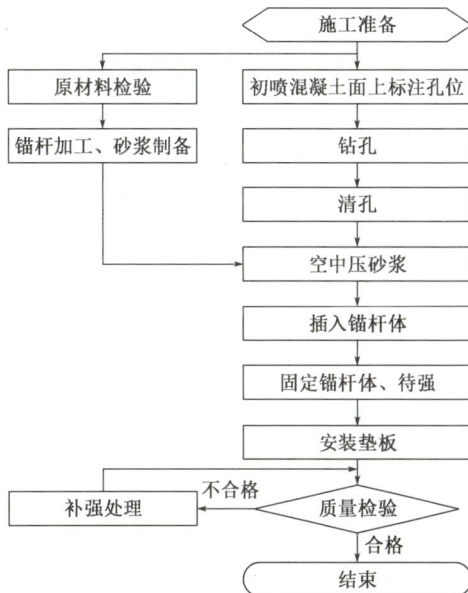

0.4MPa；注浆管应插至距孔底 5～10cm 处，随水泥砂浆的灌入缓慢均匀地拔出，随即迅速将杆体插入，杆体插入长度不得短于设计长度的 95%。若孔口无砂浆流出，应拔出杆体重新注浆。

锚杆孔中必须注满砂浆，发现不满须拔出锚杆重新注浆。注浆管不可对人放置，以防止高压喷出物射出伤人。

砂浆应随用随拌，在初凝前全部用完。使用掺速凝剂砂浆时，一次拌制砂浆数量不应多于 3 个孔，以免时间过长，使砂浆在泵、管中凝结。

锚注完成后，应及时清洗，整理注浆用具，除掉砂浆凝聚物，为下次使用创造好条件。

锚杆安装后，不得随意敲击。在水泥浆体的强度达到 10MPa 后，安装托板和紧固螺帽。

（二）中空注浆锚杆施工

中空注浆锚杆是近年在铁路隧道施工中广泛使用的锚杆支护形式，主要有普通中空注浆锚杆、组合式中空注浆锚杆和自进式中空注浆锚杆三种。

（1）普通中空注浆锚杆。

普通中空注浆锚杆体的屈服力、最大力、断后伸长率、公称质量应满足表 4-6 的要求。

普通中空注浆锚杆体规格及力学参数　　表 4-6

普通中空锚杆 产品规格	牌号	屈服力（kN）	最大力（kN）	断后伸长率（%）	公称质量（kg/m）
		不小于			
$\phi25\times5$		102	153		2.47
$\phi28\times5.5$	Q345	126	190	21	3.05
$\phi32\times6$		159	240		3.85

注：1.屈服力是指纵向拉伸的中空锚杆在屈服期间，不计初始瞬时效应时所测得的最小拉力。
　　2.最大力是指拉断中空锚杆体时所测得的最大拉力。

普通中空注浆锚杆目前常用的有三种型号：$\phi25\times5$、$\phi28\times5.5$、$\phi32\times6$（乘号前为锚杆外径，后为孔的直径），长度一般为 2.0～3.5m。其钻孔和锚杆的插入方法与全长粘结型锚杆相同。当用于锚孔向下的部位时，锚孔灌浆采用杆体中空通孔进浆，锚孔口排气的施工工艺；当用于隧道拱部时，锚孔灌浆采用锚孔口进浆、中空杆体的中空通孔作排气回浆管的注浆工艺。

（2）组合式中空注浆锚杆。

组合中空注浆锚杆体的屈服力、最大力、断后伸长率应符合表 4-7 规定。

组合中空注浆锚杆体规格及力学参数　　表 4-7

组合中空 锚杆产品 规格	钢筋（牌号为 HRB335）				中空锚杆体（牌号为 Q345）		
	屈服力 （kN）	最大力 （kN）	断后伸长率 （%）	公称质量 （kg/m）	屈服力 （kN）	最大力 （kN）	断后伸长率 （%）
	不小于						
$\phi20$	105	153		2.47	106	160	
$\phi22$	127	186	16	2.98	127	192	21
$\phi25$	164	2440		3.85	159	240	

铁路隧道工程施工与维护

组合式中空注浆锚杆通过连接套将中空锚杆体与普通钢筋相连接，并配上止浆塞和排气管。目前常用的有三种型号：$\phi20$、$\phi22$、$\phi25$，长度一般为 $2.0\sim3.5m$。其钻孔和锚杆的插入方法与全长粘结型锚杆相同。组合中空注浆锚杆适用于拱部或锚孔上仰的部位。注浆时，砂浆经中空锚杆体的中空内孔从连接套上的出浆口进入锚孔壁与钢筋杆体间的空隙，锚孔内的砂浆由下向上充盈，锚孔内的空气从排气管排出直至回浆，注浆完成立即安装堵头。当组合中空锚杆必须用于锚孔向下倾斜的部位时，锚孔俯角不应大于 $30°$。

（3）自进式中空注浆锚杆。

自进式中空注浆锚杆由高强中空杆体在头部安装带有出浆孔的钻头形成，其价格较高。钻入前将锚杆装在钻机上，由钻机推入岩体，钻头不必取出。锚杆体钻进至设计深度后，用水或空气洗孔，直至孔口返水或返气，方可将钻机和钎尾卸下，并及时安装止浆塞。自进式中空锚杆灌浆料由杆体中孔灌入，灌浆料宜采用纯水泥浆或 1:1 水泥砂浆，水胶比为 $0.4\sim0.5$。采用水泥砂浆时，砂粒径不要大于 $1.0mm$。

1. 施工工艺流程

中空注浆锚杆施工工艺流程如图 4-19 所示，自进式锚杆施工工艺流程如图 4-20 所示。

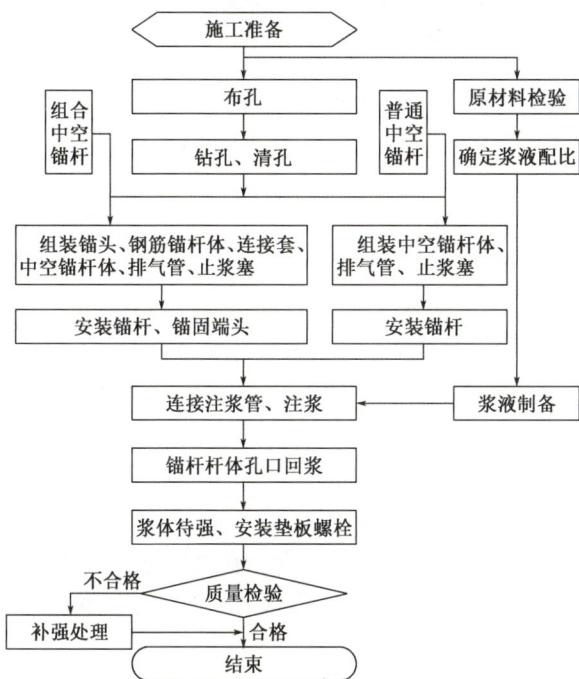

图 4-19　中空注浆锚杆施工工艺流程

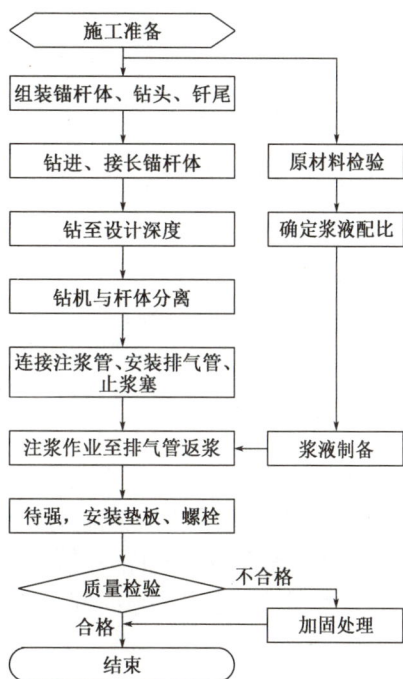

图 4-20　自进式锚杆施工工艺流程图

2. 中空注浆锚杆施工

（1）锚杆安装。

①检查锚杆孔是否有异物堵塞，若有异物，应清除干净。

②安设锚杆，锚杆插入孔内时应小心防止孔内岩粉进入锚孔内。

③安装止浆塞，止浆塞上设注浆口与通气管，通气管应深入到锚孔底部。用钢筋将止浆塞通过锚杆外露端打入孔口 $10cm$ 左右。

④安装垫板及螺母，但此时不宜上紧。

⑤自进式锚杆安装前，应检查锚杆体中孔和钻头的水孔是否畅通。若有异物堵塞，应及时清理。锚杆体钻进至设计深度后，应用水和空气洗孔，直至孔口返水或返气，方可将钻机和连接套卸下，并及时安装垫板及螺母，临时固定杆体。

（2）注浆。

普通中空锚杆在锚孔向上倾斜的仰角大于30°时，锚杆注浆必须自锚杆体外钻孔中注浆，中空锚杆体的中空通孔作为排气回浆管，注浆完成后立即安装堵头。在用于仰角小于30°或锚孔向下倾斜的俯角时，锚杆注浆可采用由锚杆体内中通管进浆，中通管外钻孔壁排气回浆方式。

组合中空锚杆宜用于锚孔向上倾斜的仰角，当用于锚孔向下倾斜的俯角时，锚孔俯角不应大于30°。设置内径不应小于 $\phi6mm$ 的排气管，沿钢筋全长固定，并从中空锚杆体内孔穿出，预留足够的富余长度。锚杆注浆利用中空锚杆体作进浆管，如图 4-21 所示。

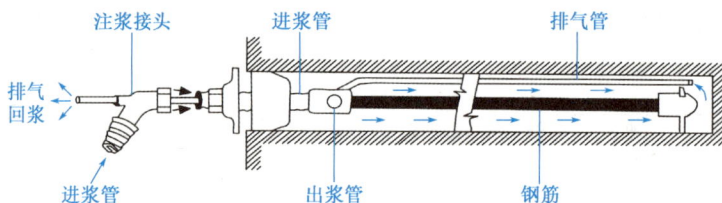

图 4-21　组合中空锚杆注浆工艺图

注浆具体施工顺序如下：

①检查注浆泵及其零件是否齐备和正常；检查水泥和砂的粒径、比例、温度等是否符合规定。

②用水或风检查锚孔是否畅通，孔口返水或风即可。

③检查浆液稠度，水胶比或灰砂比是否达到设计要求。如无设计要求可采用如下参考值：灰砂比为 1:0~1:1，宜选用直径小于1.0mm 的细砂；水胶比为 0.4~0.5。

④开动泵注浆，整个过程应连续灌注，直到达到设计注浆量时注浆结束。当注浆压力达到设计终压20min 后，进浆量仍达不到注浆终量时，亦可结束注浆，并保证锚杆孔浆液注满。注浆质量合格后将锚杆头封堵，避免浆液倒流。

⑤当完成一根锚杆的注浆后，迅速卸下注浆软管与锚杆的接头，清洗并安装至另一根锚杆，然后注浆。若停泵时间较长，在对下根锚杆注浆前应放掉前段不均匀的灰浆，以免堵孔。

⑥注浆过程中，应及时清洗接头，保证注浆过程的连续性。

⑦完成整个注浆后，应及时清洗保养泵。

⑧水泥浆体强度达 10.0MPa 后，上紧螺母。

五　钢架施工

无论是采用喷射混凝土还是锚杆或是在喷射混凝土中加入钢筋网、钢纤维，主要都是利用其柔性和韧性，而对其整体刚度并无过多要求。这对支护破碎程度低的围岩，使其稳定是可行的。但当处理破碎严重的软弱围岩且其自稳能力差时，要求开挖后的早期支护具有较大的刚度,以阻止围岩的过度变形或承担部分松弛荷载,此时可采用钢架支撑。钢架通常与锚杆、钢筋网、喷射混凝土等共同组成受力体系,起到支撑围岩稳定、限制围岩变形的作用。

（一）施工工艺流程

钢架施工工艺流程如图 4-22 所示。

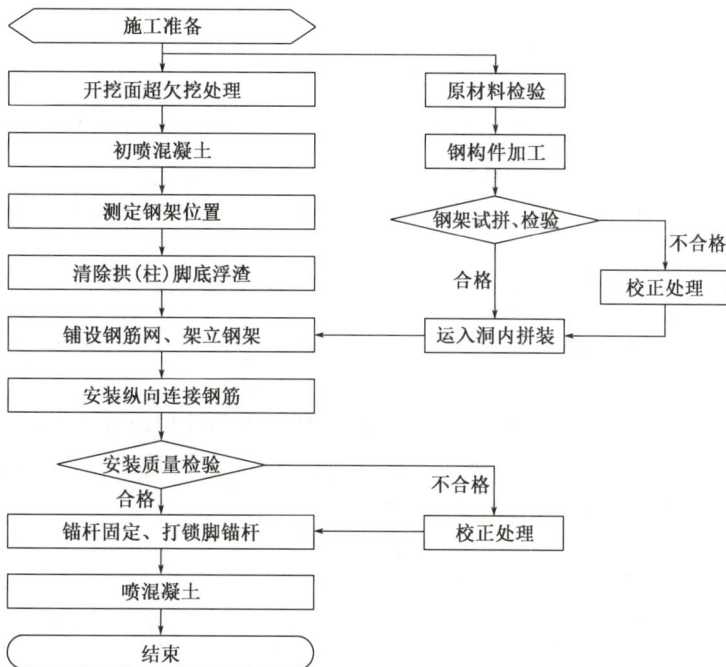

图 4-22　钢架施工工艺流程图

（二）钢架加工

1. 型钢钢架

加工场地用混凝土硬化,精确抹平,按设计放出加工大样。钢架弯制,结合隧道开挖方法,采用型钢弯制机,按照隧道断面曲率分节进行弯制。弯制完成后,先在加工场地上进行试拼。各节钢架的拼装,要求尺寸准确,弧形圆顺,要求沿隧道周边轮廓误差不大于±3cm;型钢钢架平放时,平面翘曲小于2cm。

2. 格栅钢架加工

格栅钢架应采用八字结格栅钢架,一般在现场设计的工装台上加工。工作台一般用钢板制成,其上根据不同断面的钢架主筋轮廓放样成钢筋弯曲模型。钢架在胎模内焊接,控制变形。

按设计要求,加工好各单元格栅钢架后,组织试拼,检查钢架尺寸及轮廓是否合格。加工允许误差为:沿隧道周边轮廓误差不大于±3cm,平面翘曲应小于2cm,接头连接要求同类之间可以互换。

格栅钢架各单元必须明确标准类型和单元号,并分单元堆放于地面干燥的防雨篷内。

(三) 钢架安装

钢架安装在掌子面开挖初喷完成后立即进行。

根据测设的位置,各节钢架在掌子面以螺栓连接,连接板应密贴。为保证各节钢架在全环封闭之前置于稳固的地基上,安装前应清除各节钢架底脚下的虚渣及杂物。同时每侧应打设锁脚锚杆(锚管),锚杆长度不小于3.5m,每侧数量为2~3组(每组2根)。底部开挖完成后,底部初期支护及时跟进,将钢架全环封闭。Ⅴ级围岩需在拱部钢架基脚处设槽钢以增加基底承载力。

为保证钢架位置安设准确,隧道开挖时,需在钢架的各连接处预留连接板凹槽。初喷混凝土时,在凹槽处打入木楔,为架设钢架留出连接板(和槽钢)位置。钢架按设计位置安设,在安设过程中当钢架和初喷层之间有较大间隙时,应每隔2m用混凝土预制块或钢楔楔紧,钢架背后用喷射混凝土填充密实。钢架纵向连接采用钢管(钢筋),环向间距1m。

钢架落底接长在单边交错进行,每次单边接长钢架1~2排。在软弱地层可同时落底接长和仰拱相连,并及时喷射混凝土。接长钢架和上部钢架通过垫板用螺栓牢固、准确连接。

架立钢架后,应尽快进行喷射混凝土作业,以使钢架与喷射混凝土共同受力。喷射混凝土应分层进行,先从拱脚或墙脚处由下向上喷射,防止上层喷射料虚掩拱脚(墙脚)不密实,造成因强度不够而引起拱脚(墙脚)失稳。

(四) 施工控制要点

(1)钢架应按设计位置安设,钢架应尽量密贴围岩并与锚杆焊接牢固,钢架之间必须用钢筋纵向连接,并保证焊接质量。

(2)钢拱架的拱脚采用纵向托梁和锁脚锚管等措施加强支撑。

(3)钢架应尽可能多地与锚杆露头及钢筋网焊接,以增强其联合支护的效应。

(4)喷射混凝土时,要将钢架与岩面之间的间隙喷射饱满,达到密实的效果。

(5)喷射混凝土应分层次、分段喷射完成。初喷混凝土应尽早进行"早喷锚",复喷混凝土应在量测指导下进行,即"勤量测"的基本原则,以保证喷射混凝土的复喷适时有效。

(6)型钢钢架应采用冷弯成型。钢架加工的焊接不得有假焊,焊缝表面不得有裂纹、焊瘤等缺陷。

(7)每榀钢架加工完成后应放在水泥地面上试拼,周边拼装允许误差为±3cm,平面翘曲应小于2cm。

(8)钢架应在初喷混凝土后及时架设,各节钢架间以螺栓连接,连接板必须密贴。

(9)钢架安装前应清除底脚下的虚渣及杂物,钢架底脚应置于牢固的基础上。钢架间距允许偏差为±100mm,横向间距允许偏差为±20mm,垂直度允许偏差为±1°。

(10)接头是钢架的弱点部位,在施工中应尽量减少接头个数。在膨胀性或地应力大的地层中,钢拱架接头即采用能滑移的可缩式钢架。可缩接头处应预留20cm左右宽的部位暂不喷射混凝土,待可缩接头合龙或围岩变形基本稳定后,再将预留部位喷满混凝土。

152

六 质量检验

（一）喷射混凝土

喷射混凝土质量检验应符合表4-8的要求。

喷射混凝土质量检验　　表4-8

序号	项目	检验数量	检验方法
1	喷射混凝土的24h强度不应小于10MPa	同标号、每级连续围岩检验不少于1次	拔出法或无底试模
2	喷射混凝土强度应符合设计要求	同标号、每级连续围岩12m检验不少于1次	符合《铁路混凝土工程施工质量验收标准》（TB 10424—2018）的规定。对实体强度有怀疑时，现场钻芯取样检验
3	喷射混凝土平均厚度应满足设计要求，且90%以上的检测点应不小于设计厚度值	全断面开挖每循环检验一个断面；分部开挖每3~5m检验一个断面	埋钉法或凿孔法，断面检查点间距不大于2m
4	喷射混凝土表面应平顺，两突出物之间的深长比（D/L）不应大于1/20	全数检查	观察，尺量

注：1. D 为初期支护基面相邻两凸面凹进去的深度。
　　2. L 为初期支护基面相邻两凸面之间的距离，L 不大于1m。

（二）钢筋网

钢筋网质量检验应符合表4-9的要求。

钢筋网质量检验　　表4-9

序号	项目	检验数量	检验方法
1	钢筋网规格、网格尺寸应符合设计要求	每循环全数检查	观察，尺量，留存影像资料
2	钢筋网搭接长度应不少于1个网格	每循环全数检查	观察，尺量，留存影像资料
3	钢筋网片表面应无严重锈蚀、焊点无脱落	每循环全数检查	观察

（三）锚杆

锚杆质量检验应符合表4-10的要求。

锚杆质量检验　　表4-10

序号	项目	检验数量	检验方法
1	锚杆类型、规格、长度应符合设计要求	每循环检验不少于3根	观察，尺量，留存影像资料
2	锚杆数量应符合设计要求	每循环全数检查	计数，尺量，留存影像资料

项目四　复合式衬砌施工

序号	项目	检验数量	检验方法
3	锚杆的胶结、锚固质量应符合设计要求，全长胶结锚杆的锚固长度不应小于设计长度的95%	每循环按设计数量的10%检验，且不少于2根	检查施工记录，冲击弹性波法检测
4	锚杆钻孔允许偏差应符合设计要求	每循环按设计数量的10%检验，且不少于3根	尺量
5	锚杆垫板应与基面密贴	全数检查	观察

锚杆钻孔允许偏差应符合表4-11的规定。

锚杆钻孔允许偏差 表4-11

序号	项目	允许偏差
1	孔径	不少于设计值
2	孔口距	±150mm
3	孔深	+50mm，0

（四）钢架

钢架质量检验应符合表4-12的要求。

钢架质量检验 表4-12

序号	项目	检验数量	检验方法
1	钢架及其连接螺栓的种类和材料规格应符合设计要求	每循环全数检查	观察，尺量，留存影像资料
2	钢架数量应符合设计要求	每循环全数检查	计数，留存影像资料
3	钢架应置于牢固的基础上，钢架锁脚锚杆(管)、钢架节段间连接、钢架纵向间连接应符合设计要求	每循环全数检查	观察，留存影像资料
4	钢架安装允许偏差应符合设计要求	每循环全数检查	测量，尺量

钢架安装允许偏差应符合表4-13的规定。

钢架安装允许偏差 表4-13

序号	项目	允许偏差
1	横向位置	±20mm
2	垂直度	±1°
3	钢架间距	±100mm

⚠ 任务实施与总结评价

请完成本教材配套《铁路隧道工程施工与维护实训手册》中专业知识认知、能力素质训练及任务总结的相关内容，并依次进行学员自评、组长评价和指导老师评价。

任务二　结构防排水施工

◆ 任务引入

武广客运专线浏阳河隧道位于湖南省长沙市境内，全长 10.115km，为全线重点控制工程，其主要特点是下穿浏阳河河底、机场高速公路、公路互通立交、排水箱涵等，如图4-23所示。隧道最大埋深70m，平均埋深40m左右，隧道防排水分别贯彻"以防为主，防排结合"和"以防为主，多道设防"的全包型防水理念。当地下水位高差不大于50m时采用防水型衬砌结构，

图4-23　浏阳河隧道

"以防为主，多道设防"；当地下水位高差大于50m时，采用排水型衬砌结构，"以防为主，限量排放"。浏阳河隧道在施工缝或变形缝处设置环向排水盲管，隧道两侧设置纵向排水盲管，采用自粘型防水板，防水板全环铺设。浏阳河隧道防排水是如何进行施工的呢？

▲ 任务描述

结合武广客运专线浏阳河隧道，掌握高速铁路隧道防排水施工工艺流程；能够编制隧道防排水施工作业指导书；能够根据《客货共线铁路隧道工程施工技术规程》（Q/CR 9604—2017）指导现场施工；能够根据《铁路隧道工程施工质量验收标准》（TB 10417—2018）进行施工现场质量检验，并能够判断是否符合相关要求。

◇ 相关知识

结构防排水施工主要是衬砌结构防排水作业，包括防水板、纵环向排水盲管、止水带和止水条、检查井、洞内排水沟的安装作业等。

一　施工工艺流程

隧道结构防排水的施工工艺流程如图4-24所示。

二　基面处理

防水板是隧道防水的重要屏障，其铺设质量直接影响防水效果。从隧道后期出现渗漏水情况看，多为防水板破损所致。铺设防水板的基面应平整光滑，无突出异物是保证铺设质量的首要条件。初期支护（喷混凝土）的表面很难达到要求，因此在防水板铺设前应用混凝土（或砂浆）将凹坑喷平，并应对凹凸不平情况进行检查，同时对基面（初期支护表面）的渗漏水、外露的突出物及空洞、裂缝、松酥处进行处理。初期支护表面平整度应符合 $D/L \leqslant 1/10$ 的要求（D 为初期支护基面相邻两凸面凹进去的深度；L 为基层相邻两凸面间的距离，且 $L \leqslant 1m$）。

铁路隧道工程施工与维护

```
                    施工准备

                防水层作业台车就位

              围岩或初期支护表面处理

              表面质量检验 ──不合格──→

                    ↓合格
  原材料检验和试验 →  环、纵向排水盲管安装

              盲管安装检验 ──不合格──→

                    ↓合格
  原材料检验和试验 →    铺设防水板

              铺设质量检验 ──不合格──→

                    ↓合格
           衬砌台车就位、安装止水带及
           施工缝止水条、设置注浆管

              安装质量检验 ──不合格──→

                    ↓合格
            二次衬砌防水混凝土浇筑

   排水沟施工              衬砌背后回填注浆

   排水盲管接引            止水带(条)回填注浆

        防排水施工质量检验 ──不合格──→ 实施补救措施

                ↓合格
                    结束
```

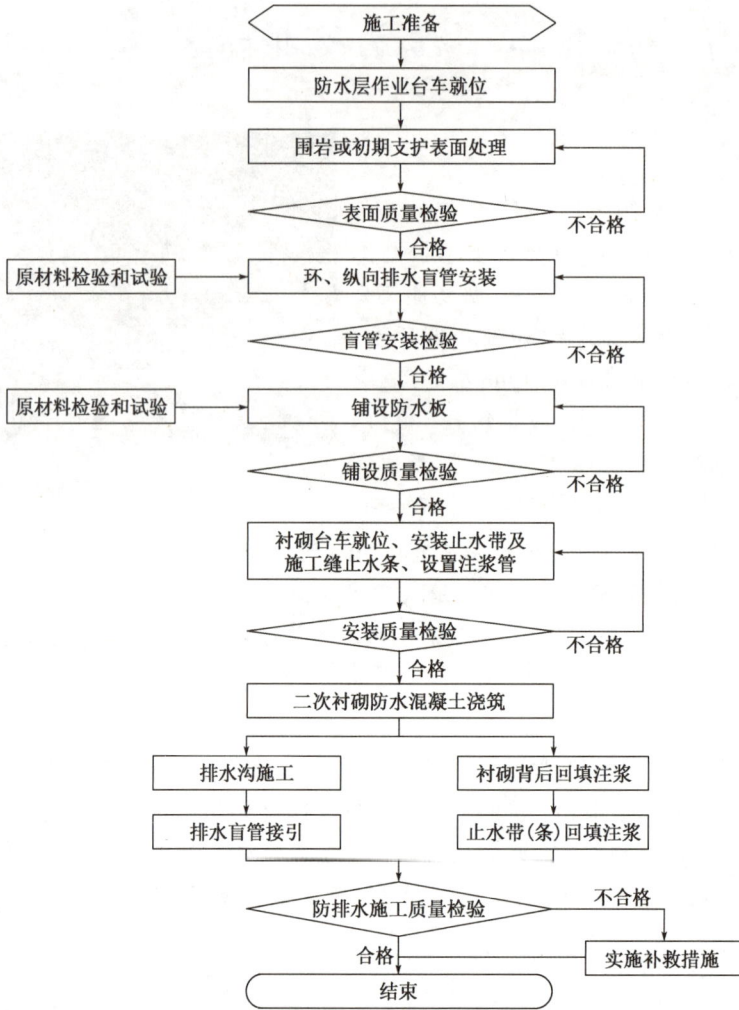

图 4-24　隧道结构防排水的施工工艺流程

(一)渗漏水处理

渗漏水处宜采用注浆堵水或采用排水盲管、排水板将水引入侧沟,保持基面无明显渗漏水。基面出现股状涌水时,宜采用局部注浆、围截注浆法进行封堵,封堵后的剩余水量可用排水盲管或排水板集中将水引入洞内排水沟排出。

(二)基面外突出物处理

对于基面外露的锚杆头、注浆管头、钢筋头、螺杆钉头等突出物应予以切除后妥善处理。

(1)钢筋网等凸出部分,应先将其切断后用锤铆平,抹砂浆素灰,如图 4-25 所示。

(2)有凸出的注浆钢管头时,应先将其切断,并用锤铆平,后用砂浆填实封平,如图 4-26 所示。

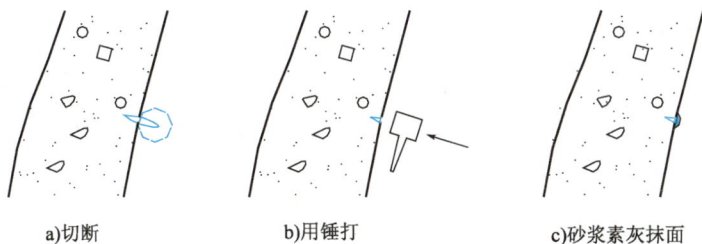

a)切断　　　　　　　　b)用锤打　　　　　　c)砂浆素灰抹面

图 4-25　钢筋网处理示意

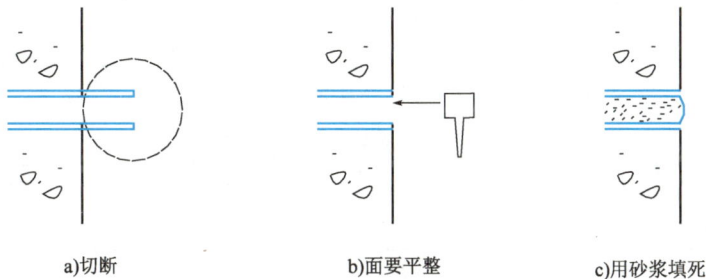

a)切断　　　　　　　　b)面要平整　　　　　c)用砂浆填死

图 4-26　注浆管头处理示意

（3）锚杆有凸出部位时，于螺头顶 5mm 以上位置将其切断，用塑料帽遮盖，如图 4-27 所示。

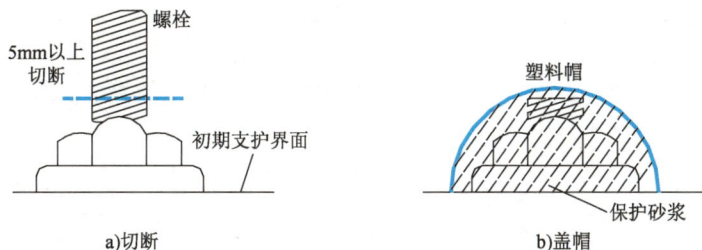

a)切断　　　　　　　　　　　　　b)盖帽

图 4-27　锚杆头处理示意

三　排水盲管施工

排水盲管包括环向盲管、纵向盲管和横向泄水管，环向盲管、纵向盲管各排入侧沟，纵向盲管中部采用变径三通连排水入侧沟，形成完整的排水系统。其中，纵向集水盲管在整个隧道排水系统中是一个中间环节，起着承上启下的作用，是关键环节。

（一）施工工艺流程

排水盲管施工主要有钻定位孔、锚栓安装、盲管铺设与安装等环节，其施工工艺流程如图 4-28 所示。

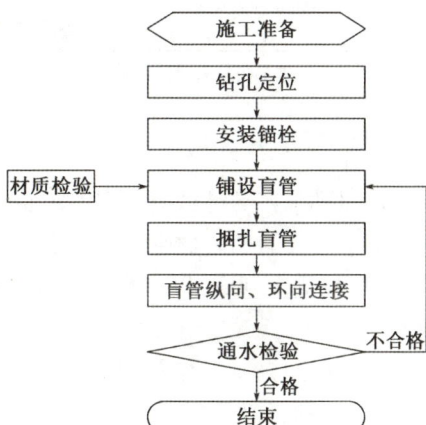

图 4-28　排水盲管施工工艺流程

157

（二）材料要求

图4-29　排水盲管

排水盲管管材内外壁不应有气泡、凹陷、明显的杂质和不规则波纹，管材的两端应平整、与轴线垂直并位于波谷区，管材波谷区内外壁应紧密熔接，不应出现脱开现象，管内应清洁光滑。如图4-29所示。连接管件内外表面应清洁、光滑、不允许有缩孔（坑）、明显的划伤、杂质、颜色不均和其他表面缺陷，弯头与三通内表面过渡区应圆滑平顺。

排水盲管尺寸极限偏差要求应符合表4-14、表4-15的规定。排水盲管物理力学性能应符合表4-16的规定。

以外径表示的排水盲管极限偏差（单位:mm）　　表4-14

排水盲管参数	外径 d_e	层压壁厚 e	内层壁厚 e_1
极限偏差	$+3\%d_e$, $-6\%d_e$	$+0.5$, 0	$+0.5$, 0

以内径表示的排水盲管极限偏差（单位:mm）　　表4-15

排水盲管参数	内径 d				层压壁厚 e	内层壁厚 e_1
	≤100	$100<d\leq300$	$300<d\leq600$	>600		
极限偏差	$+2\%d$, $-5\%d$	$+1.5\%d$, $-2.5\%d$	$+1\%d$, $-2\%d$	$+5\%d$, $-1.25\%d$	$+0.5$, 0	$+0.5$, 0

排水盲管物理力学性能　　表4-16

序号	项目		要求
1	环刚度*（kN/m^2）		≥8
2	环柔性*		试样调滑，无反向弯曲，无裂纹，两壁无脱开
3	冲击性（TIR）*		$\leq10\%$
4	烘箱试验*		无气泡，无分层，无开裂
5	内壁允许偏差 k（mm）		≤0.01
6	内壁耐粘污性	质量变化 M（mg/cm^2）	≤0.2
		反射率变化 X	$\leq20\%$
三通、直接头、弯头、U形管等管件应符合耐沾污性要求			

注：* 保温性排水管盲管测试时需除去保温层。

（三）排水盲管施工

环向排水盲管沿纵向设置的间距应满足设计要求，并根据洞内渗、漏水的实际情况，在地下水较大的地段加密设置排水盲管。纵向盲管安设的坡度应与线路坡度一致。

（1）按规定划线，以使盲管位置准确合理，尽可能布设在基面的低凹处和有出水点的地方。

（2）钻定位孔，定位孔间距在30～50cm区间。

（3）将膨胀锚栓打入定位孔或用锚固剂将钢筋头预埋在定位孔中。

（4）将盲管用无纺布包住（防止泥砂、喷混凝土料或杂物进入，堵塞管道），用铁丝捆

铁路隧道工程施工与维护

好;用卡子卡住盲管,然后固定在膨胀螺栓上。

(5)集中出水点沿水源方向钻孔,然后将单根引水盲管插入其中,并用速凝砂浆将周围封堵,以使地下水从管中集中引出。

(6)采用三通管与其他透水管、盲管相连。

(四)横向排水盲管施工

横向排水盲管(在设中心排水沟的情况下)位于衬砌基础的下部,布设方向与轴向垂直,是连接纵向排水管与中心排水管(沟)的水力通道。横向排水盲管通常为硬质塑料管。施工中,先在纵向盲管上预留拼接,然后在仰拱及填充混凝土施工前接长至中心排水管(沟)。

施工中,三通管留设位置应准确,接头应牢固,防止松动脱落。

(五)施工要求

(1)衬砌背后设置的纵、横、环向排水盲管应符合设计要求,可根据渗漏水情况适当增设、调整。通向水沟的泄水管应有足够的排水坡度。

(2)盲管尽量与岩壁密贴,与支护的间距不得大于5cm,盲管与支护脱开的最大长度不得大于10cm。

(3)盲管用无纺布等渗水材料包裹,防止泥砂、喷混凝土料或杂物进入堵塞管道。

(4)用防水卷材半裹纵向盲管,使从上部下流之水在纵向盲管位置尽量流入管内。

(5)纵向与环向盲管、泄水管、排水管应按设计连通,管体间应采用变径三通连接,组成完整有效的排水系统。

(6)衬砌背后排水系统应通过通水试验检验排水效果。

四 防水板施工

在基面处理、排水盲管施工完成后,进行防水板施工作业。一般包括铺设准备、缓冲层铺设、防水板固定、防水板焊接、质量检查等环节。

(一)施工工艺流程

防水板施工工艺流程如图4-30所示。

(二)材料要求

缓冲层材料一般采用土工布,选用的土工布应具有一定的厚度,其单位面积质量不宜小于$300g/m^2$。土工布要具有延伸性,可适应初期支护由于荷载或温度变化引起的变形能力,土工布还需具有良好的导水性。为抵抗地下水或混凝土、水泥砂浆析出水的侵蚀,土工布还应具有良好的化学稳定性和耐久性。复合防水层所使用的土工布技术性能指标见表4-17。

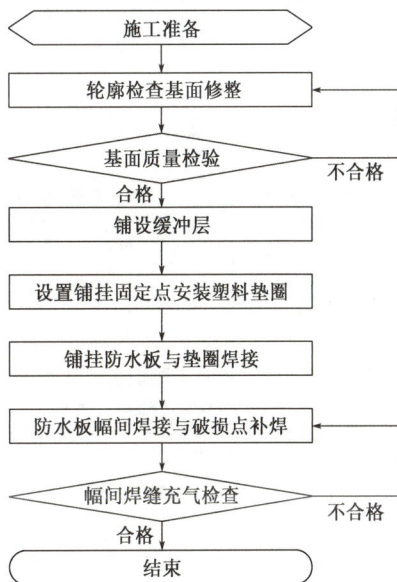

图4-30 防水板工艺流程

土工布主要技术性能 表 4-17

项目	单位	技术指标
断裂能力	kN/m	≥10（纵横向）
断裂延伸率	%	≥20（纵横向）
CBR 顶破能力	kN	≥2.1
垂直渗透系数	cm/s	$K \times (10^{-3} \sim 10^{-1})$
撕破强力	kN	≥0.33（纵横向）
化学稳定性	—	强度下降不小于20%
生物稳定性	—	强度下降不小于20%
可燃性等级	—	V 或 VI

注：K 值一般为 1.0 ~ 9.9。

防水板宜选用高分子材料，在规格长度内不允许有接头。从外观上看，防水板应表面平整、边缘整齐，无裂纹、机械损伤、折痕、孔洞、气泡及异常黏着物等影响使用的缺陷；除特殊要求外，外观颜色为材料本色，不得添加颜料和填料；在不影响使用的条件下，防水板表面凹痕深度不得超过厚度的 5%。防水板的规格尺寸及允许偏差见表 4-18。

防水板的规格尺寸及允许偏差 表 4-18

项目	厚度（mm）	宽度（m）	长度（m）
规格	1.5,2.0,2.5,3.0	2.0,3.0,4.0	20 以上
允许偏差	-5%	-20	-20

防水板还要具备耐刺穿性好、柔性好、耐久性好等特点，并具备一定的阻燃性。其物理力学性能指标见表 4-19。

防水板的物理力学性能 表 4-19

序号	项目		指标		
			EVA	ECB	PE
1	断裂拉伸强度（MPa）		≥18	≥17	≥18
2	扯断伸长率（%）		≥650	≥600	≥600
3	撕裂强度（kN/m）		≥100	≥95	≥95
4	不透水性（0.3MPa/24h）		无渗漏	无渗漏	无渗漏
5	低温弯折性（-35℃）		无裂纹	无裂纹	无裂纹
6	加热伸缩量（mm）	延伸	≤2	≤2	≤2
		收缩	≤6	≤6	≤6
7	热空气老化（80℃×168h）	断裂拉伸强度（MPa）	≥16	≥14	≥15
		扯断伸长率（%）	≥600	≥550	≥550
8	耐碱性［饱和 Ca(OH)₂ 溶液×168h］	断裂拉伸强度（MPa）	≥17	≥16	≥16
		扯断伸长率（%）	≥600	≥600	≥550
9	人工老化	断裂拉伸强度保持率（%）	≥80	≥80	≥80
		扯断伸长率保持率（%）	≥70	≥70	≥70

续上表

序号	项目		指标		
			EVA	ECB	PE
10	刺破强度（N）	1.5mm	≥300	≥300	≥300
		2.0mm	≥400	≥400	≥400
		2.5mm	≥500	≥500	≥500
		3.0mm	≥600	≥600	≥600

（三）铺设准备

防水板铺设前，一般要做如下准备工作：

（1）洞外检验防水板及缓冲层材料质量。

（2）对检验合格的防水板，用特种铅笔画出焊接线及拱顶分中线，并按每循环设计长度截取，对称卷起备用。

（3）铺设防水板的专用台车移到要铺设的地方就位。将缓冲层（土工布）和防水板吊放在台车的卷盘上。

（4）铺设前进行精确放样，进行试铺后确定防水板一环的尺寸，尽量减少接头。

（5）在铺设基面标出拱顶线，画出每一环隧道中线及垂直隧道中线的横断面线。

（四）铺设缓冲层

对于设计为分离式的防水板，先进行缓冲层铺设。缓冲层铺设时，用射钉或膨胀螺栓将热塑性圆垫圈和缓冲层平整顺直地固定在基层上（图4-31），其固定点的间距可根据基面平整情况确定，一般拱部为0.5~0.8m，边墙为0.8~1.0m，隧底为1.0~1.5m，呈梅花形布置，并左右上下成行固定。在凹凸较大的基面上，应在凹处加密固定点，使缓冲层与基面密贴。缓冲层搭接宽度不应小于50mm，一般仅设环向接缝，当长度不够时，所设轴向接缝应确保上部（靠近拱部的一张），应由下部（靠近底部的一张）缓冲层压紧。

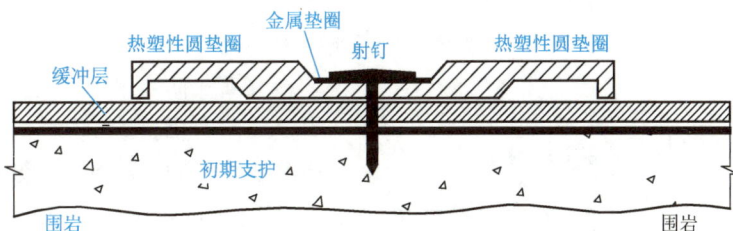

图4-31　暗钉圈固定缓冲层示意图

（五）铺设防水板

防水板一般采用专用台车铺设，如图4-32所示。有条件时也可采用防水板自动铺设机铺设。

图 4-32　防水板铺设台车

防水板采用环向铺设法，从拱部向两侧边墙展铺，下部防水板应压住上部防水板，松紧应适度并留有余量（一般实铺长度与喷射混凝土面弧长的比值为 1.1∶1～1.2∶1），保证防水板全部面积均能抵到围岩。

防水板纵向搭接与环向搭接处应采用丁字形接头（图 4-33），除按正常方法施作外，应再覆盖一层同类材料的防水板材，用热熔焊接法焊接。

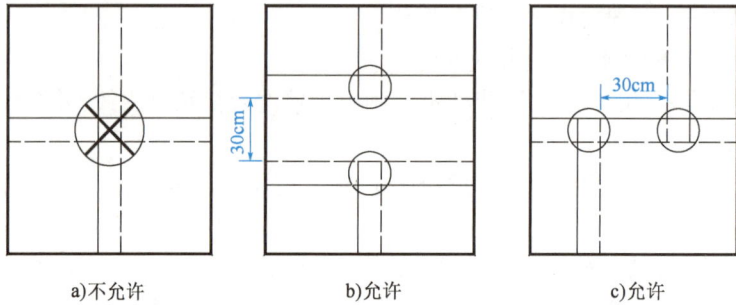

a)不允许　　　　　　b)允许　　　　　　c)允许

图 4-33　防水板搭接示意

两幅防水板的搭接宽度不应小于 150mm，分段铺设的防水板边缘部位应预留至少 60cm 的搭接余量。搭接缝应采用双焊缝、调温、调速热楔式功能的自动爬行式热合机热熔焊接，细部处理或修补采用手持焊枪，热熔双焊缝搭接如图 4-34 所示。当采用单条焊缝时，其有效焊接宽度应不小于 15mm，焊接要严密，不得焊焦焊穿。搭接缝焊接质量检查应按充气法检查，若发现漏气及时修补。防水板搭接缝应与施工缝错开 1.0～2.0m。

图 4-34　防水板搭接示意图

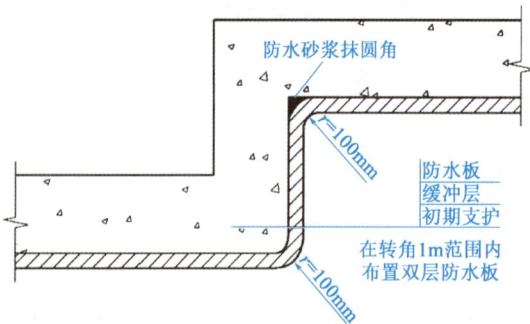

图 4-35　正洞与附属洞室连接处防水层施作示意图

分离式防水板固定，一般采用热风焊枪或热合器，使其防水板融化，与塑料垫圈粘结牢固；复合式的防水板，则按设计要求（一般拱部 0.5～0.8m，边墙 0.8～1.0m，底部 1.0～1.5m）在铺设基面打设膨胀锚栓，采用悬吊法牢固固定，膨胀锚栓帽宜采用圆弧形，锚栓顶面离喷射混凝土面距离应不大于 3mm。

洞身与附属洞室连接处的防水板铺设应按图 4-35 施作，不得形成水囊、积水槽。

明洞与隧道防水板搭接时，隧道防水板应延伸至明洞，并与明洞防水板搭接良好，如图 4-36 所示。

正洞与附属结构搭接处易形成阴阳角，防水板必须在阴阳角弯折搭接。防水板弯折前的搭接边 L 大于弯折后的焊贴边 I。为使弯折后搭接平展，可在弯折前

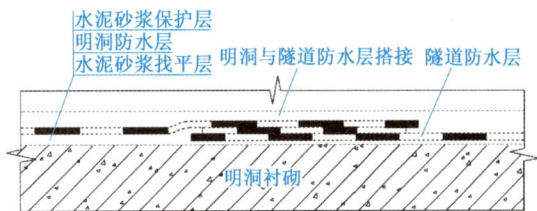

图 4-36　明洞与隧道防水板搭接示意图

将防水板分成 n 段并于分段处剪成口宽为 $(L-I)/n$ 的三角形缺口，则弯折后缺口能平展闭合，达到平顺焊接防水板的目的，如图 4-37 所示。

（六）铺设质量检查

对防水板铺设质量一般要进行充气检查、目测及尺量检查、负压检查。

目测及尺量检查主要用于检查防水板外观质量，主要检查防水板有无烤焦、焊穿、假焊和漏焊，检查焊缝宽度是否符合设计，检查焊缝是否均匀连续，焊缝表面是否平整光滑，焊缝有无波形断面。

充气检查主要检查防水板的搭接缝

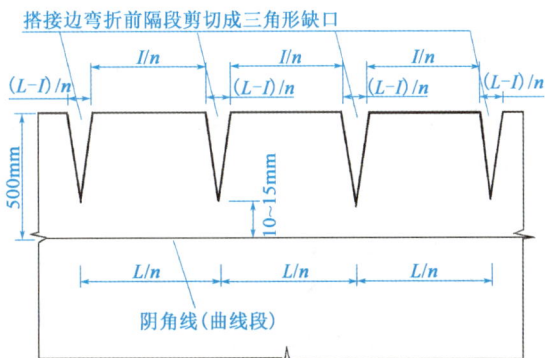

图 4-37　正洞与附属结构连接处防水板搭接平面展示

密封性能。检查方法是先堵住空气道的一端，然后用空气检测器从另一端打气加压，直到压力达到 0.25MPa 时停止充气，保持 15min，压力下降在 10% 以内，说明焊缝合格；如压力下降过快，说明焊缝不严。用检测液（可用肥皂水）涂在焊缝上，有气泡的地方即为密封不严处，应重新补焊，直到不漏气为止。

防水板补焊处可采用负压检查方法（即真空罩）进行检验，如焊缝密封性不合格应进行再次修补直至通过检测。

（七）施工要求

（1）防水板铺设应超前二次衬砌施工，并设临时挡板防止机械损伤和电火花灼伤防水板，同时与开挖工作面保持一定的安全距离。

（2）塑料板应存放在室内，库房应整洁、干燥、无火源、自然通风要好，并应远离高温热源及油脂等污物。

（3）所有材料、工具的堆放应尽量远离已铺好的地段。

（4）安装孔位要严格控制方向和排列距离，避免安装时搭接困难。

（5）要保持防水层接头处的洁净、干燥，同时在下一阶段施工前避免其损坏。

（6）焊缝若有漏焊、假焊应予补焊；若有烤焦、焊穿处以及外露的固定点，必须用塑料片焊接覆盖。

（7）对于避车洞处防水板的铺设，如成形不好，用浆砌片石或模筑混凝土使其外观平顺后，方可铺设防水板。对于热合器不易焊接的部位可用热风枪手工焊接，确保其质量。

（8）挡头板的支撑物在接触到塑料防水板的位置必须加设橡皮垫层。

（9）绑扎钢筋、安装模板及衬砌台车就位时，在钢筋保护层垫块外包土工布可防止碰

撞和刮破塑料板。

（10）浇筑混凝土时，应防止碰击塑料板，二次衬砌中埋设的管料与防水板间距不小于5cm，以防止破损塑料防水板，浇筑时应有专人观察，发现损伤应立即修补。

（11）衬砌浇筑中特别注意振捣引起的防水板破坏，避免振捣棒直接接触防水板插入式振动棒变换位置时采取竖向缓慢拔出的方法，不要在仓内平拖，发现损伤应立即修补。

五 止水带及止水条施工

施工缝及变形缝是隧道防排水的薄弱环节，也是隧道工程防水设计的重点。施工缝通常采用背贴式止水带、遇水膨胀止水条、中埋式止水带的单一或复合防水方式，必要时施工缝还应设置带注浆孔的遇水膨胀止水条并预埋注浆管。变形缝防水通常采用中埋式止水带与背贴式止水带、防水密封材料、遇水膨胀橡胶止水条等组合的形式。特殊情况下，变形缝防水还可设置带接水盒的构造形式，常用变形缝符合防水构造形式的设置如图4-38～图4-41所示。

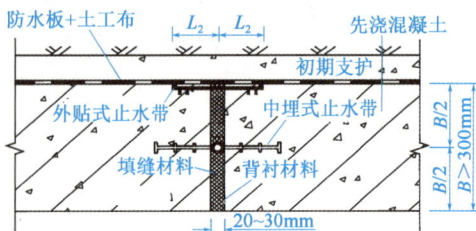

铁路隧道工程施工与维护

图4-38 中埋式止水带和背贴式止水带复合防水构造形式

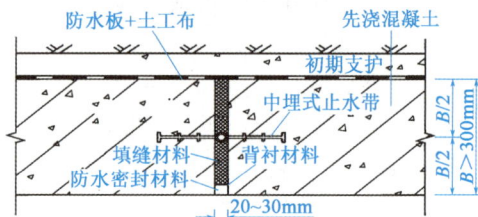

图4-39 中埋式止水带和防水密封材料复合防水构造形式

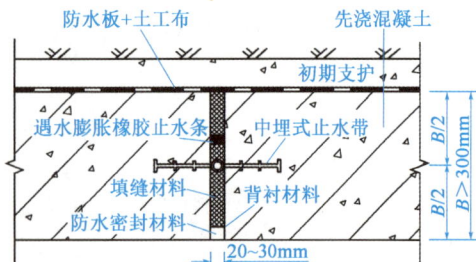

图4-40 中埋式止水带和防水密封材料、遇水膨胀橡胶止水条复合防水构造形式

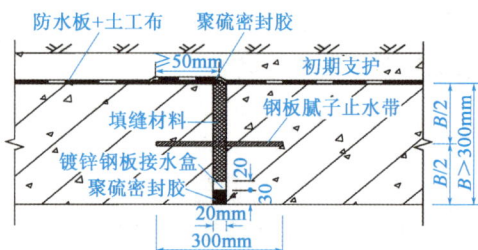

图4-41 带接水盒的构造形式

（一）止水带施工

1. 材料要求

高速铁路隧道工程一般选用橡胶止水带或塑料止水带。对水压力大、变形大的施工缝、变形缝要选用钢边止水带。橡胶止水带和钢边止水带采用三元乙丙橡胶制作，不得采用再生橡胶。塑料止水带不得采用再生塑料制作。当设计选用其他新型、成熟、可靠的材料时，其物理性能要符合国家相关标准的要求，以及满足一些外观质量和物理力学性能方面的要求。

在外观质量方面，止水带表面不允许有开裂、缺胶、海绵状等影响使用的缺陷，其中塑料止水带外观颜色为材料本色,除特殊要求除外,不得添加颜料和填料。具体的外观质量要求应符合表 4-20 的规定。

止水带产品外观质量要求　　　　　　　　　表 4-20

编号	缺陷类型	开挖工作面
1	气泡	直径不大于 1cm 的气泡,每米不得超过 3 处
2	杂质	面积不大于 4mm 的杂质,每米不得超过 3 处
3	凹痕	不允许有
4	接缝缺陷	高度不大于 1.5mm 的凸起或不平,每米不得超过 2 处

背贴式橡胶止水带如图 4-42 所示,其规格尺寸及极限偏差应符合表 4-21 的规定。

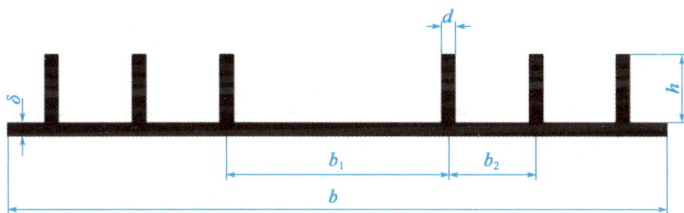

图 4-42　背贴式橡胶止水带示意图

背贴式橡胶止水带规格尺寸和极限偏差　　　　　　表 4-21

项目	规格（mm）	极限偏差
宽度 b	≥300	±3% b
厚度 δ	≥6	+1.3,0
凸肋高度 h	≥30	+10% h,0
凸肋厚度 d	6	+1.0,0
凸肋中心中间距离 b_1	≥100	±3% b_1
相邻凸肋中心距离 b_2	40	±2.0

中埋式橡胶止水带如图 4-43 所示,其规格尺寸和极限偏差应符合表 4-22 的规定。

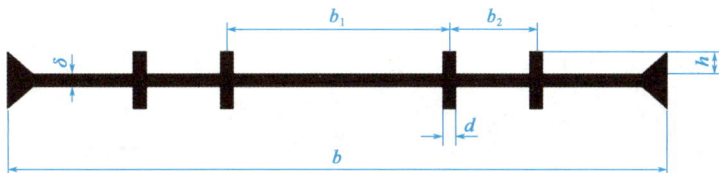

图 4-43　中埋式橡胶止水带示意图

中埋式橡胶止水带规格尺寸和极限偏差　　　　　　表 4-22

项目	规格（mm）	极限偏差
宽度 b	≥300	±3% b
厚度 δ	≥6	+1.3,0
凸肋高度与燕尾高 h	10	+1.0
凸肋厚度 d	6	+1.0,0
凸肋中心中间距离 b_1	≥100	±3% b_1
相邻凸肋中心距离 b_2	40	±2.0

项目四　复合式衬砌施工

钢边橡胶止水带如图 4-44 所示，其规格尺寸及极限偏差应符合表 4-23 的规定。

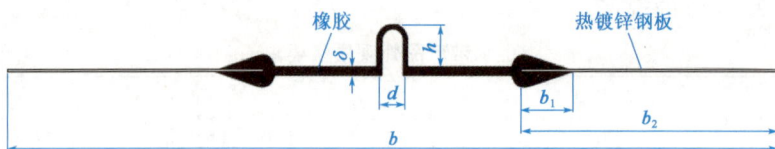

图 4-44　变形缝用钢边橡胶止水带示意图

变形缝用钢边橡胶止水带规格尺寸和极限偏差　　表 4-23

项目	规格（mm）	极限偏差
宽度 b	≥300	±3%b
厚度 δ	≥6	+1.3，0
高度 h	15～20	—
圆弧直径 d	10～15	—
橡胶和钢板粘合宽度 b_1	22～25	—
钢板宽度 b_2	100	—

2. 施工工艺流程

背贴式止水带施工工艺流程如图 4-45 所示，中埋式止水带的施工工艺流程如图 4-46 所示。

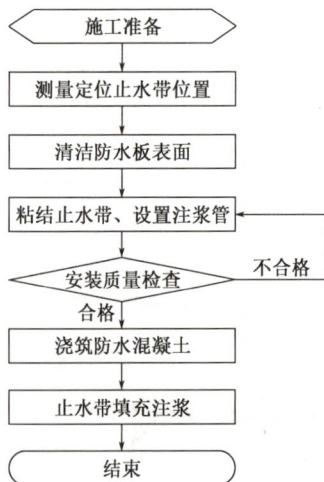

图 4-45　背贴式止水带施工工艺流程

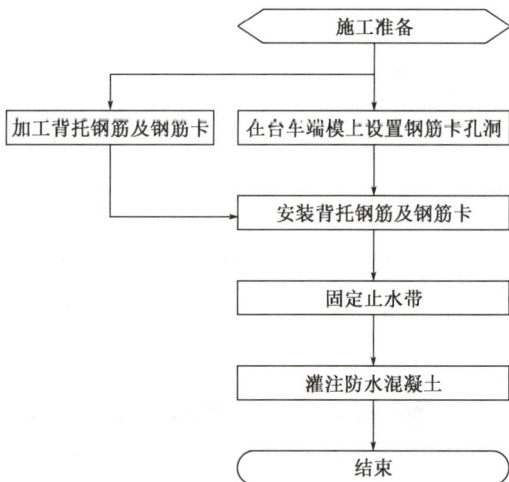

图 4-46　中埋式止水带施工工艺流程

3. 止水带施工

中埋式止水带安装应利用附加钢筋、卡子、铁丝、模板等将止水带固定，宜采用专用钢筋套或扁钢固定。采用扁钢固定时，止水带端部应先用扁钢夹紧，并将扁钢与结构内钢筋焊牢，固定扁钢用的螺栓间距为 50cm。

中埋式止水带应固定在挡头模板上，中埋式止水带先施工一侧混凝土时，其端模应支撑牢固，严防漏浆。固定止水带时不能在止水带上穿孔打洞，不得损坏止水带本体部位，应防止止水带偏移，以免单侧缩短，影响止水效果。安装止水带时，沿衬砌环线每隔 0.5～1.0m，在端头模板钻直径 12mm 的钢筋孔。将制成的钢筋卡，由待灌混凝土侧向另一侧穿过挡头模板，内侧卡进止水带一半，另一半止水带平靠在挡头板上，待混凝土凝固后拆除挡头板，将止水带拉直，然后弯钢筋卡紧止水带；浇筑另一端混凝土时应用箱形模板保护，其施作方法如图 4-47 所示。

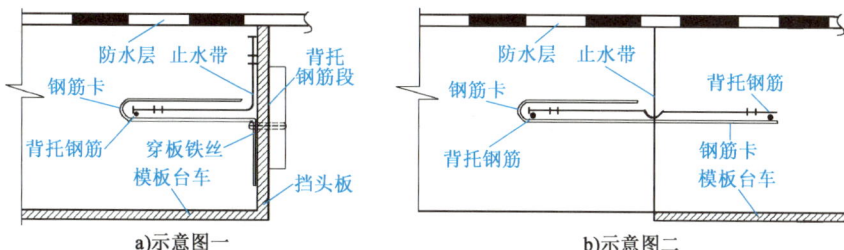

图 4-47　中埋式止水带施工方法示意图

背贴式止水带应采用粘接法与防水板连接，与止水带进行粘结的防水板应擦洗清洁。

止水带的长度应事先向生产厂家订制，尽量避免接头。如确需接头，应选在二次衬砌结构应力较小的部位，可采用搭接、复合连接、对接的形式，并满足图 4-48 的要求。止水带接头粘接前应做好接头表面的清刷与打毛。

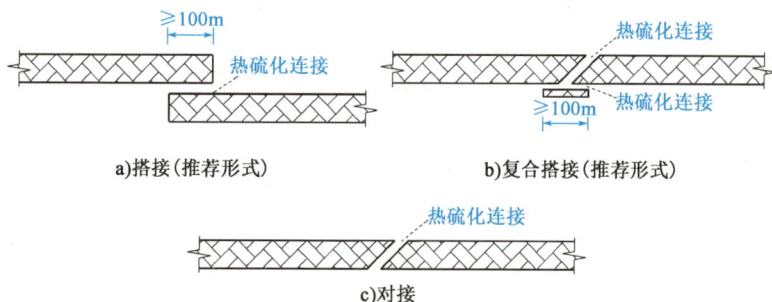

图 4-48　止水带常用接头形式

4.施工要求

（1）止水带埋设位置应准确，其中间空心圆环应与变形缝或施工缝重合。

（2）中埋式止水带应采取措施保障安装平展，无损坏、不扭结；背贴式止水带应采用粘接法与防水板连接，与止水带进行粘结的防水板应擦洗清洁。

（3）止水带的长度应事先向生产厂家定制，尽量避免接头。如确需接头，应选在二次衬砌结构应力较小的部位采取搭接、复合连接、对接等形式。止水带接头粘接前应做好接头表面的清刷与打毛。

（4）止水带的上下压茬应排水畅通，将水引向外侧。

（5）浇筑振捣靠近止水带附近的混凝土时，不得破坏止水带，同时还应充分振捣，混凝土应与止水带紧密结合。

（6）衬砌脱模后，若检查发现施工中有走模现象发生，致使止水带过分偏离中心，则应适当凿除或填补部分混凝土，对止水带进行纠偏。

（二）止水条施工

止水条一般选用制品型遇水膨胀止水条。

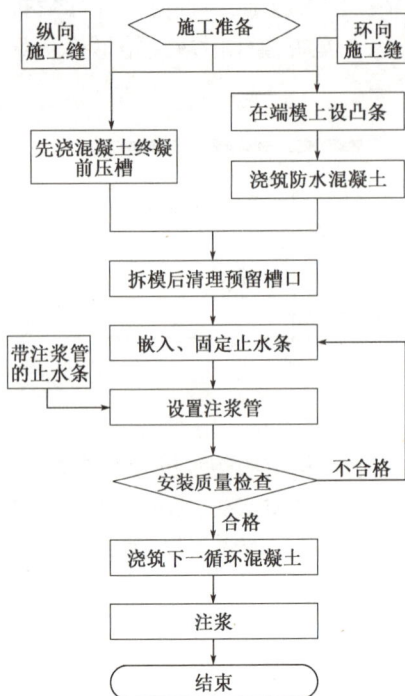

图 4-49　止水条施工工艺流程

1.施工工艺流程

止水条的施工工艺流程如图 4-49 示。

2.止水条施工

止水条的设置如图 4-50 所示，采用预留槽嵌入法施工。水平施工缝是先浇筑混凝土，在混凝土初凝后、终凝前根据止水条的规格在混凝土端面中间压磨出一条平直、光滑槽。环向或竖向施工缝是采用在端头模板中间固定木条或金属构件等，在混凝土浇筑后即形成凹槽。槽的深度为止水条厚度的一半，宽度比止水条宽 1~2mm。在灌筑下一循环混凝土之前，要对预留槽进行清理，清除残渣，磨光槽壁，涂抹胶粘剂，将止水条安装在槽内，粘结牢固，并用间距不宜大于 60cm 的水泥钉固定。

止水条接头处应按图 4-51 所示，重叠搭接后再粘接固定，搭接长度不应小于 5cm。带注浆孔遇水膨胀止水条搭接时，连接管应按图 4-52 安装，备用注浆管应引入衬砌内侧。

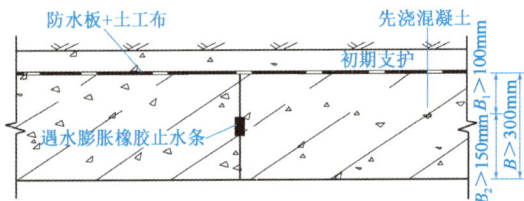

图 4-50　施工缝止水条设置

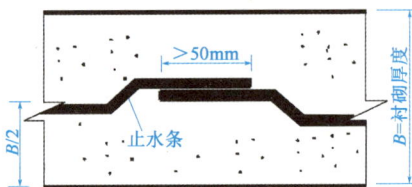

图 4-51　止水条搭接示意图

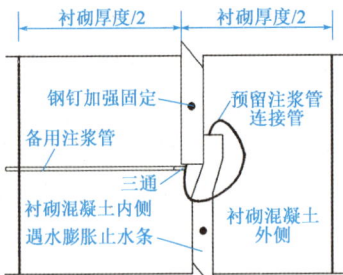

a)止水条安装图

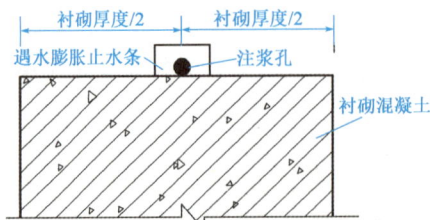

b)止水条安装图

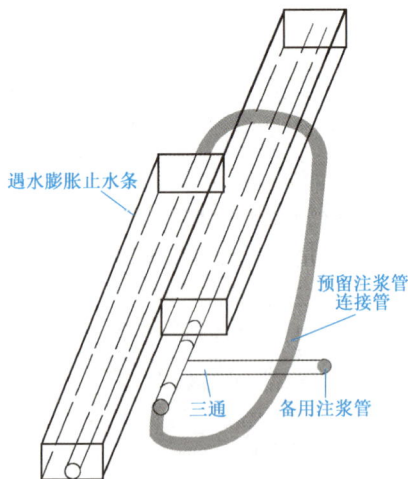

c)止水条安装透视图

图 4-52　带注浆孔遇水膨胀止水条连接管安装示意图

3. 施工要求

（1）施工前，必须对止水条的宽度、厚度进行检查，确保其符合设计及标准要求。

（2）止水条安放前，必须对预留槽进行清理，清洗干净、排除杂物。

（3）止水条安装应尽量安排在下一循环混凝土浇筑前 3～5h，如有困难需提前安装应采取缓膨措施，但最长时间不得超过 24h。

（4）止水条安装时应顺槽拉紧嵌入，确保止水条与槽底密贴，不得有空隙。

（5）止水条接头处应重叠搭接后再粘接固定，沿施工缝形成闭合环路，其间不得留断点。

（6）止水条定位后加涂缓膨剂，防止提前通水膨胀。

（7）振捣混凝土时，振捣棒不得碰触止水条。

六 中心排水管（沟）施工

无仰拱地段的中心排水管应安设在混凝土管座上；有仰拱地段的中心排水管直接埋设于仰拱填充混凝土中，与仰拱填充混凝土同时施工；在北方地区深埋水沟则设置在仰拱以下，如图4-53所示。

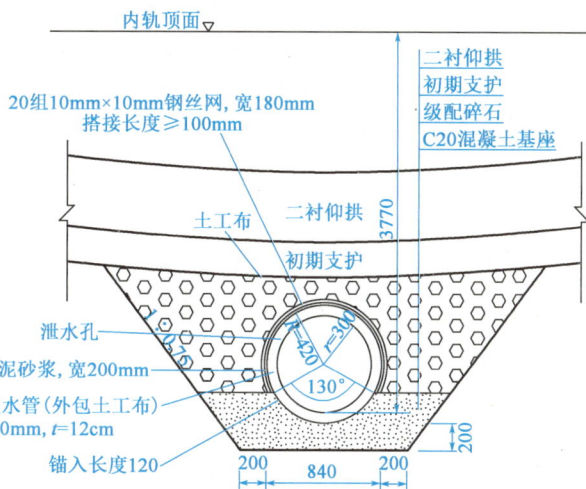

图4-53　深埋中心排水沟断面结构形式（尺寸单位：mm）

（一）施工工艺流程

无仰拱地段的中心排水管施工工艺流程如图4-54所示。

（二）开挖基槽

中心排水沟以机械开挖为主，人工开挖为辅。需要爆破时采用松动爆破，减少对围岩的扰动，开挖至水沟底部设计高程。禁止大范围扰动原地层，虚渣、积水等要清理干净。

（三）基座混凝土浇筑

混凝土开仓浇筑之前将基底浮石、杂物清理干净，并洒水湿润。混凝土采用拌和站集

施工准备

开挖基槽

平整基础

混凝土预制块安装定位

将透水孔朝上安放管段

连接管段，封填管段接缝

待砂浆凝固后进行通水试验 →漏水→ 重新处理

不漏水

土工布覆盖透水孔

中心排水管与横向导向管连接

反滤层分层回填

土工布覆盖反滤层顶面

浇筑路面混凝土

中心排水管试水冲洗

结束

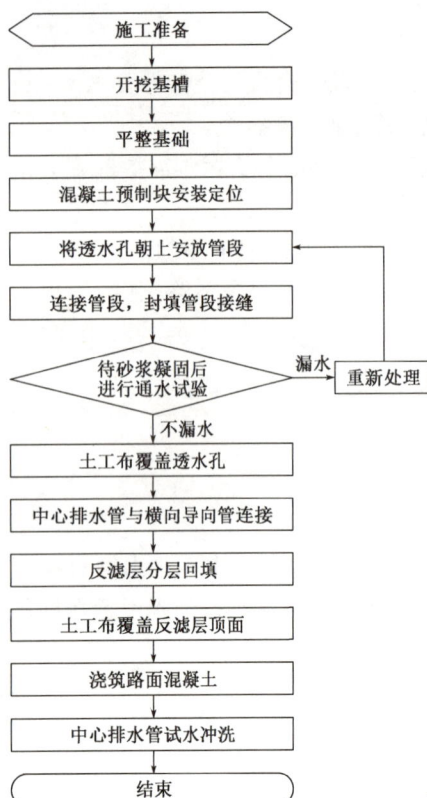

图 4-54　无仰拱地段的中心排水管施工工艺流程

中拌制，混凝土搅拌运输车运送混凝土到现场使用溜槽入模。混凝土浇筑过程中应加强检查模板支撑的稳定性和接缝的密合情况，防止在振捣混凝土过程中产生漏浆。

混凝土初凝前使用混凝土预制管在基座混凝土上预压出排水管凹槽以及纵向坡度。

（四）预制管安装

中心排水沟所用的钢筋混凝土预制管由厂家统一制作运输至现场，预制管预留的、与横向排水管连接的预留孔由厂家完成。

每节管对接要求平顺无错台，坡度与隧道坡度一致由测量控制。为防止混凝土、回填料渗入管内造成管内堵塞，在管外包土工布并用扎丝固定牢固。排水管连接部位先刷一层 15mm 厚 1∶2.5 水泥砂浆，然后铺设钢丝网，完成后采用 1∶2.5 水泥砂浆封闭，厚为 10mm。设有横向排水处，横向导水管伸入混凝土预制管中，并使用土工布将预制管开孔封堵密实，避免在填级配碎石时有石子掉入阻塞排水管。

（五）顶部覆盖施工

排水管安装及混凝土浇筑完成后两侧及顶部覆盖级配碎石，级配碎石分层铺设，铺设厚度按 20cm 控制，利用蛙式打夯机夯实。完成后进行顶部土工布铺设，土工布中间搭接宽度大于 10cm。

（六）检查井施工

深埋水沟开挖时预留检查位置，在检查井与仰拱钢架冲突时，将钢架切断绕过检查井后与原钢架重新连接，使得原有检查井封闭成环。

检查井采用方井，连通上、下游排水管，并汇集边墙侧沟流水、引排至排水管，检查井底部设置沉砂池，隧道道床内的积水通过隧道中部的引水槽汇集后排入检查井。检查井侧壁与仰拱间设置遇水膨胀止水条用于防水。

检查井开挖完成后支立外模，浇筑仰拱及仰拱填充，待仰拱及仰拱填充终凝后再支立内模。检查井钢筋在加工厂加工，绑扎完成后运至现场放入检查井内，并在检查井左侧内模上根据设计要求预留孔洞。

检查井盖板在预制厂集中预制，在检查井施工完场后在其上覆盖钢板防止人员及机械意外掉落造成安全事故。

（七）施工要求

（1）管径符合设计要求，管身不得变形、有裂缝，管身上部透水孔畅通，中心排水沟盖板不得有断板现象。

（2）基础的总体坡度、段落坡度、单管坡度应协调一致，并符合设计要求，不得高低起伏。

（3）开挖断面应符合设计要求，宜超挖 10cm，并用回填层同强度等级的混凝土回填，中心排水沟的开挖宜与洞身开挖同步进行。

（4）每 50m 及交叉、转弯、变坡处，应设置检查井，检查井底部应设沉沙池，井口应设活动盖板。

（5）管路安设好后，应进行通水试验。若发现漏水、积水，应立即处理。

七 质量检验

（一）排水盲管

排水盲管质量检验应符合表 4-24 的要求。

排水盲管质量检验 表 4-24

序号	项目	检验数量	检验方法
1	排水盲管品种、规格应符合设计要求	全数检查	观察、尺量
2	盲管铺设位置和范围应符合设计要求，且不应低于隧道水沟底面高程；盲管固定应牢固、平顺	全数检查	观察、测量、留存影像资料
3	排水盲管之间的连接、盲管与排水沟的连接应符合设计要求，无堵塞，连接应牢固	全数检查	观察，留存影像资料
4	纵横向盲管的坡度应符合设计要求	全数检查	观察、测量

（二）防水板

防水板质量检验应符合表 4-25 的要求。

防水板质量检验 表 4-25

序号	项目	检验数量	检验方法
1	防水板、自粘材料、涂料、喷涂防水层材料、土工复合材料的品种、规格应符合设计要求	全数检查	观察
2	铺设防水层的基面应平整、无尖锐物体、无股状流水	全数检查	观察、尺量、留存影像资料
3	防水层铺设质量应符合下列规定：(1)防水层铺设应与基层密贴、平整，无褶皱、无塌落、无破损。(2)防水板的搭接宽度应不小于 150mm。(3)防水板焊接采用双缝焊接，每条焊缝有效宽度不应小于 15mm，无漏焊、假焊、焊焦、焊穿。(4)采用固定点铺设的防水板，固定点间距拱部宜为 0.5~0.8m，边墙宜为 0.8~1.0m	全数检查	观察、尺量、留存影像资料
4	排水板搭接宽度应符合设计要求，无漏粘	全数检查	观察、尺量
5	铺设防水层的基面阴阳角处应做成 $R \geq 100mm$ 圆弧面，铺设应平顺、密贴	全数检查	观察、尺量
6	缓冲层(土工布)接缝搭接宽度不得小于 50mm，缓冲层应平顺、密贴、无皱褶	全数检查	观察、尺量

(三) 施工缝

施工缝质量检验应符合表 4-26 的要求。

施工缝质量检验 表 4-26

序号	项目	检验数量	检验方法
1	施工缝止水带、止水条的品种、规格应符合设计要求	全数检查	观察，尺量
2	止水带的连接方式和搭接长度应符合设计要求	全数检查	观察，尺量，留存影像资料
3	遇水膨胀止水条接头搭接长度不应小于 50mm，混凝土浇筑前不得浸水	全数检查	观察，尺量
4	止水带安装径向位置允许偏差 ±20mm，纵向位置允许偏离中心 ±30mm	全数检查	观察，尺量

(四) 变形缝

变形缝质量检验应符合表 4-27 的要求。

变形缝质量检验 表 4-27

序号	项目	检验数量	检验方法
1	变形缝所用止水条、止水带、嵌缝材料的品种、规格应符合设计要求	全数检查	观察，尺量
2	变形缝位置、宽度和构造形式等应符合设计要求	全数检查	观察，尺量，留存影像资料
3	变形缝止水带、止水条安装应牢固、平直	全数检查	观察
4	变形缝嵌填时，缝内应清洁、干燥，基层处理符合设计要求，嵌填密实牢固	全数检查	观察
5	止水带安装径向位置允许偏差 ±20mm，纵向位置允许偏离中心 ±30mm	全数检查	观察，尺量

(五) 深埋水沟

深埋水沟质量检验应符合表 4-28 的要求。

深埋水沟质量检验 表 4-28

序号	项目	检验数量	检验方法
1	隧底深埋排水沟平面位置、断面尺寸、沟底高程、坡度应符合设计要求	全数检查	测量，尺量
2	隧底深埋排水沟管节拼装形式、管座及包裹混凝土的断面尺寸和强度应符合设计要求	每 5 个安装段检验一次	观察，尺量，标养试件抗压强度检测
3	隧底深埋排水沟横向排水管和纵向渗水管品种、规格应符合设计要求，连接牢固	全数检查	观察，留存影像资料
4	隧底深埋排水沟应排水通畅，不堵塞	全数检查	观察，留存影像资料

（六）检查井

检查井质量检验应符合表 4-29 的要求。

检查井质量检验 　　　　表 4-29

序号	项目	检验数量	检验方法
1	检查井数量和结构形式应符合设计要求	全数检查	观察
2	井身钢筋规格、数量和安装应符合设计要求	全数检查	观察，尺量，留存影像资料
3	检查井的平面位置、结构尺寸允许偏差应符合表 4-30 的规定	全数检查	尺量
4	检查井井盖安装应平稳、顺直	全数检查	观察

检查井平面位置、结构尺寸允许偏差 　　　　表 4-30

序号	项目	允许偏差（mm）
1	平面位置（横向）	±50
2	断面尺寸	±20
3	井深壁厚	−10
4	高程	±20

⚠ 任务实施与总结评价

请完成本教材配套《铁路隧道工程施工与维护实训手册》中专业知识认知、能力素质训练及任务总结的相关内容，并依次进行学员自评、组长评价和指导老师评价。

任务三　二次衬砌施工

◇ 任务引入

渝昆高铁那寨菁隧道全长 7268m，是渝昆高铁云贵段唯一一座超过 7km 的浅埋长大隧道。渝昆高铁是国家"八纵八横"铁路网京昆通道的重要组成部分，线路全长 699km，项目建成后将成为我国西南地区对外开放和建设"一带一路"倡议的大通道。该隧道穿越复杂的地质结构，包括富水玄武岩夹凝灰岩地层和 3 处断层，洞身穿越浅埋段 6 处，下穿地表水流及房屋 5 处，最小埋深仅 14m，施工中面临极高的渗水和突泥涌水风险，建设难度极大。其二次衬砌是如何进行施工的呢？

▲ 任务描述

结合渝昆高铁那寨菁隧道，掌握高速铁路隧道二次衬砌施工工艺流程；能够编制隧道二次衬砌施工作业指导书；能够根据《客货共线铁路隧道工程施工技术规程》（Q/CR 9653—2017）指导现场施工；能够根据《客货共线铁路隧道工程施工质量验收标准》（TB 10417—2018）进行施工现场质量检验，并能够判断是否符合相关要求。

◇ **相关知识**

在隧道初期支护完成后，为防止围岩不致因暴露时间过长而风化、松动和坍落，而降低围岩的稳定性，需要施作二次衬砌。衬砌的结构类型和尺寸，应根据使用要求、工程地质条件、围岩类别、埋置位置及施工条件等，通过工程类比和结构计算分析来确定。必要时，还要通过试验论证确定。

二次衬砌一般应在围岩和初期支护变形基本稳定后施作。变形趋于稳定的标准应符合下列要求：

(1)隧道周边变形速率明显下降并趋于缓和。

(2)水平收敛(拱脚附近7d平均值)小于0.2mm/d，拱顶相对下沉速度小于0.15mm/d。

(3)施作二次衬砌前的累计位移值已达极限位移值的80%以上。

在高地应力软弱围岩、膨胀岩等可能产生大变形，且变形长期不能趋于稳定的不良地质条件下进行隧道施工时，二次衬砌应根据工程具体情况和监测结果确定施作时间，衬砌结构应有足够的强度和刚度。

二次衬砌施工要遵循"仰拱超前、拱墙整体衬砌"的原则。初期支护完成后，为有效地控制其变形，仰拱尽量紧跟开挖面施工。仰拱施作完成后，利用多功能作业平台，人工铺设防水板；绑扎钢筋后，采用液压整体式衬砌台车进行二次衬砌；采用拱墙一次性整体灌注的施工方法。

一 施工工艺流程

二次衬砌施工工艺流程如图4-55所示。

二 仰拱及填充施工

(一)仰拱开挖

仰拱开挖应紧跟开挖面，距开挖面不得大于60m。仰拱一般采用挖掘机直接开挖，人工清理浮渣。若遇欠挖，采用打浅眼弱爆破的方式开挖。根据围岩类别的不同，采用上下台阶施工的隧道，对仰拱部位的土石开挖时，必须控制开挖段的长度。一般情况下，Ⅳ级及以上围岩地段，开挖长度为3m。开挖仰拱部位的几何尺寸要符合设计文件要求，底部虚渣、杂物、积水要清理干净。开挖出的仰拱应及时浇筑混凝土封闭。

(二)栈桥就位

仰拱栈桥在一定程度上解决了仰拱施工与开挖运输的干扰问题，实现了仰拱与掌子面施工同时作业，如图4-56所示。在仰拱栈桥就位处，先垫平至设计高程，然后采用钢丝绳将梁板自中间吊起，用挖掘机将单片梁吊起向前移动至就位处，安放平稳，然后用挖掘机由栈桥上行走进行压实。自行式仰拱栈桥可以随着施工的延伸，通过机电液压系统控制向前行走。

施工准备

自动计量拌合站建立 — 仰拱开挖 — 衬砌断面检查

原材料进场检验 — 栈桥就位 — 铺设轨道

设计混凝土配比 — 基底处理 — 台车就位

混凝土试验 — 铺设防水层 — 拱墙施工缝接茬处理

合格

混凝土搅拌 — 钢筋绑扎、安装仰拱模板 — 模板清理,台车校正、固定

运送混凝土 — 隐藏工程检查 — 基仓清理 / 挡头板安装 / 止水带安装 / 钢筋保护层垫块安装 / 预埋件安装

合格

泵送入模 — 浇筑仰拱混凝土 — 处理

混凝土养护 — 台车安装检查

安装填充及钢筋模板 — 合格

模板安装检查 — 浇筑拱墙混凝土

合格

浇筑混凝土 — 混凝土养护

混凝土养护 — 脱模移动台车

强度满足机械行走 — 结束

结束

拱墙衬砌施工工艺流程

仰拱和填充施工工艺流程

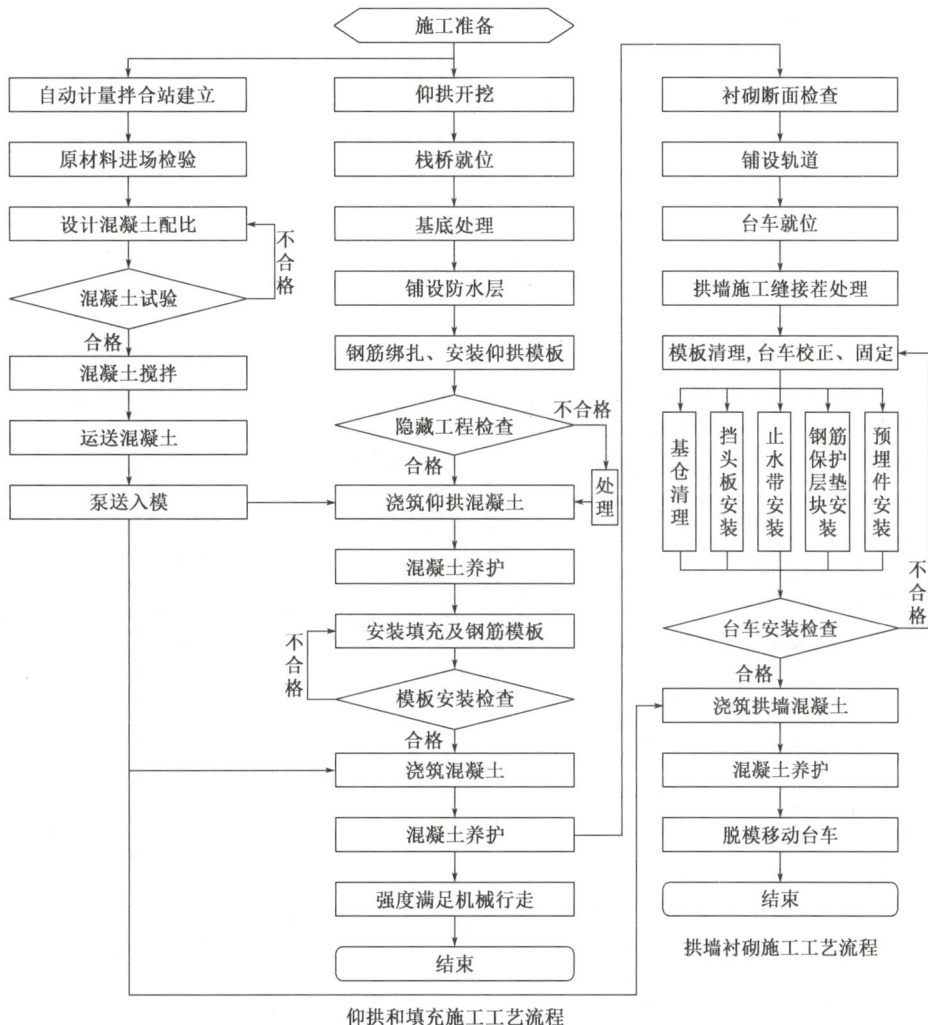

图 4-55　二次衬砌施工工艺流程

项目四　复合式衬砌施工

(三) 钢筋绑扎

仰拱钢筋安装前,先在专用预弯平台上将钢筋弯制成设计的弧形。受拉光圆钢筋的末端应作 180°弯钩,其弯曲半径不得小于钢筋直径的 2.5 倍;受拉热轧带肋钢筋末端采用 90°弯钩,其弯曲半径不小于钢筋直径的 2.5 倍,钩端均留有不小于钢筋直径 3 倍的直线段。

用光圆钢筋制成的箍筋,其末端应作不小于 90°的弯钩;弯钩的弯曲直径应大于受力钢

图 4-56　仰拱栈桥

筋直径,且不得小于箍筋直径的 2.5 倍;弯钩端直线段的长度,一般结构不得小于箍筋直径的 5 倍。

仰拱中各部钢筋的规格、部位、间距、绑扎及机械连接工艺必须符合规范和设计要求,仰拱钢筋如图 4-57 所示。

（四）模板安装

仰拱采用专门加工的仰拱弧形侧模板和仰拱端头模板，模板安装应线形平顺，加固牢固，符合设计要求。在弧形侧模板底部暂时不安装填充堵头模板，利用工字钢对模板进行压紧；在已浇筑仰拱的一端采用后植钢筋的方式对工字钢进行固定，在另一端采用钻孔打入钢管作为地锚的方式对工字钢进行固定压紧。浇筑段较长时可在中间适当加密地锚，在有仰拱拱架的部位可利用拱架加固。模板安装如图 4-58 所示。

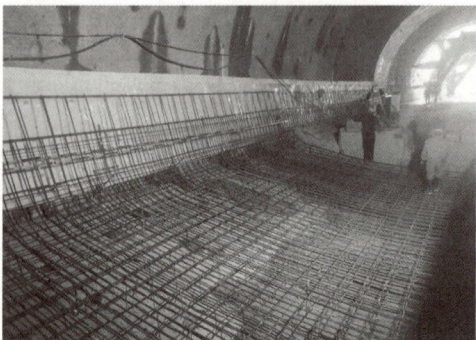

图 4-57　仰拱钢筋　　　　　　　　图 4-58　仰拱模板

（五）混凝土施工

混凝土浇筑前要检查模板支撑，模板堵漏质量，钢筋绑扎及保护层的设置，预埋件、预留孔洞位置的准确性，模内有无杂物。

先将混凝土浇筑范围内隧底虚石、浮渣及积水等清理、排除干净。混凝土由混凝土拌合站集中生产，由混凝土运输车运至工作面，采用人工浇筑。混凝土浇筑时，采用插入式捣固器振捣；对于局部无法用振动棒捣固的部位，可用钎子进行插捣，以确保混凝土密实。

混凝土浇筑时要求边浇筑边振捣，采用插入式振捣棒进行振捣，灌注速度不宜太快，防止出现混凝土爆模现象。混凝土边浇筑边捣固密实，插入式捣固器振捣，捣固棒要竖直，快入慢出；捣固点呈梅花形均匀分布，间距不宜大于振捣器作用半径的 1.5 倍，且插入下层混凝土内的深度宜为 50~100mm，与侧模保持 50~100mm 的距离。每一振点的振捣延续时间为 10~30s，以混凝土不冒气泡、不下沉、表面开始泛浆为准，防止过振、漏振。混凝土浇筑不能少浇或多浇，以测量高程为准。

混凝土振捣完成后，及时修整、抹平裸露面，待定浆后再抹第二遍并压光或拉毛。抹面时严禁洒水，并防止过度操作影响表层混凝土的质量。

仰拱混凝土初凝后拆除工字钢压紧装置和弧形侧模，安装剩余部分填充堵头模板，浇筑填充混凝土。

（六）脱模及养护

仰拱及填充均属非承重模板，待混凝土强度达到 2.5MPa 后即可进行脱模。脱模时应注意不能损伤混凝土；脱模后对混凝土施工接触面进行凿毛，要求凿毛槽深度为 1~2cm 深度为宜；凿毛以混凝土表面浮浆凿除、碎石半嵌半露为准，纵向间距为 10cm；凿毛后用高压水将表面松渣冲洗干净。

脱完模后，应及时采用塑料膜覆盖养护或洒水养护，养护时间不得小于14d。

（七）施工要求

（1）基底开挖应圆顺、平整，不得欠挖，超挖部分应用同级混凝土回填。

（2）仰拱、底板混凝土浇筑前应将基底虚渣、杂物、积水等清除干净。

（3）混凝土运送罐车到达浇筑地点后，利用梭槽或直接泵送进入安装好侧模和端模的仰拱内，采用人工插入式振捣器振捣。

（4）在表层混凝土振捣过程中，应经常拉线检查设计高程、用水平尺检查平整度。必要时，人工扒除高于设计高程的混凝土，填补低于设计高程的低洼处，并振捣，使混凝土表面平整。

（5）仰拱和底板混凝土强度达到5MPa后，行人方可通行；达到设计强度的50%，且不破坏混凝土时，车辆方可直接通行。

（6）接缝。每一循环拆除后应及时对施工缝凿毛，纵向施工缝应设置接茬钢筋，使左右幅连为一个整体，增强受力效果。

（7）仰拱施工应超前拱墙衬砌，其超前距离宜保持3倍以上衬砌循环作业长度，并尽量紧跟开挖工作面。Ⅳ、Ⅴ级软弱不稳定围岩施工时，仰拱距开挖面不宜超过40m。为解决对运输作业的干扰，应采用仰拱栈桥进行仰拱和底板施工。

（8）仰拱施作应一次成形，不得分部浇筑，保证仰拱整体稳定。仰拱变形缝和施工缝处应做好防水处理。

（9）采用板式无砟轨道的铁路隧道工程，底板应与无砟轨道底座统一施工。

（10）为减少其对出渣运输的干扰，采用仰拱栈桥跨过施工地段，以保证隧道底部的施工质量，消除隧底结构施工质量隐患。仰拱栈桥的长度和结构形式可根据施工需要来确定。

（11）在围岩变化处、软硬不均处，仰拱施工应按规定设置沉降缝，避免运营阶段因出现不均匀沉降而导致结构混凝土开裂。

三 拱墙衬砌施工

（一）断面检查

（1）对初期支护断面检查。直线段每20m、曲线段每10m测一个断面，做好记录，绘制断面图。

（2）对初期支护侵限部位，在做好防止失稳措施后进行凿除，重新做初期支护并达到设计要求。对超挖部分，如有坍塌范围较大者，应事先做好处理（拱部范围与墙脚以上1m范围内的超挖，应用与衬砌同级混凝土回填；隧底超挖部分，应用与隧底结构同级的混凝土回填）。

（3）当喷射混凝土表面凹凸较大时，对突出部分进行修凿喷平，凹进部分喷射混凝土补平；外露锚杆头及钢筋头应切除并用砂浆抹平，以满足铺设防水板对初期支护表面平顺度的要求。

（4）根据水准基点，核对边墙基础混凝土设计高程，必要时应修凿。

（5）根据隧道中心线，核对边墙基础混凝土净空尺寸，必要时应修凿。

（二）铺设轨道

（1）根据隧道断面和结构形式，确定台车轨面高程。

（2）台车轨道中线应与隧道中线重合，两轨间距允许误差为±5mm。

（3）左右两侧轨面水平允许误差为±5mm。

（4）轨道与混凝土面之间设短枕时，短枕宽度不应小于20cm，高度不应大于宽度，间距应不小于50cm。

图4-59　模板台车

（三）模板台车就位

1. 模板台车安装

在模板台车安装前，应详细了解台车性能，如强度、刚度、可承受的最大荷载、作用原理，熟悉其操作方法，并按设计图、材料表清点构件，同时加以清洗、涂油，并编号堆放。模板台车如图4-59所示。

模板台车安装程序为：模板台车轨道铺设、安装行走机构、安装门式框架、安装墙部模板、安装框架上部作业平台、安装拱部模板、安装液压动力系统、安装模板台车附件、调试、空载试车。

模板台车在安装时要注意模板的横纵接缝、铰接缝、工作窗口严密，铰接轴灵活，能达到伸缩自如与开启的要求。安装的附着式振动器能单独启动。

模板台车安装好后，应对各部件再检查一遍，然后做液压件检验、走行试验。模板调整量范围及台车各部尺寸应检查，其误差应达到设计标准要求。

2. 模板台车行走就位

（1）松开轨卡。

（2）开动行走装置，将台车移动到衬砌位置。

（3）紧固下部中间支撑丝杠千斤顶。

（4）紧固轨卡。

（5）清除粘附在模板上的水泥浆等杂物，涂脱模剂。

模板台车撑开就位后应检查台车各节点连接是否牢固、有无错动移位情况，模板是否翘曲或扭动、位置是否准确。

曲线隧道台车就位应考虑内外弧长差引起的左右侧搭接长度的变化，以便弧线圆顺，减少接缝错台。

3. 模板台车定位立模

（1）根据水平定位测量数据，用轴颈液压千斤顶，将拱部模板上升或下降至隧道拱部设计高程（含预留净空）。

（2）拱部中线定位立模。根据中线定位测量数据，用横移千斤顶将拱部模板中心的铅垂线对准隧道中心线。

(3)边墙模板定位。使用模板液压千斤顶使模板底部与边墙基础混凝土顶面接缝相重合，并要密贴。底模至隧道中心距离及台车拱部模板起拱线至隧道中心距离应达到设计净空要求(含预留量)。

(4)拱墙模板固定成型。紧固上下部中间支撑及边模丝杠千斤顶。

模板与混凝土的搭接长度应大于10cm，撑开就位后应检查台车各节点连接是否牢固、有无错动移位情况，模板是否翘曲或扭动、位置是否准确。

(四)钢筋加工安装

1. 钢筋加工

钢筋加工弯制前应调直，并将表面油渍、水泥浆和浮皮铁锈等均清除干净。加工后的钢筋表面不应有削弱钢筋截面的伤痕。所用钢筋的断后伸长率为HPB300钢筋不小于25%，HRB400钢筋不小于16%，HRB500钢筋不小于15%。钢筋的加工应符合设计要求，其允许偏差和检验方法应符合表4-31规定。

钢筋加工允许偏差和检验方法　　　　　　　　　　表4-31

序号	名称	允许偏差(mm)	检验方法
1	受力钢筋顺长度方向的全长	±10	尺量
2	弯起钢筋的弯折位置	20	
3	箍筋内净尺寸	±3	

2. 钢筋绑扎

如果设置了全环钢筋，还需要进行钢筋绑扎，如图4-60所示。仰拱钢筋施工时，预留与拱墙钢筋接头，并按规范错开接头(长短交错布置，错开值为1m)。拱墙钢筋绑扎可利用防水板台架，采用全站仪放线，先施作环向定位弧形钢筋圈，以此作钢筋绑扎定位、检查的依据，一环完成并检查合格后方可进入下一循环。

安装钢筋时，不得损坏防水板。钢筋两

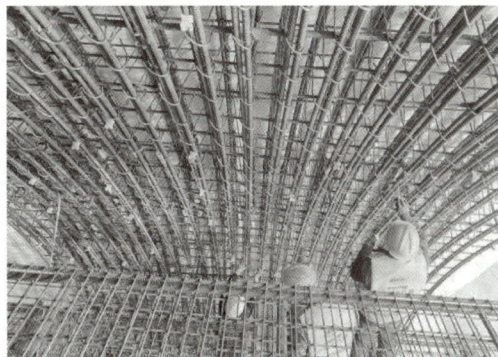

图4-60　钢筋绑扎作业

端头应戴上与钢筋截面相适应塑料保护套，防止钢筋端头戳坏防水板。钢筋安装接长宜采用绑扎或机械连接方式，不得使用焊接。

钢筋绑扎施工应达到以下条件和技术标准要求：

(1)防水板铺设前应检查断面欠挖，凡小于衬砌厚度部位均应进行处理。

(2)依据钢筋技术交底，绑扎外层定位钢筋，保护层厚度要留够；禁止打锚杆固定，以防损伤防水板，要利用台架进行固定。

(3)绑扎外层主筋，钢筋间距要均匀，按设计布置，误差控制应符合规范要求。

(4)绑扎外层纵筋，注意外层与内层环向间距不一样。

(5)绑扎内层定位钢筋，注意内层定位钢筋的位置与内、外层主筋间距的关系。

（6）绑扎内层主筋，要与外层主筋在同一断面上。

（7）绑扎内层纵筋，要与外层纵筋垂直在同一圆心上。

（8）绑扎箍筋时，注意层间距不要变小。

（9）钢筋与防水板、钢筋与模板间均应设置垫块，垫块应与钢筋扎紧，并互相错开，垫块的材质、规格、数量应符合设计要求。设计无要求时，垫块数量不应少于 4 个/m²，混凝土垫块的抗压强度和耐久性不应低于拱墙混凝土的标准。

（10）钢筋交叉处，用直径为 0.7～1.0mm 的铁丝，按"8"字形扎结，可采用间隔扎结的方法。注意纵筋固定时可间隔 5 个节点绑扎定位。待内、外层完毕，挂好箍筋，再对每个节点连通箍筋进行绑扎，可节约材料和提高工效。

3. 钢筋接头设置

钢筋接头应设置在承受应力较小处，并应分散布置。配制在"同一区段"内受力钢筋接头的截面面积，占受力钢筋总截面面积的百分率，应符合设计要求。当设计未提出要求时，应符合下列规定：

（1）接头在受弯构件的受拉区不得大于 50%，轴心受拉构件不得大于 25%。

（2）机械连接接头不应大于 50%，轴心受拉构件不得大于 25%。

（3）绑扎接头在构件的受拉区不得大于 25%，在受压区不得大于 50%。

（4）钢筋接头应避开钢筋的弯曲处，距离弯曲点的距离不得小于 10 倍钢筋直径。

（5）在同一根钢筋上应少设接头。"同一连接区段"内，同一根钢筋上不得超过一个接头。

（6）"同一连接区段"长度：机械连接接头为 35d（d 为纵向受力钢筋的较大直径）且不小于 500mm，绑扎接头为 1.3 倍搭接长度且不小于 500mm。凡接头中点位于该连接区段长度内的接头均属于同一连接区段。

（7）当施工中分不清受拉区还是受压区时，接头设置应符合受拉区规定。

钢筋安装及保护层厚度允许偏差和检验方法见表 4-32。

钢筋安装及保护层厚度允许偏差和检验方法　　表 4-32

序号	名称		允许偏差（mm）	检验方法
1	双排钢筋的上排钢筋与下排钢筋间距		±5	尺量两端、中间各 1 处
2	同一排中受力钢筋水平间距	拱部	±10	
		边墙	±20	
3	分布钢筋间距		±20	尺量连续 3 处
4	箍筋间距		±20	
5	钢筋保护层厚度		+10、-5	尺量两端、中间各 2 处

（五）拱墙混凝土施工

1. 原材料

混凝土原材料应符合现行《铁路混凝土工程施工质量验收标准》（TB 10424—2018）和《铁路混凝土》（TB/T 3275）的相关要求。混凝土原材料应重点加强对碱活性骨料、含硫酸盐或硫化物杂质的骨料的检验和质量控制。

在满足混凝土性能要求的范围内，衬砌混凝土宜采用水化热小的水泥。

细骨料宜选用级配合理、质地坚固、吸水率低、空隙率小的洁净天然中粗河砂，也可选用专业机组生产的人工砂。人工砂的质量标准应符合现行铁路有关标准规定，且通过公称直径为 $315\mu m$ 筛孔的颗粒含量不宜少于 15% 。

仰拱钢筋混凝土粗骨料最大公称粒径不应超过 40mm，仰拱钢筋混凝土粗骨料最大公称粒径不应超过 31.5mm。

外加剂进场检验应试拌验证混凝土的工作性能。

2. 配合比

混凝土的配合比应根据设计使用年限、环境作用等级、施工工艺等进行设计，并应充分考虑原材料可能出现的变化。当施工工艺和环境条件未发生明显变化，原材料的品质在合格基础上发生波动时，应对混凝土外加剂用量、骨料分级比例、砂率进行适当调整，调整后混凝土的拌合物性能应与理论配合比一致。凝土配合比应测试坍落度、扩展度、扩展时间，坍落度 2h 经时损失、泌水率、含气量等指标，保证混凝土工作性能符合衬砌施工要求。混凝土配合比的计算、试配和调整流程如图 4-61 所示。

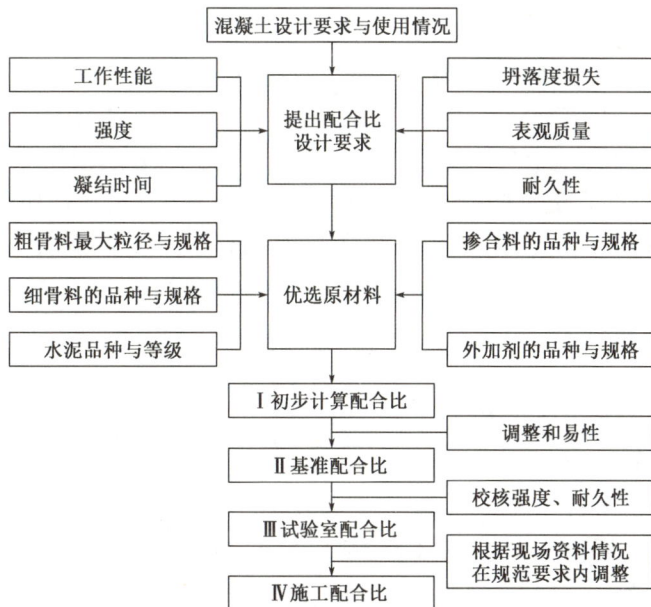

图 4-61　混凝土配合比设计流程

混凝土配合比应符合下列要求：

（1）仰拱、边墙和拱部配合比应分别设计，配置强度应满足设计基准强度和脱模强度要求。水胶比应由抗压强度、抗冻性、对化学作用的耐久性、水密性等决定，水胶比应小于0.65。当粗骨料最大尺寸为 20 ~ 25mm 时，单位用水量 $\leqslant 175kg/m^3$；最大尺寸为 31.5 ~ 40mm 时，单位用水量 $\leqslant 165kg/m^3$。

（2）拱部混凝土应选择泌浆小的配合比，砂率可比边墙混凝土大 2% 。

（3）隧道衬砌拱部、钢筋混凝土衬砌段、附属洞室等混凝土填充困难的部位宜采用中高流动性混凝土。边墙坍落度宜为 160 ~ 200mm，扩展度 $\geqslant 450mm$；拱部坍落度宜为 180 ~ 220mm，扩展度 $\geqslant 500min$，扩展时间 2 ~ 8s。

（4）入模含气量应符合设计要求。设计无具体要求时，含气量应符合表 4-33 的要求。

混凝土含气量 表 4-33

环境条件	冻融破坏环境				盐类结晶破坏环境	其他环境
	D1	D2	D3	D4	Y1,Y2,Y3,Y4	—
含气量(%)	≥4.5	≥5.0	≥5.5	≥4.0	≥4.0	2.0~4.0

（5）为降低混凝土的坍落度损失，可选用 C_3A、C_4AF 含量低的水泥；选用比表面积不大于350m²/kg 的低水化热水泥；采用坍落度经时损失小、性能稳定的外加剂；夏季施工时可采用降低原材料温度等措施。

3. 混凝土拌制

搅拌站搅拌能力应满足现场连续浇筑要求，并至少配备 2 套额定生产能力不小于 90m³/h 的搅拌设备。搅拌站信息管理系统要能实现材料进场与混凝土出站信息管理、重点场所及关键生产过程监控、自动生成统计数据报表、误差超标报警提示等功能，与搅拌站既有生产控制系统相互兼容。搅拌站设备安装应稳固可靠，搅拌站、料仓应具有必要的防风、防雨雪措施。

搅拌机上料时，先向搅拌机投入骨料、水泥和矿物掺合料，搅拌均匀后，再加水和液体外加剂。纤维混凝土一般最后添加纤维，直至搅拌均匀为止。粉体外加剂与矿物掺合料同时加入。

（1）混凝土各种原材料的质量应符合配合比设计要求，并应根据原材料情况的变化及时调整配合比。每工班至少检测一次，当含水率有明显变化时应增加检测次数。

（2）混凝土搅拌时间应根据配合比和搅拌设备情况通过试验确定，但最短时间不宜少于120s，纤维混凝土及冬期混凝土均应适当延长。

（3）搅拌站冬期施工时应配备必要的保暖、加热设施；夏期施工时应配备必要的防晒、降温设施。

（4）搅拌站计量设备应定期检校。

4. 混凝土运输

混凝土一般采用搅拌运输车运输，如图 4-62 所示。运输车罐内壁应平整光滑、不吸水、不渗漏。在装运混凝土前，应清除运输罐内积水及内壁粘附混凝土，罐壁干燥时应采用同水灰比砂浆润湿。

图 4-62　混凝土搅拌运输车

（1）混凝土自搅拌开始至浇筑完成全过程严禁加水。运输距离长、坍落度降低较大时应调整混凝土材料和配合比。浇筑现场二次掺加减水剂时，减水剂的掺量不得超过罐车内胶凝材料总量的0.1%。

（2）采用混凝土搅拌运输车运送混凝土时，运输过程中宜以 1~4r/min 的转速搅动；当搅拌运输车到达浇筑现场时，应高速旋转 20~30s 后出料。

（3）混凝土搅拌运输车数量应满足浇筑速度、运距及道路交通条件的要求。道路应满足雨雪天气的运输要求。

（4）混凝土搅拌运输车应根据天气条件采取保温隔热、遮盖防雨等措施。

（5）混凝土搅拌运输车给混凝土泵喂料时，应符合下列要求：

①喂料前，中、高速旋转搅拌筒，使混凝土拌和均匀。若大石子夹着水泥浆先流出，说明发生沉淀，应立即停止出料，再顺转搅拌 2~3min，方可出料。

②喂料时，反转卸料应配合泵送均匀进行，且应使混凝土保持在集料斗内高度标志线以上。

③中断喂料作业时，应使搅拌筒低速搅拌混凝土。

5. 混凝土浇筑

拱墙二次衬砌混凝土浇筑前，应针对工程特点和施工条件，制订施工全过程和施工环节的质量控制与质量保证措施，以及相应的施工技术条例。委派专人负责记录混凝土运送到工地的时间和出机坍落度、浇筑时间和浇筑时的坍落度、浇筑时气温与混凝土浇筑温度、施工缝的划分、混凝土浇筑高度的控制，以及混凝土的养护方式和养护过程，包括养护开始时间、混凝土养护中的表面温度与降温速率、拆模时间与拆模气温，以及养护后对混凝土强度发展和裂缝的防护措施等。对出现的裂缝，要记录裂缝出现的时间、部位、尺寸和处理等情况。

（1）混凝土进场检验。

混凝土开始浇筑、封顶前以及浇筑过程中每 $50m^3$ 混凝土应对混凝土拌合物的坍落度、扩展度、含气量进行测定。混凝土的入模温度不宜高于30℃。冬期施工时，混凝土的出机温度不宜低于10℃，入模温度不应低于5℃。每工作班应至少测温3次。混凝土入模时，钢筋和模板的温度不得低于2℃，混凝土温度与邻接结构面的温差不得大于15℃。每部位应测温一次。

（2）混凝土浇筑。

混凝土搅拌运输车运至洞内，混凝土输送泵泵送入模，如图 4-63 所示。混凝土应连续、对称、分层浇筑，分层捣固。捣固应采用插入式振动器。浇筑拱顶部位时，将输送管固定在拱顶第一浇筑口上，前段拱顶灌筑完后再移动至第二浇筑口，保证混凝土的流动性和输送泵的压力，将拱部灌满。每衬砌段拱顶部位应预留 2 个注浆孔。

图 4-63　混凝土浇筑施工

混凝土自模板窗口灌入，应由下向上，对称分层，边浇筑边振捣。台车浇筑窗（孔）布置如图 4-64 所示。最大倾落高度不超过2.0m，台车前后高差不能超过 0.6m，左右混凝土高度不能超过 0.5m。在混凝土浇筑过程中，观察模板、支架、钢筋、预埋件和预留孔洞的情况，当发现有变形、移位时，应及时采取加固措施。施工中如发现泵送混凝土坍落度不足时，不得擅自加水，应当在技术人员的指导下用追加减水剂的方法解决。

混凝土浇筑应连续进行。当因故间歇时，其间歇时间应小于前层混凝土的初凝时间或能重塑的时间。当超过允许间歇时间时，按接缝处理，衬砌混凝土接缝处必须进行凿毛处理。纵向、环向施工缝按照设计要求设置中埋式橡胶止水带。

混凝土浇筑分层厚度（指捣实后厚度）宜为振捣器作用部分长度的 1.25 倍，但最大摊铺厚度不宜大于600mm。在新浇筑完成的下层混凝土上再浇筑新混凝土时,应在下层混凝土初凝或能重塑前浇筑完成上层混凝土。

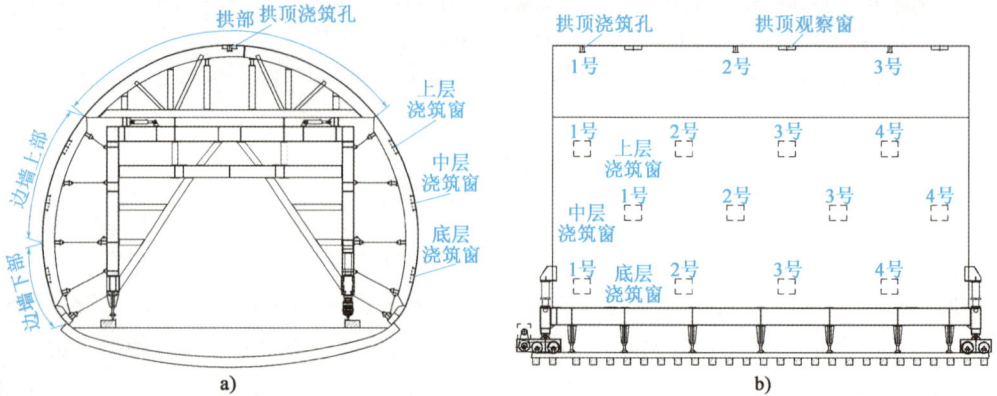

图4-64　台车浇筑窗(孔)布置示意图

浇筑混凝土时,应填写混凝土施工记录。

采用插入式振动棒振捣,应符合下列规定:

(1)每一振点的捣固延续时间宜为20~30s,以混凝土不再沉落、不出现气泡、表面呈现浮浆为度,防止过振、漏振。

(2)采用插入式振动器振捣混凝土时,振捣器的移动间距不大于振捣器作用半径的1.5倍,且插入下层混凝土内的深度宜为100mm,与侧模应保持50~100mm的距离,并避免碰撞钢筋、模板、预埋件等。

(3)当振捣完毕后,应竖向缓慢拔出,不得在浇筑仓内平拖。泵送下料口应及时移动,不得用插入式振动棒平拖驱赶下料口处堆积的拌合物,将其推向远处。

(4)对于有预留洞、预埋件和钢筋太密的部位,应预先制订技术措施,确保顺利布料和振捣密实。在浇筑混凝土时,应经常观察,当发现混凝土有不密实等现象,应立即采取措施予以纠正。

6.拆模及养护

(1)二次衬砌拆模时间应符合下列规定:

①混凝土脱模时间应结合脱模混凝土强度和温度监测综合确定。

②在初期支护变形稳定后施工的二次衬砌,拱部混凝土强度应达到10MPa。特殊条件下,脱模混凝土强度应符合设计要求,设计无要求时不应低于设计强度的70%。

③脱模时混凝土内部与表层、表层与环境之间的温差不得大于20℃,结构内外侧表面温差不得大于15℃。

台车脱模后,模板表面残留的混凝土浮浆应进行清理。对钢模板的工作质量应检查,发现问题应及时修复和处理。对于变形的构件应进行校正维修或调换。

(2)混凝土浇筑完毕后的12h以内采用养护台车对衬砌混凝土进行养护。混凝土养护的最低期限应符合表4-34的要求,且养护不得中断。混凝土养护期间,混凝土内部温度与表面温度之差、表面温度与环境温度之差不宜大于20℃,养护用水温度与混凝土表面温度之差不得大于15℃。浇水次数应能保持混凝土处于湿润状态。当环境气温低于5℃时,不应浇水。

铁路隧道工程施工与维护

混凝土养护的最低期限　　　　　　　　表 4-34

水胶比	大气潮湿（RH≥50%），无风，无阳光直射		大气干燥（20%≤RH<50%），有风，或阳光直射		大气极端干燥（RH<20%），大风，大温差	
	日平均气温 T（℃）	养护时间（d）	日平均气温 T（℃）	养护时间（d）	日平均气温 T（℃）	养护时间（d）
>0.45	$5≤T<10$	21	$5≤T<10$	28	$5≤T<10$	35
	$10≤T<20$	14	$10≤T<20$	21	$10≤T<20$	28
	$T≥20$	10	$T≥20$	14	$T≥20$	21
≤0.45	$5≤T<10$	14	$5≤T<10$	21	$5≤T<10$	28
	$10≤T<20$	10	$10≤T<20$	14	$10≤T<20$	21
	$T≥20$	7	$T≥20$	10	$T≥20$	17

养护台车应紧跟衬砌台车，养护台车如图 4-65 所示。对脱模后的衬砌混凝土进行养护，并应根据衬砌施工进度及时调整养护工艺。养护台车应具有保温、保湿功能，保湿用水应配置加热装置；具备养护温度、湿度的调节和实时监控功能，并能实现养护数据的自动采集、记录、存储和传输功能。养护台车宜能及时将脱模后的衬砌混凝土包裹或者封闭，进行养护施工作业。

图 4-65　养护台车

7. 施工缝、变形缝施工

（1）墙体纵向施工缝应按图 4-66 设置，不宜设在剪力与弯矩最大处或底板与边墙的交接处，应留在高出底板顶面不小于 30cm，且宜在水沟盖板底面以下的墙体上，并应设连接钢筋。

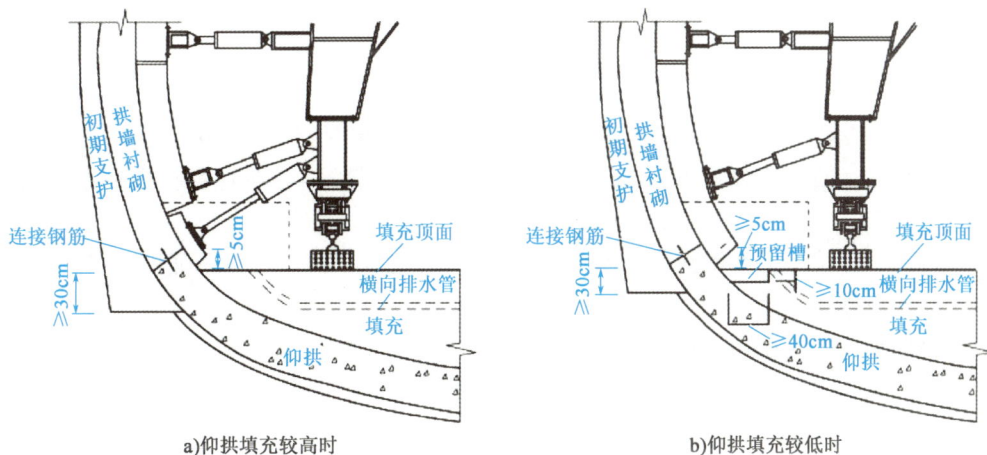

a)仰拱填充较高时　　　　　　　　　b)仰拱填充较低时

图 4-66　墙体纵向施工缝示意图

（2）施工缝距墙体预留孔洞边缘不应小于 30cm。变形缝处混凝土结构的厚度不应小于 30cm，嵌缝应密实。

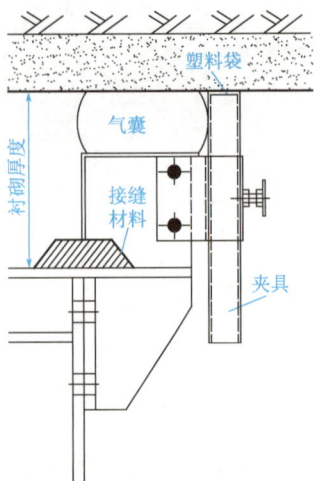

图 4-67　带气囊堵头板示意图

（3）混凝土浇筑段施工接头宜采用带有气囊的端模（堵头板），以防止漏浆。如图 4-67 所示。

（4）施工缝、变形缝施工时，缝内两侧应平整、顺直、清洁、无渗水。

（5）在浇筑新混凝土前，宜在垂直施工缝已有的混凝土面上铺一层厚度不大于 30mm 的砂浆或不大于 30cm 的混凝土。

（6）施工缝处接筑混凝土时，应凿除混凝土表面的水泥砂浆和松软层。凿毛应使露出新鲜混凝土面积不低于 75% 为标准。人工凿毛时混凝土应达到 2.5MPa，风动机凿毛时混凝土应达到 102.5MPa。

8. 衬砌封顶

（1）封顶混凝土宜适当提高坍落度。

（2）拱顶处混凝土灌注孔间距不应大于 3m，用各灌注孔进行浇筑，并应沿上坡方向进行，确保拱顶混凝土浇筑厚度和密实度，浇筑完成后及时封孔。

（3）封顶时应适当减缓泵送速度、减小泵送压力，密切观察挡头板排气孔的排气和浆液泄漏情况。

（4）在上坡挡头板拱顶处应设排气孔，混凝土浆液从挡头板排气孔泄流且由稀变浓，即为完成衬砌混凝土浇筑。

9. 注浆回填

（1）注浆回填宜采用图 4-68 和图 4-69 的纵向预贴注浆管道法。

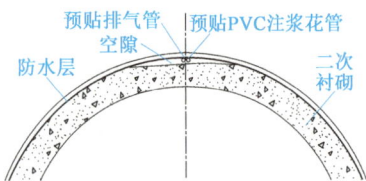

图 4-68　纵向预贴注浆管道法横断面示意图

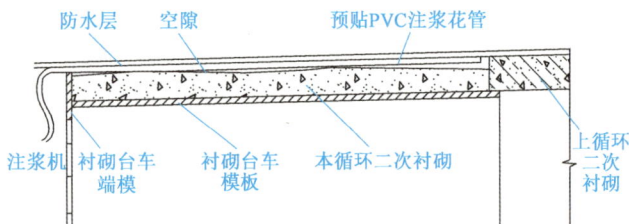

图 4-69　纵向预贴注浆管道法纵断面示意图

（2）预贴注浆花管宜采用 $\phi20mm \sim \phi30mm$ 的 PVC 管，并应在管身布设梅花形溢浆孔。排气管不布孔，根据排气需要安设。

（3）回填注浆应采用微膨胀性水泥砂浆，有特殊要求的地段可采用强度高、流动性好的自流平水泥浆。

（4）回填注浆应在孔口封堵材料达到一定强度后进行。

（5）注浆压力达到 0.2MPa 或排气孔出浆时，即可结束注浆。

10. 施工要求

（1）衬砌不得侵入隧道建筑限界，衬砌施工放样时将设计的轮廓线扩大 5cm。

（2）按设计要求预留沟、槽、管、线及预埋件，并同时施作附属洞室混凝土衬砌。

（3）衬砌施工缝端头必须进行凿毛处理，用高压水冲洗干净。

（4）混凝土衬砌灌注自下而上，先墙后拱，对称浇筑。在施工过程中，如发生停电应

186

立即启动备用电源,确保混凝土浇筑作业连续进行。

(5)混凝土浇筑前及浇筑过程中,定期检查模板、支架、钢筋骨架、钢筋垫块、预埋件等结构的设置和牢固程度,发现问题应及时处理,并做好记录。

(6)混凝土振捣时,不得碰撞模板、钢筋和预埋件,不得破坏防水层。

(7)泵送混凝土结束时,应对管道进行清洗,但不得将洗管残浆灌入到已浇筑好的混凝土上。

(8)衬砌浇筑后应根据气候条件进行养护,养护时间应满足强度要求。气温低于5℃时,不得洒水养护。

隧道衬砌后,应对隧道基础变形沉降进行监测,具体要求为:Ⅲ级围岩段每400m、Ⅳ级围岩段每300m、Ⅴ级围岩段每200m;隧道左右侧布设一对沉降观测点;观测周期为每周一次。

四 质量检验

(一)仰拱及填充

仰拱及填充质量检验应符合表4-35的要求。

仰拱及填充质量检验   表4-35

序号	项目	检验数量	检验方法
1	仰拱施作前隧底应无虚渣、淤泥、积水和杂物	全数检查	观察,留存影像资料
2	仰拱和填充混凝土厚度应符合设计要求	同一围岩浇筑段检验不少于2个横断面	观察、测量(横断面每间隔不大于1m布设一个测量点),留存影像资料
3	仰拱的钢筋规格、数量及安装应符合设计要求	全数检查	观察、尺量
4	仰拱、填充混凝土强度和抗渗等级应符合设计要求	按规定的取样数量与频率进行检查、检测	符合《铁路混凝土工程施工质量验收标准》(TB 10424—2018)的规定
5	仰拱和填充应进行实体检测,混凝土应密实,无空洞、杂物	每120m检查钻芯不少于一次,地质雷达隧底两条测线。见证或平行检验	地质雷达法检测厚度、密实度,取芯法检测强度、厚度、密实度。取芯位置:居中(有中心水沟的,偏离中心水沟1m)并距施工缝不小于1m,全包防水隧道应特殊处理
6	填充、底板混凝土顶面高程应符合设计要求,高程允许偏差为±10mm	每一浇筑段检查1个断面,断面测点间距不大于2m	测量
7	仰拱(底板)和填充的横向坡度应符合设计要求,表面应平顺、不积水	全数检查	观察、测量
8	隧道电力、通信过轨管及各种预埋件宜与仰拱、填充同步施作,并应符合设计及相关专业要求	全数检查	观察、测量

（二）拱墙衬砌

拱墙衬砌质量检验应符合表4-36的要求。

拱墙衬砌质量检验 表4-36

序号	项目	检验数量	检验方法
1	隧道拱墙衬砌施工前，应对初期支护净空断面进行检查，断面尺寸应符合设计要求	同一围岩浇筑段检验一次	测量、核对设计资料。采用全站仪或三维激光断面扫描仪等测量隧道周边轮廓断面，绘断面图与设计断面核对
2	隧道边墙基底应无虚渣、杂物及淤泥	全数检查	观察
3	隧道拱墙衬砌钢筋的安装应符合设计要求	全部检查	观察、尺量
4	隧道拱墙衬砌混凝土强度和抗渗等级应符合设计要求	按规定的取样数量与频率进行检查、检测	符合《铁路混凝土工程施工质量验收标准》(TB 10424—2018)的规定
5	隧道拱墙衬砌浇筑施工完毕后，应对隧道衬砌净空断面进行检验，并应符合设计要求	全数检查	测量、核对设计资料
6	混凝土实体强度应符合设计要求	同一浇筑段检验一次，左右边墙、拱顶各取2个测区	回弹法检测，当回弹检测结果小于设计值时，对该组混凝土进行钻芯取样检测
7	混凝土实体厚度、密实度、钢筋数量应符合设计要求	全数检查	地质雷达法检测、敲击法检测。地质雷达检测时，拱顶、左右拱腰、左右边墙各不少于1条测线；敲击法检测时，拱部敲击点间距不大于0.5m，边墙敲击点间距不大于1m，施工缝处宜适当加密
8	钢筋混凝土的钢筋保护层厚度应符合设计要求	全数检查	钢筋保护层检测仪检测。拱顶、左右拱腰、左右边墙各不少于1条测线
9	混凝土结构表面应密实，无浮浆、露筋、蜂窝、孔洞等质量缺陷	全数检查	观察

注：预埋件和预留孔洞的留置检验应符合表3-5的要求。

⚠ 任务实施与总结评价

请完成本教材配套《铁路隧道工程施工与维护实训手册》中专业知识认知、能力素质训练及任务总结的相关内容，并依次进行学员自评、组长评价和指导老师评价。

安全为本，人民至上

现场监控量测与超前地质预报

【项目描述】

隧道是修筑在地下的隐蔽工程，地下地质条件复杂，潜在、无法预知的地质因素较多。隧道在穿越诸如地层破碎带、断层、岩溶以及富水岩层等不利地质条件时，若采取措施不当，隧道结构和施工安全将存在巨大隐患，甚至威胁到现场施工人员的生命。为了查明隧道掌子面前方地质构造情况，包括裂隙发育和赋水情况等，降低地质灾害发生的概率和危害程度，根据相关规范要求，隧道在开挖过程中，掌子面前方需进行超前地质预报。

在隧道施工过程中，为了解围岩、支护、衬砌的稳定性和应变状态，以校正和修改设计参数及指导施工，需要对围岩、支护和衬砌受力变形状态进行量测；通过对量测结果的分析来判断采用的施工方法和设计参数是否合理，为正确选择开挖方法和支护措施、优化工程设计及施工方案提拱参考。

隧道超前地质预测与监控量测结合，已成为隧道信息化动态设计的依据与基础。信息化动态设计是现代信息化隧道建造技术的重要手段，是确保高速铁路隧道建设安全、质量、工期目标，提升隧道建设水平的重要工作。本项目主要学习高速铁路隧道现场监控量测和超前预报的内容。

【学习目标】

知识目标

1. 熟悉铁路隧道现场监控量测的项目和频率。
2. 掌握铁路隧道洞内外观察的主要内容。

3.掌握铁路隧道位移监控量测数据分析处理的方法。

4.熟悉铁路隧道超前地质预报的主要内容。

5.熟悉铁路隧道超前地质预报设计和实施。

能力目标

1.能够根据隧道工程实际情况,选择监控量测项目和频率,并能够编制监控量测作业指导书。

2.能够根据隧道监控量测数据进行数据分析,并进行安全评价。

3.能够根据隧道监控量测工程安全性评价的结果,提出相应的工程对策。

4.能够结合隧道监控量测,判断二次衬砌施作时间,判别围岩稳定性。

5.能够根据隧道地质和施工的具体情况,选择合适的超前地质预报方法,并编制超前地质预报作业指导书。

素质目标

1.学习西渝高速铁路典型隧道案例,了解隧道施工的难度和风险,培养攻坚克难的精神,坚持守正创新。

2.学习铁路隧道监控量测信息反馈的内容,建立隧道动态施工和信息化施工理念,培养信息素养。

3.学习铁路隧道超前地质预报的内容,加深对"凡事预则立,不预则废"的理解,凡事要根据实际情况的变化提前谋划。

【学习导航】

现场监控量测
与超前地质预报

任务一　监控量测项目和洞内外观察

◇ 任务引入

西渝高速铁路(简称西渝高铁)全长739km，分西安至安康、安康至重庆两段建设，同步建设西渝高铁与郑渝高铁间连接线。西渝高铁是国家《中长期铁路网规划》"八纵八横"高速铁路主通道包(银)海通道的重要组成部分，也是《川陕革命老区振兴发展规划》丝绸之路经济带和长江经济带的重要通道，对促进新时代西部大开发和成渝地区双城经济圈建设具有十分重要的意义。明通隧道全长9964m，属于Ⅱ级风险隧道，位于城口至樊哙区间，为单洞双线隧道，设计速度为350km/h。隧道内穿越多处向斜、背斜以及断层，全隧岩性交替变化频繁，地质条件较为复杂，其中隧道出口洞口为中低山河谷陡坡段，自然坡度为40°~60°，局部为直立悬崖，施工难度大、安全风险高。在隧道施工中如何避免风险呢？监控量测就是保证施工安全的一种重要措施。

▲ 任务描述

结合西渝高铁明通隧道，掌握铁路隧道监控量测项目；能够结合现场施工项目，根据《铁路隧道监控量测技术规程》(Q/CR 9218—2024)选择监控量测项目；能够进行洞内外观察，并根据具体情况提出相应的工程措施。

◇ 相关知识

一　监控量测的基本概念

在隧道开挖过程中，使用各种类型的仪器，对围岩和支护系统的力学行为及其之间的力学关系进行监控量测，这类监控量测常被称为"现场监控量测"。现场监控量测是监视围岩稳定、检验设计与施工是否合理及安全的重要手段，是新奥法施工的重要组成部分。把量测信息及时反馈到设计和施工中去，对初期支护、二次衬砌的施工方法作出修正，可以达到安全、快速施工的目的。监控量测也是施工管理中的一个重要环节，是施工安全和质量的保障。现场监控量测如图5-1所示。

监控量测的主要目的可概括为：

(1)确保施工安全及结构的长期稳定性。

(2)验证支护结构效果，确认支护参数和施工方法的准确性，并为调整支护参数和施工方法提供依据。

(3)确定二次衬砌施作时间。

(4)监控工程对周围环境的影响。

(5)积累量测数据，为信息化设计与施工提供依据。

图5-1　现场监控量测

监控量测项目根据隧道的特点和难点可分为必测项目和选测项目两大类。

二 监控量测项目

（一）必测项目

必测项目是必须进行的常规量测项目，是为了在设计、施工中确保围岩稳定，并通过判断围岩的稳定性和支护结构工作状态来指导设计、施工的经常性量测。这类量测通常测试方法简单、费用低、可靠性高，但对监视围岩稳定、指导设计施工却有巨大的作用。具体量测项目及常用量测仪器详见表5-1。

必测项目 表5-1

序号	监控量测项目	常用量测仪器	备注
1	洞内外观察	现场观察、数码设备、罗盘仪	—
2	拱顶下沉	全站仪、水准仪、三维激光扫描仪、机器视觉设备	—
3	净空变化	全站仪、三维激光扫描仪、激光测距仪、收敛计、机器视觉设备	—
4	地表沉降	全站仪、水准仪、激光雷达、三维激光扫描仪、机器视觉设备	隧道浅埋段
5	拱（墙）脚位移	全站仪、三维激光扫描仪、机器视觉设备	不良地质或特殊岩土隧道浅埋段
6	气体浓度	气体浓度检测仪	隧道应定期对空气中的氧气及一氧化碳、二氧化碳、氮氧化物等有害气体和粉尘含量进行监测。含瓦斯、H_2S等有害气体隧道应对相应的瓦斯、H_2S等有害气体进行全过程监测

（二）选测项目

选测项目不是每座隧道都必须开展的工作，是对一些有特殊意义和具有代表性的区段进行的补充测试，以求更深入地了解围岩的松动范围、稳定状态、喷锚支护的效果以及对周围环境的影响状况，为未开挖区段的设计与施工积累现场资料。这类量测项目测试较为麻烦，量测项目较多，费用较高。因此，除了有特殊量测任务的地段外，一般根据需要选择部分项目进行量测。具体检测项目及常用量测仪器详见表5-2。

选测项目 表5-2

序号	监控量测项目	量测仪器
1	围岩压力	土压力计
2	接触压力（两层支护间）	土压力计
3	锚杆（索）轴力	锚杆轴力计、锚索测力计

序号	监控量测项目	量测仪器
4	钢架应力	钢筋计、应变计
5	喷混凝土应力	混凝土应变计
6	二次衬砌应力(混凝土应力、钢筋应力)	混凝土应变计、钢筋计
7	地表水平位移	全站仪、GNSS、三维激光扫描仪、激光雷达
8	深层水平位移	测斜仪
9	围岩内部位移	多点位移计
10	纵向位移、掌子面挤出位移	全站仪、三维激光扫描仪、滑动测微计
11	隧底隆起	全站仪、水准仪、三维激光扫描仪、机器视觉设备
12	二次衬砌位移变化	全站仪、三维激光扫描仪、激光测距仪、机器视觉设备、收敛计
13	开挖及支护断面扫描	三维激光扫描仪
14	爆破振动	测振仪
15	水压力(集中出水点静水压力、衬砌背后孔隙水压力)	压力表、渗压计
16	水量	三角堰、流量计
17	裂缝	裂缝测试仪(宽度)、测宽仪、游标卡尺、塞尺、量角器、钢卷尺、成像设备、裂缝测试仪(深度)、取芯机
18	风速	便携式风速仪、固定式风速仪
19	温湿度(作业环境 WBGT 指数、相对湿度)	湿球黑球温度热指数测定仪、热力指数计
20	超前探孔孔内温度	温度传感器
21	炮孔温度	温度传感器
22	水温	便携式测温仪
23	风管出风口温度	便携式测温仪
24	洞口外环境温度	便携式测温仪
25	围岩表面温度	测温激光枪、热敏电阻温度计
26	围岩内部温度	温度传感器
27	初期支护表面温度	测温激光枪、热敏电阻温度计
28	二次衬砌表面温度	测温激光枪、热敏电阻温度计
29	二次衬砌内部温度	温度传感器
30	远程视频监视	视频监控设备

注:1. GNSS 为全球导航卫星系统,是包含 CPS、GLONASS、GALILEO、北斗等在内的所有基于卫星的空基无线电导航定位系统的统称。

2. 作业环境 WBCT 指数又称湿球黑球温度指数,是综合评价人体接触作业环境热负荷的一个基本参量,单位为℃。

(三) 监控量测项目的选择

从理论上讲,凡是能够反映围岩与支护力学形态变化的物理量,都可以作为被测物理量。但是,被测物理量应尽量能反映围岩与支护力学形态变化,同时在技术、经济上又简单、可行。围岩变形是围岩力学形态变化最直观的表现,围岩的坍塌和支护系统的破坏都是变形发展到一定程度的必然结果。变形量测具有量测结果直观、测试数据可靠、量测仪表长期稳定性好、抗外界干扰性强,同时测试费用低廉的优点。因此,在选择测试项目时应将位移量测作为首选量测项目。

监控量测应作为关键工序纳入现场施工组织。对周边建筑物可能产生影响的铁路隧道还应实施第三方监测。

三 洞内外观察

(一)洞内外观察的内容

在隧道工程中,开挖前的地质勘探工作很难提供准确的地质资料,所以有必要在隧道每次开挖后进行细致的观察。通过观察,可获得与围岩稳定有关的直观信息,可以预测开挖面前方的地质条件,根据喷层表面状态及锚杆的工作状态,分析支护结构的可靠度。

1.洞内观察

洞内观察可分为开挖工作面观察和已施工地段观察两部分。开挖工作面观察应在每次开挖后进行。

通过目测了解开挖工作面的工程地质和水文地质条件:

(1)岩质种类和分布状态,截面位置的状态。

(2)岩性特征:岩石的颜色、成分、结构、构造。

(3)地层时代归属及岩层产状。

(4)节理性质、组数、间距、规模、节理裂隙的发育程度和方向性,断面状态特征,充填物的类型和产状等。

(5)断层的性质与产状、破坏带宽与特征等。

(6)地下水类型、涌水量大小、涌水位置、涌水压力、湿度等。

(7)开挖工作面的稳定状态,有无剥落现象。

对已施工地段的观察每天至少进行一次,主要目测内容为:

(1)初期支护完成后对喷层表面的观察以及裂缝状况的描述和记录。

(2)有无锚杆脱落和垫板陷入围岩内部的现象。

(3)喷层混凝土是否产生裂缝和剥落,要特别注意喷层混凝土是否发生剪切破坏。

(4)有无锚杆和混凝土质量问题。

(5)钢架有无被压屈、压弯现象。

(6)是否存在底鼓现象。

观察中发现围岩条件恶化时,应立即采取处理措施,观察后应及时绘制开挖工作面及两侧地质素描图,每个断面至少绘制一张,同时进行数码成像。观察中发现的异常现象,要详细记录发现时间、距开挖工作面的距离以及附近测点的各项量测数据。

2.洞外观察

洞外观察的重点是洞口段和洞身浅埋段。主要观察地表开裂、地表变形、边坡及仰坡稳定状态、地表水渗透情况、地表建(构)筑物沉降情况等。

(二) 工程对策

1. 设计修正

开挖后目测到的地质情况与开挖前勘测结果差别很大时，应根据目测的情况重新修改设计方案。

变更后的围岩级别、地下水情况以及围岩稳定性状态等，由设计单位和监理单位确认，报主管部门审批后，对原设计方案进行修改，以便选择可行的施工方法，合理地调整有关设计参数。

2. 处理措施

(1) 当开挖工作面自稳时间小于 1h 时，可采取下列措施：

① 采用环形开挖留核心土法。

② 采用分块开挖法。

③ 对开挖工作面前方拱顶先用斜锚杆 (导管) 支护后，再开挖。

④ 对开挖工作面做喷混凝土防护后，再开挖。

⑤ 用水平朝前木锚杆或玻璃纤维束锚杆对开挖工作面加固后，再开挖。

⑥ 对围岩进行注浆加固后，再开挖。

(2) 开挖后没有支护前，发现顶板剥落现象时，可采取下列措施：

① 开挖后尽快施作喷混凝土层，缩短掘进作业时间。

② 对开挖工作面前方拱顶用斜锚杆 (导管) 进行预支护后，再开挖。

③ 缩短一次掘进长度。

④ 采用分块开挖法。

⑤ 增加钢拱架，加强支护。

⑥ 对围岩进行注浆加固后，再开挖。

(3) 开挖工作面有涌水时，可根据涌水量情况，由水量从小到大依次选取下列措施中的一项或几项：

① 增加喷射混凝土中的速凝剂含量，加快凝结速度。

② 使用编织金属网改善喷射混凝土的附着条件。

③ 对岩面进行排水处理。

④ 设置防水层。

⑤ 打排水孔或设排水导坑。

⑥ 对围岩进行注浆加固。

(4) 发现有锚杆拉断或垫板陷入围岩壁面内的情况时，可采取下列措施：

① 加大锚杆长度。

② 使用弹簧垫圈的垫板。

③ 使用高强度锚杆。

(5) 发现有喷射混凝土与岩面粘结不好的悬空现象时，可采取下列措施：

① 开挖后尽早进行喷射混凝土作业。

② 在喷射混凝土层中加设编织金属网。

③ 增加喷射混凝土层厚度。

④加长锚杆或增加锚杆数量。

（6）发现钢拱架有压屈现象时，可采取下列措施：

①适当放松钢拱架的连接螺栓。

②使用可缩性 U 形钢拱架。

③喷混凝土层留出伸缩缝。

④加大锚杆长度。

（7）发现喷射混凝土层有剪切破坏时，可采取下列措施：

①在喷射混凝土层增设金属网。

②施作喷射混凝土时留出伸缩缝。

③增加锚杆长度。

④使用钢拱架或 U 形可缩性钢拱架。

（8）发现有底鼓现象或侧墙向内滑移现象时，可采取下列措施：

①尽快施作喷射混凝土仰拱，使断面尽早闭合。

②在仰拱部打设锚杆。

③原设计方案采用全断面开挖时，可用台阶开挖法开挖；原设计方案采用长台阶法或短台阶法开挖时，可缩短台阶长度或改用小台阶法开挖，以缩短支护结构形成闭合断面的时间。

上述这些根据目测结果修改设计方案的措施，可以根据破坏程度的不同，单独采用一项或同时采用几项。在确定采用某项措施时，有时还需参考一些其他量测结果，特别是参考内空变位量测结果进行综合分析后再做决定，对于新发现的破坏现象，必须排除因施工质量不合要求所导致的因素，否则，难以对破坏现象作出正确的判断。

⚠ 任务实施与总结评价

请完成本教材配套《铁路隧道工程施工与维护实训手册》中专业知识认知、能力素质训练及任务总结的相关内容，并依次进行学员自评、组长评价和指导老师评价。

任务二 变形监控量测

◆ 任务引入

郑渝高速铁路(简称郑渝高铁郑万段)是我国"八纵八横"高速铁路网的重要组成部分，全线818km，设计速度为350km/h，是西南地区连接华中和华北的主要高速客运通道。

图5-2 巴东隧道施工

巴东隧道是郑渝高铁郑万段全线控制性工程，该隧道位于湖北省恩施土家族苗族自治州巴东县境内，全长13248m，设进口及1号、2号、3号三个横洞。隧址地质条件复杂，穿越滑坡体、断层、岩堆、煤线及石膏地层，安全风险高、施工难度大、工期紧张，属高风险软弱围岩隧道。隧道施工中利用全自动断面检测仪实时监测，实现了隧道作业安全风险动态管控。隧道施工现场如图5-2所示。

▲ 任务描述

结合郑渝高铁郑万段巴东隧道，掌握铁路隧道变形监控量测的有关知识；能够结合现场施工项目，根据《铁路隧道监控量测技术规程》(Q/CR 9218—2024)进行变形监控量测断面及测点布置，并根据要求的检测频率进行测量。

◇ 相关知识

一 基本概念

围岩的变形特征，除了可以应用在围岩稳定性评价和支护结构的设计外，还因其本身包含了岩性和岩体应力等信息，所以也是对隧道围岩进行分级的重要依据。

围岩位移有绝对位移与相对位移之分。绝对位移是指隧道围岩或隧道顶(底)板及侧帮某一部位的实际移动值。其测量方法是在距实测点较远的地方设置一基准点(该点坐标已知，且不能产生移动)，然后定期用经纬仪、水准仪或全站仪自基准点向实测点进行量测，根据前后两次观测所得的高程及方位变化，即可确定隧道围岩的绝对位移量。绝对位移量测需要花费较长的时间，并受现场施工条件限制，除非必须，一般不进行绝对位移的量测。同时，在一般情况下并不需要获得绝对位移，只需及时了解围岩相对位移的变化，即可满足要求。因此现场量测多为相对位移。

隧道围岩周边各点趋向隧道中心的变形称为收敛，所谓隧道收敛位移量测主要是指对隧道壁面两点间水平距离的变形量的量测，拱顶下沉以及底板隆起位移量的量测等。它是判断围岩动态的最主要的量测项目，这项量测具有设备简单、操作方便的优点，对围岩动态监测所起的作用比较大。在各个项目量测中，如果能找出内空收敛位移与其他量测项目之间的规律，还可省掉一些其他项目的量测。

二 断面及测点布置

监控量测断面应尽量靠近开挖工作面。因为围岩位移受空间和时间因素影响很大，尤其开挖初期阶段围岩变形速率大，若量测进行较晚，则不能量测到开挖初期阶段的位移。但量测断面与开挖面距离太近会造成开挖爆破下碎石砸坏测桩的情况。因此，测点埋设必须牢固，而且要设置防爆破保护装置。

(一)净空变化和拱顶下沉

洞内净空变化测点和洞内拱顶下沉测点应布置在同一断面上。其监测断面间距主要与围岩级别有关，《高速铁路隧道监控量测技术规程》(Q/CR 9218—2024)规定：Ⅴ ~ Ⅵ级围岩断面间距为 5 ~ 10m；Ⅳ级围岩断面间距为 10 ~ 30m；Ⅲ级围岩断面间距为 30 ~ 50m；Ⅱ级围岩视具体情况确定间距；不良地质和特殊岩土地段应取小值。

净空变化测线布置主要与开挖方法有关，测线数可按表5-3布置。

净空变化量测测线数 表5-3

开挖方法	地段	
	一般地段	洞口或浅埋、偏压等特殊地段
全断面法	一条水平测线	一条水平测线,两条斜测线
台阶法	每台阶一条水平测线	上台阶或中台阶一条水平测线,两条斜测线,其余台阶一条水平测线
分部开挖法	每分部一条水平测线	CD或CRD法上部、双侧壁导坑法左右侧部,每分部一条水平测线,两条斜测线,其余分部一条水平测线

不同开挖方式下测线布置如图5-3所示。采用分部开挖法,在临时支护拆除后,应继续进行拱顶下沉和净空变化量测,测线按全断面开挖法布置。

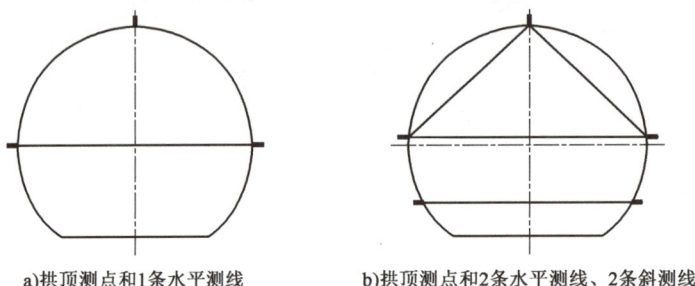

a)拱顶测点和1条水平测线   b)拱顶测点和2条水平测线、2条斜测线

图5-3 拱顶下沉量测和净空变化量测的侧线布置示意图

拱顶下沉测点应设置在拱顶轴线附近,浅埋偏压段拱顶下沉测点应适当加密,并设置斜基线。净空变化量测以水平测线量测为主,必要时设置斜测线(如洞口附近、浅埋区段、偏压或膨胀性围岩区段、拱顶下沉位移量大的区段),斜测线的设置有助于了解垂直方向的位移变化情况;当结合解析法进行综合判断时,最好也布置斜测线。

(二)地表下沉

对于浅埋或超浅埋隧道,隧道横断面方向的地表下沉量测边界应在隧道开挖影响范围以外,并在开挖影响范围以外设置基准点。地表下沉量测的测点应布设在由设计确定的特别重要的施工地段,包括地表有建(构)筑物地段。对施工中地表发生塌陷并经修补过的地段,以及预先探测到地下存在构筑物或空洞的施工地段,测点应尽量接近构筑物或空洞上方。地表沉降观测点要与洞内观测点布置在同一里程断面处。

地表沉降观测点的纵向间距主要与隧道埋深和开挖宽度有关,测点纵向间距应满足表5-4的要求,测点布置如图5-4所示。地表沉降测点横向间距为2~5m。在隧道中线附近测点应适当加密,隧道中线两侧量测范围不小于 $H_0 + B$,地表有控制性建(构)筑物时,量测范围应适当加宽。其测点布置如图5-5所示。

沉降观测点纵向间距 表5-4

隧道埋深与开挖宽度、高度	纵向测点间距(m)
$2B < H_0 \leq 2(B+H)$	$15 \sim 30$
$B < H_0 \leq 2B$	$10 \sim 15$
$H_0 \leq B$	$5 \sim 10$

注:1. H_0为隧道埋深; H为隧道开挖高度; B为隧道开挖宽度。
　　2. 不良地质及特殊岩土段应取表中小值;地表存在建(构)筑物时应满足相关规范要求,无具体要求时宜取小值。

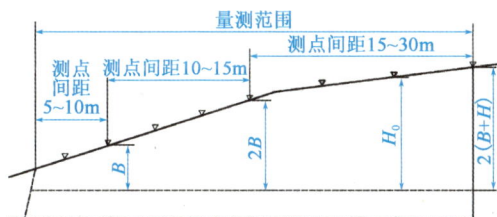

图5-4　地表沉降纵向测点布置示意图

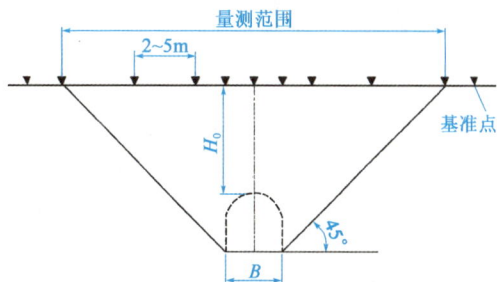

图5-5　地表沉降横向测点布置示意图

三 监测频率及测试精度

(一)监测频率

位移监测点的初始读数在测点埋设后12h内,并在下一步循环开挖前读取,监测频率可根据测点距开挖面的距离及位移速度确定,详见表5-5。当由距开挖面的距离确定的监测频率和由位移速度确定的监测频率不同时,采用两者中较高的监测频率。当出现异常情况或不良地质时,相应增大监测频率。在塑性流变掩体中,位移长期(开挖后2个月以上)不能收敛时,量测要持续到每月为1mm为止。

位移速度确定的监测频率 表5-5

位移速度(mm/d)	监测频率
≥ 5	2 次/d
$1 \sim 5$	1 次/d
$0.2 \sim 1$	1 次/(2~3d)
< 0.2	1 次/7d

(二)测试精度

位移监控量测的精度应满足表5-6的要求。

监控量测项目测试精度　　　　　　　　　　　　表 5-6

序号	监测项目	测试精度（mm）
1	拱顶下沉	0.5 ~ 1
2	净空变化	0.5 ~ 1
3	拱（墙）脚位移	0.5 ~ 1
4	地表沉降	0.5 ~ 1

四 测量方法

（一）净空收敛量测

隧道周边位移监控量测根据量测方式的不同，可分为接触量测和非接触量测两类。其中，接触量测主要是用收敛计进行量测，非接触量测则主要采用全站仪量测。

用收敛计进行隧道净空收敛量测方法相对比较简单，即通过布设于洞室周边上两固定点，每次测出两点的净长 L，求出两次量测的增量（或减量）ΔL，即为此处净空收敛值。读数时应该读 3 次，然后取其平均值。

用全站仪进行隧道净空收敛量测方法有自由设站和固定设站两种。与传统的接触量测的主要区别在于，非接触量测的测点采用一种膜片式回复反射器作为测点靶标，以取代价格昂贵的圆棱镜反射器。具有回复反射性能的膜片形如塑料胶片，其正面由均匀分布的微型棱镜和透明塑料薄膜构成，反面涂有压敏不干胶，可以牢固的粘附在构件表面。这

图 5-6　全站仪现场量测

种反射膜片，大小可以任意裁剪，价格低廉。通过对比不同时刻测点的三维坐标 $[x(t), y(t), z(t)]$，可得到该测点在此时段的位移（相对于某一初始状态）。与传统接触式监控量测方法相比，此方法能够获取测点更全面的三维位移数据，有利于结合现行的数值计算方法实现监控量测信息的反馈，同时具有快速、省力、数据处理自动化程度高等优点。采用全站仪进行观测如图 5-6 所示。

（二）拱顶下沉量测

拱顶下沉量测多采用精密水准仪和因瓦钢挂尺等。拱顶下沉监控量测测点的埋设，一般在隧道拱顶轴线处设 1 个带钩的测桩（为了保证量测精度，常常在左右各增加一个测点，即埋设 3 个测点），吊挂钢卷尺，用精密水准仪量测隧道拱顶绝对下沉量。可用直径为 6mm 钢筋弯成三角形钩，用砂浆固定在围岩或混凝土表层。测点的大小要适中。过小，测量时不易找到；过大，爆破易被破坏。支护结构施工时，要注意保护测点，一旦发现测点被埋掉或损坏，要尽快重新设置，以保证连续测量。拱顶下沉量测示意如图 5-7 所示。

铁路隧道工程施工与维护

拱顶下沉量的确定比较简单,即通过测点不同时刻相对高程 h,求出两次量测的差值 Δh,即为该测点的下沉值。关键是必须找出不动点作为参考点(基准点)。通常采用以下两种方法:一是将不动点设置在洞外,每次监控量测从洞外引入。这种方

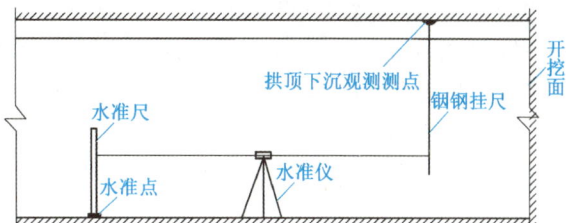

图 5-7　拱顶下沉量测示意图

法很烦琐,一般随着隧道的开挖,转站次数明显增加,相对测量误差会增大,所以现场一般不采用。二是在开挖面后方一定距离的拱顶处(有时可利用已经稳定的拱顶下沉观测点)设置为参考点,并假定其为不动点(实际上仍在下沉,但沉降值与开挖面测点的下沉量相比很小,可以忽略不计)。这种方法测得的下沉量对判断围岩及初期支护结构的稳定性,精度满足施工要求,量测结果也是有效的。该方法相对简单,因此被广泛采用,但一般在测量一段时间后需要用第一种方法进行必要的校核;读数时应该读两次,然后取其平均值。

拱顶下沉量测也可以用全站仪进行非接触量测,其具体量测方法和洞周收敛量测方法类似。

(三)地表下沉量测

地表下沉量测一般用精密水准仪和钢钢尺进行测量,其量测方法和拱顶下沉量测方法相似,即通过测点不同时刻高程 h,求出两次量测的差值 Δh,即为该测点的下沉量。需要注意的是,参考点(基准点)必须设置在工程施工影响范围以外,以确保参考点(基准点)不下沉,并在工程开挖前对每一个测点读取初始值。一般在距离开挖面前方 $H+h$ 处(H 为隧道埋深, h 为隧道开挖高度)就应对相应的测点进行超前监控量测,然后随工程的进展按一定的频率进行监控量测。在读数时各项限差要严格控制,每个测点读数误差不超过 ± 0.3 mm。对不在水准路线上的观测点,一个测站不超过 3 个,超过时应重读后视点读数,以作核对。首次观测时,对测点进行连续两次观测,两次高程之差应小于 ± 1.0 mm,取两次平均值作为初始值。

(四)观测条件

在进行观测时,应注意以下观测条件:

(1)应在水准仪和标尺检验合格后才能进行观测。

(2)不得在测站和标尺处有震动时进行观测。

(3)尽量选择在每天同一时间内进行观测,选择在阴天和气温变化小的时间段内进行观测;若必须在阳光下进行观测,测站应备有测伞。

(4)要用精密水准仪进行基准点的联测,其误差不得超过 $\pm 0.5\sqrt{5n}$ mm(n 为测站数),检查周期不得大于 30d。

(5)观测应坚持"四固定"原则,即观测人员固定、测站固定、测量延续时间固定、施测顺序固定。

(6)沉降观测分为二等水准测量和三等水准测量,在沉降观测之前应根据控制量测

的重要性、使用要求、工程地质条件等因素，综合确定沉降水准量测等级。二等水准测量的闭合差应小于 $\pm\sqrt{5n}$（n 为测站数），三等水准测量的闭合差应小于 $\pm 10\sqrt{5n}$（n 为测站数）。鉴于沉降观测的连贯性，不得任意改变水准点及其高程。

当所测地层表面立尺比较困难时，可以在预埋的测点表面粘贴膜片式反射器作为测点靶标，用全站仪进行非接触量测。

五 控制基准

监控量测控制基准包括隧道内位移、地表沉降、爆破振动，应根据地质条件、隧道施工安全性、隧道结构的长期稳定性，以及周围建（构）筑物特点和重要性等因素制定。

隧道洞周围岩或初期支护的相对位移 U_0 可按表 5-7 选取。

隧道洞周围岩或初期支护的相对位移 U_0（%）　　　　　　表 5-7

围岩级别	覆盖层厚度 D（m）		
	$D < 50$	$50 \leq D \leq 300$	$D > 300$
Ⅲ	0.10 ~ 0.30	0.20 ~ 0.50	0.40 ~ 1.20
Ⅳ	0.15 ~ 0.50	0.40 ~ 1.20	0.80 ~ 2.00
Ⅴ	0.20 ~ 0.80	0.60 ~ 1.60	1.00 ~ 3.00

注：1. 本表适用于高跨比 0.8 ~ 1.2 的隧道正洞及辅助坑道。
　　2. Ⅱ级围岩以及Ⅲ、Ⅳ、Ⅴ级围岩其他高跨比隧道应根据实测数据综合分析或工程类比确定。
　　3. 硬质岩取较小值，软质岩取中值及以上，浅埋段、可能存在大变形的塑性岩取较大值。
　　4. 隧道拱顶相对下沉指拱顶绝对下沉值（拱顶下沉值减去隧道下沉值）与原拱顶至隧底高度之比。拱顶相对下沉的允许相对位移可按表中数值乘以系数后确定，该系数宜综合考虑围岩条件、埋深、预留变形量等情况确定。

位移控制基准根据测点距开挖面的距离确定。有关研究表明，在距工作面 B 和 $2B$ 处的位移值分别约占规定的允许位移量的 65% 和 90%，距开挖面较远时，围岩和初期支护变形基本稳定，即允许位移量的 100%。

地表沉降控制基准应根据隧道施工安全性和隧道周围建（构）筑物的安全要求分别确定，取两者的最小值。

⚠ 任务实施与总结评价

请完成本教材配套《铁路隧道工程施工与维护实训手册》中专业知识认知、能力素质训练及任务总结的相关内容，并依次进行学员自评、组长评价和指导老师评价。

任务三　监控量测信息管理

◆ 任务引入

赣深高速铁路（简称赣深高铁）为京港高速铁路赣州至深圳段，是一条连接江西省赣州市与广东省深圳市的高速铁路，是中国"八纵八横"高速铁路网主通道之一"京港（台）通道"的重要组成部分，其中广东段是中国铁路广州局集团有限公司自行承建的第一条设计速度350km/h的高速铁路。龙南隧道位于江西省赣州市龙南县和全南县境内，是赣深高铁全线最长双线隧道,隧道全长10.24km,穿越11条断层,最大埋深580m,地质环境复杂,施工难度大。该隧道于2020年8月19日贯通,在施工过程中,通过监控量测信息反馈有效指导了工程施工。

▲▲ 任务描述

结合隧道施工实例和实训项目,掌握铁路隧道监控量测信息的管理;能够结合现场施工项目,根据《铁路隧道监控量测技术规程》(Q/CR 9218—2024)监控量测数据进行分析,并进行安全评价,判断二次衬砌施作时间和围岩稳定情况。

◇ 相关知识

监控量测数据采集后,应及时进行分析处理。监控量测资料的分析处理是信息反馈的基础。具体工作包括数据校核、数据整理及数据分析,同时注明开挖方法、施工工序以及开挖面距监控量测测点距离等信息。首先,应对监控量测数据进行校核,对监控量测数据必须进行可靠性分析,排除仪器、读数等操作过程中的误差,剔除和识别各种粗大、偶然和系统性误差,避免漏测和错测,保证监控量测数据的可靠性和完整性。其次,要对监控量测数据进行整理,包括各种物理量计算、图表制作,如物理量的时间和时间速率曲线,空间分布图的绘制等。最后,是数据分析,分析通常采用比较法、作图法和数值计算等,分析各监控量测物理量值大小、变化规律、发展趋势。在现场的监控量测过程中,要尽量保证数据的准确性,观测后应在现场及时计算、校核,如果有异常现象,必须重新进行观测、校核,直至取得可靠数据。

一 监控量测数据分析

(一) 监控量测数据分析分类

施工过程中监控量测数据的分析可分为实时分析和阶段分析。

实时分析:每天根据监控量测数据及时进行分析,主要分析施工对结构和周边环境的影响,发现安全隐患应及时分析原因,采取措施,并提交异常报告。

阶段分析:经过一段时间后,根据大量的监控量测数据及相关资料等进行综合分析,总结施工对周围地层影响的一般规律,以指导下一阶段施工。阶段分析一般采用周报、月报形式,或根据工程施工需要不定期进行分析,最终提出指导施工和优化设计的建议。

(二) 监控量测数据分析内容

监控量测数据的分析主要包括以下内容:

(1)根据量测值绘制时态曲线。

(2)选择回归曲线,预测最终值,并与控制基准进行比较。

(3)对支护及围岩状态、工法、工序进行评价。

(4)及时反馈评价结论,并提出相应的工程对策建议。

1.绘制时态曲线

根据监控量测数据绘制时间-位移散点图和距离-位移散点图,如图5-8所示。然后,根据散点图的数据分布状况,选择合适的函数进行回归分析,对最大值(最终值)进行预测,并与控制基准值进行比较,结合施工工况综合分析围岩和支护结构的工作状态。如果位移曲线正常,说明围岩处于稳定状态,支护系统是有效、可靠的;如果位移出现反常的急骤增长现象(出现了反弯点),表明围岩和支护已呈不稳定状态,应立即采取相应的工程措施。

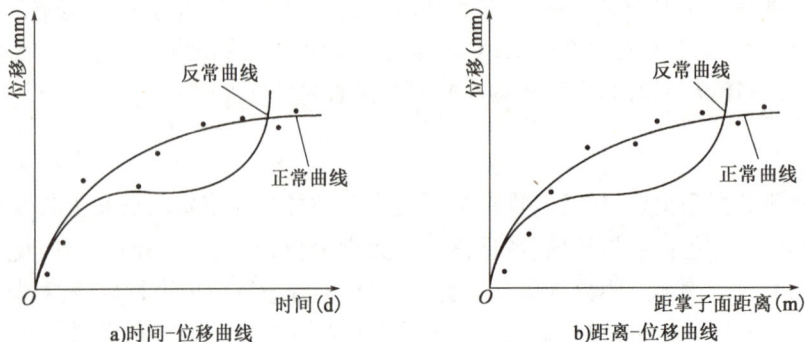

图 5-8　时间-位移曲线和距离-位移曲线

2. 回归分析

回归分析是目前对量测数据进行数学处理的主要方法。通过对位移监测数据进行回归分析,可以预测该测点可能出现的最大位移值、各阶段的位移速率及影响范围。目前常采用以下函数作为回归函数:

(1)地表沉降横向分布规律采用 Peck(派克)公式。

$$S(x) = S_{max}e^{-\frac{x^2}{2i^2}} \tag{5-1}$$

$$S_{max} = \frac{V_1}{\sqrt{2\pi}i} \tag{5-2}$$

$$i = \frac{H}{\sqrt{2\pi}\tan\left(45° - \frac{\varphi}{2}\right)} \tag{5-3}$$

式中:$S(x)$——距隧道中线 x 处的沉降值(mm);

$\quad\quad S_{max}$——隧道中线处最大沉降值;

$\quad\quad V_1$——地下工程单位长度地层损失(m^3/m);

$\quad\quad i$——沉降曲线变曲点;

$\quad\quad H$——隧道埋深。

(2)位移历时回归分析,如地表沉降、拱顶下沉、净空收敛等变形的历时曲线一般采用如下函数进行回归。

指数模型:

$$U = Ae^{-\frac{B}{t}} \tag{5-4}$$

$$U = A\left(e^{-\frac{B}{t}} - e^{-\frac{B}{t_0}}\right) \tag{5-5}$$

对数模型:

$$U = A\lg(1 + t) + B \tag{5-6}$$

$$U = A\lg\left[(B+t)/(B+t_0)\right] \tag{5-7}$$

双曲线模型：

$$U = \frac{t}{A+Bt} \tag{5-8}$$

$$U = A\left[\left(\frac{1}{1+Bt_0}\right)^2 - \left(\frac{1}{1+BT}\right)^2\right] \tag{5-9}$$

式中：U——变形值；

A、B——回归系数；

t——测点的观测时间（d）；

t_0——测点初读数时距开挖时的时间（d）；

T——量测时距开挖时的时间（d）。

(3)由于地下工程开挖过程中地表纵向沉降、拱顶下沉及净空变化等位移受开挖工作面时空效应的影响，多采用指数函数进行回归分析。多数情况下，单个曲线进行回归时不能全面地反映沉降历程，通常采用以拐点为对称的两条分段指数函数进行回归分析。

$$\begin{cases} S = A\left[1 - e^{-B(x-x_0)}\right] + U_0 & (x > x_0) \\ S = -A\left[1 - e^{-B(x-x_0)}\right] + U_0 & (x \leq x_0) \end{cases} \tag{5-10}$$

$$S = A(1 - e^{-Bx}) \qquad (x > 0) \tag{5-11}$$

式中：S——距开挖面 x 处的地表沉降；

A、B——回归系数；

x——距开挖面的距离；

x_0——拐点；

U_0——拐点 x_0 处的地表沉降值。

根据经验，对于地表纵向沉降回归分析一般采用式(5-10)；拱顶下沉、净空变化一般采用式(5-11)。对于式(5-11)，理论上，当 x 较小时，S 趋于0；若 S 不趋于0，需考虑监控量测结果的可靠性。

(4)回归分析应注意以下几个问题：

①回归分析要求足够多的数据，一般应在一个月的连续测试之后进行。

②实际发生位移的时间 t_0 都在埋设测点前（地表沉降除外），是未知的、未考虑的影响，要使函数拟合得更真实，可选择式(5-5)、式(5-7)、式(5-9)三种函数回归。

③实际回归分析时，要考虑爆破开挖造成的位移突变台阶的影响。

二 监控量测信息反馈

监控量测信息反馈应根据监控量测数据分析结果，对工程安全性进行评价，并提出相应的工程对策与建议。信息反馈有理论方法和经验方法，目前仍以经验方法为主，其主要目的是：判定围岩是否稳定，支护措施是否安全，施工方法是否恰当；在保证安全的前提下，支护是否经济，必要时调整支护设计。

(一) 监控量测信息反馈程序

监控量测信息的反馈程序如图5-9所示。

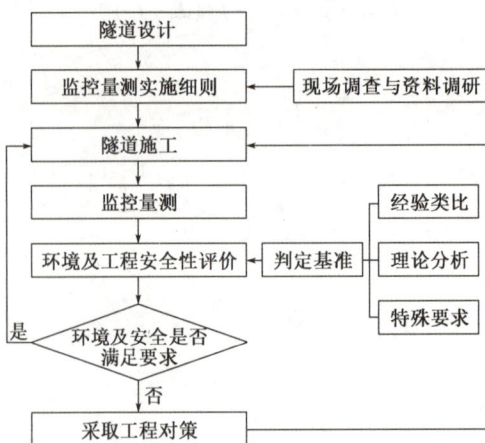

图 5-9　监控量测信息反馈程序

(二)工程安全性评价

工程安全性评价可根据设初期支护安全风险特征、监控量测相对位移值、位移速率按表 5-8 分为三个等级。

初期支护监控等级划分　　　　　　　　　　表 5-8

管理等级	初期支护安全风险特征	量测数值特征	
		相对位移值	位移速率
一级(绿色)	初期支护无明显异常变形征兆,无开裂或局部环向开裂	$U < pU_0$	<5.0mm/d
二级(黄色)	局部初期支护出现外鼓现象,喷混凝土局部出现织斜向开裂、掉块,环向裂缝进一步扩展	$pU_0 \leq U \leq qU_0$	5.0~10.0mm/d
三级(红色)	钢架扭曲变形,喷层出现大面积纵(斜)向开裂、掉块现象,裂缝大于 0.5mm 且存在持续发展趋势	$U > qU_0$	≥10.0mm/d

注:1. 管理等级中,U 为相对位移预测最终值,对应的相对位移值占比 p、q 可根据现场实际施工情况进行动态调整,无资料参考时可分别按 1/3 和 2/3 取值。

2. 现场初期支护监控控制等级取初期支护安全风险特征、相对位移值、位移速率三者中对应的最高管理等级。

3. 特殊地质隧道应结合地质条件和隧道变形及支护措施制订针对性分级控制监控量测标准。

各管理等级应采取的应对措施见表 5-9。

各管理等级应对措施　　　　　　　　　　表 5-9

管理等级	应对措施
一级(绿色)	正常施工
二级(黄色)	综合评价设计施工措施,加强监控量测,必要时采取相应工程措施
三级(红色)	暂停施工,采取相应工程措施

1. 评价流程

工程安全性评价流程如图 5-10 所示。

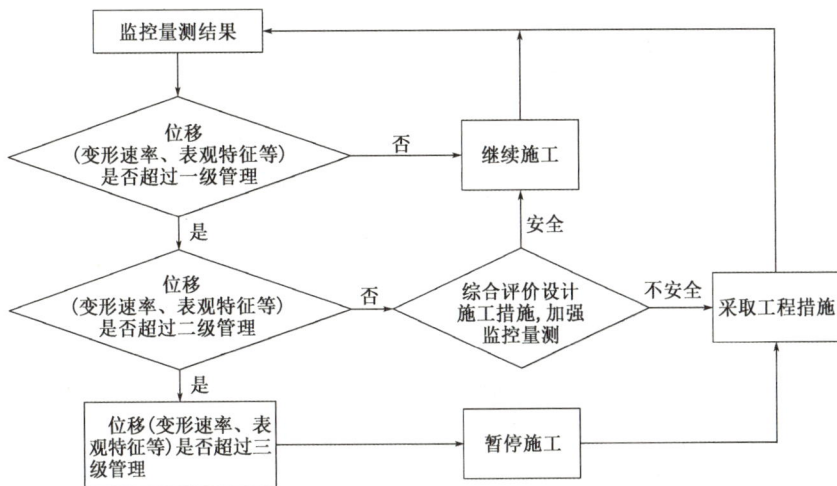

图 5-10　工程安全性评价流程

2. 安全性评价内容

工程安全性应以监控量测数据分析结果、支护结构表观特征进行综合评价。

工程安全性评价需以监控量测数据分析结果为主，同时辅以支护结构表现，以综合评价围岩稳定性及支护结构工作状态。

（1）基于监控量测数据的位移时态曲线特征分析：重点分析相对位移预测最大值（最终值）位移变形速率两个指标。

（2）支护结构表现：重点分析是否出现开裂、剥落、掉块等现象以及裂缝的形态和尺寸。

工程安全性综合评价采用表 5-10 进行。

工程安全性评价及及其在管理等级中的表现　　　　表 5-10

序号	管理等级	相对位移值	位移变形形态	支护结构表现
1	一级	$U < pU_0$	无变形异常加速，变形曲线趋于收敛	初期支护无明显异常变形征兆，无开裂或局部环向开裂
2	二级	$pU_0 \leq U \leq qU_0$	变形异常加速，变形曲线无收敛迹象，日均变形速率差值连续 2d 增大，且均大于 5mm/d 时	局部初期支护出现外鼓现象，喷混凝土局部出现纵斜向开裂、掉块现象，环向裂缝进一步扩展
3	三级	$U > qU_0$	变形异常加速，变形曲线无收敛迹象，日均变形速率差值连续 3d 增大，且均大于 10mm/d 时	钢架扭曲变形，喷层出现大面积纵（斜）向开裂、掉块现象，裂缝大于 0.5mm 且存在持续发展趋势

注：1. U 为相对位移预测最终值，U_0 为允许相对位移值。

　　2. 管理等级为一级时，三个评价指标需均满足表中表现。

　　3. 管理等级为二级和三级时，三个评价指标中仅需一个指标满足表中表现变形异常加速，不包括初期匀速变形以及受施工开挖扰动所引起的变形加速现象。

（三）监控量测信息反馈内容

1. 工程对策

根据工程安全性评价的结果，采取适当的工程措施进行处理。需要变更设计时，应根据有关铁路工程变更管理办法及时进行设计变更。采取的工程措施应主要包括一般措施和辅助施工措施。

一般措施包括：

（1）稳定开挖工作面措施。

（2）调整开挖方法。

（3）调整初期支护强度和刚度并及时支护。

（4）降低爆破振动影响。

（5）围岩与支护结构间回填注浆。

辅助施工措施包括：

（1）地层预处理，包括注浆加固、降水、冻结等方法。

（2）超前支护，包括超前锚杆（管）、管棚、超前插板、水平高压旋喷法、预切槽法等。

工程安全性评价达到Ⅰ级时，为防止危害的发生或扩大，在加强观察、确保人员安全的情况下，有必要采取一些应急支护措施。主要采用架设临时支撑、喷射混凝土封闭掌子面、增加锚杆、增加钢筋网、喷射混凝土等一种或几种措施。浅埋隧道还应在地表采取引排坡面来水、夯填裂隙、喷射混凝土封闭坡面等措施。

2. 确定二次衬砌施作时间

在施工过程中监控量测，应及时掌握围岩和支护的变化规律，确定二次衬砌和仰拱的施作时间，使衬砌结构安全可靠。对浅埋、软弱围岩等特殊地段，单靠工程类比法进行设计时，不能保证设计的可靠性和合理性。应根据工程现场的具体情况，依据现场监控量测提供的有效资料，确定二次衬砌的施作时间，以保证二次衬砌受力合理、安全可靠、耐久性好。

二次衬砌一般在围岩变形基本稳定后施作。变形趋于稳定应符合下列要求：

（1）隧洞周边变形速率明显下降并趋于缓和。

（2）水平收敛（拱脚附近 7d 平均值）小于 $0.2mm/d$，拱部下沉速度小于 $0.15mm/d$。

（3）施作二次衬砌前的累计位移值已达极限位移值的 80% 以上。

在高地应力软弱围岩、膨胀岩等可能产生大变形，且变形长期不能趋于稳定的不良地质隧道，二次衬砌可提前施作，衬砌结构应有足够的强度和刚度。

3. 判别围岩稳定性

目前围岩稳定性判别主要以位移为基准进行判别。

（1）根据位移量测值或预计最终位移值来判断。在隧道开挖过程中，若发现量测位移总量或根据已测位移预计最终位移将超过某一临界值时，则意味着围岩不稳定，需加强支护。

（2）根据位移变化速度来判断。对国内数十座隧道的位移观测结果表明，变形曲线可分为三个阶段：

①变形急剧增长阶段：变形速度大于 $5mm/d$ 时。

②变形缓慢增长阶段：变形速度 $0.2 \sim 5mm/d$ 时。

③基本稳定阶段：变形速度小于 0.2mm/d 时。

上述变形速度标准是针对一般隧道净空变化和拱顶下沉量测而言。对于浅埋、特别是特浅埋地段等情况，应采用其他量测指标进行专门判定。

（3）根据围岩位移时态曲线判断。由于岩体的流变特性，岩体破坏前变形曲线可分为三个阶段。

①基本稳定区：主要标志为位移速率逐渐下降，即 $d^2U/dt^2 < 0$，该区亦称"一次蠕变区"，表明围岩趋于稳定状态。

②过渡区：位移速率保持不变，$d^2U/dt^2 = 0$。该区亦称"二次蠕变区"，表明围岩向不稳定状态发展，需发出警告，并加强支护系统。

③破坏区：位移速率逐渐增大，即 $d^2U/dt^2 > 0$。亦称"三次蠕变区"，表明围岩已进入危险状态，须立即停工，并采取有效手段，以控制其变形。

总之，围岩稳定性判断是一项既复杂又非常重要的工作，必须结合具体工程情况采用上述几种判别准则进行综合评判。

⚠ 任务实施与总结评价

请完成本教材配套《铁路隧道工程施工与维护实训手册》中专业知识认知、能力素质训练及任务总结的相关内容，并依次进行学员自评、组长评价和指导老师评价。

任务四　超前地质预报

◆ 任务引入

西渝高速铁路（简称西渝高铁）康渝段向阳一号隧道是西渝高铁重点项目，正洞全长12.7km，为单洞双线隧道，设计速度为 350km/h，如图 5-11 所示。隧道进口位于重庆市城口县明通镇境内，出口位于四川境内。隧址区为侵蚀溶蚀中高山地貌，相对高差大，地势陡峻，地形起伏大。隧址区地质复杂且岩溶发育，施工中突涌、变形风险高；隧道穿越煤系地层，属高瓦斯隧道，是全线Ⅰ级风险重难点隧道工程。为切实提升瓦斯治理水平，全面提高瓦斯应急处置能力，坚决防范瓦斯事故发生，项目建设单位建立瓦斯监测数据、视频监控、人员定位、通风设施、瓦斯超前预测、门禁管理等六大系统，以现阶段主流瓦斯隧道信息化监测系统为基础，建立联动项目区域和分级管理机构的隧道风险管控一体化信息云平台，实现对海量数据的全过程监测、预警和管理。其中，瓦斯预测就是超前地质预报内容之一。

图 5-11　西渝高铁向阳一号隧道

▲ 任务描述

结合施工实例和虚拟软件，掌握铁路隧道超前地质预报的内容和方法；能够结合现场施工项目，根据《铁路隧道超前地质预报技术规程》（Q/CR 9217—2015）编制超前地质预报作业指导书。

◇ **相关知识**

一 基本概念

动画:掌子面
超前地质预报

由于隧道地质条件的复杂性、多变性，在勘察阶段要准确无误地确定围岩的状态、特征，并准确预测隧道施工中可能引发的地质灾害的位置、规模及性质是十分困难的。在高速铁路隧道施工阶段，重视和加强超前地质预报，最大限度地利用先进的超前地质预报技术，预测开挖工作面前方的地质情况，对于安全施工、提高工效、缩短施工周期、避免事故损失具有重大意义。

超前地质预报是在分析既有地质资料的基础上，采用地质调查、物探、超前地质钻探等手段，对隧道开挖工作面前方的工程地质和水文地质条件及不良地质体的工程性质、位置、产状、规模等进行探测、分析判释及预报。

隧道超前地质预报应达到以下目的:

(1)进一步查清隧道开挖工作面前方的工程地质与水文地质条件，据此调整和优化施工组织、施工方法、支护措施及制定施工安全应急预案等。

(2)可以预防各类突发性地质灾害，降低地质灾害发生的概率和危害程度。

(3)为优化工程设计提供地质依据。

(4)为编制竣工文件提供地质资料。

隧道超前地质预报工作程序如图 5-12 所示。

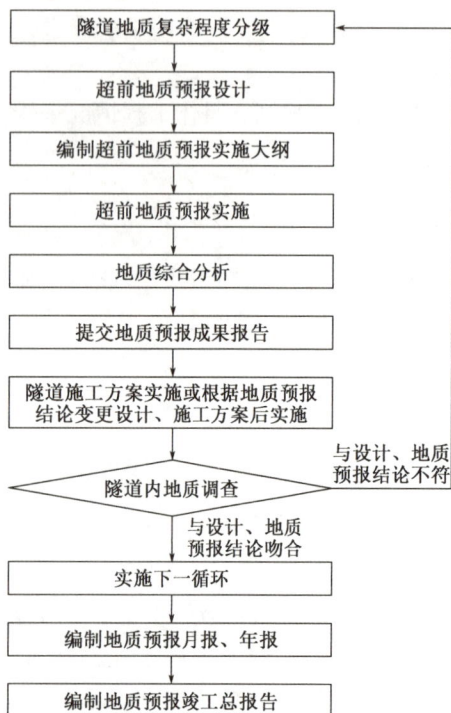

图 5-12　隧道超前地质预报工作程序

二 超前地质预报内容

超前地质预报包括隧道所在地区地质分析与宏观地质预报、隧道洞身不良地质及灾害超前地质预报和重大施工地质灾害临警预报。

(一)地质分析与宏观地质预报

预报开挖面前方的围岩级别和稳定性，及时修改设计，调整支护类型;预报洞内水量大小和变化规律及对地质环境与工程的影响。

(二)不良地质及灾害超前地质预报

预报开挖面前方岩性变化和不良地质体的范围、规模、性质，以及突水、突泥、坍塌、岩爆、有害气体等地质灾害的发生概率，提出施工预防措施。预报断层的位置、宽度、产状、

铁路隧道工程施工与维护

性质、破碎带物质状态、充水情况、稳定程度等,提出施工对策。

(三)地下水超前预报

预报岩溶水、富水断层、富水褶皱、富水地层中的裂隙水,包括洞内涌水位置、水量大小及其变化规律,评判其危害程度。

(四)重大施工地质灾害临警预报

针对开挖面前方有可能引发的大规模突水、突泥、坍塌、冒落、变形、瓦斯爆炸等重大地质灾害建立临警预报系统,主要预报隧道洞身所通过的深大富水断裂、富水向斜的核部、富水砂层、软土、极软岩、煤系地层等,评判其危害程度,提出施工方案对策。

三 超前地质预报方法

高速铁路隧道施工超前地质预报方法主要有地质分析法、超前平行导坑预报法、超前水平钻孔法、物理探测法等。施工超前地质预报是一项系统性的工作,需纳入施工工序。

(一)地质分析法

地质调查与推断是隧道超前地质预报最基本的方法,其他预报方法的解释应用,都是在地质资料分析判断基础上进行的。

地质分析法主要根据隧道洞内外地质调查结果和隧道施工期掌子面地质条件调查结果,如岩体结构面产状及发育状况、岩体破碎程度、岩石变质程度等的变化特征,通过地质作图及构造相关性分析,由地面构造产状推测其在地下隧道穿越深度位置的出露关系,由掌子面岩体结构面产状及发育状况、岩体破碎程度、岩石的变质程度等变化特征,推测掌子面前方可能出现的构造及其性质,进行超前预报。主要预报隧道掌子面前方存在的断层、不同岩类间的接触界面,特别是火成岩与沉积岩间的接触界面、隧道前方围岩的稳定性及失稳破坏模式等。

通过对洞内开挖面涌水量动态变化的长期观测记录,掌握地下水初期涌水量、衰减涌水量和稳定涌水量的变化规律,综合分析地层、断层等构造以及基岩裂隙水的运动特点,查明地下水的补给、径流及排泄途径,预报未开挖段水文地质情况。

(二)超前平行导坑预报法

在隧道内或隧道一侧超前开挖一平行的小断面导坑,综合分析其地层岩性、地质构造、水文地质情况,预测相应段隧道的工程地质和水文地质条件。超前平行导坑预报法最为直观,精确度很高,但是成本较高。

(三)超前水平钻孔法

超前地质钻探是利用钻机在隧道开挖工作面进行钻探获取地质信息的一种超前地质预报方法。用钻探设备向开挖面前方钻探(图5-13),直接揭示隧道开挖面前方几十米至上百米的地层

图5-13　钻探作业

岩性、岩体结构和构造、地下水、岩溶洞穴充填物及其性质、岩体完整程度等资料，还可通过岩芯试验获得岩石强度等定量指标。

超前地质钻探法适用于各种地质条件下的隧道超前地质预报。在富水软弱断层破碎带、富水岩溶发育区、煤层瓦斯发育区、重大物探异常区等地质条件复杂地段应采用超前水平钻探为主的综合方法预报前方地质情况。超前水平钻孔的方向控制和钻探工艺有一定的技术难度，对施工干扰较大。

（四）物理探测法

物理探测法（简称物探法）是以目标地质体与周围介质的物性差异为基础，如电性、磁性、密度、波速、温度、放射性等，通过仪器观测自然或人工物理场的变化，以确定地下地质体的空间展布范围，达到解决地质问题的一种物理探测技术。

采用物探技术进行超前地质预报的优点是快速，超前探测距离大，对施工干扰相对小，可以多种技术组合应用。物探法的应用受环境及经验的影响，准确解译物探资料具有一定的技术难度。物探技术存在一定局限性，在超前地质预报中应进一步结合地质理论，提高物探成果解译水平。工程中常用的方法介绍如下：

1. TGP 隧道地质超前预报系统

TGP 超前地质预报系统的工作原理是利用在隧道围岩内以排列方式激发弹性波，

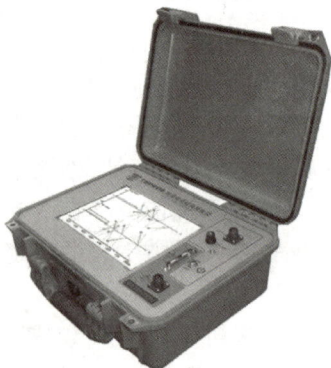

图5-14　TGP主机

在向三维空间传播的过程中，遇到声阻抗界面，即地质岩性变化的界面、构造破碎带、岩溶和岩溶发育带等，会产生弹性波的反射现象，这种反射回波被隧道围岩内的检波装置接收下来，通过数据处理，从中拾取掌子面前方的反射波信息，达到预报的目的。TGP 隧道地质预报系统可预报隧道前方约200m 的岩性变化、断层、破碎带、岩溶发育带、空洞等，并能计算出上述范围内围岩的纵波与横波速度、波速比、泊松比、相应岩体的动弹模量和剪切模量等岩石力学参数。TGP 系统主机如图5-14 所示。

TGP 仪器动态范围大，可通过改变偏移距离和激发能量来增加预报距离。

2. TSP 超前预报系统

TSP 超前预报系统是利用地震波反射原理，通过小药量爆破产生的地震波信号进行长距离探测的一种超前地质预报方法。TSP 系统能长距离地预报隧道施工前方的地质变化，如断层破碎带和其他不良地质带，其准确预报范围为掌子面前方100～150m。其解译技术是 TSP 实现超前地质预报的最关键技术，也是难度最大的技术。TSP 系统一方面要求解译人员具有丰富的解译经验；另一方面，也是更重要的方面，要求解译人员具有丰富的地质实践经验。高水平的 TSP 解译必须与地面地质调查、隧道内的地质前兆定量预测法紧密结合。TSP 超前预报系统设备如图5-15 所示。

3. 水平声波剖面法

水平声波剖面法是基于向岩土中辐射一定频率的声波，并研究其传播特征，进而判断岩土体工程地质特性的一种技术方法。当地震波遇到波阻抗分界面时,将发生折射、反射,频谱特征也将发生变化,通过探测反射信号,求得其传播特征后,便可预测工作面前方的岩体特征。

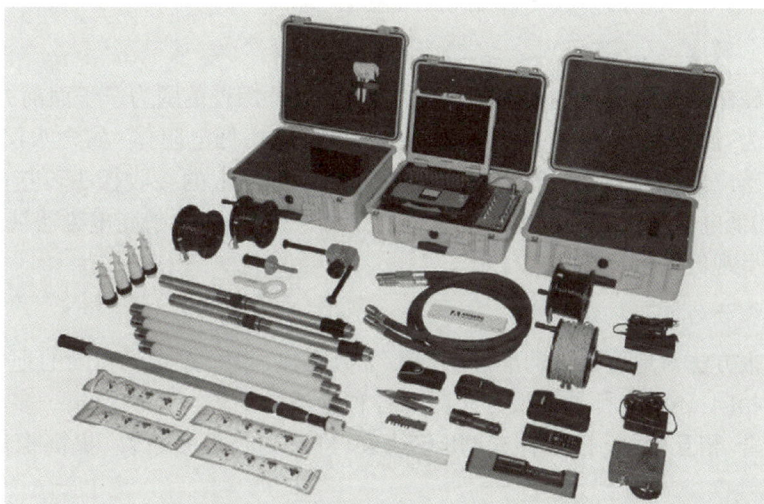

图 5-15　TSP 超前预报系统设备

利用钻孔台车在打完开挖面炮眼后,在开挖面后方一定距离(2m 左右)的隧道两侧底部分别打若干个测试孔(6～12 个),孔深 1～3m,下倾 20°～40°,孔间距根据探测距离大小按 1～3m 布置。将发射源及接收换能器分别置于测试孔内,测试孔充水作为耦合剂,发射孔孔底采用雷管或电火花作振源,发射及接收孔孔口均采用棉纱等堵塞,以防止空气中的声波干扰。此外,还有其他变通的布置方式,视具体探测的难易程度而有所变化。

4. 地质雷达法

地质雷达法是利用高频电磁波以宽频带短脉冲的形式,从掌子面通过发射天线向前发射,当遇到异常地质体或介质分界面时发生反射并返回,被接收天线接收并由主机记录下来,最终形成雷达剖面图。现场探测如图 5-16 所示。

地质雷达法探测距离一般小于 30m,在潮湿含水层中小于 10m。该方法主要是配合地震反射法,通过测定与岩溶含水性有关介电常数

图 5-16　现场探测

的变化来探测充水地质体,如含水的断层、岩性界面和溶洞等。试验表明,采用地质雷达对隧底、边墙、隧顶外围岩的不良地质探测效果最好,在超前平行导坑中应用可对正洞起到超前地质预报的作用。

5. 红外探水法

在隧道中,围岩每时每刻都在向外部发射红外波段的电磁波,并形成红外辐射场,红外辐射场有密度、能量、方向等信息,岩层在向外部发射红外辐射的同时,必然会把内部的

地质信息传递出来。干燥无水的地层和含水地层发射强度不同的红外辐射,红外线探测仪通过接收岩体的红外辐射强度,根据围岩红外辐射场强的变化值来确定掌子面前方或四周是否有隐伏的含水体。该方法测量快速,施工干扰小,有较高的定性判别准确率,但无法预报水量和含水体前方具体位置等定量指标。

6.瞬变电磁法

瞬变电磁法是探查预报地下水的最佳方法之一,可探查范围为掌子面前方 60 ~ 80m。其主要原理为:通过掌子面前的一个大线圈产生电磁波,低电阻体(如含水层)受此电磁波感应产生感应涡流,感应涡流产生感应电磁场,掌子面上的接收探头可接收到此电磁场,更远处的低电阻体又会受此电磁场感应产生感应电磁场,在瞬变电磁法视电阻率剖面图上含水层呈现低电阻反映。

7.隧道综合超前地质预报法

单一预报方法对地质预报的准确度并不十分可靠,不同方法对相同的地质缺陷预报效果也不尽相同,还没有哪种预报方法能对各种地质缺陷做出准确预报。多种超前预报技术相互结合、相互验证、相互补充、相互约束,可起到降低多解性、提高探测可靠性的作用。

综合超前地质预报应遵循洞内与洞外相结合、地质与物探钻探相结合、长与短相结合、多种方法相互配合的原则。以岩溶地区隧道综合超前地质预报为例,在岩性较好的地段,一般用 TSP 预报 100 ~ 150m,在岩性较差的地段一般预报 100m;当接近不良地质体时,采用地质雷达法或瞬变电磁法进行短期更精确的预报,同时经施工超前探孔进行进一步确认,也可在先行隧道中从侧向钻探了解不良地质构造的情况。

(五)特殊灾害地质的预测方法

特殊灾害地质的预报方法采用专门仪器进行。例如当确定隧道接近或通过煤系地层、储气构造时,可采用沼气氧气两用报警仪,在隧道内进行长期跟踪量测,根据数据的积累统计分析,对开挖面前方的有害气体进行预测,为隧道安全施工提供依据。

四 超前地质预报设计

(一)基本要求

高速铁路隧道应进行超前地质预报设计,预报方法的选择应与施工方法相适应。超前地质预报设计前,应根据隧道的工程地质与水文地质条件、地质因素对隧道施工影响程度及诱发环境问题的程度等,对隧道分段进行地质复杂程度分级。根据不同的地质复杂程度分级,针对不同类型的地质问题,选择不同的方法和手段及其组合进行,并贯穿于施工全过程。

(二)预报长度

超前地质预报可采用长距离预报、中长距离预报和短距离预报,预报长度的划分和预报方法的选择一般遵循下列规定:

(1)长距离预报,预报长度在 100m 以上,可采用地质调查法、地震波反射法及 100m

以上的超前钻探。

(2)中长距离预报,预报长度在 30～100m,可采用地质调查法、弹性波反射法及 30～100m 的超前钻探等。

(3)短距离预报,预报长度在 30m 以内,可采用地质调查法、弹性波反射法、电磁波反射法(地质雷达探测)、红外探测及小于 30m 的超前钻探等。

(三)设计内容

超前地质预报设计应编制超前地质预报设计文件,应包括下列主要内容:

(1)隧道工程地质及水文地质条件,着重说明不良地质与特殊岩土、可能存在的主要工程地质问题及地质风险。

(2)地质复杂程度分级。

(3)超前地质预报的目的。

(4)超前地质预报的设计原则、预报方案、(分段)预报内容、方法选择及不同方法的组合关系、技术要求(同一种预报方法或不同预报方法间的重叠长度、超前钻孔的角度及长度等),必要时应编制气象、重要泉点和洞内主要出水点(流量大于 1L/s 的出水点)、暗河流量等观测计划和观测技术要求等。

(5)超前地质预报实施工艺要求(必要时提出)。

(6)超前地质预报工作安全措施。

(7)超前地质预报工作量、占用工作面的时间。

(8)超前地质预报概预算。

五 超前地质预报实施

(一)基本要求

实施超前地质预报应全面了解隧址区地质情况,分析和掌握存在的主要工程地质问题、主要地质灾害隐患及其分布范围等,核实地质复杂程度分级、超前地质预报方案的内容。采用综合超前地质预报方法时,应将各预报手段所获得的资料进行综合分析与判断,并编制地质综合分析成果报告。施工过程中应将实际开挖的地质情况与预报结果进行对比分析,及时总结经验教训,指导和改进地质预报工作。

1.超前地质预报实施细则

铁路隧道应编制超前地质预报实施细则,并应包括下列内容:

(1)编制依据。

(2)工程概况。

(3)地质概况。简述与地质预报相关的地形地貌、气象特征、地层岩性、地质构造、水文地质,着重说明不良地质与特殊岩土,以及可能存在的主要工程地质问题及地质风险。

(4)地质复杂程度分级。

(5)实施超前地质预报的目的。

(6)超前地质预报方案、分段预报内容及具体预报方法、技术要求、预报工作量,必要时应编制气象、重要泉点和洞内主要出水点(流量大于 1L/s 的出水点)、暗河流量等观测计划和观测技术要求。

（7）超前地质预报工艺流程及操作要点。

（8）超前地质预报组织机构设置及投入的人力、设备资源。

（9）质量要求。

（10）安全措施。

（11）成果资料编制的内容与要求。

（12）工作制度。包括与施工、监理、勘察设计、建设单位的联系制度，地质预报成果报告提交的时限、信息传递方式等。

（13）地质预报成果的验证及技术总结的要求。

2. 超前地质预报竣工总报告

超前地质预报工作应编制各预报方法的预测报告、地质综合分析报告、月报、年报、超前地质预报竣工总报告。

隧道超前地质预报竣工总报告应包括下列内容：

（1）工程概况。

（2）地质概况。包括原有地质资料的概略情况及其结论，施工开挖过程中揭示的不良地质、特殊岩土及存在的主要工程地质问题。

（3）设计预报方案和根据实际地质情况调整后的预报实施方案。

（4）统计各预报方法实际工作量，并与超前地质预报设计工作量进行对比，分析增减的原因。

（5）预报与施工验证对比情况。包括预报准确率统计结果，并对预报绩效进行评价。

（6）设计与施工地质资料对比情况，对勘察资料进行评价。

（7）施工过程中遇到的重大工程地质问题及其处理的经过、措施、效果，以及运营中应注意的事项。

（8）超前地质预报工作的经验与教训，采用新技术、新设备、新方法的情况及推广应用的建议。

（9）附图和附件。

①各种预报方法的预报报告及图件，其内容按有关章节要求编制。

②隧道及平行导坑洞身竣工工程地质纵断面图。内容包括设计与施工地质条件对比，分段围岩级别的对比，不良地质与特殊岩土发育部位与规模的对比，以及地质纵断面图常规项目（如地层岩性、褶曲、断裂的分布与产状，破碎带及坍塌和变形地段的位置、性质及规模，地下水出露的位置、水质、水量等）。其中，地质纵断面图的横向比例为 $1:500 \sim 1:5000$，竖向比例为 $1:200 \sim 1:5000$。

（二）断层预报

应探明断层的性质、产状、富水情况、在隧道中的分布位置以及断层破碎带的规模、物质成分等。应以地质调查法为基础，以弹性波反射法探测为主，必要时采用红外探测、高分辨直流电法探测断层带地下水的发育情况，并采用超前钻探法验证。

当隧道施工接近规模较大的断层时，应注意观测可能前兆，并可通过地表补充地质调查、洞内地质调查、地表与地下构造相关性分析、断层趋势分析等手段预报断层的分布位置。

断层预报可按以下步骤进行：

(1)根据区域地质资料、工程地质平面图与纵断面图及必要的地表补充地质调查，进一步核实断层的性质、产状、位置、规模等。

(2)采用弹性波反射法确定断层在隧道内的大致位置和宽度。

(3)必要时采用红外探测、高分辨直流电法探测断层带地下水的发育情况。

(4)必要时采用超前钻探预报断层的确切位置和规模、破碎带的物质组成及地下水的发育情况等。

(5)采用隧道内地质素描、地质作图及断层趋势分析等手段预报断层的分布位置。

(6)地质综合判析，提交地质综合分析成果报告。

(三)岩溶预报

探明岩溶在隧道内的分布位置、规模、充填情况及岩溶水的发育情况。以地质调查法为基础，以超前钻探法为主，结合多种物探手段进行综合超前地质预报，并应采用宏观预报指导微观预报、长距离预报指导中短距离预报的方法。

1. 岩溶预报步骤

岩溶预报可按以下步骤进行：

(1)研究隧址区岩溶发育规律。充分收集、分析、利用已有区域地质和工程地质资料，辅以工程地质补充调绘，查明隧址区工程地质与水文地质条件，分析岩溶发育的规律，宏观掌握区域地质条件，指导超前地质预报工作。

(2)隧道内地质素描。根据隧道内地质素描结果，验证、调整地质复杂程度分级和超前地质预报方案。

(3)物探探测。根据地质条件，可采用弹性波反射法进行长、中长距离探测，以探明断层等结构面，以及规模较大、可足以被探测的岩溶形态；采用高分辨直流电法、红外探测法进行中长、短距离探测，可定性探测岩溶水；采用地质雷达法进行短距离探测，以查明岩溶位置、规模和形态。

(4)超前地质钻探。根据地质复杂程度分级、隧道内地质素描、物探异常带进行超前地质钻探预报和验证，对富水岩发育地段，超前地质钻探必须连续重叠式进行。超前钻探揭示岩溶后，应适当加密，必要时采用地质雷达及其他物探手段进行短距离的精细探测，配合钻探查清岩溶规模及发育特征。

(5)加深炮孔探测，岩溶发育区必须进行加深炮孔探测。

(6)地质综合判析，提交地质综合分析成果报告。

2. 需重点查明分析的内容

在研究隧址区岩溶发育规律时，应着重查明和分析以下方面的内容：

(1)地层岩性：可溶性岩层与非可溶性岩层的分布与接触关系，可溶性岩层的成分、结构和溶解性，特别是强岩溶(质纯层厚的灰岩、盐岩)的地层层位和展布范围，及其与隧道线路中线的相互关系。

(2)地质构造：包括隧址区的构造类型，褶皱轴的位置、两翼岩层产状；断裂带的位置、规模、性质、产状，特别是两条或两条以上断层交汇的位置(侵蚀性地下水的有利通道)；主要节理裂隙的性质、宽度、间距、延伸方向、贯通性及充填情况等；新构造运动的性质、特点等。分析上述构造与岩溶发育的关系及不同构造部位岩溶发育特征和发育程度的差异性，划分岩溶发育带；分析上述构造与隧道线路中线的相互关系。

（3）岩溶地下水：地下水的埋藏、补给、径流和排泄情况、水位动态及水力连通情况，分析隧道受岩溶地下水影响的程度。

（4）隧道处于岩溶垂直分带的部位：根据隧道线路高程、穿越山区地形、地表岩溶发育情况、区域和隧址区侵蚀基准面等，判断隧道处于岩溶垂直分带的部位。

（5）岩溶发育的层数：根据岩性、新构造运动和水文地质条件，结合地表测绘，查明岩溶发育的层数及与隧道的关系。

（6）依据岩溶发育的垂直分带性、隧道高程和地下水季节的变化，判断那些可能与隧道相遇的溶洞、暗河的含水量，或分析那些不与隧道相遇的有水溶洞或暗河对隧道施工的影响程度。

（7）岩溶形态：岩溶形态的类型、位置、大小、分布规律、形成原因及与地表水、地下水的联系，以及地表岩溶形态和地下岩溶形态的联系。

（8）结合有利于岩溶发育的岩层层位和构造位置，在大小封闭的洼地内、当地河流岸边或其他部位，查明大型溶洞或暗河的入口、出口的位置及高程。结合可能成为暗河通道的较大断层或较紧闭背斜褶皱的核部位置、产状，推断暗河大致通道，确定能否与隧道相遇或与隧道的大概空间位置关系。

（9）根据褶皱轴、断层、节理密集带、可溶岩与非可溶岩接触带、陡倾角可溶性岩、质纯层厚可溶性岩层的位置与产状，用地表与地下相关性分析法，分析隧道内可能出现的大型溶洞、暗河的位置。

3. 隐伏岩溶探测

岩溶地区应开展岩溶重点发育地段隧道周边隐伏岩溶探测工作。岩溶地区隧底隐伏岩溶洞穴的探测应符合以下要求：

（1）采用综合物探查明隧底隐伏岩溶洞穴的位置、规模。

（2）根据物探资料布置钻孔验证。

（3）根据钻探验证结果修订物探异常成果图，作出预测隐伏岩溶图。

（四）煤层瓦斯预报

探明煤层分布位置、煤层厚度，测定瓦斯含量、瓦斯压力、涌出量、瓦斯放散初速度及煤的坚固性系数等，判定煤的破坏类型，分析判断煤的自燃及煤尘爆炸性、煤与瓦斯突出危险性，评价隧道瓦斯严重程度及对工程的影响，提出技术措施建议等。

隧道在煤系地层、压煤地段及其他可能含瓦斯地层开挖施工时，应加强瓦斯检测。瓦斯浓度超过规定指标时，应立即采取措施，确保安全，并上报有关部门，查明瓦斯来源，分析可能带来的危害程度，制定下一步地质预报工作的方案和措施，并做好瓦斯检测记录存档备查。

1. 煤层瓦斯预报步骤

煤层瓦斯预报可按以下步骤进行：

（1）根据区域地质资料、工程地质勘察报告、工程地质平面图与纵断面图、煤层地表钻探资料和必要的地表补充调查，通过地质作图进一步核实煤层的位置与厚度等。

（2）采用物探法确定煤层在隧道内的大致位置和厚度。

（3）采用洞内地质素描，利用地层层序、地层厚度、标志层和岩层产状等，通过作图分析确定煤层的里程位置。

（4）接近煤层前，必须对煤层位置进行超前钻探，标定各煤层的准确位置，掌握其赋存情况及瓦斯状况。

（5）揭煤前应进行瓦斯突出危险性预测。

（6）综合分析，提交地质综合分析成果报告。

2. 相关规定

（1）超前钻探。

超前钻探应符合以下规定：

①应在距煤层 15 ~ 20m（垂距）处的开挖工作面钻 1 个超前钻孔，初探煤层位置。

②在距初探煤层 10m（垂距）处的开挖工作面上钻 3 个超前钻孔，分别探测开挖工作面前方上部及左右部位煤层位置，并采取煤样和气样进行物理、化学分析及煤层瓦斯参数测定，在现场进行瓦斯及天然气含量、涌出量、压力等测试工作。

③按各孔见煤、出煤点计算煤层厚度、倾角、走向，判断煤层与隧道的关系，并分析煤层顶、底板岩性。

④掌握并收集钻孔过程中的瓦斯动力现象。

（2）揭煤前瓦斯突出危险性预测。

揭煤前瓦斯突出危险性预测应符合以下规定：

①在瓦斯突出工区施工时，应在距煤层垂距 5m 处的开挖工作面打瓦斯测压孔，或在距煤层垂距不小于 3m 处的开挖工作面进行突出危险性预测。

②瓦斯突出危险性预测应从瓦斯压力法、综合指标法、钻屑指标法、钻孔瓦斯涌出初速度法、"R"指标法等五种方法中选用两种方法，相互验证。石门揭煤可采用瓦斯压力法、综合指标法或钻屑指标法，对于煤巷掘进宜采用钻孔瓦斯涌出初速度法、钻屑指标法或"R"指标法。

③突出危险性预测方法中有任何一项指标超过临界指标，该开挖工作面即为有突出危险工作面，其预测时的临界指标应根据实测数据确定。当无实测数据时，可参照表5-11中所列突出危险性临界值。

突出危险性预测指标临界值　　　　　　　　　　　　表 5-11

序号	预测类型	预测方法	预测指标	突出危险性临界值
1	石门揭煤突出危险性预测	瓦斯压力法	P（MPa）	0.74
		综合指标法	D	0.25
			K	20（无烟煤），15（其他煤）
		钻屑指标法	Δh_2（Pa）	160（湿煤），200（干煤）
			$K_1\left[\mathrm{mL}/(\mathrm{g}\cdot\mathrm{min}^{1/2})\right]$	0.4（湿煤），0.5（干煤）
2	煤巷开挖工作面突出危险性预测	钻孔瓦斯涌出初速度法	Q	4
		"R"指标法	R_m	6
		钻屑指标法	Δh_2（Pa）	160（湿煤），200（干煤）
			$K_1\left[\mathrm{mL}/(\mathrm{g}\cdot\mathrm{min}^{1/2})\right]$	0.4（湿煤），0.5（干煤）
			最大钻屑量（kg/m）	6

④钻孔过程中出现顶钻、夹钻、喷孔等动力现象时，应视该开挖工作面为突出危险工作面。

⚠ 任务实施与总结评价

请完成本教材配套《铁路隧道工程施工与维护实训手册》中专业知识认知、能力素质训练及任务总结的相关内容，并依次进行学员自评、组长评价和指导老师评价。

勇于跨越，追求卓越

TBM 与盾构机施工

【项目描述】

隧道施工作业机械化水平直接影响到工人的劳动强度和安全状况、工程质量和劳动生产率。高科技的机械化施工手段是隧道和地下工程施工能力的重要体现和标志。没有现代化的盾构机和 TBM，想要在软弱、富水的地层中快速修建地铁和穿越数十公里的崇山峻岭也是难以想象的。自 1995 年我国首次引进德国盾构机至今，我们从蹒跚学步，到一路向前掘进，再到跨入世界先进行列，实现了完美逆袭。中国盾构机、TBM 的品种越来越多，功能越来越强大，截至 2023 年中国盾构机订单总数超过 5000 台，已出厂超过 4500 台，出口海外约 40 个国家和地区。本项目主要学习掘进机和盾构机的施工技术。

【学习目标】

知识目标

1. 理解 TBM 和盾构机的基本概念。

2. 熟悉 TBM 和盾构机的分类及其使用条件。

3. 掌握 TBM 和盾构机的结构组成及其作用。

4. 掌握 TBM 和盾构机选型的原则和依据。

5. 掌握 TBM 的掘进操作流程。

6. 掌握掘进机的工作原理。

能力目标

1. 能够结合 TBM 和盾构机，说出 TBM 和盾构机的结构组成及其作用。

2. 能够根据隧道的实际情况，选择合适的 TBM 类型。

3. 能够根据隧道的实际情况，选择合适的盾构机类型。

4. 能够根据隧道实际的不同地质条件，选择合适的掘进机参数。

5. 能够根据隧道具体的不良地层,提出隧道掘进机施工的工程对策。

6. 能够根据掘进机掘进施工的具体情况,选择合适的掘进参数。

素质目标

1. 学习大瑞铁路和昌九高速铁路的案例,了解国家重大工程的战略性意义和空前难度,激发铁路强国的责任担当。

2. 学习隧道掘进机和盾构机的相关知识,了解我国在"大国重器"上的突破,培养不畏艰难、创新发展的品质。

3. 学习大国工匠母永奇的事迹,感受执着专注、精益求精的工匠精神,培养勇于跨越、追求卓越的精神。

【学习导航】

TBM 与盾构机施工

任务一　TBM 施工

◇ 任务引入

　　高黎贡山隧道位于中国云南省保山市，全长 34.538km，是大瑞铁路的重点控制性工程，是世界第七长大隧道、亚洲最长铁路山岭隧道、中国最长铁路隧道。该隧道最大埋深达 1155m，平均埋深为 800m。隧道地质条件极为复杂，要穿越 18 种不同岩层、19 条活动断裂带，有"世界上最难修的铁路"和"地质博物馆"之称，几乎囊括了隧道施工的所有不良地质和重大风险。2017 年 8 月 1

图 6-1　"彩云号"TBM

日，由中铁工程装备集团有限公司自主研制的我国最大直径敞开式岩石隧道掘进机 (TBM)"彩云号"成功下线，应用于高黎贡山隧道，如图 6-1 所示。该设备开挖直径达到 9.03m，整机长度约为 230m，整机质量约 1900t，一举填补了国内 9m 以上大直径硬岩掘进机的空白，改写了我国铁路长大隧道项目机械化施工长期受制于人的历史。到底什么是掘进机呢？这将是我们要学习的内容。

▲ 任务描述

　　结合高黎贡山隧道，熟悉隧道掘进机的分类和结构组成，能够结合隧道的具体情况选择合适的掘进机类型；掌握隧道掘进机施工技术。

◇ 相关知识

一　基本概念

文档：盾构及掘进技术
国家重点实验室

文档：我国最深海底铁路隧道
盾构机率先"冲刺"既定里程

文档：科技创新助力我国
隧道技术装备领先世界

　　隧道掘进机是将掘进、支护、出渣等施工工序并行连续作业，是机、电、液、光、气等系统集成的工厂化流水线隧道施工装备。隧道掘进机问世于 1952 年，由美国 Robbins 公司生产，自 20 世纪 90 年代我国引入铁路隧道施工以来，先后在西康铁路秦岭隧道、西安南京铁路磨沟岭、桃花铺 1 号隧道、吐库二线中天山隧道、兰渝铁路西秦岭隧道、大瑞铁路高黎贡山隧道等特长隧道工程中得到了应用，取得了很多宝贵的建设经验。

　　广义上的隧道掘进机包含全断面掘进机和部分断面掘进机，全断面掘进机包括了硬岩掘进机和盾构机(软土掘进机)。在我国隧道施工领域，通常把全断面硬岩隧道掘进机称为"TBM"(full face rock tunnel boring machine)，如图 6-2 所示。TBM 通过旋转刀盘并

图 6-2　TBM

推进使滚刀破碎岩石，采用主机带式输送机出渣。

（一）TBM 施工的优点

TBM 是山岭隧道高度机械化的开挖设备。隧道 TBM 法具有质量可控、安全可靠、节能环保、效率高和省劳动力等优点，符合隧道施工机械化、智能化发展方向和趋势。

（1）施工进度快。其掘进速度为常规钻爆法的 3～10 倍。TBM 是一种集机、电、液压、传感、信息技术于一体的隧道施工成套设备，可以实现连续掘进，能同时完成破岩、出渣、支护等作业，实现了工厂化施工，掘进速度较快，效率较高。

（2）施工质量好。TBM 采用滚刀进行破岩，避免了爆破作业，成洞周围岩层不会受爆破振动而破坏，洞壁完整光滑，超挖量少。TBM 开挖隧道的洞壁粗糙率一般为 0.019，比钻爆法光面爆破的粗糙率小 17%。开挖洞径尺寸精确、误差小，可控制在 ±2cm 范围内。

（3）施工安全。TBM 自身带有局部护盾或整体护盾，改善了作业人员的洞内劳动条件，同时避免了爆破施工可能造成的人员伤亡，事故大大减少。

（4）施工环保。TBM 施工不用炸药爆破，施工现场环境污染小；施工沉降小，有利于地面建筑物的保护；掘进速度快，工期比较容易得到保证；TBM 施工减少了长大隧道的辅助导坑数量，保护了生态环境；如果使用双护盾 TBM 还可以减少隧道内水的流失，有利于环境保护和减少水土流失。

（5）效益高。TBM 施工速度快，缩短了工期，较大地提高了经济效益和社会效益；同时由于超挖量小，节省了大量衬砌费用。TBM 施工用人少，降低了劳动强度、减少了材料消耗。

（6）自动化、信息化程度高。TBM 采用了计算机控制、传感器、激光导向、测量、超前地质探测、通信技术，是集机、光、电、气、液、传感、信息技术于一体的隧道施工成套设备，具有自动化程度高的优点。TBM 具有施工数据采集功能、TBM 姿态管理功能、施工数据管理功能、施工数据实时远传功能，实现了信息化施工。

（二）TBM 施工的缺点

TBM 的地质针对性较强，不同的地质条件、隧道断面，需要不同的 TBM，并配置适应不同要求的辅助设备。TMB 施工还存在以下缺点：

（1）地质适应性较差。TBM 对隧道的地层最为敏感，不同类型的 TBM 适用的地层也不同。一般的软岩、硬岩、断层破碎带，可采用不同类型的 TBM 辅以必要的预加固和支护设备进行掘进。但对于大型的岩溶暗河发育的隧道、高地应力隧道、软岩大变形隧道、可能发生较大规模突水涌泥的隧道等特殊不良地质隧道，则不适合采用 TBM 施工。

（2）不适宜中短距离隧道的施工。由于 TBM 体积庞大，运输移动较困难，施工准备和辅助施工的配套系统较复杂，加工制造工期长，对于短隧道和中长隧道很难发挥其优越性。

（3）断面适应性较差。断面直径过小时，后配套系统不易布置，施工较困难；而断面过大时，又会带来电能不足、运输困难、造价昂贵等问题。一般地，较适宜采用 TBM 施工的隧道断面直径在 3～12m；对直径在 12～15m 的隧道应根据围岩情况和掘进长度、外界条件等因素综合比较；对于直径大于 15m 的隧道，则不宜采用 TBM 施工。此外，变断面隧道也不能采用 TBM 施工。

（4）运输困难，对施工场地有特殊要求。TBM 属大型专业设备，全套设备重达几千吨，最大部件重量达上百吨，拼装长度最长达两百多米。洞外配套设施多，主要有混凝土拌和系统、管片预制厂、修理车间、各种配件、材料库、供水、供电、供风系统，运渣和翻渣系统，装卸调运系统，进场场区道路，TBM 组装场地等。这些对隧道的施工场地和运输方案等都提出了很高的要求，可能有些隧道虽然长度和地质条件较适合 TBM 施工，但运输道路难以满足要求，或者现场不具备布置 TBM 施工场地的条件。

（5）设备购置及使用成本大。TBM 施工需要高负荷的电力保证、需要高素质的技术人员和管理队伍、前期购买设备的费用较高，这些都直接影响到 TBM 施工的适用性。

二 TBM 分类

根据掘进机的结构形式，可将其分为敞开式（岩石隧道）掘进机、单护盾（岩石隧道）掘进机、双护盾（岩石隧道）掘进机。

动画：掘进机简介

（一）敞开式掘进机

敞开式掘进机利用支撑机构撑紧洞壁，以承受向前推进的反作用力和扭矩的全断面岩石掘进机，如图 6-3 所示。开挖后立即施作初期支护，如在刀盘护盾后面打锚杆、挂网、喷射混凝土、架设钢拱架等，永久衬砌支护待贯通后施作或者采用同步衬砌技术施工。

敞开式掘进机一般在良好地质中使用，适用于整体较完整、有较好自稳能力的中硬~坚硬地层，主要以Ⅱ、Ⅲ级围岩为主的隧道。软弱围岩采取有效支护手段后也可适用。掘进过程中如果遇到局部不稳定的围岩，可以利用 TBM 所附带的辅助设备，安装锚杆、喷射混凝土、架设钢拱架、加挂钢筋网等方式予以加固；当遇到局部软弱围岩及破碎带，则可由 TBM 附带的超前钻机与注浆设备，预先加固前方围岩，待围岩达到可自稳状态后再掘进通过。

图 6-3　敞开式掘进机

（二）单护盾掘进机

单护盾掘进机配置有完整的护盾，如图 6-4 所示。掘进过程中，要利用管片作为支撑，其作业原理类似于盾构，掘进与安装

图 6-4　单护盾掘进机

项目六　TBM 与盾构机施工

225

管片两者不能同时进行，施工速度较慢。单护盾 TBM 与盾构机的区别有两点：一是单护盾 TBM 采用皮带机出渣，而盾构机则采用螺旋输送机出渣或采用泥浆泵以通过管道出渣；二是单护盾 TBM 不具备平衡掌子面的功能，而盾构机则采用土仓压力或泥水压力平衡开挖面的水土压力。

单护盾掘进机适应地质条件相对较差但开挖工作面能自稳的情况，主要以Ⅲ、Ⅳ级围岩为主的隧道。

图6-5　双护盾掘进机

（三）双护盾掘进机

双护盾掘进机配置有前后护盾，在前后护盾之间有伸缩护盾，后护盾配置有一套支撑靴，如图 6-5 所示。双护盾掘进机与单护盾掘进机的区别是增加了一个护盾，在硬岩中施工时利用水平撑靴支撑于洞壁传递反力，既可利用尾部的推力千斤顶顶推尾部安装好的衬砌管推进，也可以利用水平支撑进行开挖。双护盾掘进机兼具敞开式和单护盾掘进机两种功能，能更好地适应硬岩、软岩地层。

三　TBM 结构组成

TBM 是集机、电、液、气、光为一体的高科技的复杂机械。为了实现开挖、出渣、成洞等功能，掘进机主要由主机、支持系统和辅助系统三个部分。TBM 结构组成如图 6-6 所示。

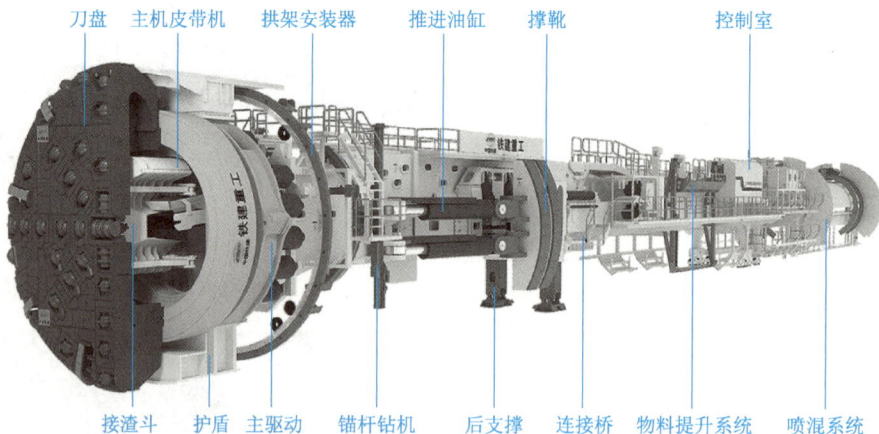

图6-6　TBM 结构组成

（一）主机

主机主要由刀盘、护盾、驱动系统、主梁、推进系统、后支撑、液压系统、电气控制系统等组成，负责隧道的开挖与支护。

1. 刀盘

刀盘是由钢板焊接的结构件，是掘进机中几何尺寸最大、单件重量最重的部件。刀盘是装拆掘进机时，选择起重设备和运输设备的主要依据。刀盘装有若干个盘形滚刀用于挤压切削岩石，同时在前端还装有径向带齿的石渣铲斗用于软岩开挖。刀盘与大轴承转动组件通过专用大直径高强度螺栓相连。如图 6-7 所示。

刀盘结构形式分为平面、球面和锥面三种形式。其中，平面刀盘接触破岩的面积

图 6-7　刀盘

小，受到的阻力小，减小了对围岩的扰动，适合开挖围岩不太稳定的地层；球面刀盘可增加设备的定向性和稳定性，对不良地质条件适应性差；锥形刀盘介于平面与球面之间。

2. 护盾

护盾是用于保护设备及人员安全的周边壳体。TBM 掘进时，头部振动激烈，主变速箱的四周连接了一圈护盾，起保护机头、稳定机头和辅助调向的作用。开敞式 TBM 护盾由顶护盾、侧护盾、下支撑及其相关的油缸组成。双护盾掘进机头部是上下支撑体；后部直接与前护盾相连，底部与洞壁接触，顶部和两侧都不接触洞壁，配置了左右各一个稳定器。侧护盾缸可以辅助掘进机的左右调向，下支撑缸可以辅助掘进机的抬头式或低头式作业。

3. 驱动系统

驱动系统的布置形式有前置式和后置式两种。前置式驱动系统的减速箱、电机直接联在刀盘支承上，结构紧凑。但掘进机头部比较拥挤，增加了头部重量。后置式驱动系统的减速箱、电机布置在掘进机中部或后部，通过长轴与安装在刀盘支承内的小齿轮相连。这样布置有利于掘进机头部设施的操作和维修，也对掘进机整机重量的均衡布置有益，但增加了整机重量。

4. 主梁

主梁是 TBM 的主要构件，其他部件都安装在主梁之上，其作用是将来自支撑靴的作用反力传递至主轴承、刀盘、刀具上。

5. 支撑和推进系统

支撑系统是掘进机的固定部分，撑靴如图 6-8 所示。在掘进过程中，支撑系统支承着掘进机的重量，并将开挖推力和扭矩传递给岩壁形成反力。不同结构形式的掘进机，支撑系统对掘进方向的控制不同。双水平支撑的敞开式掘进机在换步时利用后下支

图 6-8　撑靴

撑来调整机器的方位，一经确定，刀盘只能按预定方向掘进。一般掘进机能提供的支撑反力应是大刀盘额定推力的 3 倍左右，足够大的支撑反力可保证在强大推力下掘进时，刀盘有足够的稳定和正确的导向，并有利于刀具减少磨耗。开挖刀盘推进力是按照每把盘形刀所能承受的推力和盘力数量来决定的。

6. 液压系统

液压系统的作用是为 TBM 的支撑、推进、牵引等许多部件提供动力。该系统由高压低流量和低压高流量的油泵组合而成。液压油由泵从油箱供给至各个油缸和液压马达，再经由回路流回油箱，形成一个回路。

7. 电气控制系统

电气控制系统是用于全断面隧道掘进机操作、监控的系统，包括数据采集系统、远程监控系统等。由各类传感器、检测元器件、电缆、控制柜、PLC 工业计算机等组成。收集的信息汇送到控制室，经计算机进行处理，再经操作人员综合判断识别后，及时作出相应的操作处理。

（二）支护系统

根据预报的地质资料，对于断层、破碎带、岩浆、溶洞等不良地层掘进施工，掘进机都配备有支护、衬砌设备。这些设备主要通过采取锚、撑、衬、灌、喷、冻等方法，使掘进机通过不良地层，并获得所需的隧道断面。开敞式掘进机和护盾式掘进机由于洞壁裸露情况不一而配置各自不同的衬砌、支护系统。

图 6-9　锚杆钻机

1. 锚杆钻机

TBM 配套的锚杆钻机一般在主机前方刀盘后部安装两台，在皮带连接桥位置安装两台，其中前部的两台钻机可进行超前的钻孔，前后安装的钻机均可实现全圆周方向钻孔，并配备有钻杆接杆器。锚杆钻机如图 6-9 所示。

2. 钢拱架安装器

钢拱架安装器的结构架为一个大型的钢导轨，在马达的驱动下旋转。钢拱架的安装完全由机械手完成，第一段钢拱架在安装器上夹住后，安装器的导轨局部旋转，这样下一段钢拱架就可以用螺栓固定在前一段的尾部。重复这个过程，将每环用螺栓固定在前一段的尾端，直到整环完成。当一环形成后，由钢拱架安装器上的张紧机构对钢拱架进行张紧。

3. 钢筋网安装器

钢筋网安装器在锚杆钻机的后方工作平台，可以将钢筋网片组合并顶起安装在预定位置。在出水洞段钢筋网安装器和钢瓦片安装器协作可完成钢瓦片的安装。

4. 钢瓦片安装器

钢瓦片安装器利用钢拱架安装器的尺圈作为旋转结构，利用抓取装置将瓦片抓起，旋转定位顶紧在洞壁上，利用锚杆钻机施工锚杆固定。

5. 混凝土喷射系统

TBM 安装两台混凝土喷射机械手，可完成 360°范围的混凝土喷射。

6. 注浆灌浆设备

液压注浆系统可快速及时地对危险体或存在潜在危险体进行支护。注浆系统和钻机均由其自带的液压泵站提供动力。

（三）辅助系统

1. 定位导向系统

为了确保 TBM 在长隧道施工中能连续的按设计的洞线进行施工，都配置有定位导向装置。可在隧道施工过程中准确的监测 TBM 的具体位置，及时、准确地计算并显示出 TBM 的位置与设计线路的具体偏差；给 TBM 驾驶员提供连续、准确、清晰的数据，使驾驶人员及时纠正 TBM 的位置及状态，使 TBM 掘进方向和隧道设计线路保持一致，从而保证隧道施工的质量。上海米度测量技术有限公司自主研发的 MTG-T 自动导向系统如图 6-10 所示。

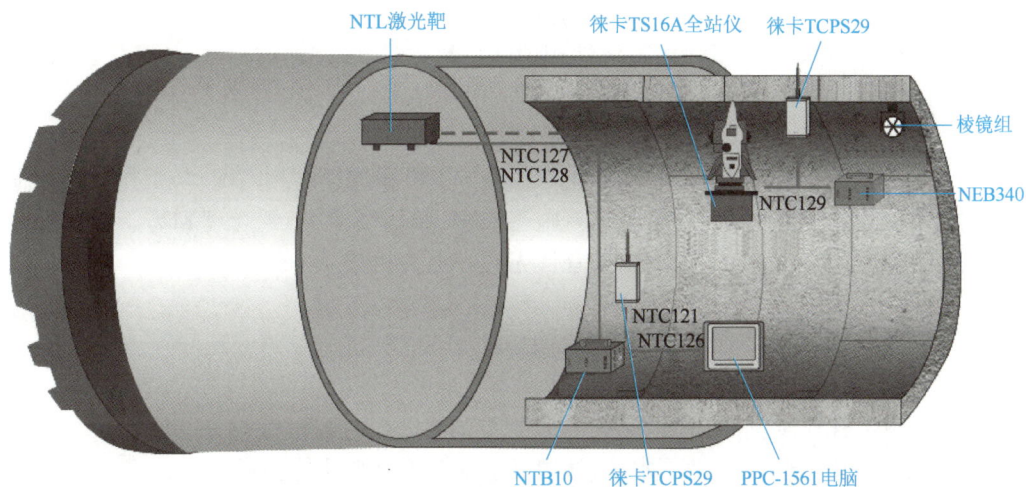

图 6-10　MTG-T 自动导向系统

2. 皮带输送系统

TBM 的皮带输送系统将石渣通过本身的皮带机输送到转渣皮带机而后通过洞内连续皮带运输出洞。TBM 皮带机的带宽为 1200mm。如图 6-11 所示。

3. 通风除尘系统

通风系统布置在后配套的尾部，包括一个新鲜风接力送风系统。TBM 上的除尘系统包括风机、消音器、除尘器。新鲜风系统配套 2 个可存储柔性风筒的储风筒。

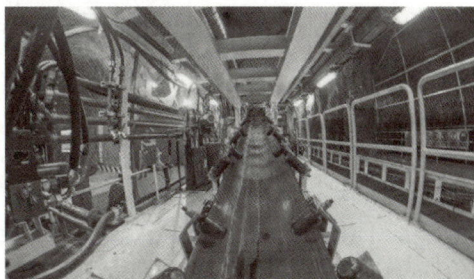

图 6-11　皮带输送系统

项目六　TBM 与盾构机施工

4. 气体监测系统

在 TBM 上安装气体监测系统。所有监测数据最终传送到后配套上的箱式报警装置。测得的数据在 TBM 控制室内可以显示，并可以储存在数据采集系统。

5. 应急供电系统

后配套安装两台备用发电机，在发生高压供电故障时，可以启动为通风机、应急照明、电缆卷筒、排水泵、PLC 系统提供应急的电力供应。

6. 消防系统

在液压泵站、润滑油泵站和主要电气设备附近布置自动消防灭火系统。同时，在主机和后配套区域布置人工操作的灭火器。

四 TBM 选型

(一) 选型的原则

隧道施工前，应对掘进机设备进行选型，做到配套合理，充分发挥施工机械的综合效率，提高机械化施工水平。掘进机设备选型应遵循下列原则：

(1) 安全性、可靠性、先进性、经济性相统一。

(2) 满足隧道外径、长度、埋深和地质条件、沿线地形以及洞口条件等环境条件。

(3) 满足安全、质量、工期、造价及环保要求。

(4) 后配套设备与主机配套，满足生产能力与主机掘进速度相匹配、与工作状态相适应，且能耗小、效率高的原则，同时应具有施工安全、结构简单、布置合理和易于维护保养的特点。进入隧道的机械，其动力设备宜优先选择电力机械。

(二) 选型的依据

TBM 选型依据如下：

(1) 隧道工程地质、水文地质条件，包括地层岩性、岩石强度、完整性、节理发育程度、石类含量，地下水发育程度、地下水位、隧道涌水量及不良地质等多项参数。

(2) 隧道断面的形状、几何尺寸，隧道长度、坡度、转弯半径、埋深等设计参数。

(3) 线路周边环境条件、沿线场地条件、周边管线、建(构)筑物及地下洞室的结构特性、基础形式、现状条件及可能承受的变形。

(4) TBM 一次连续掘进隧道的长度以及单个区间的最大长度。

(5) 隧道施工总工期、准备工期、开挖工期等隧道施工进度要求。

(6) 同一区域类似钻爆法施工隧道的变形监控量测资料。

(7) 处理不良地质的灵活性、经济性。

(8) TBM 制造商的业绩与技术服务能力。

(9) 施工队伍的专业技术水平和管理水平等。

(三) 选型的影响因素

TBM 选型应按以下因素综合分析确定：

（1）隧道的长度和平、纵断面尺寸等隧道设计参数。

（2）隧道的地质条件：

①隧道的围岩级别、岩性、围岩岩石的坚硬程度（单轴饱和抗压强度），隧道的断层数量、断层宽度、充填物种类和物理特性。

②岩体完整程度和岩体完整性系数。

③岩石的耐磨性及石英含量。

④岩体主要结构面的产状与隧道轴线间的组合关系。

⑤围岩的初始地应力状态。

⑥隧道的含水、出水状态等水文地质。

⑦隧道的有害、可燃性气体及放射性物质的分布情况。

（3）隧道施工环境：

①周边环境、进出口施工场地、交通情况。

②气候条件。

③水电供应情况。

④隧道施工总工期及节点工期要求。

⑤经济技术性比较。

选型时应重点考虑岩石的可掘性、开挖面稳定性、开挖时洞壁稳定性、断层带长度、挤压地层的存在等制约 TBM 施工性能的因素。

（四）选型的主要步骤

TBM 选型一般按下列步骤进行：

（1）根据地质条件、施工环境、工期要求、经济性等因素确定 TBM 的类型。

（2）进行敞开式 TBM 与护盾式 TBM 之间的选择。

（3）根据隧道设计参数及地质条件进行同类 TBM 之间结构、参数的比较选型，查阅主机的主要技术参数。

（4）根据生产能力与主机掘进速度相匹配原则，确定后配套设备的技术参数与功能配置。

（5）确定了 TBM 类型后，要针对具体隧道工程的设计参数、地质条件、掘进长度，查阅主机的主要技术参数，选择对地层适应性强、整机功能可靠、可操作性及安全性较强的主机。敞开式 TBM 还要特别重视钢拱架安装器、喷锚等辅助支护设备的选型和配套，以适应隧道地质的变化。

一般情况下，以Ⅱ、Ⅲ级围岩为主的隧道较适合采用敞开式 TBM 施工，Ⅲ、Ⅳ级围岩为主隧道较适合采用双护盾 TBM 施工。

五 TBM 适应性分析

（一）选型控制因素

（1）所选 TBM 必须适应地质状况，满足所穿越地层的施工需要，符合隧道特性，满足

项目六 TBM 与盾构机施工

231

隧道用途。

（2）所选 TBM 必须能够满足区间隧道平面曲线转弯半径和纵向坡度的要求，即要求 TBM 掘进方向能够根据线形条件及时调整并有效控制，所配置的导向系统应能保证隧道最后贯通误差的要求。

（3）所选 TBM 必须能够满足安全、质量、工期、造价及环保的要求。

（4）TBM 连续掘进距离长，所选 TBM 应当具有良好的性能、较长的使用寿命、充足的备件和配件。

（5）所选 TBM 需配置超前地质预报、超前钻探、超前钻孔注浆加固等设备，以防止地层坍塌损坏或卡住 TBM，且处理特殊地质的方法要灵活。

（二）地质适应性分析

地质水文资料必须详细、准确、可靠。隧道施工的根本问题通常是由隧道穿越地层的物理特性与岩土性质决定的；TBM 掘进为全断面、机械化开挖，开挖方式并不灵活，对开挖地层的适应性尤为重要。

（三）施工风险

1. 敞开式 TBM 主要施工风险

（1）敞开式 TBM 只能在开挖后进行围岩的初期支护，为了不影响掘进速度，避免施工干扰，后续二次衬砌须待 TBM 转场或全部掘进完成后才能施作，这使得隧道的开挖区间长时间处于只有初期支护的状态。

（2）TBM 在通过围岩破碎带时，或穿过回填土地层时，需要提前采取围岩加固措施。这将会增加较多的超前加固措施及辅助处理措施，较大程度地影响掘进速度。

（3）遇洞周软弱破碎带接地比压不足时，会造成 TBM 头部下沉，无法掘进。

2. 护盾式 TBM 主要施工风险

（1）护盾式 TBM 为开胸模式，在通过不稳定地层时施工风险很大，且出渣较困难。

（2）护盾式 TBM 适应小曲线半径的能力较差。

（3）管片预制需设置管片场，投资大、占地大、模具较多、管片费用较高。

（4）单护盾 TBM 的前进动力通过油缸顶推后续管片来实现，要求管片必须紧跟，掘进与管片拼装不能同步进行，对掘进速度造成一定的影响。

（5）双护盾 TBM 由于机体最长，且存在前、后护盾和中间伸缩盾，如遇地层较破碎段、坍塌、可能的变形段时 TBM 容易被卡住，施工掉块可能损坏顶推油缸，严重时甚至无法掘进，施工灵活性差。

（6）若开挖洞室洞周收敛变形较大，双护盾 TBM 开挖通过后会因洞周收敛将机器卡住。

3. 工程措施

针对不同风险可采取的工程措施具体见表6-1。

不同风险的处理措施 表 6-1

TBM 类型	风险及不利因素	处理措施
敞开式	二次衬砌滞后时间较长，初期支护长时间暴露	尽可能将喷射混凝土机靠近刀盘，必要时在操作室的平台上另增加人工喷射混凝土机，及早进行喷射混凝土支护；围岩较差段较短时，可利用 TBM 检修时间提前施作该段二次衬砌；当落较长时，风、水、电供应仍走原隧道，出渣利用区间联络通道或设在车站的运输道岔切换到另一管隧道进行，也可以通过就近车站的出入口运出，本段隧道进行二次衬砌施工
	局部通过土岩破碎带，或穿过回填土地层段	利用 TBM 自身的超前钻机施作管棚超前注浆支护，并在随后加强初期支护以保证围岩的稳定
	软弱破碎带接地比压不足，造成 TBM 头部下沉，无法掘进	在撑靴位置打锚杆并注浆加固围岩，或采取加垫枕木及钢模板等辅助措施，增大撑靴受力面积，避免出现反力不足、撑靴沉陷的情况
单护盾	难以适应半径小于 500m 的曲线段	缩短换步距离，减小管片宽度，增设扩挖刀，以"短掘进，大超挖"的方式、以折线代曲线逐渐通过。但会导致 TBM 设备费用增加，隧道施工难度加大，速度变缓，管片类型增多，工程投资增加较大
	掘进与管片拼装不能同步进行。影响掘进速度	单护盾 TBM 掘进与管片拼装不能同步进行是其工作原理决定的。可根据地质条件优化掘进参数，减少单次掘进距离，缩短掘进与拼装的交替时间；通过预判管片姿态、优化抓取路径、"先粗后精"进行定位、使用"微动模式"等方法缩短拼装时间；通过减少无效停机、快速刀具检查、设备状态监控等手段提高掘进效率；双模式 TBM 在适合的地质条件下切换到双护盾模式，实现掘进与拼装的同步
	机体较长，容易被卡，处理复杂地质地段的措施相对较少，灵活性不大，并影响掘进速度	通过超前地质预报，前方如遇断层破碎带等不良地质地段，提前从岩体内进行超前加固
	需设置管片预制场，占地大、模具较多、投资大、费用高	管片场需因地制宜，结合周边具体情况而设置；管片生产模具国产化，以降低管片生产造价
双护盾	机体最长，容易被卡，处理复杂地质地段的措施少，灵活性不足，并影响掘进速度	做好超前加固措施，尽量快速通过，避免伸缩油缸长时间暴露；以免被围岩掉块砸坏，也防止围岩收敛变形卡在伸缩盾的位置
	适应小半径的能力较差	缩短换步距离，减小管片宽度，增设扩挖刀，以"短掘进、大超挖"的方式、以折线代曲线逐渐通过。但会导致 TBM 设备费用增加，隧道施工难度加大，速度变缓，管片类型增多、工程投资增加
	需设置管片预制场，占地大、模具较多、投资大、费用高	管片场需因地制宜，结合周边具体情况而设置；管片生产模具国产化，以降低管片生产成本

项目六

TBM 与盾构机施工

六 TBM 隧道施工

敞开式掘进机施工应设置始发洞，护盾式掘进机应设置始发台/反力墙。始发洞的长度由掘进机主机长度确定，保证掘进机始发时有足够的支撑反力，断面由支撑结构确定，始发洞位置预留掘进机步进机构的拆除与存放空间。在始发台施工或安装时，应确保导台位置误差在 ±10mm 以内。始发洞宜进行混凝土衬砌，未衬砌时应对撑靴部位进行喷射混凝土处理，喷射混凝土强度不低于 C25，平整度应控制在 ±10mm/m。

TBM 步进之前应对钻爆段净空进行测量，严禁侵限，底板平整度及强度应满足步进要求。步进可选用平底、平底＋导向槽或弧型槽＋导向轨三种方式。对步进范围内底部进行建(构)筑物调查，承载力不足时必须进行处理。步进时应将超前钻机、锚杆钻机以及钢拱架安装器的支撑油缸锁定在最小状态。步进时，操作司机要密切监视各主要部件的状态，安排专人加强对 TBM 稳定情况、底板完好状态的巡视，专职安全员全程旁站。步进完成，在 TBM 支撑状态下拆除步进装置。步进过程中做好步进中线检查，发现偏差及时纠偏。TBM 步进如图 6-12 所示。

图 6-12　TBM 步进

(一)掘进操作

TBM 的主要设备均在控制室启动、停止，同时室内操作元件和仪表壁布设集中，便于操作、监控，如图 6-13 所示。设备运行状态信息提示为操作者及时了解 TBM 状态，并为准确采取相应措施进行合理控制提供了条件。故障检测系统能及时准确地将各系统问题显示在监视屏上，完善的 PLC 系统对每步操作实施检测，避免因误操作而导致不良后果。

TBM 控制室是完成各项工作的控制核心。正确合理的操作是充分发挥 TBM 施工

图 6-13　TBM 控制室

优势、顺利工作、延长设备使用寿命的关键。TBM 主控室的操作主要分为启动准备、启动、掘进、停机、换步和调向 6 个步骤。

1. 启动准备

电、水、风是隧道施工的三大主要因素，对于 TBM 也是如此，在试运转或经长期停机后，启动前要考虑电、风、水是否已安全正确的输送到机器上，首先核实洞外中压电源是否输送到机器的变压器上，变压器的一侧断路器是否已经接通。电源接通后还要确认洞外的净水是否已经接通并送入洞内,同时确认洞外新鲜风机是否启动并把新鲜风送入到机器尾部。电、水、风已具备后,则准备工作完毕。

2. 启动

在确认控制电压接通后,启动净水泵(正常水压应在0.7MPa左右),启动风机。风机有接力风机、除尘风机和空气冷却风机。启动时,可通过成组启动按钮成组启动,亦可单独启动。在风机启动完毕后启动液压动力站。与风机的启动方式相同,液压动力站可成组启动,亦可单独启动。空气压缩机的启动要到其配电柜处的操作面板启动,这项工作也要在这个时间段里完成。

3. 掘进

开始掘进前确认以下工作:风机启动,泵站启动,电机启动,输送带启动,水系统正常,刀盘油润滑、脂润滑正常(以上工作在启动时完成);外机架已经前移并撑紧,后支承已经收起并前移,后配套系统已经拖拉完毕(以上工作在换步时完成),条件具备后,开始掘进,如图6-14所示。

图6-14 掘进施工

4. 停机

掘进一个循环后,PLC系统根据传感器的信号自动停止推进。控制刀盘后退3～5cm,使刀圈离开岩面。并根据余渣量的大小令刀盘旋转若干时间。然后停止刀盘喷水,停止刀盘旋转,停止电机,待输送带上的渣基本出完之后,停止输送机。以上控制的相应按钮与启动时的按钮对应。与此同时,可以进行后配套的拖拉工作。

5. 换步与调向

TBM通常配置激光导向系统,掘进过程中可以随时监测TBM的方向和位置。激光导向系统主要由激光发射器、激光接受靶以及控制和显示装置组成。通过激光束射在TBM激光靶面位置点,经过电脑模块精确计算,提供TBM在掘进过程中的准确位置。司机根据导向系统显示屏幕提供的当前位置数字显示,预置位置和导向角来调整TBM掘进方向。双支撑型掘进机的方向调整由操作室内的两个操作手柄(前支撑、后支承控制手柄)实现,操作步骤如下:

(1)松开撑靴,使TBM处于重新撑紧之前操作前支撑操作手柄,提升刀盘下护盾,以便于调向。

(2)根据导向系统所提供的信息(靶的激光束位置、掘进机水平位置、掘进机侧向滚动),利用两个操作手柄(前支撑和后支撑)的配合动作来调整TBM主机掘进方向。前支承操作手柄可使刀盘下护盾上升或下降,利用操作手柄上集成按钮,还可使刀盘下护盾侧向滚动。当向左扳动手柄时,机器后支承向左摆,即机器向右摆;当向右扳动手柄时,机器后支承向右摆,即机器向左摆,这一运动转点为刀盘护盾底座。调向变动的结果随时可在显示器上看到,例如:当前位置、预测位置、机器导向。当显示调向数据达到允许范围,则调向完毕。

（二）掘进模式

TBM 主控室有自动控制推力模式、自动控制扭矩模式和手动控制模式三种，具体模式由操作人员根据岩石状况决定。

（1）均质硬岩条件下应选自动控制推进模式。选择此种工作模式的依据是：若掘进时，推力先达到最大值，而扭矩未达到额定值时，则可判定为硬岩状态。

（2）均质软岩条件下应选自动控制扭矩模式。选择此种工作模式的依据是：若掘进时，扭矩先达到额定值，而推力未达到额定值或同时达到额定值时，则可判定为软岩状态，且地质较为均匀。

（3）若无法判定岩石状态，或岩石硬度变化不均、岩石节理发育，存在破碎带、断层时，必须选择手动控制模式，靠操作者来判断岩石的属性。无论在何种岩石条件下，手动控制模式都能适用。

（三）掘进参数

在不同地质条件下，TBM 的推力、刀盘转速和刀盘扭矩等掘进参数是不同的。虽然 TBM 配备自动推力和自动控制扭矩操作模式，但由于岩石的均匀性相对较差，TBM 掘进作业中通常是采用人工操作模式。根据不同的地质条件及时地调整 TBM 的掘进参数，以使 TBM 安全高效地通过不同的地质地段。

TBM 从硬岩进入软弱破碎围岩时，相应的掘进主参数和胶带输送机的渣量、渣粒会出现明显的变化。据此变化可大致判断 TBM 刀盘工作面的围岩状况并采用人工手动调节操作模式，及时调整掘进参数。

1. 推进速度（贯入度）

在硬岩情况下贯入度一般为 9 ~ 12mm，当进入软弱围岩过渡段时，贯入度有微小的上升趋势，出于对 TBM 胶带输送机出渣能力的考虑，现场操作一般不允许有较长的贯入度上升时间，此时贯入度随给定推进速度的下降而降低。当完全进入软弱围岩时，贯入度相对稳定，一般为 3 ~ 6mm。

2. 推力（推进压力）

在硬岩情况下推进速度一般为额定值的 75% 左右，推进压力也成相应比例。当进入软弱围岩过渡段时，推进压力呈反抛物线形态下降。下降时间与过渡段长度成正比，推进速度随推进压力的下降而适当调低。当完全进入软弱围岩时，压力趋于相对平稳，此时推进速度一般维持在额定速度的 40% 左右。

3. 扭矩

在硬岩情况下，扭矩一般为额定值的 50%。当进入软弱围岩过渡段时，扭矩有缓慢上升趋势，上升时间与过渡段长度成正比。当完全进入软弱围岩时，由于推进速度的下降，扭矩相应降低，一般在额定速度的 80% 左右为宜。

4. 刀盘转速

在硬岩情况下一般为 6.0r/min 左右。当进入软弱围岩过渡段后期时，调整刀盘转速为 3 ~ 4r/min。当完全进入软弱围岩时，刀盘转速维持在 2.0r/min 左右。

5.撑靴支撑力

在硬岩情况下一般为额定值，当撑靴进入软弱围岩过渡段时，撑靴支撑力一般调整为额定值的90%左右。当撑靴进入软弱围岩地段时（现场需要做相应处理），撑靴支撑力一般调整为最低限定值，必要时需要改变PLC程序来设定限值，并根据刀盘前部围岩状况随时调整推进速度，以确保TBM有足够的稳定性。

掌子面围岩硬度不均匀时，即使扭矩和推力均未达到额定值，部分刀具也可能遇到局部硬岩。当过载失效，或对主轴承产生偏载时，应根据扭矩、推力变化情况、刀盘的振动等综合判断，采取降低掘进速度的措施。当掌子面局部坍塌时，刀盘振动加剧，应停机进入掌子面确认围岩情况，必要时采用低速掘进模式，将刀盘转速由5.4r/min降为2.7r/min，减小对围岩的扰动。但此时掘进速度也应减半，否则贯入度增加一倍，易导致刀具过载和刀盘偏载。

除合理换步和正确选择掘进参数外，从换步完毕到开始正常掘进的过渡时间内，提速过程也是影响时间节约、快速掘进的一个因素。

（四）初期支护施工工艺

硬岩初期支护主要有锚杆施工、喷射混凝土支护、局部挂钢筋网支护；软岩支护主要有挂钢筋网，喷锚支护、钢支撑支护；视围岩情况和设计要求采用超前小导管或超前锚杆等超前支护。支护所用材料均在洞外加工；喷射混凝土材料由大型自动搅拌站生产供应。

1.喷射混凝土施工

喷射混凝土支护由TBM自带的喷射系统完成，混凝土经过运输可在喷射区域纵向和横向移动。若遇软弱破碎围岩，需要在护盾离开岩面之后快速喷射混凝土封闭围岩，采用人工喷射混凝土方式进行初喷作业之后，再借助机械喷射的方式复喷至设计厚度，如图6-15所示。

图6-15　喷射混凝土施工

2.锚杆施工

锚杆施工由TBM主机上配备的两台凿岩机实现设计范围内的锚杆钻孔施工。锚杆可采用全长粘结型药卷锚杆、中空锚杆、砂浆锚杆、预应力锚杆、涨壳式锚杆等，锚杆类型应根据地质条件、设备能力及锚固特点进行选择。钻孔采用凿岩机，按设计要求定出孔位，并且钻孔方向、孔深、孔径应满足要求；然后安装锚杆，在安装前需检查杆体原材料规格、长度、直径是否符合设计要求，锚杆插入孔内长度不得小于设计值的95%。锚杆安装后，不得随意敲击。垫板不能密贴岩面时，空隙采用锚固剂填塞密实，铺设钢筋排范围内可取消锚杆。

3.钢筋网施工

钢筋网施工根据设计支护参数要求，在相应围岩地段安装。钢筋在场外人工现场编网运至工作面。钢筋网应与锚杆或其他固定装置连接牢固，敞开式掘进机施工撑靴以上部位钢筋网在围岩出露护盾后立即安装，撑靴及以下部位可在撑靴通过后进行安装，钢筋

排安装范围取消钢筋网,钢拱架段钢筋网一般不设纵向搭接。

4. 钢拱架施工

钢拱架采用设计要求的工字钢,由型钢弯曲机进行弯制成环,为便于运输和安装通常进行分段制作,安装时采用螺栓连接,钢拱架采用配置的钢拱架安装器进行安装。加工完成后的钢拱架单体需根据设计要求进行试拼检查,检查合格后集中进行存放并标识清楚。安装的钢拱架如图6-16所示。

图6-16　钢拱架

5. 超前支护

根据敞开式TBM在软弱围岩掘进的实际情况,需在进行超前地质预报的基础上采用相应的辅助施工措施。辅助施工措施的方法是先进行超前加固,再掘进通过。尽量减少掘进进程中的坍塌剥落量和围岩出护盾后的收敛量,并通过加强初期支护等手段有效控制围岩收敛和变形。

(五)衬砌施工

1. 复合式衬砌

采用敞开式掘进机施工的隧道应采用复合式衬砌。若地质条件允许时,也可设计为模筑混凝土单层衬砌。衬砌设计应根据围岩条件、水文地质条件、埋深、结构特点,通过工程类比和结构计算确定,必要时还应经过试验论证。当二次衬砌在贯通后施作时,其初期支护应作为主要承载结构。初期支护以锚喷网、钢架进行联合支护,必要时辅以注浆加固等措施,应保证掘进机在贯通之前初期支护的安全稳定性。掘进机施工隧道钢架安装一般为全圆,同时考虑围岩变形因素,钢架底部宜设计为可伸缩的夹板结构,以满足安装及变形要求。二次衬砌宜采用等截面形式,根据地质条件,可采用模筑混凝土、钢筋混凝土或钢纤维混凝土,拱顶应进行压浆回填,并充分考虑与底部预制块的整体受力特点。二次衬砌根据设计的断面形状,制造模板台车,衬砌施工与钻爆法施工是一致的。

2. 管片衬砌

护盾式掘进机施工隧道宜采用预制管片衬砌,以支承围岩压力、水压力等外部荷载,承受掘进机的推进力及各种施工、运营设施构成的内部荷载。一般无须设置二次衬砌,如需补强、防渗或外水压力较大时,可设计二次衬砌。管片衬砌适合软弱围岩,特别是当围岩允许承载力很低,撑靴不能支撑岩面时,可利用尾部推力千斤顶,顶推已安装的管片从而获得推进反力;当撑靴可以支撑岩面时,双护盾掘进机可以使掘进和换步同时进行,提高循环速度;利用管片安装机安装管片速度快,支护效果好,安全性强,但是该方法造价高。

管片制作材料可采用钢筋混凝土、钢材、复合材料等。铁路隧道一般采用钢筋混凝土平板形管片或箱形钢管片(隧道开口处)。有特殊要求时也可采用其他管片形式。管片接头包含纵向和环向接头。管片拼装方式可分为通缝、错缝两种。对防水要求高、软土地

铁路隧道工程施工与维护

区、大直径断面的隧道应优先采用错缝拼装方式。管片间一般采用斜直或弯形螺栓接头形式。如有特殊要求时，也可采用铰接头、销插入式、楔接头、榫接头等形式。管片施工如图6-17所示。

管片拼装过程中，应严格控制推进油缸的压力和伸缩量，使掘进机姿态保持不变。连接螺栓紧固力矩应符合设计要求，对拼装五环后的管片螺栓进行复紧，紧固后利用扭矩扳手按照10%的比例进行抽查。拼装时

图6-17　管片施工

应防止管片及防水密封条的损坏。按照每10环抽查1环的频率，对已拼装管片进行椭圆度抽查，根据抽查结果及时调整拼装方案。平曲线段管片拼装时，须保证管片定位准确。为防止浆液串流，管片壁后填充除仰拱块外，其他块宜设置止浆环，间距应根据富水情况设计，非特殊情况控制在10～20环之间设置一道止浆环。止浆环采取"分段分区"填充，宜选用早强、速凝双液浆或化学浆液，止浆环的环宽、配比、参数、压力等应根据现场试验确定。

（六）不良地层掘进机施工

TBM设备庞大，对地质条件适应性没有钻爆法灵活。在没有预警的情况下遇到不良地质条件时，TBM掘进受到的影响远大于钻爆法，进而导致掘进速度慢、效率低、工期长。若处理不当，甚至会带来灾难性的后果。昆明掌鸡河引水供水工程、山西万家寨引黄工程、大瑞铁路高黎贡山隧道等，在TBM通过不良地质地段时均发生了诸如突水、塌方、卡机等工程事故，危及施工人员和机械设备的安全，并造成长时间停机。因此，必须根据TBM自身特点和工程地质条件采取相应处理措施，以保证TBM安全顺利通过不良地质段。

开挖前对地质情况的了解，对隧道建设有着十分重要的作用。通过超前预报，及时发现异常情况，预报掌子面前方不良地质体的位置、产状及其围岩结构的完整性与含水的可能性，为正确选择开挖断面、支护设计参数和优化施工方案提供依据，并为预防隧道涌水、突泥、突气等可能形成的灾害性事故及时提供信息，使工程单位提前做好施工准备，保证施工安全，并节约大量资金。所以，隧道超前预报对安全科学施工、提高施工效率、缩短施工周期、减小事故损失、节约投资等具有重要的社会效益和经济效益。

1. 软岩地层TBM施工

软岩可分为地质软岩和工程软岩两大类别。通常所说的软岩是指单轴饱和抗压强度小于30MPa的岩石，又称为软质岩。

软岩通常具有如下特点：抗压、抗剪强度低；变形模量小，易产生较大变形；水理性差，遇水易软化并可能产生崩解、膨胀；流变效应明显，具有长期强度低等特性。在TBM施工中，常遇软岩施工问题，但由于TBM的结构和施工特性，其受困于软岩变形后的处理难度很大。这不仅造成工期延误，还可能使价值昂贵的TBM设备受损，甚至导致TBM施工失败。

（1）建立适应 TBM 施工的支护体系。

当地质条件较差时，要求支护的强度增加，难度相应加大、耗材增加，掘进时间变长。因此，应按设计文件要求做好掘进中的地质预报，提前提出支护方案。

在 Ⅲ 级或 Ⅳ 级但节理发育地段，TBM 施工支护量大，支护时间长，为此要注意以下几点：

①提高锚杆作业效率。在循环掘进时间限制下，应加快安装速度、提高固结效果，快速达到锚固要求，缩短掘进时间，加快开挖速度。

②正确做好临时支护。在地质条件较差地段局部危石常使 TBM 无法正常掘进，必要时，采取棚架式支护。

③及时喷射混凝土。通过弱地质、岩爆严重地段，特别是开挖面呈破碎状时应进行手动喷射混凝土，目的是尽快封闭开挖岩面，减少暴露时间。

（2）合理选择掘进参数。

地质条件是影响掘进速度的关键，地质条件因素中除岩石抗压强度外，还须考虑岩石的抗剪强度、石英含量和节理发育程度。

TBM 掘进岩层呈整体结构时，切削下来的岩石都是通过 TBM 机械能力来完成。如果岩石抗压强度低、贯入度高、推力不大而平稳，则相对掘进速度快；如果岩石抗压强度高、推力大、贯入度小，则相应掘进速度也慢。在均质岩石中掘进，选择合适的掘进参数后，可以不用随时调整，采用以小推力为限定值的自动操作系统即可。

TBM 在软弱地层掘进时要特别注意掘进参数的选取。在裂隙发育地层掘进时，贯入度大容易造成刀具损坏增加。掘进中发现贯入度和扭矩增加时，预示着地质条件的变化，适时降低推力，控制贯入度，才能保持均衡的生产效率，降低刀具的耗损。

图 6-18　隧道突水

2. 突水涌泥地层 TBM 施工

突水涌泥是隧道工程施工中常遇的一种灾害现象，实际工程中突水涌泥往往会给 TBM 施工造成严重的经济损失和工期的延误。隧道突水如图 6-18 所示。

（1）突水涌泥洞段的特点。

突水涌泥属于隧道施工中遇到的流体地质灾害之一，与其他灾害相比，具有以下特点：

①发生频率高。不少隧道处于地下水富集区及其软土地层，在隧道施工过程中穿透隔水层或遇到承压水时，只要有导水通道存在，就可能发生突水涌泥。

②后果严重。一旦发生大规模的隧道突水涌泥，不仅施工本身会严重受阻，而且可能引起浅层地下水及地表水枯竭，甚至引起地面塌陷等伴生的环境问题。

③预测难度较大。根据钻孔抽、压水试验获得的计算参数，其空间代表性有一定局限，故完全依靠水文地质试验的方法来确定渗流计算参数是异常困难的。

（2）突水涌泥的危害。

①危及人员及设备安全。施工中当突发涌水量及突泥量超过隧道的排水能力和 TBM 的清泥能力时，会对洞内人员及设备安全构成威胁。

②影响隧道围岩稳定性。高埋深围岩洞段，地下水压较高，隧道开挖后，地下水向隧道集中渗流，形成涌泥，并诱发大量塌方。同时，使裂隙的连通性增加，增加了渗透能力，导致涌水量进一步增加。地下水的长期浸泡使岩体强度降低并发生软化，尤其是页岩、泥岩等遇水后发生膨胀，这种膨胀力作用在隧道围岩或结构上，使围岩或结构产生破坏。另外，使围岩结构面上的亲水矿物饱和，强度降低，起润滑作用，进而引起洞室软岩变形与坍塌。

（3）突水涌泥地段的处理措施。

根据前期水文地质资料，当掘进至断层及影响带、侵入岩体接触带时，利用激发极化等方法初步判断掌子面前方岩层含水情况，再利用超前地质钻机钻探确定刀盘前面30m范围的含水情况。接近含水体时，利用超前钻孔进行水量和水压探测，以判断水的涌出方向及突水、突泥的危险程度。根据涌水量和水压确定灌浆止水方案，并根据现场实际情况，采取灌浆封堵、超前加固地层等处理措施。

①一般富水地段：当隧道涌水量小于100m³/h或单孔出水量小于10m³/h时，TBM可以直接掘进通过。

②富水地段：当隧道涌水量大于或等于100m³/h时，按"以堵为主，排堵结合，综合防治"的原则确定处理方案。

③高外水压地段：对于高外水压地段，采取超前注浆堵水的方案，首先考虑开挖轮廓线周边灌浆，水量较大时则加大加长灌浆范围。

3. 坚硬岩地层TBM施工

隧道通过坚硬完整的围岩时，成洞条件好，衬砌厚度较薄，甚至可以不衬砌，单位长度的造价比较低。但岩石强度高，也会带来开挖掘进的困难。采用TBM施工的隧道，围岩过坚硬、耐磨，刀具磨损量大，严重影响工程进度，增加工程造价，甚至会限制TBM的使用。

TBM的适用围岩强度为30～350MPa，基本上适用于所有岩类。但工程实践表明，TBM最适宜使用的围岩强度范围仅为30～150MPa的岩类。已经完成的引黄工程，围岩单轴压强度一般在100MPa之内，并取得了较高的掘进速度。而根据青海某隧道、秦岭铁路隧道等工程经验，当岩石抗压强度大于100MPa，且比较完整时，就会给TBM施工带来困难。

通常TBM在坚硬岩石中进行开挖时，会采用加厚刀刃、提高刀圈韧性等措施对刀具进行改进。同时优化TBM掘进参数，采取高转速、低贯入度、高推力、低扭矩的"两高两低"模式掘进，同时还应加强设备的维修保养，提高设备利用率。

（1）TBM掘进效率。

坚硬岩石降低TBM的掘进效率。首先，由于掘进推力大，贯入度小，刀具磨损及异常损坏严重，掘进效率低。其次，若刀盘整体强度和刚度不能满足要求，则容易出现刀盘面板开裂。一旦刀盘开裂，需要在洞内进行焊接修复刀盘。但由于受条件和环境等限制，修复质量将难以保证。这势必造成推力无法充分发挥，致使掘进效率大幅降低。

多因素影响掘进效率。影响TBM在硬岩中掘进速度的原因：一是地质条件的影响，如岩石的完整性、强度、耐磨性等；二是掘进设备状况；三是运行操作人员水平。

（2）施工要点。

必须通过现场取样、试验的方式对围岩石英含量、耐磨值、抗压强度、完整性等物理参数进行详细分析,得出系统的数据库,以此确定施工段围岩的普遍力学指标。

刀具方面,刀圈的选择需要结合围岩物理参数进行综合设计。在实际施工过程中,要在基本围岩条件类似的情况下,选取多种型号的刀圈进行现场掘进试验,最终通过比较刀具延米消耗量进行选择。

掘进参数的收集应按照每个掘进循环开展,保证数据的连续性,形成数据库,然后筛选去除偏离数据趋势较大的值,以便进行参数的分析。

（3）注意事项。

①岩体物理力学参数的系统收集与分析。

现场取样:利用 TBM 设备上自带的岩芯钻机在 TBM 停机时进行取样,实现超前取芯。在硬岩地段,取芯速度相对较慢,取芯长度可按照 50cm 考虑,每 100m 左右取一组;在 100m 之内,可收集岩体掉块,大约每 10m 收集一组,岩体掉块直径约 30cm,通过点荷载测试推算其抗压强度。

试验及分析:需要开展岩体的抗压强度、石英含量、耐磨值及完整性系数等试验,试验结果测出后,做好试验台账,然后分析 1000m 左右的数据曲线,取均值或总趋势线对 TBM 掘进前方岩体物理力学指标进行初步推断。

②刀具的选择。

影响刀具消耗的因素较多,其中地质因素是主要原因,刀盘结构、刀间距、刀具数量以及掘进参数控制等方面也在一定程度上影响着刀具的消耗。

③掘进过程中选择合理的施工参数。

在掘进开挖过程中应合理选择并及时调整 TBM 有关施工参数。如果在掘进过程中岩石硬度比预期的高,应及时在刀具承载力许可范围内加大 TBM 推力,提高刀盘转速,适当降低扭矩,避免刀具破坏。

4.断层破碎带地层 TBM 施工

敞开式 TBM 在通过断层破碎带时的施工步骤为:超前地质预报、超前预加固(需要时)、掘进、支护。

掘进前实施超前地质预报,以确定破碎带边缘、长度、破碎程度以及含水情况等。根据破碎带的不同情况采取不同的处理措施。对于轻微破碎地段,对 TBM 不会造成影响时,可不进行处理;对于一般的破碎地段,采用先掘进,再处理的办法;对于严重破碎地段 TBM 无法施工时,停止掘进,用 TBM 所配的钻孔注浆设备进行超前加固,然后打超前钻孔检查,证明可行时先处理再向前掘进。如破碎段较长,且破碎严重,一般加固仍无法使 TBM 顺利通过时,可用钻爆法开挖成洞,TBM 随后跟进通过。

掘进时合理选用 TBM 掘进参数。在不同的地质条件下,TBM 所需要的推力、掘进速度、刀盘转速、刀盘扭矩和撑靴支撑力等掘进参数是不同的。在 TBM 通过断层破碎带时,可适当减小 TBM 的掘进速度、刀盘转速等掘进参数,这样能有效地减小对围岩的扰动,从而减小或避免发生塌方。掘进后应加强支护。对一般破碎地段,可采用喷射混凝土或喷射纤维混凝土、局部加锚杆的支护措施,对严重破碎地段,可采用架设钢拱架、挂网、喷射混凝土或纤维混凝土的支护措施。

（1）超前预报与预测。

由于地质勘探的局限性,TBM 在隧道掘进中往往会遇到一些地质图上没有反映出来的不良情况。为了进一步探明 TBM 前方断层破碎带的确切情况,需积极开展工程地质超前预报工作，以便详细掌握断层破碎带的真实情况，进而采取合理的措施。常用的措施有：

①利用 TBM 上配备的超前钻机钻孔取芯，或超前预注浆，如图 6-19 所示。

②利用超前预报系统预报地质情况。

③利用平导地质情况推断前方岩体情况。

④利用露出的岩石、出渣的情况以及掘进时的异常情况进行判断等。

（2）预加固。

图 6-19　TBM 上配备的超前钻机

根据前方的地质情况判断是否适合 TBM 掘进，若适合，则继续向前掘进；反之，则需对前方不良地质地段进行加固，或采用其他方法通过。利用 TBM 所配备的超前钻机，结合 TBM 自身配备的注浆设备，对隧道前方断层破碎带的围岩进行超前预注浆和超前管棚注浆加固。

（3）对坍塌的处理。

根据坍塌规模的大小采取不同的措施。

①小规模坍塌。包括作业面顶部和面部发生若干坍塌或小范围的剥离，但不扩大；大盘护盾与岩壁间有小块石头掉下，拱顶或侧壁发生小坍塌，但没有继续发展扩大的迹象；掘进正常，推力、扭矩交化不大，机械（尤其主机区域）没有异常的振动和声响，岩渣均匀集中；偶尔混有大块岩渣。以上小规模坍塌情况可采用撑靴以上部位挂钢筋网、打设系统锚杆、架设钢拱架等支护措施。

②中等规模坍塌。包括作业面剥落严重，拱顶严重坍塌或局部剥落，但刀具还能运转；拱架部位坍落严重，垫衬、倒换困难；护盾与岩壁间落下大量石块；掘进时机械振动较大，有异常噪声，推力有减弱的倾向，扭矩增大，并有上下变动的倾向，皮带输送机上大块增多，伴有少量细渣，渣堆忽多忽少，不均匀。以上中等规模坍塌情况采用以下支护措施：利用喷射混凝土系统向坍塌处喷射混凝土，及时封闭围岩，减少岩石暴露时间；安装全圆钢拱架，拱架安装前先在撑靴以上部位挂钢筋网；打注浆锚管，以提高撑靴的承载能力。

③大规模坍塌。包括拱顶及洞壁发生大面积坍塌，且发展很快，常规施工方法无法控制；从护盾边缘观察拱顶坍塌很深，大量石块从护盾与岩壁之间落下，坍塌向后部区域扩大；撑靴撑着的洞壁部位大量坍落，从而不能取得反力，无法换步；掘进时机械振动特别大，在主控室即能听到掌子面发出的巨大声响；推进时，扭矩变得很大，刀具旋转困难或不能旋转；岩渣大量产生，发生堵塞，严重时刀盘被石块卡住，无法旋转，渣中以大块为主，几乎没有细渣。以上大规模坍塌情况可采用如下支护措施：TBM 停止掘进，采取辅助对策，从 TBM 后方打探孔，在坍塌部位注浆；除去坍塌处的土渣，用细石混凝土等充填，并架立钢拱架支护。

另外，断层破碎带的喷射混凝土非常重要。喷射混凝土时必须做好相关设备的防护工作，避免混凝土回弹料污染主机设备。喷射混凝土必须从填充岩面空洞、裂缝开始，在钢架地段，钢架与围岩之间空隙必须用喷射混凝土填充密实。

④撑靴处的围岩加固技术。对小范围的边墙塌方，通过锁死部分支撑靴，减小对围岩的支撑压力，同时相应地减小 TBM 推力、推进速度，在 TBM 不停机的情况下通过塌方地段；如果边墙相对软弱，则在支撑靴处加垫枕木，以增大接地面积后通过。当隧道边墙发生较大的塌方或边墙围岩强度不足以承受撑靴压力，而以上措施又不能奏效时，则先停机，在撑靴处打数根注浆锚杆，注浆后可提高地层承载力；也可采用喷锚网＋钢拱＋灌注混凝土的联合支护方式进行处理后再掘进。

⑤软弱地带下沉处理。根据前方地质情况，如判断可能发生下沉，并且施工中简单处理后仍可能发生严重下沉时，可采取预注浆加固处理，达到一定强度后再掘进通过。如在掘进中发生 TBM 下沉，则将 TBM 后退到断层软弱区外，后退前应对开挖面及开挖段进行初期支护，以防坍落。然后，装上枕木垛，用千斤顶对 TBM 进行姿态校正，之后再浇筑混凝土置换。为使混凝土能承受撑靴的压力，混凝土必须浇筑至起拱线。

⑥断层破碎带涌水的处理。突发涌水处理方案应坚持"预测先行，预防为主，防微杜渐，确保安全"的原则。

掘进前：打超前钻孔，可结合破碎带探孔，探测钻孔出水量、水压，确定涌水点里程。打超前排水孔进行排水，排水过程中，时刻观察水压及水量变化。如水压减小，在做好排水系统的条件下，TBM 继续掘进。如排水孔水压及水量不减，开挖后会造成工作面及侧壁坍塌，而排水设施跟不上，这时必须采用注浆堵水措施。

掘进后：将工作面的涌水或注浆后的剩余水量及时排离工作面。对侧壁的漏水采用挡遮、引排措施，保证喷射混凝土质量。喷射混凝土后，由于水压升高，有可能使一次支护破坏，则采用引排方法或壁后注浆法封堵。当水压过高，水量过大时，采用围岩注浆，将水量填堵在围岩内部。

⑦区域性断层的处理。对于大的区域性断层破碎带，为使 TBM 快速、安全地通过这些地段，确保工期，一般可以先进行预处理，然后 TBM 掘进通过或直接步进通过。预处理的主要技术措施是对围岩进行帷幕注浆，以达到加固围岩和堵水的目的。主要方案有：

一是中导洞钻爆法开挖＋TBM 扩挖方案。该方案先开挖中导洞，并通过围岩注浆达到加固破碎围岩和堵水的目的。当 TBM 到位后，扩大隧道断面通过。

二是全断面钻爆法开挖＋TBM 穿行通过方案。该方案以隧道中线为中心进行全断面开挖，根据支护结构形式和 TBM 穿行方式，确定相应开挖断面尺寸。施工中首先对围岩进行注浆加固止水，然后全断面开挖并进行初期支护，待掘进机到位后穿行通过。

中导洞钻爆法开挖＋TBM 扩挖方案具有钻爆开挖量少、能尽量利用 TBM 快速掘进的优点。但前提是帷幕注浆必须达到能使加固层围岩提高到Ⅳ级以上的效果，而且要求帷幕有足够的厚度，只有这样才能满足中导洞只喷混凝土临时支护的要求，否则将会造成 TBM 扩挖的困难和临时支护费用的增加。另外，中导洞与横通道的衔接部位也需进行处理，以满足支撑靴的受力要求；与横通道交会位置进行扩挖时，刀盘将受到轴向偏心荷载的作用，对大轴承和外围刀具的工况都将产生不利的影响。全断面钻爆法开挖＋TBM 穿行通过方案则是完全应用钻爆法，TBM 仅是步进通过。

5. 岩溶发育地段 TBM 施工

溶洞掘进时可进行永久处理，或前期只进行临时处理、后期进行永久处理。因施工中可能遇到的溶洞在数量、尺寸、水文地质条件、是否含有充填物、充填物特性等方面都不确定，所以在隧道掘进时宜加强超前钻探，以便尽早了解将要遇到的溶洞特性，制订合理的处理措施。某隧道施工中的遇到的大型溶洞如图 6-20 所示。

（1）停机处理。

图 6-20　隧道施工中遇到的大型溶洞

对正在穿越的已停止发育的小溶洞，TBM 推进 3～5m 后停机退至溶洞边缘，对原来被护盾支撑着的部分塌落填充物和溶洞充填物进行部分或全部清除，视情况也可打旁洞辅助施工。若全部清除，则采用砌石、豆砾石或混凝土等可灌性好的材料进行封堵、回填并压浆加固；若部分清除，则先用格栅拱架结合喷射混凝土或其他临时支护，然后进行封堵、回填并压浆加固。TBM 通过后，通过管片回填孔对溶洞段进行高压固结灌浆并施设锚杆加固。

对位于隧道底板以下局部充填的溶洞，根据超前钻探结果，如其边界与隧道底板的距离小于 1 倍洞径，则可全部（小溶洞）或部分（中溶洞）清除充填物，以豆砾石或混凝土加固溶洞顶板，或先进行注浆加固，待 TBM 通过后，通过管片回填孔对溶洞段进行高压固结灌浆并施设锚杆。如在隧道 1 倍洞径以外、2 倍洞径以内的溶洞，则在 TBM 通过后进行后期高压固结灌浆加固。

有充填物的大型溶洞，可根据 TBM 上的超前钻探设备进行全洞超前注浆处理，以防 TBM 通过时充填物坍落或下沉，待 TBM 通过后，通过管片回填孔对溶洞段进行高压固结灌浆并施设锚杆。

对空的或少量充填的大型溶洞，填塞或加固工程较大，如有基建条件，可采取梁、拱或以桥型基础架设渡槽、箱涵跨越措施；如地质情况复杂，其他方法亦难以处理，可局部改线绕开溶洞。

（2）掘进中的临时处理。

掘进时先临时处理，待通过后再永久加固。为减少局部下沉量，避免产生其他施工缺陷，可预制带螺栓孔的特型管片。安装时，在接缝处用"香蕉式"螺栓进行连接，也可在整个溶洞段用型钢或其他钢结构在纵缝处进行纵向整体连接，后期通过管片回填孔对溶洞段进行高压固结灌浆并施设锚杆。

（3）溶洞水处理。

坚持"以排为主，以堵为辅，排堵结合"的原则。排水建（构）筑物可采用排水沟、涵洞或泄水洞等；堵可采用超前预灌浆措施，通过溶洞后，采用固结灌浆堵水。

6. 含煤地层与瓦斯突出地段 TBM 施工

含煤系地层常含 CO、CH_4 等易燃、有害气体，严重危及洞内人员生命健康。因此，当 TBM 掘进到煤系等地层时，应加强洞内通风，并安装有害气体检测仪。同时，加强对瓦斯等有害气体的监测，制定严格的防火措施，以确保施工安全。

任务实施与总结评价

请完成本教材配套《铁路隧道工程施工与维护实训手册》中专业知识认知、能力素质训练及任务总结的相关内容，并依次进行学员自评、组长评价和指导老师评价。

任务二　盾构机施工

任务引入

昌九高速铁路（简称昌九高铁）连接江西省南昌市和九江市，全长137.72km，设计速度为350km/h，是国家《中长期铁路网规划》"八纵八横"高铁主通道京港高铁的重要组成部分，是打通江西省南北向高铁通道的关键区段，建成通车后，对江西进一步对接融入粤港澳大湾区，助力长江经济带发展战略实施，推动沿线经济社会高质量发展具有重大意义。天祥大道隧道位于江西省南昌市高新区，全长6.379km，隧道设计为单洞双线，是昌九高铁全线控制性工程之一。为减少工程对沿线湖泊、高校、地铁车站、高压电塔的影响，节约征地拆迁，其中4.4km区间采用一台泥水平衡盾构机施工。采用的盾构机"英雄号"开挖直径14.8m，全长134m，重达3700t，将首次探索盾构机自主掘进模式，即融合人工智能算法，实现盾构机"有人值守、无人驾驶、自动纠偏"的功能，如图6-21所示。盾构机是如何施工的呢？下面进入我们的学习吧。

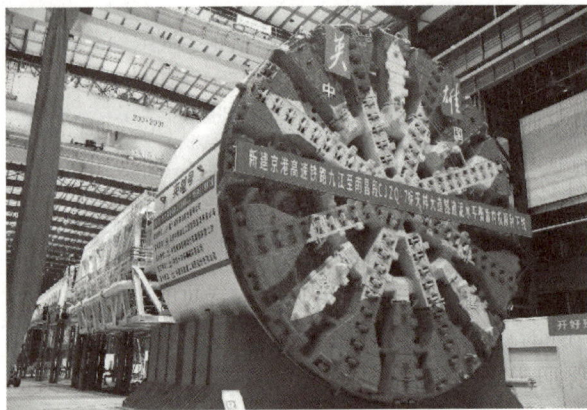

图6-21　"英雄号"盾构机

任务描述

结合天祥大道隧道，熟悉盾构机的分类和结构组成，能够结合隧道的具体情况选择合适的盾构机类型；掌握盾构机施工技术。

相关知识

一　基本概念

盾构机是在刚壳体的保护下完成隧道掘进、管片拼装及渣土排出作业，由主机和后排套组成的机电一体化设备。盾构法是暗挖法施工中的一种全机械化施工方法，被广泛应用于城市地铁及水下隧道的施工。该工法是将盾构机械在地层中推进，通过盾构外壳和管片支撑四周围岩，以防止发生向隧道内的坍塌，同时在开挖面前方用切削装置进行土体开挖,通过出土机械运出洞外,靠千斤顶在后部加压顶进,并拼装预制混凝土管片,形成隧道结构的一种机械化施工方法。盾构机施工如图6-22所示。

二 盾构机分类

盾构机的分类较多,可根据盾构机直径大小、断面形状、支护地层的形式、掘削面的敞开状态、掘削面的平衡方式等进行分类。

图6-22　盾构机施工作业

(一)按直径大小分类

盾构机根据其直径大小可以分为:
(1)微型盾构机:0.2~2.0m。
(2)小型盾构机:2.0~4.2m。
(3)中型盾构机:4.2~7.0m。
(4)大型盾构机:7.0~12.0m。
(5)超大型盾构机:12.0m以上。

(二)按断面形状分类

盾构机根据其断面形状可分为单圆盾构机、复圆盾构机(多圆盾构机)、非圆盾构机。复圆盾构机和非圆盾构机统称为"异形盾构机",其中复圆盾构机可分为双圆盾构机和三圆盾构机;非圆盾构机可分为椭圆形盾构机、矩形盾构机、马蹄形盾构机、半圆形盾构机等。

(三)按支护地层的形式分类

盾构机根据支护地层的形式可分为自然支护式、机械支护式、压缩空气支护式、泥浆支护式、土压平衡支护式五种类型。

(四)按开挖面与作业室之间隔板构造分类

盾构机按开挖面与作业室之间隔板构造可分为全敞开式、半敞开式和闭胸式。

1.全敞开式盾构机

全敞开式盾构机是指没有隔墙、大部分开挖面呈敞露状态的盾构机,如图6-23所示。根据开挖方式的不同又可细分为手掘式、半机械式、机械式三类。全敞开式盾构机适用于开挖面自稳性较好的围岩。在围岩条件不好时,需要结合使用压气施工法等辅助工法,以保证开挖面稳定。

图6-23　全开敞式盾构机

图 6-24　挤压式盾构机

2. 半敞开式盾构机

挤压式盾构机又称网格盾构机，是半敞开式盾构机的主要类型，如图 6-24 所示。挤压式盾构机是将刀盘设计成网格状，同时配上可调的出土装置。施工时，盾构机由后方油压千斤顶推进正面贯入围岩，使贯入部位土砂流动，由网格的开口处进入机器内部，再送达地面。开挖面的稳定是通过调节开口大小，使千斤顶推力和开挖面土压力达到平衡来实现的。

3. 闭胸式盾构机

闭胸式盾构机的掘削面是不可见的。该类盾构机通过在机械开挖式盾构机的切口环与支撑环之间设置隔板，使得刀盘与隔板之间形成密闭仓室。掘进时，掘削渣土进入该仓室内，同时由填充该仓室的介质如泥水、掘削渣土等提供足以使开挖面保持稳定的平衡压力。根据压力平衡介质的不同，闭胸式盾构机主要分为泥水平衡盾构机和土压平衡盾构机。

土压平衡式盾构机如图 6-25 所示，适用于含水率和颗粒度组成比较适中，开挖面土砂可直接流入土仓及螺旋输送机内，形成压力梯度，维持开挖面稳定。泥水平衡盾构机如图 6-26 所示，适用于砂粒含量较多而不具有流动性的土层，需添加水、泡沫、膨润土等材料进行土体改良，改善渣土的流塑性。

图 6-25　土压平衡盾构机

图 6-26　泥水平衡盾构机

目前，敞开式盾构机和半敞开式盾构机已逐步被淘汰，应用较广的是泥水平衡盾构机和土压平衡盾构机。

三　盾构机结构组成

盾构机的组成部分主要包括盾构机的外壳、掘削机构、挡土机构、推进机构、搅拌机构、排土机构、管片拼装机构及其他组成机构等部件，如图 6-27 所示。

（一）外壳

盾构机外壳一般由钢板制作，并用环形梁加固支撑，其作用是保护掘削、排土、推进、施作衬砌等所有作业设备和装置的安全。通常盾构机的外壳沿纵向从前到后分为前、中、后三段，也被称为切口环、支撑环、盾尾三部分。

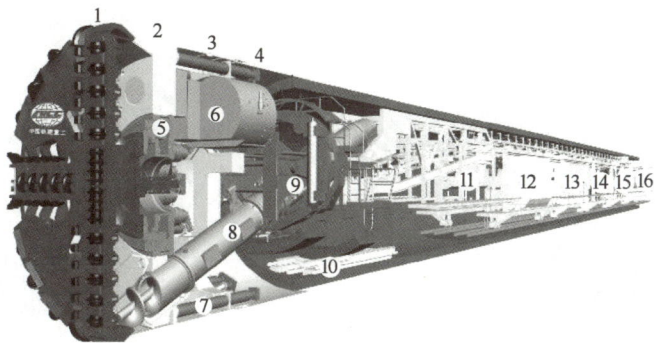

图 6-27　盾构机组成

1-刀盘；2-前盾；3-中盾；4-尾盾；5-主驱动；6-人员舱；7-推进油缸；8-螺旋输送机；9-管片安装机；10-管片小车；11-设备桥；12-一号拖车；13-二号拖车；14 三号拖车；15-四号拖车；16-五号拖车

（二）掘削机构

掘削机构应该满足结构强度、刚度和耐磨的要求，刀具配置能够适应地层变化，必要时能够预留检修、维护的空间和作业平台，根据实际需求配置刀盘及刀具磨损检测装置。掘削刀盘按结构形式分为辐条型、面板型以及介于两者之间的类型等。

辐条型刀盘由辐条及布置在辐条上的刀具构成，开口率大，提高了排出土体的量和颗粒大小，并将土仓内的土压力有效地传递给开挖面，多用于机械式盾构机和土压平衡式盾构机。辐条型刀盘的缺点是：对于地下水压大、易坍塌的土质而言，易喷水、喷泥。辐条型刀盘如图 6-28 所示。

面板型刀盘由辐条、刀具、槽口及面板组成，采用面板防止开挖面过度坍塌，有利于开挖面稳定，并可以通过控制槽口的开度来调节土砂排出量和掘进进度。面板型刀盘的缺点是开口率较小，掘削黏土层时，易发生黏土粘附面板表面，妨碍刀盘旋转，进而影响掘削质量。面板型刀盘如图 6-29 所示。

图 6-28　辐条型刀盘

图 6-29　面板型刀盘

项目六

TBM 与盾构机施工

掘削刀具布置方式及刀具形状是否适合应用工程的地质条件，直接影响盾构机的切削效果、出土状况及掘进速度。目前使用的刀具主要有切削类刀具、滚动类刀具两类，如图 6-30 所示。

a)切刀

b)刮刀

c)撕裂刀

d)滚刀

图 6-30 常见刀具

切削刀具是指只随刀盘转动而没有自转的破岩刀具。其种类繁多，目前盾构机上常用的切削刀具主要包括切刀、边刮刀、撕裂刀等类型。切刀又称齿刀，主要用于软土地层的切削；边刮刀位于刀盘外轮廓上，用于切削断面的成形；撕裂刀、仿形刀为超前刀，多用于砂卵石地层的切削。

滚动刀具是指不仅随刀盘转动，还同时做自转运动的破岩刀具。根据刀刃的形状滚刀还可分为齿形滚刀和盘形滚刀，其中盘形滚刀更为常见。盘形滚刀根据刀刃数量可以分为单刃滚刀、双刃滚刀等类型。

（三）挡土机构

挡土机构的作用主要是防止掘削时掘削面地层的坍塌和变形，确保掘削面稳定。对于全敞开式盾构机而言，其主要的挡土机构是挡土千斤顶；对于半敞开式网格盾构机而言，其挡土机构是网格状面板；对于泥水平衡盾构机而言，其挡土机构是泥水仓内的加压泥水和刀盘面板；对于土压平衡盾构机而言，其挡土机构是土仓内的掘削加压土和刀盘面板。

（四）推进机构

推进机构提供盾构机前进的动力，形式应根据工程、水文地质条件和环境选择；驱动的最大推力和装配扭矩应根据地质条件、施工要求和驱动形式等确定，以满足盾构机推进、调向及管片安装要求。推进机构如图6-31所示。

(五)搅拌机构

搅拌机构属于专用机构,主要是针对泥水平衡盾构机和土压平衡盾构机。在土压平衡盾构机中,搅拌机构的作用是搅拌注入添加剂后的仓内掘削土砂,提高其流塑性,防止堆积黏固,提高排土效果。而对于泥水平衡

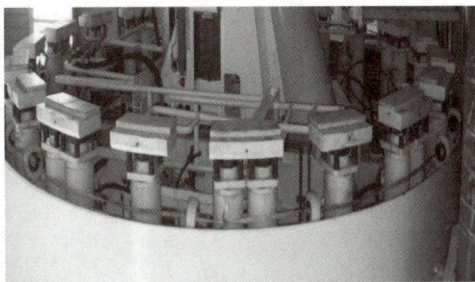

图 6-31　推进机构

盾构机,搅拌机构的作用是使掘削土砂在泥水中混合均匀,以利于排泥泵将混有掘削土砂的泥浆排出。旋转搅拌机通常设置在泥水仓底部,以防止排泥吸入口堵塞。

(六)排土机构

在全敞开式或半敞开式机械盾构机中,排土系统一般由铲斗、滑动导槽、漏土斗、皮带传送机等构成。对于砂卵石地层盾构机掘进,应配置满足卵石粒径要求的碎石设备,能够破碎大粒径卵石,满足渣土或泥浆输送要求。

在泥水平衡盾构机中,排土机构由泥水循环系统实现。新鲜的泥水在泥水泵的作用下经进泥管进入泥水仓后,和刀盘掘削下来的渣土充分混合,然后由排泥管排出至地表的泥水处理系统,富含掘削渣土的泥水经过多级渣土分离和泥水处理后,重新开始新一轮循环。

在土压平衡盾构机中,排土机构由螺旋输送机、排土控制器及盾构机以外的泥土运出设备构成。螺旋输送机的功能是把土仓内的掘削土运出、经排土控制器送给盾构机外的泥土运出设备。螺旋输送机分为轴式和带式两种。具体选用设备时,应该根据所处的地质条件来选取。具体来说,对于高水压和砂土,一般选用轴式排土机构;而带式排土机构多用于砾石层,因为中心无轴可以较方便地排出大砾石。有轴式保持压力效果较好,而无轴式因为中心开口较大,保持压力效果不佳,故常在出口处设置滑动闸门等止水装置。

(七)管片拼装机构

管片拼装机构设置在盾构的尾部,由管片拼装机械手和真圆保持器构成。管片拼装机械手是在盾尾内把管片按照所定形状安全、迅速地拼装成环的装置,包括搬运管片的钳夹系统和上举、旋转和拼装系统。管片拼装机构如图6-32所示。

当盾构向前掘进时管片拼装环就从盾尾脱出,由于管片接头缝隙、自重力和土压

图 6-32　管片拼装机构

的作用原因,管片环会产生横向变形,使横断面成为椭圆形。当变形时,前面装好的管片环和现拼的管片环在连接时会出现高低不平,给安装纵向螺栓带来困难。为了避免管片环的高低不平,需要采用真圆保持器。管片吊运及拼装系统起吊运输抓举能力应与管片重量相匹配,管片拼装机应具有较高的灵活性和可靠性,管片拼装机应具有自由度。

图6-33　同步注浆系统

（八）其他组成机构

此外，盾构机还常配备同步注浆系统、润滑及密封系统、数据采集及控制系统、导向系统、通风系统、通信系统、视频监控系统、消防安全系统等。同步注浆系统如图6-33所示。

盾构机设施的配备应满足工程计划进度、工程规模、施工方法、盾构机运转安全、环境保护的要求，并与盾构机类型及施工技术要求相适应。在盾构机整机制造完成后应在工厂进行总装调试，验收合格后方可出厂。

四　盾构机选型

（一）选型的原则

盾构机选型是盾构法隧道能否安全、环保、优质、经济、快速建成的关键之一。盾构机选型的原则是安全性、技术性、经济性相结合，其首要原则是安全性，即以确保开挖面稳定为中心。为此，应注意地质条件和地下水条件，同时应充分明确场地条件、竖井周边的环境条件、施工线路上的地上及地下建（构）筑物条件、特殊场地条件、沉降控制等所要求的功能。在此基础上，还必须将设备的技术性和经济性等一并考虑，才能选择出合适的盾构机。如果选择不当，就不得不采用多余的辅助工法，还可能导致无法开挖及推进，甚至引发重大工程事故。盾构机选型时主要遵循下列原则：

（1）应对工程地质、水文地质有较强的适应性，首先要满足施工安全的要求。

（2）安全可靠性、技术先进性、经济合理性相统一，在安全可靠的情况下，考虑技术先进性和经济合理性，确保盾构施工的作业效率。

（3）符合隧道开挖直径、长度、埋深、施工场地、周围环境等条件。

（4）满足安全、质量、工期、造价及环保要求。

（5）后配套设备与主机匹配，满足生产能力与主机掘进速度相匹配，同时具有施工安全、结构简单、布置合理和易于维护保养的特点。

根据以上原则，对盾构机的形式及主要技术参数进行研究分析，以确保盾构法施工的安全、可靠，选择最佳的盾构施工方法和选择最适宜的盾构类型。

（二）选型的依据

盾构机选型应以工程地质、水文地质为主要依据，综合考虑周围环境条件、隧道断面尺寸、施工长度、埋深、线路的曲率半径、沿线地形、地面及地下建（构）筑物等环境条件，以及周围环境对地面变形的控制要求、工期、环保等因素。同时，参考国内外已有盾构工程实例及相关的盾构技术规范、施工规范及相关标准，对盾构类型、驱动方式、功能要求、主要技术参数、辅助设备的配置等方面进行研究。选型的主要依据如下：

（1）工程地质及水文地质条件，包括地貌、地层岩性、地质构造、岩层中特殊地质（如球状风化体、溶洞、含有害气体、放射性岩体等）分布、颗粒分析及粒度分布、单轴抗压强度、含水率、砾石直径、液塑限、标准贯入试验锤击数、黏聚力、内摩擦角、土粒密度、孔隙率及孔隙比、地层反力系数、压密特性、弹性波速度、空隙水压、渗透系数、地下水位（最高值、最低值、平均值）、地下水的流速与流向、河床变迁情况、沿线水域的分布等。

（2）隧道长度、隧道平纵断面及横断面形状、尺寸等设计参数。

（3）周围环境条件。包括地上及地下建（构）筑物分布、地下管线埋深及分布、沿线河流与湖泊海洋的分布、沿线交通情况、施工场地条件、气候条件、水电供应情况、隧道近接施工条件等。

（4）隧道施工工程筹划及节点工期要求。

（5）宜用的辅助工法。

（6）技术经济指标对比分析结果。

（三）选型的主要步骤

（1）在对工程所在区段地质及水文地质条件、周围环境、工期要求、经济性等进行详细调查和分析的基础上，选定盾构机的类型。根据围岩的自稳性对敞开式盾构机、闭胸式盾构机进行比选；根据地质条件对软土盾构机、复合盾构机进行比选。

（2）在确定选用闭胸式盾构机后，根据地层的粒径、渗透系数、地下水压以及环保、辅助施工方法、施工环境、安全等因素对土压平衡盾构机和泥水平衡盾构机进行比选。

（3）在土压平衡盾构机和泥水平衡盾构机都不能满足开挖面稳定的要求时，应考虑选择多模式盾构机。

（4）根据详细的地质勘探资料，对盾构机各主要功能部件进行选择和计算、设计，并根据地质条件等确定盾构机的主要技术参数。盾构机的主要技术参数在选型时应进行详细计算，主要包括刀盘直径、刀盘开口率、刀盘转速、刀盘扭矩、刀盘驱动功率、推力、掘进速度、螺旋输送机功率与直径及长度、送排泥管直径、送排泥泵功率与扬程等。盾构机各主要部件的选择、计算与设计内容包括如刀盘驱动形式、刀盘结构形式与开口率、刀具种类与配置、螺旋输送机的形式与尺寸、沉浸墙的结构设计与泥浆门的形式、破碎机的布置与形式、送排泥管的直径等。

（5）根据地质条件选择与盾构掘进速度相匹配的盾构后配套施工设备。

（四）选型的主要方法

1. 根据地层颗粒级配选型

在不进行渣土改良的情况下，土压平衡盾构机最适用的地层粒径范围为 0.2mm 以下，最多可以上延到约 1.5mm 地层粒径范围；而泥水平衡盾构机的粒径适应范围为 0.01～80mm。

土压平衡盾构机主要适宜于粉土、粉质黏土、淤泥质粉土和粉砂等黏稠土壤地层施工。在黏性土层中掘进时，由刀盘切削下来的土体进入土仓后再由螺旋机输出，并在螺旋机内形成压力梯降，以保持土仓压力稳定；一般来说，细颗粒含量多，渣土易形成不透水流塑体，容易充满土仓每个部位，容易在螺旋机内形成土塞效应，在土仓中可以建立压力来平衡开挖面的水土压力。一般来说，当岩土中粉粒和黏粒的总量达到 40% 以上时，通常宜选用土压平衡盾构机；否则选择泥水平衡盾构机比较合适；粉粒的绝对大小通常以 0.075mm 为界。以砂卵石地层为主时，宜选用泥水平衡盾构机。

特别应注意的是，在依据地层粒径进行盾构机选型时，应结合工程的具体情况，虽然土压平衡盾构机和泥水平衡盾构机适应的地层粒径不同，在不进行渣土改良的情况下，土压平衡盾构机适用于地层粒径范围为 1.5mm 以下的黏土、淤泥、砂质地层；在不使用添加剂时，泥水平衡盾构机适用的地层粒径范围为 0.01 ~ 80mm 的泥、砂、砾石、卵石等多种地层。但若土压平衡盾构机进行渣土改良或泥水平衡盾构机使用适当的添加剂时，土压平衡盾构机和泥水平衡盾构机适用的粒径范围是一样的。

2. 依据渗透系数选型

根据欧美的经验，当地层的渗透系数小于 10^{-7}m/s 时，宜采用土压平衡盾构机；当地层的渗透系数大于 10^{-4}m/s 时，宜采用泥水平衡盾构机；当渗透系数在 10^{-7} ~ 10^{-4}m/s 之间时，既可采用泥水平衡盾构机，也可采用土压平衡盾构机。

特别应注意的是，在依据渗透系数进行盾构机选型时，应考虑具体的工程地质情况。根据日本的盾构施工经验，当地层中黏土含量不足 10% 时，泥膜很难形成，开挖面易坍塌，这时不宜采用泥水平衡盾构机，宜采用土压平衡盾构机施工。

3. 依据地下水压选型

无论是地层粒径还是地层渗透系数，对土压平衡盾构机的限制比对泥水平衡盾构机的限制要大，其根本原因是土压平衡盾构机的压力平衡介质是渣土，出渣方式是螺旋机。如果渣土的粒径太大、渗透系数太高就会造成两个主要后果：一是开挖面土层水的流失，不能建立压力平衡；二是螺旋机喷涌不能正常出渣。

依据地下水压选型时，一般地，当地下水压小于 0.3MPa 时，宜采用土压平衡盾构机；当下水压大于 0.3MPa 时，宜采用泥水平衡盾构机。特别应注意的是，在依据地下水压进行盾构选型时，应考虑具体的工程地质情况。一是当水压大于 0.3MPa 时，如因地质原因需采用土压平衡盾构机，则需增大螺旋输送机的长度，或采用二级螺旋输送机。二是当渣土改良效果不能满足土塞效应时，在地下水丰富时，即使地下水压小于 0.3MPa，也不宜采用土压平衡盾构机。在这类地层进行盾构法施工，虽然地下水压小于 0.3MPa，若采用土压平衡盾构机，盾构在该地层下掘进时，渣土和水处于分离状态，渣土在螺旋输送机内无法阻塞减压，无法形成土塞效应。即使使用双螺旋输送机，一旦螺旋机仓门开启出渣，依然会在水压的作用下发生螺旋输送机喷涌，导致开挖面压力无法稳定。若采用保压泵，虽然可以稳定开挖面压力，但螺旋机输出的渣土含有大量的大粒径块石，保压泵无法处理，渣土同样无法排除。

综上所述，盾构机选型必须以开挖面稳定为中心，以工程地质和水文地质为基本点，以地层粒径、渗透系数、地下水压为依据，并综合考虑具体工程实际，确保所选择的盾构满足稳得住、掘得进、排得出的总体目标。

土压平衡盾构机的优势是出渣能力强、土仓压力平衡直观、设备和操作相对简单；缺点是对高水压适应能力差，很难保持不稳定开挖面的稳定和防止渗透性强的地层中水的流失；对于大直径(大于 10m)的土压平衡盾构在制造技术上有一定难度。

泥水平衡盾构机在控制地层沉降和防止地层中水的流失方面具有比土压平衡盾构机

较明显的优势，可以在高水压、高渗透性地层工作；缺点是在黏土地层容易结泥饼、易堵塞、难分离，在有大量大粒径物体地层中容易滞排、易受碎石器能力和寿命的限制；与土压平衡盾构机相比，泥水平衡盾构机的采购成本、场地要求和施工水平要求较高，如图6-34所示。

图6-34　泥水平衡盾构机内部构造

　　地层粒径、渗透系数、地下水压是盾构机选型最根本的依据，但具体选型时，应结合工程的具体情况进行选择，需要解决理论的合理性与实际的可行性之间的矛盾，必须考虑环保、地质和安全因素，根据地层粒径大小和分布、地层渗透系数、地下水压、洞径、开挖面稳定性、埋深、成本、工期、场地等因素综合考虑而定。

　　根据开挖面平衡的机理，从保持开挖面的稳定、控制地面沉降的角度来看，使用泥水平衡盾构机要比使用土压平衡盾构机的效果好一些，特别是在江河湖等水体下、在密集的建（构）筑物下及上软下硬的地层中施工时尤为明显。在这些特殊的施工环境中，施工过程的安全性是盾构机选型时一项极其重要的选择，同时，采用泥水平衡盾构机还可以降低地质变化差异大造成的施工风险。

　　在当土压平衡盾构机和泥水平衡盾构机都不能满足开挖面稳定的要求时，则应考虑选择多模式盾构机。

五　盾构法隧道施工

　　在实际工程中土压平衡盾构机和泥水平衡盾构机最为常见。

（一）土压平衡盾构机工作原理

动画：盾构法隧道施工的主要工序　　动画：土压平衡盾构

　　当土压平衡盾构机在推进时，前端刀盘旋转掘削地层、土体，掘削下来的土体涌入土仓（刀盘仓），当掘削土体充满土舱时，由于盾构机的推进作用，致使掘削土体对掘削面加压。当该加压压力（削土土压）与掘削地层的土压＋水压相等，随后若能维持螺旋输送机的排土量与刀盘的掘土量相等，把这种稳定的出土状态称为掘削面平衡，即稳定。土压平衡盾构机内部构造如图6-35所示。

　　为了维持排土量与掘土量相等，掘削土须具备一定的流塑性和抗渗性。有些地层的掘削土自身的流塑性和抗渗性，即可满足掘削面稳定的要求。这种利用掘削土稳定掘削面的盾构机称为削土盾构机。但是，多数地层土体的流塑性、抗渗性无法满足稳定掘削面

图 6-35　土压平衡盾构机内部构造

的要求，为此需混入提高流塑性和抗渗性的添加材料，实现稳定掘削面的目的。通常把注入添加材料的掘削土（称为泥土）盾构称为泥土盾构机或加泥式土压平衡盾构机。添加材料有膨润土、CMC（羧甲基纤维素）、黏土、高吸水树脂、发泡剂等，可根据图纸具体选用。这种盾构机适用范围很广，可用于冲积黏土、洪积黏土、砂质土、砂、砂砾、乱石等土层以及这些土层的互层。因为加泥式土压平衡盾构机适用的土

质范围较广，竖井占地较少，所以近年来应用较多。

土压平衡盾构机隧道施工基本上可以分为以下几个主要过程：

图 6-36　盾构始发井

1. 竖井修建

不论是泥水平衡式盾构机还是土压平衡式盾构机，修建隧道之前首先应在隧道某段的一端建造竖井或基坑，以供盾构机安装就位。盾构机从竖井或基坑的墙壁开孔处出发，在地层中沿着设计轴线，向另一竖井或基坑的设计孔洞推进。盾构始发井如图 6-36 所示。

2. 掘削面开挖

土压平衡盾构机施工时，由刀盘旋转掘削下来的土体通过刀盘上的开口进入土仓，并由后方的螺旋输送机将土排出，即在挖土量和排土量之间达到一个动态的平衡。由于掘削面处的水土压力由土仓内的泥土压力平衡，因而为了确保掘削面的稳定，必须保持土仓内压力适当。一般来说，压力不足易使掘削面坍塌；压力过大易出现地层隆起和发生地下水喷射。土压平衡盾构机依靠调整挖土量来调整泥土压，通过调节螺旋输送机的转数即控制排土量或调节盾构千斤顶的推进速度来实现对挖土量的控制。

3. 盾构机推进

盾构机依靠千斤顶的推力向前推进，推进过程中需克服的阻力有刀盘贯入地层时的阻力、掘削面的水土压力、盾构机壳体与周围土体之间的摩阻力、改变推进方向阻力以及后方台车牵引阻力等。除了牵引阻力外，盾构机的推力基本上消耗在周围土体上，因而推力将对周围土体产生非常重要的影响。推力过大会使正面土体因挤压而前移，造成前方地表隆起；推力过小又影响掘进速度。因而，在施工过程中，盾构机推力的合理控制也非常重要。

4. 管片拼装

管片的拼装是在盾尾的保护下进行的，不与周围土体接触，因而拼装管片不会对周围土体造成直接影响。但拼装管片时，需收缩千斤顶，造成盾构机推力减小，严重时会引起盾构机后退，进而影响掘削面的稳定。管片拼装如图 6-37 所示。

5. 盾尾脱环及壁后注浆

千斤顶推动盾构机前行时，使得本来位于盾壳内部的管片衬砌环从盾尾脱出，从而在衬砌环与周围土体之间形成建筑空隙，空隙厚度应等于盾尾厚度（一般为30～40mm）与盾尾间隙（管片拼装的富余空间，一般为25～40mm）之和。该建筑空隙使脱环后衬砌环外围的土体处于临时无支撑的掘削状态，致使主体变形或者局部崩塌，

图6-37　管片拼装

地层松散范围扩大，如不采取相应措施会引起很大的地层变形和地表沉降。

盾构机施工中，壁后注浆的目的就是对该盾尾空隙进行填充。对于土压平衡盾构工法而言，地层变形的主要因素通常取决于后注浆的好坏。壁后注浆通常有同步注浆和及时注浆两种方式，其中同步注浆更有利于控制地表沉降。当一次注浆效果不理想时，还需进行二次或三次注浆，如图6-38所示。

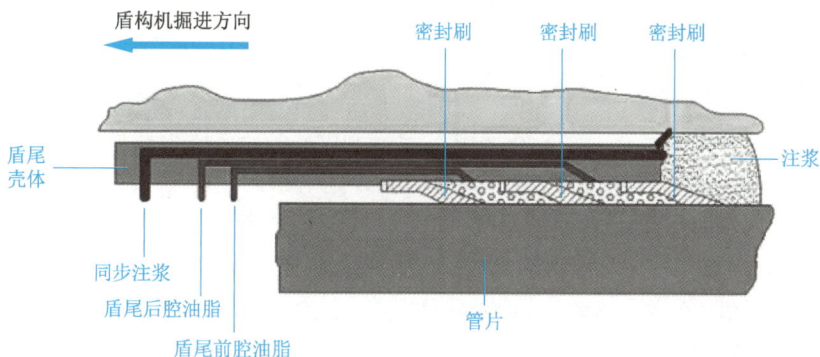

图6-38　盾尾注浆示意图

（二）泥水平衡盾构机工作原理

泥水平衡盾构机在机械式盾构机的前部设置隔墙、装备刀盘面板、输送泥浆的送排泥管和推进盾构机的盾构千斤顶。在地面上还配有分离排出泥浆的泥浆处理设备。维持开挖面稳定的方法是将泥浆送入泥水室内，是开挖面上用泥浆形成不透水的泥膜，通过该泥膜保持水压力，以抵抗作用于开挖面的土压力和水压力。盾构机开挖的土砂以混合泥浆形式输送到地面，通过处理设备离析为土粒和泥水，分离后的泥水进行质量调整，再输送到开挖面。泥水平衡盾构机如图6-39所示。

泥水平衡盾构机适用的地质范围很大，从软弱砂质土层到砂砾层都可以使用。以往采用泥水平衡盾构机的工程比用土压平衡盾构机要多，但由于难以确保竖井用地和泥水

动画：泥水平衡盾构

图6-39　泥水平衡盾构机

项目六

TBM与盾构机施工

处理系统占地较多，近年来在城市地铁建设中的使用逐渐减少。但由于泥水平衡盾构机具有较强的抵御外水压能力，在大型越江、越海等水下盾构隧道工程中仍大量采用。

泥水平衡盾构机隧道施工基本上可以分为以下几个主要过程：

1. 掘削面开挖

在开挖掌子面，刀盘在泥浆中旋转，挖掘下的渣土与泥浆混合。盾壳区域内，刀盘旋转进行开挖的部分称为开挖仓，压力仓板将它与盾壳分割开来。开挖仓内的土压和水压被压力泥浆平衡，从而避免了不受控制的土砂掺入并保证了开挖面的稳定。受压力后的泥浆，其液位刚好达到机器轴线的位置。承压泥浆产生的支持压力传输到整个开挖仓，这时整个开挖仓内完全充满承压的泥浆。开挖仓内泥浆的波动被精确控制以保持平衡状态。

2. 盾构机推进

盾构机在完成前100m的试掘进后，根据初始掘进段的施工参数的分析总结，确定正常掘进施工参数。当发现掘削量过大时，应立即检查泥水密度、黏度和切口水压。此外，也可以利用探查装置，调查土体坍塌情况，在查明原因后应及时调整有关参数，以确保开挖面稳定。

3. 管片拼装、盾尾脱环及壁后注浆

与土压平衡盾构机相似。

4. 泥浆循环处理

泥水通过泥浆泵进行循环、加压、流体输送土砂、泥水分离后重新循环到开挖面，这一系统称为泥水循环系统。在掘进过程中，盾构机开挖下来的土砂进入切削仓，经搅拌后的高密度泥水由泥水泵送至泥水处理系统，在泥水场进行处理，通过一次分离设备（一级旋流器）和二次分离设备（二级旋流器）将土砂从泥水中分离排除，必要时使用泥水分离压滤机或离心分离机，分离后的泥水经调整密度、黏度等指标后再泵回开挖面，如此循环以保证泥水平衡盾构机的正常运转。

（三）盾构机的始发施工

盾构机掘进施工在始发阶段和到达阶段出现风险的概率很高，始发的好坏对整个工程的质量起着决定性作用。高速铁路隧道穿越地层地质条件复杂，大直径、大深度下盾构机的始发与到达是盾构掘进过程中最关键的一道工序，对开挖面稳定产生不同程度的不利影响，易引发地表变形，甚至坍塌、地表冒浆等事故，尤为值得重视。盾构机始发如图6-40所示。

图6-40　盾构机始发

1. 始发技术

始发技术包括洞口端头加固处理、洞门破除、盾构始发基座、反力架设计加工、定位安装、负环管片的安设、入口及密封垫圈的安装、盾构机组装、盾构机始发方案、其他保证盾构机推进用设备、人员及技术准备等，直到始发推进。存在的主要问题：一是地层易出现涌砂涌水，二是在始发过程中开挖面不易保

持稳定。

2.始发设备

盾构机始发的设备包括始发基座、反力架、负环管片、入口及密封垫圈。

(1)始发基座的作用是组装盾构机的平台、支撑盾构机,确保盾构机始发掘进处于理想的位置以及掘进过程的稳定。始发基座可以使用钢结构、钢筋混凝土结构、钢筋混凝土和钢结构组合基座。

(2)反力架为盾构机提供推进时所需的反力。

(3)负环管片位于千斤顶与盾构机之间,传递盾构机向前推进的作用力。在组装时应特别注意,其组装精度会影响正式管片的真圆度。

(4)入口及密封垫圈:入口是为了控制盾构机始发段轴线精度在进发口处设置一个内径略大于盾构机外径的筒状物。为了防止盾构机始发掘进时泥土、地下水及循环泥浆从筒体和洞门间隙处流出,以及盾尾通过洞门后背衬注浆浆液的流出,在盾构机始发时需安装洞门临时密封装置。如图6-41所示。

图6-41　入口及密封垫圈

3.始发工法

常用的始发方法有地层加固方法、拔桩法和直接切削临时墙法等。地层加固法通常采用注浆、深层搅拌桩、旋喷桩、冻结等,选择加固方法时主要考虑地质条件、加固地层的深度,同时严格控制施工工艺,确保加固地层的强度、渗透性等满足设计要求。拔桩法主要是解决破除洞门时开挖面的稳定,但如果是透水性好的含水地层必须与其他方法联合使用。一般根据洞门密封的形式,确定是否联合使用其他地层加固措施或降低地下水位的措施。直接切削临时墙法遇到的主要问题是从洞门密封处发生涌水涌砂,同时应考虑盾构机刀具切削临时墙的能力。在选择始发方法时应综合考虑盾构类型、始发端地质条件、地下水状况及洞门密封形式。始发试掘进过程中要加强监测,及时分析、反馈监测数据,动态地调整盾构掘进参数,并为后续正常快速施工提供依据。

4.始发作业流程

始发作业流程如图6-42所示。

5.盾构机始发的注意要点

(1)盾构机始发时千斤顶总推力一般在800~1200t,优先选用下部千斤顶,推力增加要循序渐进,应防止超过反力架的设计荷载。

(2)第一环负环管片拼装成圆后,用4~5组油缸完成管片的后移。管片在后移过程中,要严格控制每组推进油缸的行程,保证每组推

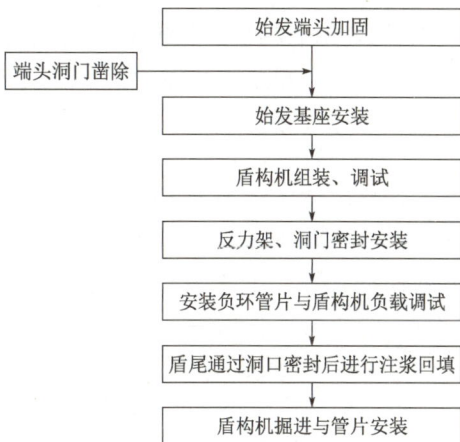

```
              ┌──────────────┐
              │  始发端头加固  │
              └──────┬───────┘
┌──────────┐         │
│ 端头洞门凿除 │────────┤
└──────────┘         │
              ┌──────▼───────┐
              │  始发基座安装  │
              └──────┬───────┘
              ┌──────▼───────┐
              │ 盾构机组装、调试 │
              └──────┬───────┘
              ┌──────▼────────┐
              │ 反力架、洞门密封安装 │
              └──────┬────────┘
       ┌─────────────▼──────────────┐
       │  安装负环管片与盾构机负载调试  │
       └─────────────┬──────────────┘
       ┌─────────────▼──────────────┐
       │ 盾尾通过洞口密封后进行注浆回填 │
       └─────────────┬──────────────┘
       ┌─────────────▼──────────────┐
       │   盾构机掘进与管片安装   │
       └────────────────────────────┘
```

图6-42　始发作业流程

进油缸的行程差小于10mm。

（3）当每环负环管片脱出盾尾后，应立即用楔形木塞入管片与始发轨道间的间隙以及管片与保持架横梁间的间隙，并与每环均用钢丝绳及手拉葫芦紧箍管片，防止负环无约束下沉和发生较大的管片变形。

（4）盾构机始发时，要密切注意密封装置的压入情况，若洞门密封环板有局部胀开的现象，则停止推进，并对其采取加固措施，以确保密封效果。

（5）初步注浆时，选取注浆压力要综合考虑地面沉陷要求和洞门密封装置的承压能力。

（6）初始100m是探索掘进规律、优化掘进参数的试掘进阶段，要注意总结和优化相应的盾构掘进参数（如切口土压、掘进速度、总推力、排土量、刀盘扭矩、注浆压力及注浆量等），为正常掘进打下基础。

（四）盾构机的到达施工

盾构机到达是指盾构掘进到竖井的到达面，从事先准备好的洞门推进到达井内。常

图6-43　盾构机到达

用的到达方法有地层加固方法、切削临时墙法和竖井内隔墙法，与盾构机始发工法类似。盾构机到达最重要的是防止从洞门密封处发生涌水，盾构机到达端洞门密封通常很难抵抗很大的水压力，与始发一样完全靠洞门密封止水并不可靠。为了确保盾构机安全到达，应根据工程实际确定盾构机到达方法，如果采用地层改良的到达方法，则必须确定合适的加固方法与加固范围。盾构机到达如图6-43所示。

1.盾构机到达特殊工法

（1）水中到达工法。

在盾构机推进到竖井之前，在到达口设置临时墙，并将到达竖井充满水用以替代支撑抵抗侧向水、土压力，盾构机直接在水中推进到达后，排除井内存水。由于竖井中充满水，因此对盾构机到达前后的密封要求较严，可以采用事先在盾构外壳和到达墙间隙加压或注入止水管和隧道口密封圈的方法，以及采用埋入冻结管使间隙的土体冻结止水的方法。

（2）滑块工法。

在采用压气沉箱法构筑竖井时，在到达部位的竖井处设置钢制圆筒状滑块，导轨以及固定在竖井内侧的圆筒状钢制导口。在盾构机到达时，交替牵引和掘进的同时保持滑块和盾构机的间距，直至盾构机到达预定位置。在盾构机上设置止水装置承担止水功能。此种工法无须人工拆除挡土墙，有效降低了人工操作的危险性。

（3）水下对接法。

两台盾构机相向掘进至结合地点正面对接后，拆卸盾构机外壳内的结构和部件，并在盾壳内进行衬砌作业。采用水下对接法可以缩短工期，解决了在江、河、湖、海底等难于设置竖井的地方设置竖井的问题。对接工法分为土木式对接和机械式对接。

铁路隧道工程施工与维护

①土木式对接法。土木式对接法是在对接区域进行地层加固处理，提高地层强度和渗透性，以达到止水和防止地层失稳的目的，继而完成盾构内部拆卸并施作隧道衬砌。地层加固处理可在盾构到达对接地点前从地面，或者从隧道内部进行加固。对于水下隧道限于环境条件，宜选择后者。从隧道内部加固的方法有化学注浆法和冻结法。前者是在盾构机内两侧设置超前加固设施的同时，对地层进行加固处理；后者是仅在盾构机内某一侧设置加固设施，进行超前地层加固处理，另一侧盾构机到达后直接进入加固地层中。前者加固范围对称，加固效果较好；后者加固的范围较大，且改良范围的形状不规则，效果不易控制。

②机械式对接法。机械式对接法是使用经过特殊设计的盾构机进行掘进，在地层中直接进行对接的方法。机械式对接法中相向掘进的两台盾构机中一台为贯入盾构机，另一台为接收盾构机。两台盾构机相向掘进至较小距离时，停止推进，使一台盾构机贯入另一台盾构机内进行对接，将对接部位进行密封，即可进行盾构解体，并在壳体内施作对接段衬砌。为顺利实现机械式对接，要求两台盾构机必须有较高的贯通精度，不仅要求竖向和横向位置偏差小，还要求盾构机刀盘竖直与水平倾角必须满足要求，另外机械式对接还存在贯入环、刀盘及其外部辐条收缩机构出现故障的风险，但机械式对接一旦实现，其安全性和可靠性很高。

2. 到达作业流程

到达作业流程如图 6-44 所示。

3. 盾构机到达的注意要点

（1）到达前测量。盾构机到达前，要对洞内所有的测量控制点进行一次整体、系统的控制测量复测，对所有控制点的坐标进行精密、准确的平差计算。并以此为基准，用测量二等控制点的办法精确测量测站、后视点的坐标和高程。加强盾构机姿态和隧道线形测量，根据复测结果及时纠正偏差，确保盾构机顺利地从到达洞口进入竖井接收架上。

（2）防水止水。为了防止注浆及地下水在盾构机穿越洞门时泄漏，保证管片拼装质量，应做好洞门端头处理和洞门钢环和预埋件的安装等准备工作。在盾尾隔一定距离钻孔注入水溶性聚氨酯，进行整环封堵，并开仓检查刀盘前方涌水情况。加强同步注浆控制，加大同步注浆量，以早强、高强为目的调整注浆浆液的配比，密实填充尾隙。

（3）接收导轨与接收架的安装。盾构机刀盘露出洞口后，应迅速清除洞口渣土。考虑刀盘与接收架之间的距离与高差情况，安设盾构机到达接收导轨。将导轨靠刀盘段做成楔形，保证盾构机能顺利上导轨。

（4）地下水位高的大直径盾构机要重点防止从洞门密封处发生涌水。

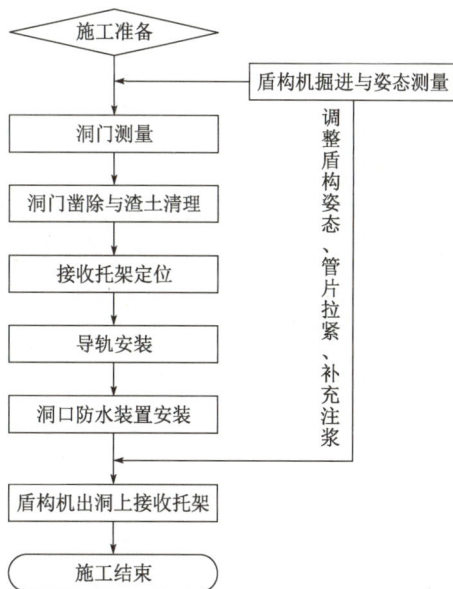

图 6-44　盾构到达作业流程

施工准备 → 洞门测量 → 洞门凿除与渣土清理 → 接收托架定位 → 导轨安装 → 洞口防水装置安装 → 盾构机出洞上接收托架 → 施工结束

盾构机掘进与姿态测量

调整盾构姿态、管片拉紧、补充注浆

项目六　TBM 与盾构机施工

261

图 6-45　土压平衡盾构机施工

（五）土压平衡盾构机掘进施工

土压平衡盾构机施工中，由刀盘切下的弃土进入土仓，形成土压，土压超过预先设定值时，土仓门打开，部分弃土通过螺旋机排出土仓，从而保持土仓内土压平衡，土仓内的土压反作用于挖掘面，防止地层的坍塌。土压平衡盾构机施工如图 6-45 所示。

1. 土压平衡盾构机工艺参数

土压平衡盾构机施工，需要根据不同地段的工程水文地质情况，确定掘进推力（P）、掘进扭矩（T）、刀盘转速（R）、掘进速度（V）、螺旋输送机的转速（r）、灌浆速度（q）、灌浆压力（p）等掘进参数。在施工中对掘进参数进行动态管理，结合地质预报和盾构姿态、位置、掘进方向监测信息，进行参数优化。

2. 不同掘进模式的掘进参数选择

（1）稳定地层的盾构掘进参数。

在稳定地层中盾构掘进可采用敞开式模式掘进。为控制因地下水的流失，以免造成较大的地表沉降，有时要建立局部气压，这时则采用半敞开式模式掘进。

①主要掘进参数的选择。推力的大小决定刀具的贯入度，推力越大，刀具的贯入度越大，刀刃间破裂的岩块就大。刀具的贯入度不宜大于 15mm，推力为 800～1200t。对于脆性岩石（如花岗岩、砾质砂岩、大理石等）高转速破岩更为有利，刀盘转速一般为 3～5r/min；对于韧性岩石（如页岩、粉质砂岩等）刀盘转速不宜太高，刀盘转速一般为 2～3r/min。在工作面能够自稳，但节理裂隙发育而地下水不丰富的不均质岩层中掘进，一般采用较低的转速和较大的贯入度。在泥质、粉质砂岩中，如节理裂隙较发育，掘进时刀盘转速宜控制在 1.0～1.5r/min，推力可达到 800～1000t，掘进扭矩可维持在 400t·m 左右，掘进速度可达到 30～40mm/min。在节理裂隙发育的岩层中掘进，如果地下水比较丰富，此时应采用半敞开模式掘进或土压模式掘进。半敞开模式的掘进参数中，渣仓内压力依据地下水压而确定。在隧道上覆岩土层厚度大于 9m、地下水位位于地表以下 1.0～2.0m 时，上部压力一般为 1.2～1.5bar，推力调整为 1000～1300t。

②螺旋输送机转速。在敞开模式掘进中，螺旋输送机的转速的调节是依据掘进速度和渣仓内压力传感器显示的压力进行调整的，但不得低于 5r/min。在半敞开模式掘进中，螺旋输送机的转速的调节也是依据掘进速度和渣仓内压力传感器显示的压力进行调整的。这主要是要达到与掘进速度相匹配的出渣速度，同时要保证螺旋输送机出料口处不发生喷涌现象。

③同步灌浆参数。同步灌浆的主要作用是尽早充填管片与围岩间的间隙，确保管片环获得早期稳定，改善管片环的受力条件，防止管片局部破损，有利于盾构掘进方向的控制。在稳定岩层中，盾构施工同步灌浆的灌浆压力控制在 2.0～2.5kg/cm²。为了保证灌浆的连续性，每环掘进前期的灌浆压力宜稍低一点，后期灌浆压力再提高到规定压力值。同步灌浆的速度 q（L/min）应与盾构掘进速度相匹配。如盾构开挖直径为 6.3m，管片环的外径为 6.0m，在稳定地层的每延米环形间隙灌浆量为 3.5m³/m，由此可根据盾构掘进

速度确定同步灌浆的速度。

（2）不稳定地层的盾构掘进参数。

①主要掘进参数。在不稳定地层中掘进，必须采用土压平衡模式掘进。该模式的掘进参数关键是渣仓内土压力值的确定。掘进推力的确定主要取决于破岩方式以及为稳定地层所需的土压力。在广州地铁越三盾构工程中，不稳定地层掘进建立的土压力为 $1.6 \sim 2.2 kg/cm^2$，掘进推力约为 1200～1600t。不稳定地层掘进的扭矩约为 320～412t·m，刀盘的转速为 1.6～2.2rpm，在实际施工过程中需要进行不断调整。在不稳定地层中盾构机掘进的扭矩与转速的关系和在稳定地层中掘进相同，只能通过不断地调整刀盘转速达到使驱动扭矩满足掘进要求。

②渣土改良。渣土管理是土压平衡掘进模式的关键管理要素。在掘进过程中，必须经常检查掘进速度与螺旋输送机出渣速度是否匹配。在土压平衡模式掘进中，渣土的性状（流动性和止水性）对盾构掘进影响很大，应根据工程地质和水文地质条件，宜向刀盘前方及土仓注入添加剂，保持渣土的流塑状态。防止刀盘前方和渣仓内形成泥饼。其中，渣土稠度小于 8cm 时会形成泥饼；渣土稠度控制在 12～20cm 时，出渣效率较高；渣土稠度大于 25cm 时，容易产生喷涌现象。

③同步灌浆。土压平衡盾构机在不稳定地层中的掘进施工，壁后灌浆的质量对盾构隧道的影响较大。施工中采用非惰性浆液同步灌浆技术，浆液为水泥砂浆，并掺加粉煤灰和稳定剂等材料。浆液初凝时间在 4～8h 内可调，终凝强度大于 5MPa。为了防止过大的灌浆压力造成管片局部错台和损坏，非惰性水泥系砂浆的同步灌浆压力不宜大于 $5 kg/cm^2$，灌浆压力一般控制在 2～3kg/cm^2。在管片安装过程中，为保持灌浆管路的畅通，可以适当地提高灌浆压力，但灌浆压力不得超过 4kg/cm^2，由此可以保证灌浆量不低于理论量的 1.3 倍。施工证明，采用上述参数进行非惰性浆液同步灌浆对抑制地层下沉效果明显。

3. 掘进模式的转换

（1）敞开模式与半敞开模式的相互转换。

敞开式向半敞开式转换主要要确保渣仓内能够保住气压，确保压缩空气不会通过渣土沿着螺旋输送机逃逸。渣仓内的渣土高度应高出螺旋输送机进料口的上部 2～3m，即渣土高度应略低于土仓密闭门的底部。掘进中需要不断地向渣仓内补充压缩空气，以稳定土仓压力。半敞开模式向敞开模式转换主要是要尽快地降低渣仓内的压力，同时降低渣仓内的渣土高度。因此，要加大螺旋输送机的转速，并将螺旋输送机出料口的开启度加大，以利于渣土的排出。即使是在敞开模式下掘进，也应在渣仓内保留一些渣土，否则螺旋输送机的出渣效率极低，通常应保持渣仓内的渣土高出螺旋输送机进料口约 1m 的高度。

（2）敞开模式与土压平衡模式的相互转换。

敞开掘进模式向土压掘进模式转换的过程主要是要尽快建立所需的土压。一般先停止螺旋输送机出渣，使掘进切削下来的渣土尽快填充敞开模式掘进时渣仓内的空间，并使渣仓内的渣土受到挤压而形成土压支撑开挖面，以保持开挖面及地层的稳定。当渣仓内的土压达到掘进设计土压值后，再开启螺旋输送机进行排土出渣，并使出渣速度与土压掘进模式的掘进速度所切削下来的渣土量相平衡，以保持土压的稳定。土压平衡掘进模式向敞开掘进模式转换的关键是尽快降低渣仓内的土压力。主要技术措施为加大螺旋输送机的转速，以加大出渣速度而降低渣仓内的压力，同时有利于掘进切削下来的渣土顺利地进入渣仓。

（3）半敞开模式与土压平衡模式的相互转换。

半敞开掘进模式向土压平衡掘进模式转换的主要目的是防止地下水渗入渣仓。在地层不稳定时，要提供足够的平衡压力，必须将渣仓内压缩空气所占住的空间用渣土替换。转换过程中，减小螺旋输送机的出渣速度，用增加的渣土来加大渣仓内的压力，使渣仓内的空气以逃逸的方式进入地层，从而建立土压平衡掘进模式。模式转换中如果发生喷涌现象，必须注意控制出料口的开启度，同时协调好螺旋输送机的转速，必要时可以停止螺旋输送机的转动进行掘进。土压平衡模式向半敞开模式转换主要是将压缩空气置换出渣仓上部的渣土，一般是缓慢加大螺旋输送机的转速以加大出渣速度，从而降低渣仓内渣土的高度。同时，向渣仓内灌注压缩空气，以使渣仓内的最小压力不低于设计值，在空气与渣土的置换过程中，出渣速度要与掘进速度所切削下来的渣土量和灌注压缩空气的量之和相匹配。

（六）泥水平衡盾构机掘进施工

盾构机掘进应在始发后进行 50m、100m 试掘进，掌握、验证盾构机适用性，并确定盾构机滚转角、俯仰角、偏角、刀盘转速、总推力、送排泥水压力和流量等掘进参数。泥浆压力的设定是泥水平衡盾构施工的关键，维持和调整设定的压力值又是盾构机推进操作中的重要环节，其中包括推力、推进速度和出土量三者的相互关系，对盾构机施工轴线和地层变形量的控制起主导作用。因此，盾构机推进过程中，要根据不同地质、覆土厚度、地面情况并结合地表隆陷监测结果及时调整设定泥水力，推进速度要保持相对平稳，控制好每次的纠偏量，减少对土体的扰动，为管片拼装创造良好的条件。同步注浆量要根据推进速度、出渣量和地表监测数据及时调整，将施工轴线与设计轴线的偏差及地层变形控制在允许的范围内。掘进施工如图 6-46 所示。

图 6-46　掘进施工

1. 盾构机掘进参数调整

掘进过程中，应根据试掘进参数、工程地质和水文地质条件、隧道埋深、线路平面与坡度、周围环境及施工监测结果等进行盾构参数的调整和运行分析。

正常推进阶段采用试掘进阶段掌握的最佳施工参数。通过加强施工监测，不断地完善施工工艺，控制地面沉降。推进过程中，严格控制好推进里程，将施工测量结果不断地与计算的三维坐标相校核，并及时调整。根据当班指令设定的参数，盾构推进与衬砌背后注浆同步进行，不断完善施工工艺，控制施工后地表变形量在允许范围之内。

必须严格监控盾构掘进施工过程，技术人员根据地质变化、隧道埋深、地面荷载、地表沉降、盾构机姿态、刀盘扭矩、千斤顶推力等各种勘探、测量数据信息，正确下达每班掘进指令，并及时跟踪调整。盾构机操作人员须严格执行指令，谨慎操作，尽量避免盾构机掘进出现"蛇"形现象。盾构机一次纠偏量不宜过大，以减少对地层的扰动。

2.盾构机掘进方向控制与调整

由于地层软硬不均和坡度变化以及操作等因素的影响,盾构机推进不可能完全按照施工图标示的隧道轴线前进,而会产生一定的偏差。当这种偏差超过一定限界时就会使隧道衬砌侵限,盾尾间隙变小,使管片局部受力恶化,并造成地层损失增大而使地表沉降加大,因此盾构机施工中必须采取有效技术措施控制掘进方向,及时有效地纠正掘进偏差。

（1）盾构机掘进方向控制。

采用设备自带的全自动导向系统和人工测量辅助进行盾构机姿态监测。一般情况下,设备配备的自动导向系统均配置了导向、自动定位、掘进程序软件和显示器等,能够全天候在盾构机主控室动态显示盾构机当前位置与隧道施工图标示轴线的偏差以及趋势。据此调整控制盾构机掘进方向,使其始终保持在允许的偏差范围内。随着盾构机推进导向系统后视基准点需要前移,必须通过人工测量来进行精确定位。为保证推进方向的准确可靠,拟每周进行人工测量,以校核自动导向系统的测量数据并复核盾构机的位置、姿态,确保盾构掘进方向的正确。自动导向系统如图 6-47 所示。

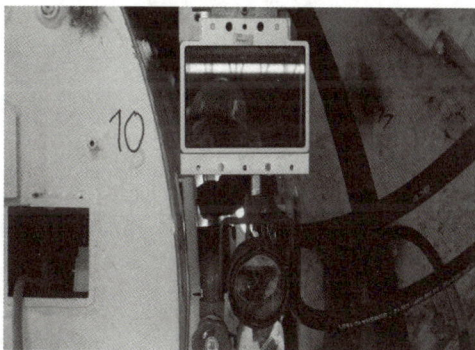

图 6-47　自动导向系统

采用分区操作盾构机推进油缸控制盾构机掘进方向。根据线路条件所做的分段轴线拟合控制计划、导向系统反映的盾构机姿态信息,结合隧道地层情况,通过分区操作盾构机的推进油缸来控制掘进方向。在上坡段掘进时,适当加大盾构机下部油缸的推力;在下坡段掘进时则适当加大上部油缸的推力;在直线平坡段掘进时,则应尽量使所有油缸的推力保持一致。

（2）盾构机掘进姿态调整与纠偏。

在实际施工中,由于地质突变等原因盾构机推进方向可能会偏离施工图标示轴线并超过管理警戒值;在稳定地层中掘进,因地层提供的滚动阻力小,可能会产生盾体滚动偏差;在线路变坡段或急弯段掘进,有可能产生较大的偏差,因此应及时调整盾构机姿态、纠正偏差。

分区操作推进油缸来调整盾构机姿态,纠正偏差,将盾构机的方向控制调整到符合要求的范围内。在变坡段,必要时可利用盾构机的超挖刀进行局部超挖来纠偏。当滚动超限时,盾构机会自动报警,此时采用盾构机刀盘反转的方法纠正滚动偏差。

（3）方向控制及纠偏注意事项。

①在切换刀盘转动方向时,保留适当的时间间隔,切换速度不宜过快,切换速度过快可能造成管片受力状态突变,而使管片损坏。

②根据开挖面地层情况应及时调整掘进参数,调整掘进方向时设置警戒值与限制值。达到警戒值时就应该实施纠偏程序。

③蛇行修正及纠偏时应缓慢进行。如修正过程过急,蛇行反而更加明显。在直线推进的情况下,选取盾构机当前所在位置点与隧道中线上远方的一点作一直线,然后再以这条线为新的基准进行线形管理。在曲线推进的情况下,使盾构机当前所在位置点与远方

点的连线同隧道曲线相切。

④推进油缸油压的调整不宜过快、过大，否则可能造成管片局部破损甚至开裂。

图6-48　泥浆中继泵

⑤正确选择管片封顶块的拼装位置，确保拼装质量与精度，以使管片端面尽可能与计划的掘进方向垂直。

3. 泥浆管理

泥水加压式盾构施工的特征是循环泥浆，一边用泥浆维持开挖面的稳定，一边把开挖土以泥浆的方式运到地面。泥浆中继泵如图6-48所示。泥浆主要由水、颗粒材料、添加剂组成。颗粒材料多以黏土、膨润土、陶土、石粉、粉砂、细砂为主；添加剂多为分散剂、增黏剂及中和剂等。

（1）泥浆质量。

优质的泥浆需要比重适当，能平衡开挖面压力；黏度适当，塑变值和凝胶强度低；能形成薄而牢固（或渗透壁）的泥水膜；具有抑制土体塌方和泥水劣化的优越性能；不易造成黏附；润滑性能良好；不易受盐分和水泥等电解质影响；对于温度和压力的稳定性高；对细菌和有机物具有免疫、不变化等性质；泥水的制泥费、调泥费和处理费等价格较低。

泥浆特性主要通过以下指标控制：

①泥浆密度。

通过设置在送排泥管处的差压式密度计和 γ 射线密度计自动测量循环泥浆密度，但泥浆试验中是用泥浆天平测量。

②黏性。

泥浆的黏性可以用黏性自动连续测量装置测定。

③屈服值（YV）。

YV是流体处于流动状态对保持流动所必需的剪切力的测定值，流动阻抗是由泥水中所含土粒子间的牵引力而产生，是维持泥水良好状态的一项重要指标。TV测定可用与YV有一定相关性的漏斗黏性测定代替。

④含砂率。

透水系数大的岩土体，泥浆中的砂粒对岩土体孔隙有堵塞作用，故泥膜形成与泥浆中砂的粒径及含量有很大关系。含砂率可用筛分装置测定，也可用砂量仪代测。

⑤过滤特性。

泥膜形成好坏，可用API规格的过滤机通过测量脱水量和泥膜厚度来判断，性能好的泥浆其脱水量小于5mL，泥膜薄为1.0mm以下，既使浓度增高，又使脱水量和泥膜都能保持正常的泥水。

（2）泥浆压力设定。

在泥水平衡盾构工法中，泥浆压力 P 的设定如下：

设定泥浆压力 $P = P_{0(土压)} + P_{W(水压)} + P_{预压}$。

预压要根据渗透系数、开挖面松弛状况、渗水量等进行设定。一般标准为 0.2kg/cm^2。

设定泥浆压力 P 在地层掘进过程中根据地质和埋深情况以及地表沉降监测信息进行反馈和调整优化。

需在多个地点进行土质和地下水调查，预先决定每一个地点的设定压力。除了对每一调查点的设定压力进行修正以外，对设定的压力值还需周密地考虑对开挖面状态的适用情况，进行推测并跟踪修正。

（3）泥浆压力值管理。

掘进中的泥浆压力管理如图 6-49 所示。即用压力信号传递器 No.2 接受 P1 泵送出的送泥压力，送往送泥压力调节器，由自动调节来控制阀 CV3，通过调节阀的开闭进行压力调整。用压力信号传递器 No.1 接受开挖面的泥浆压力，送往开挖面泥浆保持调节器，该调节器将它和设定压力差作为信号送给控制阀 CV2 进行压力调整，由此对设定压力的管理，可控制在 $\pm 0.1 \mathrm{kg/cm^2}$ 变动范围以内。

在停止掘进等情况下的停歇期间，停止 P1 泵，关闭 V-1 阀。利用调整槽与开挖面落差的水头差压进行加压。另外，当需要加压时，为了通过旁通道运转来达到保持开挖面的设定压力，可以切换到自动运转状态。

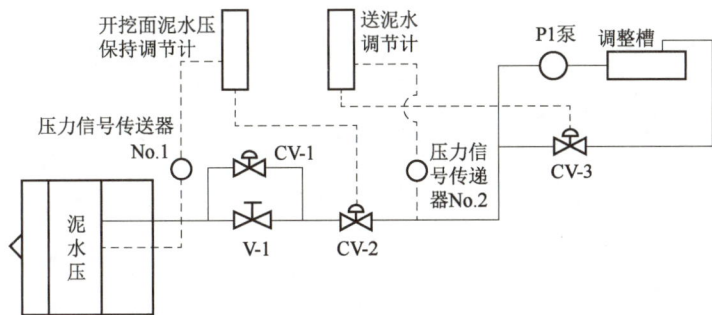

图 6-49　泥水压力管理流程图

⚠ 任务实施与总结评价

请完成本教材配套《铁路隧道工程施工与维护实训手册》中专业知识认知、能力素质训练及任务总结的相关内容，并依次进行学员自评、组长评价和指导老师评价。

项目六

TBM 与盾构机施工

执着专注，兴路强国

铁路隧道维修

【项目描述】

隧道作为铁路工程的重要组成部分，在确保列车高速、安全穿越复杂地形方面发挥着不可替代的作用。然而，随着服役年限的推移和自然环境的影响，隧道结构会不可避免地出现渗水、裂缝等病害，这就需要铁路部门建立完善的隧道维护管理体系。通过定期检测、监测隧道结构的安全状况，及时发现并处理潜在的安全隐患；采用先进的维修技术对隧道进行加固、修复和防水处理，确保其结构完整和使用功能正常。本项目主要学习铁路隧道维修管理的基本概念、隧道服役状态评估、隧道维修技术等内容。

【学习目标】

知识目标

1. 理解铁路隧道维修管理的基本概念。
2. 熟悉铁路隧道维修管理的组织。
3. 掌握铁路隧道保养、综合维修、大修的范围。
4. 掌握铁路隧道状态检测的方法。
5. 掌握铁路隧道病害维修技术。

能力目标

1. 能够结合隧道维修的实际情况，根据《铁路桥隧建筑物修理作业验收标准》的有关规定进行质量验收评定，并判断是否合格。
2. 能够结合隧道维修的实际情况，填写《铁路桥隧建筑物保养质量评定记录表》《铁路桥隧建筑物综合维修验收证》等相关表格。
3. 能够结合隧道实际情况，选择合适的检测仪器，并能正确使用仪器。
4. 能够结合隧道检查检测情况，进行隧道状态评定，并提出相应的处置措施。

5. 能够结合隧道病害的实际情况,分析原因,并提出相应的整治措施。

素质目标

1. 学习铁路隧道渗水事故的案例,加深对"人民铁路为人民"的理解,树立安全意识。

2. 学习铁路隧道状态评定标准,培养标准意识和规范意识。

3. 学习铁路隧道维修技术,培养严谨细致的工作品质和创新精神。

【学习导航】

铁路隧道维修

任务一　铁路隧道维修管理

✦ 任务引入

铁路隧道作为交通网络的"地下生命线"，其安全运营直接关系到国计民生。要保障其安全运营离不开科学高效的维修组织管理。铁路隧道维修组织管理，绝非简单的"修修补补"，而是一项复杂的系统工程。它需要根据隧道的健康状况、运营需求以及资源条件，制定科学合理的维修计划，并高效地组织人力、物力并实施。隧道维修管理是铁路安全的"隐形守护者"，更是工程技术人员必须掌握的核心技能。铁路隧道是如何进行维修管理的呢？这是本任务的主要内容。

▲ 任务描述

通过本任务学习，了解我国铁路隧道维修管理的原则和组织形式，熟悉铁路隧道修理的主要内容。

◇ 相关知识

隧道建(构)筑物的维修工作分为检查、维修和大修，维修工作分为周期性保养和综合维修。检查、维修工作实行检养修分开的管理体制。隧道维修工作应按照"预防为主，防治结合"的原则进行，采取综合维修与周期性保养相结合的方式，修复既有缺陷，预防病害发生，保持隧道建筑物状态均衡完好，使列车能以规定的速度安全、平稳和不间断地运行。

一　维修管理组织形式

(一) 维修管理的基本概念

维修管理是指隧道混凝土结构物在使用期间，保持结构物性能在容许范围内的技术行为，即在合适的设计、施工和维修管理条件下，隧道结构物具有良好的承载性、耐久性和满足耐久性要求的使用寿命。但如果设计、施工不当或对某些潜在的因素考虑不周，或维修管理不善，就会出现劣化现象或加速劣化的发展，从而造成结构物耐久性的降低或使用寿命的缩短。

铁路隧道维修管理的目的就是保证隧道良好的运营条件和结构物的使用功能，不断延长结构物的使用寿命。

铁路隧道维修管理的基本原则是确保隧道的功能和运营环境的质量，对影响隧道结构物安全性、耐久性的变异现象进行检查及调查，并采取适当的对策和措施。

(二) 维修管理组织

我国铁路隧道维修由铁路局集团公司组织实施。若维修技术特别复杂、难度大且铁路局集团公司专业维修单位难以胜任的，经充分论证，按规定程序可委托具备资质的公司实施。中国国家铁路集团有限公司下设18个铁路局集团(公司)，各铁路局集团公司下设工务段。工务段根据管辖桥隧建筑物的管辖长度、设备数量、交通条件、地形地貌等因素，设置桥隧车间，桥隧车间下设桥隧检查工区和养修工区。

1. 管辖长度

桥隧车间管辖的桥隧换算长度一般不宜超过30km；桥隧车间管理的营业线长度，平原微丘区不宜超过250km、重丘山区不宜超过200km、险峻山区不宜超过150km、草原沙漠戈壁地区不宜超过400km。每个桥隧车间下设1~2个桥隧检查工区，山区铁路检查工区管辖范围可适当缩短。桥隧养修工区管辖桥隧换算长不宜超过6km；管辖的营业长度，平原微丘区不宜超过60km、重丘山区不宜超过50km、险峻山区不宜超过40km、草原沙漠戈壁地区不宜超过100km。

长大隧道或隧道较多的工务段宜设置专门工区负责隧道低压通风、照明工作。隧道检查如图7-1所示。

图7-1　隧道检查

2. 责任分工

工务段桥隧科或路桥科全面负责桥隧设备技术状态的管理。按照铁路局集团公司相关要求及批准下达的桥隧生产任务、指标，根据管内桥隧设备实际状态并结合维修周期，制定年度维修计划及组织、技术措施；审核批准桥隧车间维修月度生产计划，保养和检查的年度、月度生产计划；组织定期检查，掌握安全生产信息；对生产过程进行指导、监督、验收和考核。工务段根据需要设置桥隧检测小组，业务上由工务段桥隧科或路桥科直接管理。

桥隧车间全面负责所辖设备状态检查维护，组织生产，掌控作业安全、质量和进度；编制本车间维修月度生产计划和保养、检查的年度、月度生产计划，报工务段审核批准后执行；根据批准计划，制定各工区月度生产计划和检查、养修作业日计划，申报天窗作业计划；按规定完成设备检查、保养质量评定和维修质量复验，并对作业安全和质量进行全过程跟踪检查和考核。定期分析设备质量状态，适时调整生产计划。

桥隧检查工区负责桥隧设备经常检查，对桥隧车间制定的日计划提出建议，提报周检查报告；参加工务段组织的定期检查；参与保养质量评定、维修质量复验、维修工作量调查等工作。

桥隧养修工区负责桥隧设备保养、维修和部分大修工作以及桥隧周边环境检查工作，除河床断面测量以外的水文观测项目，对桥隧车间制定的日计划提出建议；完成保养质量自评、维修质量自验；参与维修工作量调查；参与防洪、地震等临时检查工作和现场应急处置。

桥隧检测小组负责桥隧专项检测，以及水文观测中的河床断面测量，对技术复杂、难度大的项目可委托专业单位进行检测。

二 保养

(一)保养工作目的

铁路隧道通过保养，及时消灭超限和临近超限处所，保持桥隧设备状态经常均衡完好，确保行车安全平稳。

(二)保养工作原则

保养工作以"预防为主，消灭超限"为原则，宏观上以周期控制，微观上以状态控制。

(三)保养工作范围

铁路隧道保养工作的主要内容为：对隧道主体结构及附属设施进行日常维护以及风险排除等。保养工作范围包括：隧道进出口坡面危石及隧道衬砌掉块的清理；隧道排水系统疏通、侧沟修补等；涵洞清淤、倒虹吸盖板或拦污栅修复补充；以及各种标志、标识的刷新和修补。

(四)保养工作计划编制与实施

保养计划的编制与实施，应通过设备进行周期性检查，除对发现的超限处所及时整修消除外，还应对临近超限处所进行预防性周期保养，编制季度保养计划，经上级部门批准后实施，并将实施情况、班前安全质量预想防控项点及措施记录在保养日计划及完成表中。

(五)保养质量评定

定期评定工作应由设备管理单位组织有关人员，结合春检和秋检，每年对隧道设备进行一次保养质量评定。

每座隧道设备的保养质量评定根据该设备各部分存在的问题，按照《桥隧建筑物保养质量评定标准》的规定，根据扣分情况评定保养质量。每座设备扣分总和除以该设备的长度(取整数)即为该设备的保养质量平均分(取小数点后一位)。保养质量每米长度平均分在5分及以下且无单项质量扣10分者为合格，否则为不合格。

每次评定的情况，均应填写《铁路桥隧建筑物保养质量评定记录表》。设备管理单位应对保养质量和数量进行不定期的现场抽查核实。

三 综合维修

(一)综合维修工作目的

铁路隧道建筑物综合维修工作主要是预防性修理，恢复各部件的功能，保持整座隧道设备质量均衡完好。

(二)综合维修工作原则

铁路隧道建筑物综合维修工作按照"预防为主，防治结合，有病治病，治病除根"的原则,宏观上以周期控制,微观上以状态控制。一般以整座设备、全项目进行,特长隧道可分段进行。

(三)综合维修工作范围

铁路隧道综合维修工作主要是对隧道主体结构及附属设施、设备出现的问题进行修

理。综合维修工作范围包括:少量隧道漏水、少量衬砌坍工的整治;排水沟清理,隧道洞口边(仰)坡危石处理及防护设施局部整修;通风设施整修,各种防护设备的砌体勾缝修补;防护墙、作业通道、救援疏散通道、安全检查设备、抗震设施、通风设施等的局部整修;各种标志的增设、修理和更换等。隧道衬砌病害整治如图7-2所示。

图7-2　隧道衬砌病害整治

(四)综合维修计划编制与实施

铁路隧道综合维修年度计划,由设备管理单位编制《桥隧建筑物综合维修年度计划表》,经铁路局集团公司批准后实施。铁路局集团公司汇总后,1月底前报铁路总公司备案。其完成情况由车间向工务段、工务段向铁路局集团公司分别按月、季统计,逐级上报《桥隧大修维修完成情况报表》,铁路局集团公司汇总当年综合维修计划完成情况后,次年1月底前报铁路总公司备案。

隧道设备的月度综合维修计划,按照工务段下达的任务,桥隧车间根据综合维修的要求,以工作量调查结果为依据,在管理系统上编制次月维修计划,上传至工务段,批准后在管理系统上编制日计划,下达至桥隧养修工区执行。

综合维修作业应严格按照作业标准执行,实行质量控制,保证达到规定的质量要求。

(五)综合维修作业质量验收

隧道综合维修作业质量的验收,要严格执行工区、车间、工务段三级验收制,分级把关,一体监督,控制综合维修质量。

作业过程中,每天应在作业中及收工前进行质量自检、互检和回检,发现不符合标准的项目应及时返修。每座隧道综合维修作业全部完工后,应按《铁路桥隧建筑物修理作业验收标准》的有关规定进行质量验收评定。先由桥隧养修工长组织进行全面检查,初检合格后报请车间复验,车间组织检查工区进行复验。如发现不合格处所,由工区继续整修,整修合格后再报请复验,复验合格报请工务段,工务段派主管工程师会同车间、检查工区进行验收。如发现不合格处所,由车间组织继续整修,整修合格后再报请复查。

每次维修验收时,桥隧养修及检查工区、车间、工务段均应根据验收记录在《铁路桥隧建筑物综合维修验收证》内填写验收质量评定结果。综合维修作业质量评定分为合格、不合格两个等级。全部项目一次验收达到合格,可评为"合格",否则为"不合格"。若出现不合格处所,经返修复验合格,评为"合格"。

四 大修

(一)大修工作目的

铁路隧道建筑物大修是做好隧道设备运营管理的一项重要措施,其作用是根据设备状态劣化程度和运输发展需要,恢复或改善设备功能,提高承载抗灾能力,最大限度地延长使用寿命。

隧道建筑物大修根据铁路运输需要和设施技术状态,有计划地对设施进行加固或改建,整治重大病害,恢复或提高设施承载、抗洪、抗震能力,明确建筑物限界,以充分发挥隧道建筑物的使用效能。隧道建筑物大修必须认真执行检查、计划、作业、验收等基本工作制度,依靠科技进步,实行全面管理,不断提高工作效率和经济效益,力求以最经济的人力物力,取得最佳效果,提高大修工作质量。

(二)大修工作范围

隧道大修按照设备状态劣化等级、工程性质、工程量大小和复杂程度,分为重点大修和一般大修等。铁路隧道衬砌增设或更换衬砌等为重点大修,其他隧道病害整治大修为一般大修。

铁路隧道大修工作范围包括:加固、更换、增设衬砌或扩大限界;隧道空洞、掉块、冷缝、防水板切割二次衬砌整治;加固洞门;加固明洞;成段翻修铺底、仰拱;整治漏水,改善和增设排水设备;整治洞口边坡、仰坡;修理隧道消防设施、照明、防护门及机械通风。

(三)大修计划编制

铁路隧道大修项目以每座建筑物为单位,将需要进行大修的各个工程项目,均安排在同一次大修项目内。

工务段应根据铁路局集团公司制订的桥隧大修规划和设备技术状态,每年上半年提出次年的大修申请,详细填写《桥隧大修项目建议书》,报送铁路局集团公司工务处审核。铁路局集团公司工务处对工务段报请的大修工程复查后,于10月底前提出次年度《桥隧大修年度建议计划件名表》,铁路局集团公司根据轻重缓急和投资能力,确定次年度大修任务计划。

对病害复杂的隧道大修项目,应对病害原因、程度、发展趋势进行专家论证,提出整治建议;对整治设计、施工方案复杂的大修项目应进行专家论证。

(四)大修设计文件

每件铁路隧道大修工程均应进行设计、编制设计文件。一般大修件名可直接进行设计。重点隧道大修工程可分两阶段进行设计,即先提出初步设计和概算,经铁路局集团公司主管部门审查确定后,再编制技术设计。

设计文件是指导施工和进行经济核算的主要依据,应做到技术先进,经济合理。隧道大修设计文件分为说明书、设计图表和预算三部分。

1.说明书

说明书包括建筑物的技术状态和病害情况、设计依据、工程范围、技术标准、设计方案、施工方法、质量要求、安全措施及其他注意事项。重点大修工程还应有详细的施工图及说明。

2.设计图表

设计图表包括隧址地形平面图、工程总布置图、纵横断面图、各种结构细节、基础地质柱状图等图纸及工程数量表、主要说明等。

3.预算

预算包括预算汇总表、单项工程预算表、材料数量和重量表、运输费用计算表、工程数量表和计算清单以及补充单价分析表、工费表等，计算费率按有关规定办理。

重点大修件名设计完成后，技术文件应由工务处主持进行鉴定。设计单位根据鉴定提出的问题作修改，然后编成正式文件。凡列入隧道大修计划的件名，其设计文件编制完成后，均应经过铁路局集团公司工务处审查批准。全年大修的设计文件应在当年的6月底前完成。在一季度至三季度内施工的件名，应在开工前60天提出。对个别临时变更或追加的件名，设计文件最迟应在开工前20天提出。

4.变更办理

在施工过程中，如需变更原设计和预算，应根据变更性质及程度，按以下规定办理：

（1）凡改变主要施工方案或增减较大的工程项目时，应由提议单位提出变更理由，报设计单位签注意见后，由原批准单位审查同意，交原设计单位变更设计及预算。

（2）如为原设计方案基础上的零小变更或仅为工作量的增减，可不变更设计，由施工单位提出理由，连同增减工程项目及数量报原设计和批准单位审查同意后，据此施工。

（3）由于工费、材料费价值变更而影响预算总价时，可不变更原设计的预算表，仅将每件工程的材料工费差价列成汇总表，进行总的一次性调整。

（五）大修施工管理

铁路隧道大修工程，必须有批准的设计、施工文件才能施工。隧道大修原则上由专业施工单位施工，零小的一般大修工程，亦可由设备管理单位施工。隧道衬砌加固施工如图7-3所示。

图7-3 隧道衬砌加固

1.隧道大修施工准备

施工单位在接到批准的设计文件后，应做好以下工作：

（1）详细了解设计文件内容，编制施工组织设计，以确定施工组织、施工方法、施工步骤、工程进度和安全防护措施。对于施工较复杂的工程，必要时绘制施工网络图。

（2）充分做好施工前的准备工作，特别要做好施工计划，以及材料、机具和劳动力等

铁路隧道工程施工与维护

具体安排,保证大修任务按计划进行。

（3）每件大修工程开工前,应组织设计及有关人员向施工人员进行技术交底。对于重点大修工程,铁路局集团公司相关部门和单位必须严格按照施工等级规定确定现场监控人员,做好组织协调和安全监控。

2. 隧道大修监理制度

隧道大修工程的施工应视工程规模的大小、性质实施工程监理制度。工程的监理应严格执行铁路主管部门发布的《铁路建设工程监理规范》(TB 10402—2019)中的各项规定。

3. 隧道大修计划编制

隧道大修施工应编制年度分季、季度分月计划。

（1）年度分季计划由铁路局集团公司根据批准的年度大修计划编制,并下达施工单位实施。施工单位按照计划进度要求,提出材料申请和施工封锁计划等。

（2）季度分月施工计划,由施工单位根据下达的季度任务编制,报铁路局集团公司批准后执行,并每月向施工班下达任务。

4. 隧道大修材料管理

隧道大修使用的主要材料应提供材质说明书和合格证,并按有关规定进行检验,检验合格并经监理或监护员审核签认后,才准领用和运往工地。使用代用材料时,应征得原设计单位同意。加强料具管理,建立和健全料具保管、领发盘点等制度,防止散失或受损;应特别注意对易燃、爆炸、有毒及受潮变质材料的保管工作,以及动力设备、施工机械、运输工具等主要生产机具的保养和管理工作。

5. 隧道大修注意事项

隧道大修工程应做好以下工作:

（1）由于施工影响拆除和受损部分,应全部恢复原状。

（2）及时清理工地,清理和回收遗存的材料、工具、备品。

（3）大修施工单位应将施工记录和竣工图等资料整理齐全。技术复杂,采用新技术、新工艺的大修工程,应做好施工技术总结,交付验收。

（4）建立施工安全质量负责制,严格按照设计文件和有关施工规范、规则、营业线施工安全管理的规定施工,保证行车安全、人身安全和工程质量。

（5）大修封锁施工,必须充分做好施工前的各项准备,施工前设计单位应将施工方案、施工步骤、封锁时间、人员分工、安全注意事项及质量要求,向设备管理使用单位及施工单位人员进行详细的技术交底,保证安全正点、质量良好地进行施工。

（6）每日施工的工作内容、安全、质量、使用材料、施工方法及施工中发现的主要问题及处理情况等,施工负责人应详细记载在《桥隧建筑物大修施工日志簿》(工桥-22)内。对于大修隐蔽工程应填写《桥隧建筑物大修隐蔽工程检查记录表》(工桥-23),形成相应的专门施工记录,由监理或设备管理单位主管工程师签认。

6. 大修施工检查

铁路隧道大修施工应建立严格的检查制度,做好施工检查工作。施工负责人应在每日工作中、收工前,对当日作业质量和安全情况进行全面检查。严格执行《铁路营业线施工安全管理办法》的规定。施工单位应加强经常性技术指导，至少每月进行一次检查，尤其是封锁施工时，主管领导必须亲自检查。对委托或发包给其他单位施工的单项工程，施工单位应派专人负责现场施工的工程质量和施工安全的检查监督，严禁以包代管。影响线路稳定的施工，应派专人对线路变化情况进行检查，及时对线路不良处所进行整修和保养，并做好记录。

为保证大修工程质量，应做好质量监督检查工作：

(1)铁路局集团公司应指派专人认真检查大修工程的安全质量情况。设备管理单位应与施工单位密切配合，指派有关人员经常检查管辖范围内大修工程的安全质量，并签订有关协议，明确安全责任。

(2)隐蔽部分的施工、关键工序，现场应旁站监理或监护。施工单位必须派技术人员临场监督，并应事先通知设备管理单位派员会验，检验合格方可继续施工，并应详细填写《隐蔽工程检查验收记录表》(工桥-23)。重大工程应通知铁路局集团公司进行检验。

7. 大修竣工验收

铁路隧道大修验收以每件为单位，工程项目工作量较大的工程，亦可分项进行验收。全部工程竣工后，须再进行一次总的质量评定。

隧道大修工程竣工验收程序如下：

(1)工程竣工后，应先由施工单位按设计文件和《铁路桥隧建筑物修理作业验收标准》逐项检验施工质量，并进行检验记录及质量评定。如质量不合格或有漏项等缺陷，应及时整修完好，同时备齐竣工文件，报请铁路局集团公司验收，并通知有关设备管理单位。

(2)铁路局集团公司在接到施工单位申请办理正式验收的报告后，应立即组织验收。经验收合格，组织设备管理单位和施工单位办理验收交接手续。

(3)经验收人员检查认为工程内容符合设计文件、工程质量符合验收标准的要求、竣工文件齐全完整时，验收人即应签发《桥隧建筑物大修竣工验收证》(工桥-24)。如检查认为不合要求时，应指出不合格处所和改正意见，由施工单位继续整修，限期完成，达到标准时，再行复验。

隧道大修工程的施工质量，以每件工程为单位综合评定，分为合格和不合格两个等级。合格是指全部工作项目的质量达到合格，不合格是指任何一项工作项目的质量未达到合格。若不合格项目返工整修，经复验达到合格，则评为合格。

⚠ 任务实施与总结评价

请完成本教材配套《铁路隧道工程施工与维护实训手册》中专业知识认知、能力素质训练及任务总结的相关内容，并依次进行学员自评、组长评价和指导老师评价。

任务二　铁路隧道服役状态评估

◆ 任务引入

隧道建(构)筑物在长期使用过程中，受地质条件变化、列车振动、地下水侵蚀等因素影响，结构物状态会发生退化。需要通过检查对其服役状态进行准确评估，及时发现潜在的安全隐患,预防事故的发生。如何进行状态评估呢? 这是本任务的主要内容。

▲ 任务描述

通过本任务学习,熟悉隧道状态监测技术,能够根据资料判断隧道状态,并能对隧道状态进行评定。

◇ 相关知识

一 状态检测

运营铁路隧道具有维护时间短、操作空间有限、干扰因素多、检测精度要求高等特点,所以其对检测方法提出了更高的要求,除采用地质雷达法、回弹法、冲击回波法、超声回弹法、瞬变电磁法、瑞雷波法、高密度电法等常规的检测方法外,随着检测技术的进一步发展,一些高效、高精度新型检测技术及方法被逐步应用于隧道状态的检测,如衬砌表面数码摄像、三维激光扫描、3D 雷达探测及三维体积扫描等检测技术。

(一) 常规检测方法

1. 断面净空检测

隧道断面净空检测主要是检测隧道实际轮廓的几何尺寸。从目前的检测技术来看,使用激光断面仪是一种实用且可靠的方法,故铁路隧道在运营及其他各个阶段的净空尺寸均主要采用激光断面仪或全站仪进行检测。激光断面仪如图 7-4 所示。

铁路隧道在长期运营期间,衬砌结构受到荷载的持续作用,加之与围岩变形的相互影响,其可能发生各种变形。可通过激光断面仪来检测确定衬砌变形后内轮廓是否侵入建筑限界。

2. 衬砌质量检测

(1)衬砌混凝土强度检测技术。

衬砌混凝土强度的检测方法有钻芯法、拔出法、压痕法、射击法、回弹法、超声法、超声回弹综合法、超声衰减综合法、射线法和落球法等。其中,回弹法、超声回弹综合法是应用较为广泛的无损检测方法。

①回弹法检测技术。

回弹法即利用回弹仪检测普通混凝土结构构件抗压强度的方法。其原理是当回弹仪的弹击锤被一定的弹力击打在混凝土表面时,读取回弹值,通过回弹高度与混凝土表面硬度的比例关系,以及混凝土抗压强度与其表面硬度之间的相关关系,推算出混凝土的抗压强度。回弹仪如图 7-5 所示。

回弹法检测混凝土抗压强度的检测精度不高,但设备简单,操作方便,测试迅速、费用低,且不破坏混凝土的正常使用,故在现场直接测定中广泛使用。回弹法对硬度的变化很敏感,骨料的种类对回弹值有很大的影响,并且回弹值还受配合比和碳化深度的影响。但回弹法因其工作量少,测试迅速方便的优点,仍具有很高的实用价值。

②超声回弹综合法检测技术。

超声回弹综合法是指采用超声仪和回弹仪,在构件混凝土同一测区分别测量声速值及回弹值,然后利用已建立起来的测强公式推算该测区混凝土强度的一种方法。与单一回弹法或超声法相比,综合法可弥补单一方式的不足。超声仪如图7-6所示。

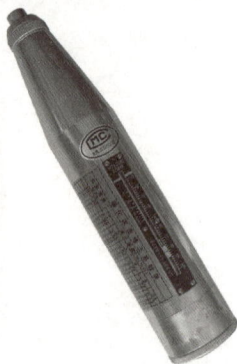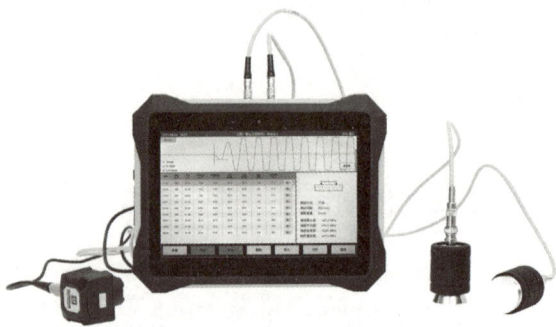

图7-4　激光断面仪　　　图7-5　回弹仪　　　　　　　图7-6　超声仪

回弹值主要以表层砂浆的弹性性能来反映混凝土强度,当混凝土强度较低、塑性变形较大时,这种反映就不太敏感。当构件截面尺寸较大或内外质量有较大差异时,则很难反映混凝土的实际强度,弹性指标变化幅度较小,其相应声速随强度变化的幅度也不大,其微小变化往往被测试误差所掩盖。所以,对于强度大于35MPa的混凝土,其相关性较差。

采用回弹法和超声法综合测定混凝土强度,既可内外结合,又能在较低或较高的强度区间相互弥补各自的不足,能够较全面地反映结构混凝土的实际质量。

(2)衬砌混凝土厚度及缺陷检测。

地质雷达法是检测衬砌混凝土厚度和背后缺陷的常用手段。利用地质雷达法对高速铁路隧道二次衬砌进行检测,可以达到以下目的:检测隧道衬砌厚度;检测隧道衬砌背后的空洞和密实情况;检测隧道仰拱(底板)部分的密实情况;检测隧道初期支护钢架和二次衬砌钢筋的分布情况。

(二)隧道检测新技术

1.衬砌表面数码摄像技术

衬砌表面数码摄像技术原理主要是利用摄像设备快速获取被测物体表面的特征信息,然后采用图像处理技术对数据进行处理,从中提取有关物体表面的数据特征,并依据提取的特征,进行衬砌状态的评判。依据系统功能的要求,系统硬件由摄像设备、主机、输入输出设备三部分组成,软件部分由图像处理及评估分析两部分组成。其中,摄像设备用于图像采集,主机用于控制系统的执行,输入输出设备用于图像输入和图形输出。

数码摄像技术可对隧道衬砌形变、挤出、开裂、移动、错位、腐蚀、炭化、剥落、剥离、压溃渗水、漏水等异常现象的位置、长度、宽度、范围及状态进行记录。

2.三维激光扫描技术

三维激光扫描技术的原理是利用激光扫描大量测量点,根据点坐标对其扫描环境生成精准的3D图像,产生复杂环境和几何结构的详细三维信息。三维激光扫描技术弥补了传统测量技术的缺陷,使测量领域向前跨出一大步。三维激光扫描技术主要应用于新建隧道超欠挖测量,运营隧道限界以及渗漏水等病害的检测。三维激光扫描仪如图7-7所示。

3."3D 雷达"检测技术

"3D 雷达"技术逐步被应用于隧道检测中,由于其显示的是三维图像,故对衬砌背后不同状态的检测更具实用性。

4. 三维空洞扫描技术

三维空洞扫描技术的原理是将激光探头沿钻孔深入到难以接近的空穴、地下空间及空腔内,激光头便向外打开,开始扫描空洞的三维形态。三维体积扫描设备多采用电动机驱动双轴扫描探头,可以保证仪器能做到球形 360°扫描,以覆盖整个空洞,部分产品的最大扫描距离可达 150m。在对隧道衬砌背后空洞进行测量时,可利用轻便探测杆使仪器能够沿钻孔向上或水平探测。部分产品内置的钻探摄像头上装有指示

图 7-7　三维激光扫描仪

灯,以便清楚地看到钻孔内部以及测量过程中遇到的各种障碍物。扫描过程中,可将测量数据传回至地面的控制单元,并利用相关控制软件及计算机,在屏幕上显示出摄像头捕获的画面,并实时获取激光扫描生成的三维空洞图像。

二　隧道状态分类

依据隧道衬砌正常使用与行车安全的要求,运营隧道状态可以分为衬砌完好、衬砌缺陷和衬砌病害三类。

(一)衬砌完好

衬砌完好主要是指衬砌厚度和强度、钢筋间距、拱架间距及隧底混凝土厚度等各项指标符合设计要求,衬砌及衬砌背后无任何缺陷及病害,隧道能够服役至预定的设计寿命。

(二)衬砌缺陷

隧道衬砌缺陷是指隧道交付运营时业已存在的可见的或隐蔽的质量缺陷,主要指衬砌厚度不足、衬砌混凝土强度不足、衬砌背后有空洞或回填不密实、基底不密实等。

1. 衬砌及基底混凝土厚度不足

(1)衬砌及基底混凝土厚度不足的分布特点。

衬砌及基底混凝土厚度不足是常见的隧道缺陷类型,大量隧道无损检测结果表明,衬砌厚度不足大多分布在拱顶,其次是拱腰,边墙偶有分布;基底混凝土厚度不足主要呈现出由墙脚逐渐向隧道中心减薄的趋势。另外,衬砌及基底混凝土厚度不足多分布在洞身段,洞口段相对较厚。衬砌厚度不足缺陷如图 7-8 所示。

(2)衬砌及基底混凝土厚度不足的危害。

衬砌混凝土厚度不足会使隧道衬砌结构受力条件恶化,改变衬砌刚度,直接导致衬砌结构承载能力降低,在外界应力较大的情况下,使得隧道衬砌结构产生较大的变形,严重的情况下甚至会发生衬砌断裂、坍塌等灾难性后果。基底混凝土厚度不足时,尤其是仰拱

厚度不足时,将导致二次衬砌不成拱形,难以发挥仰拱自身的抗压性能。此外,在列车的长期循环荷载作用下,基底容易出现裂损等病害。

(3)衬砌及基底混凝土厚度不足的成因。

隧道衬砌及基底混凝土厚度不足多为隧道施工质量所致。建设期间,由于施工单位技术参差不齐,加上部分施工单位偷工减料或者不严格按照设计进行施工,造成衬砌混凝土厚度不足。运营期衬砌材料劣化、剥落等情况也会导致衬砌及基底混凝土厚度不足。

2.衬砌背后空洞及基底吊空

(1)衬砌背后空洞及基底吊空分布的特点。

与衬砌厚度不足类似,衬砌背后空洞及基底吊空在隧道内也经常遇见。检测结果表明,拱顶空洞所占比例最大,其次是两侧拱腰,两侧边墙所占比例最小;基底吊空在仰拱或底板下任何位置均可能分布。衬砌背后空洞如图7-9所示。

图7-8　衬砌厚度不足

图7-9　衬砌背后空洞

(2)背后空洞及基底吊空的危害。

衬砌背后存在空洞时,二次衬砌的受力和围岩应力状态及调整过程均会发生改变,即由于空洞的存在,围岩失去应有的支护而松弛、变形,导致围岩失稳、脱落,严重时会发生突然性崩塌。大型空洞存在时,若上部围岩脱落,会产生集中荷载作用在衬砌上,导致衬砌结构开裂破坏。同时,空洞也是地下水的存储空间及渗漏水的通道,是隧道渗漏水的隐患所在,在严寒地区还会发生积水冻胀,引起混凝土开裂掉块。基底吊空后,仰拱受力明显增大,尤其在设置底板地段,列车的长期作用会导致基底混凝土发生疲劳破坏,进而影响行车安全。

(3)背后空洞及基底吊空的成因。

在隧道初期支护施工时,由于爆破效果不良造成超挖,而又未进行回填作业或是回填未满,导致衬砌背后空洞存在。在二次衬砌施工时,因为泵送混凝土的压力不足、流动性不好等原因,混凝土往往难以灌注饱满,这是造成模筑混凝土背后空洞的主要原因之一。基底吊空多为施工期间基底虚渣未及时清理以及运营期间地下水的掏空作用而导致的基底结构吊空。

3.衬砌混凝土强度不足

(1)衬砌混凝土强度不足的分布特点。

衬砌混凝土强度不足在衬砌的任何部位均可出现,多为施工、养护等原因造成。

(2)衬砌混凝土强度不足的危害。

混凝土强度不足往往导致结构或构件的承载能力降低，主要表现在以下三个方面：一是降低结构强度；二是抗裂性能差；三是构件刚度下降。此外，混凝土强度不足还可能引起结构抗渗、抗冻及耐久性的降低。

（3）衬砌混凝土强度不足的成因。

造成混凝土强度不足的原因主要有以下三个方面：

①原材料质量差，外加剂质量不合格。

②混凝土拌和质量差，由于混凝土配合比是决定强度的重要因素之一。其中，水灰比的大小直接影响混凝土强度，其他如用水量、砂率、骨灰比等也影响混凝土的各种性能，拌和质量不好造成强度不足。

③施工工艺不正确，搅拌不佳，时间过短或过长造成不匀。如浇筑时水泥浆漏失严重，混凝土假凝、未终凝；振捣不实，养护不当；早期水干燥，受冻等。

4. 衬砌背后及基底不密实

（1）衬砌背后及基底不密实分布的特点。

衬砌背后及基底不密实在隧道内同样较为普遍，检测结果表明，拱顶、拱腰位置不密实所占比例最多，两侧边墙所占比例最小；基底不密实在仰拱或底板下任何位置均可能有分布。总体而言，轨下位置基底不密实相对较多。衬砌背后存在不密实地段时，衬砌背后的围岩不能提供被动反力，在围岩压力的作用下导致衬砌结构受力增大，易导致结构开裂；在运营条件下，仰拱或底板作为道床的基础直接承受来自机车车辆的冲击荷载，当隧道仰拱或底板底部存在不密实时，会使基床破损，道床下沉，轨道几何尺寸变化异常，影响正常运输和行车安全。

（2）衬砌背后及基底不密实的危害。

①喷射混凝土表面平整度超标，凹凸不平的现象较普遍。防水板铺挂时富余量过大，与喷射混凝土面不够密贴，在浇筑混凝土时防水板受挤压发生褶皱，造成二次衬砌与初期支护间出现空隙。

②混凝土施工配合比水灰比偏大、混合料坍落度大、混凝土振捣不密实，混凝土因自重下沉，混凝土收缩徐变造成不密实现象。

③混凝土骨料含量偏大，混凝土和易性差，振捣后发生离析，造成混凝土内部不密实。

④用输送泵泵送混凝土时，拱顶面的混凝土在输送过程中把部分空气密闭在狭小的空间内无法排除，造成留有狭小的缝隙导致的不密实。

隧底的不密实在建设期主要是基底虚渣未及时清理造成的；在运营阶段，多为地下水的作用从而形成的基底不密实。

（三）衬砌病害

1. 衬砌渗漏水

隧道衬砌渗漏水是围岩含水和衬砌存在缺陷的综合反映，是隧道工程的通病。渗漏水多发生在施工过程中的施工缝、变形缝、衬砌质量不良处以及发生裂损的薄弱部位。

（1）渗漏水类型。

衬砌渗漏水按照出水量的大小和形态，通常分为渗水、滴水、淌水及冒水。隧道渗漏水如图7-10所示。

图7-10　隧道渗漏水

（2）渗漏水危害的主要表现。

①电力牵引区段拱部漏水，会造成接触网跳闸、放电漏电，影响安全运营，造成人身伤害。

②寒冷和严寒地区隧道漏水会造成边墙结冰、拱部挂冰，侵入限界，影响隧道正常使用；还会造成衬砌冻胀裂损和洞内线路冻胀起伏不平等病害。

③洞内线路排水不良地段，造成土质和软岩地基的基底结构翻浆冒泥，整体道床下沉裂损病害。冒水多发生在衬砌及隧底，隧底的冒水易引起隧道底板上拱，导致道床不稳固，线路轨距水平变形超限，进而影响行车安全，增加养护维修工作量。

④洞内漏水潮湿，将降低轮轨黏着力，加速钢轨扣件和管线的锈蚀，加速木枕和胶垫腐朽，进而缩短线路设备使用寿命。

⑤隧道内环境水中含有侵蚀性介质时，造成衬砌混凝土和砂浆腐蚀损坏，降低衬砌的支撑能力，增加维修费用。

⑥少数隧道暴雨后隧道衬砌或铺底破损涌水，淹没轨道，冲空道床，危害十分严重。

（3）渗漏水原因。

①处于地下水汇集地。在隧道穿越含水地层时，地层中一些固有的地下水通道被隧道截断，隧道本身所拥有的空间就成了此处地下水汇集的良好场所。处于此种环境中的隧道，如果防排水系统处置不好，隧道极容易发生渗漏水。

②不良的地质环境。隧道穿越漂卵石类土、节理发育岩层、溶洞、暗河等，水量大、水压高，容易在防排水的薄弱处发生渗漏水。

③结构自身缺陷。主要缺陷包括防排水设计中勘察不详细、防排水材料性能差、混凝土抗渗等级低、防排水措施不完善等；防腐蚀设计时衬砌未作防腐设计，衬砌腐蚀破坏而漏水等。

④施工不良。施工时防水板破损；排水系统发生堵塞，造成排水失效，引起地下水位升高；材料方面，骨料污染、拌和不良、水灰比控制不良；工艺上，灌注混凝土捣固不良、模板漏浆、砂浆不良、背后空洞、"三缝"处理不良等。

2. 衬砌裂缝

（1）衬砌裂缝类型。

隧道衬砌是承受围岩地层压力、防止围岩变形坍落，以及阻挡地下水渗漏的结构物。由于隧道衬砌受地层压力、地下水压力、围岩膨胀性或冻胀性压力、腐蚀性介质和温度的作用以及施工中人为不良因素的影响等，致使隧道衬砌在运营中产生纵向、斜向、环向、月牙形及网状等开裂，影响隧道的正常使用，统称为隧道衬砌开裂病害。隧道衬砌裂缝如图7-11所示。

（2）衬砌裂缝危害。

环向裂纹主要由纵向不均匀荷载、围岩地质变化、沉降缝等处理不当所引起，多发生在洞口或不良地质地带与完整岩石地层的交界处，一般对衬砌结构正常承载影响不大。纵向裂缝平行于隧道轴线，其危害性最大，发展可引起隧道掉拱、边墙断裂甚至整个隧道塌方。斜向裂缝一般和隧道纵轴成 45°角左右，常由混凝土衬砌的环向应力和纵向受力组合而成的拉应力造成，其危害性仅次于纵向裂缝，将降低衬砌结构对围岩的承载能力。

（3）衬砌裂缝形成原因。

隧道衬砌裂缝产生的原因是复杂的、多方面的，裂缝发展形式不同，其产生原因也不相同。形变压力、松动压力作用、地层沿隧道

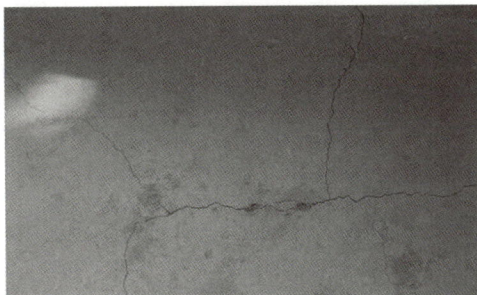

图 7-11　隧道衬砌裂缝

纵向分布及力学性态的不均匀作用、温度和收缩应力作用、围岩膨胀性或冻胀性压力作用、腐蚀性介质作用、施工中人为因素、高速列车的循环荷载作用等，均可能是隧道衬砌结构物产生裂缝的原因。

①衬砌外力作用。衬砌外力作用是指由于围岩及环境的变化而施加在衬砌上的作用力变化，主要包括松弛压力、偏压、膨胀性土压力、水压力、温度应力、不均匀沉降产生的结构应力及车辆荷载、地震等其他荷载作用。

②衬砌材质的劣化。衬砌材质的劣化主要为混凝土碳化、冻害使混凝土产生麻面、表面剥落及地下水的侵蚀等。

③施工工艺与质量控制效果差。施工工艺与质量控制效果差主要表现为施工没有处理好施工缝、变形缝；受施工技术条件限制，施工质量管理松弛和不善，混凝土材料检验不力，施工配合比控制不严，水灰比过大，混凝土捣固质量不佳，拱部浇筑间歇施工形成工作缝，混凝土模板不平顺等因素，建成的隧道衬砌在施工缝处产生裂缝；施工欠挖、模板拱架支撑变形、塌方等原因，造成局部衬砌厚度偏薄或衬砌结构受力不对称，降低了衬砌承载能力等。

④设计因素。隧道设计时，因围岩级别划分不准、衬砌类型选择不当，造成衬砌结构与围岩实际荷载不相适应，而引起衬砌裂缝病害；隧道穿过偏压地段时，没有采用偏压衬砌；隧道穿过断层破碎带、褶皱区等局部围岩松散压力或结构力较大的地段，对衬砌结构没有相应地采取加强措施等。

⑤水文地质因素。地质因素对隧道衬砌裂缝的产生有很大影响。地质因素是一些纵向裂缝和斜向裂缝产生的主要因素。地质因素包括水的作用、复杂地质条件，如地震带、断裂带、滑坡及偏压等。纵向裂缝和斜向裂缝大多数出现在进出口处，进出口处衬砌裂缝主要是由于偏压、滑坡、水的作用等地质因素造成的。

3. 衬砌压溃与错台

衬砌压溃与错台是运营铁路隧道受到未曾预料到的外力引发的衬砌受挤压开裂部位、当外力继续增大时，衬砌将逐渐失去承载力，出现压溃及错台现象。继续发展下去，还会出现衬砌剥落，直至突然崩塌。由此可见，衬砌压溃及错台其实是某种衬砌开裂病害发展的结果，也可能是由于一些外力，如地震、山体滑动等作用引起衬砌突然压溃。

（1）压溃及错台类型。

衬砌压溃及错台是在衬砌开裂部位出现的一种现象。衬砌在此处逐渐失去承载能力，裂缝两侧衬砌块体相向运动、接触面挤压出衬砌粉末、小粒和碎块，并由表及里、由接

图 7-12　错台

触面向两侧蔓延发展。一般按发生部位分为拱顶压溃、拱腰压溃错台及边墙压溃错台。错台如图 7-12 所示。

（2）衬砌压溃及错台危害。

①拱顶衬砌压溃后，一方面容易造成拱顶混凝土掉块，影响行车安全；另一方面，如压溃地段靠近接触网，压溃范围较大时，容易造成接触网掉落等重大事故。

②拱腰及边墙衬砌压溃错台后，容易引发拱腰及边墙混凝土垮塌，影响隧道整体安全性。

（3）衬砌压溃及错台原因分析。

①松弛土压。松弛土压是围岩松弛、不能自持而作用在衬砌上的荷载。其发生机理，对于硬岩而言，系节理面的结合力因风化和水的作用而降低，最终导致围岩松弛。对软岩、砂土一类围岩，则因干湿的反复和冻结、融化的反复而松弛。以上松弛现象，当衬砌背后有施工留下的空洞或砂土流失形成的空洞时，更容易发生。

②偏压。衬砌出现偏压的情况很多，偏压对衬砌的破坏作用是严重的。当两侧土压不同或不对称时，一侧拱肩附近是主动土压，迫使另一侧拱肩附近的断面上抬，压向围岩，由此产生被动土压的作用区域。从拱顶到拱肩断面上抬的部分，最易产生局部压溃现象。

③滑坡。铁路选线过程中，在给隧道定位时，对于长大隧道和短隧道在地质勘探中所给予的关注程度是不同的。对于长大隧道，一定会避开尚处于活动期的滑坡，即使是已停止活动的大滑坡，也可能绕避；对于短隧道，则因地质勘探投入不足，虽不至于处于活动期的大滑坡上，但完全可能部分穿过稳定滑坡体或正处于活动期的小滑坡体，也可能穿越未被认识到的大滑坡体内。

④膨胀性土压。膨胀性土压对衬砌的压力主要是侧向的。隧道断面从左右挤出，导致拱顶多数上抬，此区域变为被动区域。如拱背后有空洞，围岩软弱时，拱顶会产生局部压溃。

⑤冻胀压力。冻胀压力对衬砌造成的破坏与膨胀性土压极其类似，也会使拱顶产生局部压溃。

⑥材质极度劣化。当衬砌材料因水泥质量不良、骨料不洁、碱-骨料反应、施工不当、养护不良、反复冻融、火灾、化学腐蚀等引起劣化时，衬砌的承载能力会极度降低，在实际外荷载作用下，衬砌受到压力最大的部位有可能出现压溃现象。

⑦设计缺陷。设计对围岩级别及不良地质判断严重失误，致使设计衬砌类型不当、厚度严重不足，终因承载力不足而出现压溃现象。

⑧施工不良。在地质不良处施工时，常因怕引发坍塌而存在局部严重开挖不足的情况，出现二次衬砌厚度不足，此处就极易出现压溃。在开挖遭遇坍塌处，施工单位常为减少材料消耗故意不充分回填，有意在衬砌背后留下空洞，空洞处衬砌在出现未曾预料到的压力时常会出现压溃。

4. 衬砌掉块

（1）衬砌掉块分布特点。

调查结果表明，衬砌掉块大多分布在拱顶位置，拱腰次之。

（2）衬砌掉块危害主要表现。

①衬砌出现掉块后导致钢筋与防水板外露，后期易引起钢筋腐蚀。

②衬砌掉块后，影响行车安全，掉落范围较大时，影响隧道整体安全性。

③掉落位置靠近接触网时，容易造成接触网掉落等重大事故，严重影响行车安全。

（3）衬砌掉块成因。

①衬砌出现偏压时，当两侧土压不同或不对称时，容易导致拱腰一侧压溃掉块，当拱顶存在空洞时，拱顶容易发生大范围掉块。

②膨胀性土压作用于衬砌时，若拱顶存在空洞或不密实缺陷，拱顶会产生局部压溃导致掉块。

③当衬砌材料发生劣化时，衬砌的承载能力会极度降低，在实际外荷载作用下，衬砌受到压力最大的部位有可能出现压溃，导致掉块。

④设计对围岩级别及不良地质判断严重失误，致使设计衬砌类型不当，厚度严重不足，造成承载力不足而出现压溃，最终导致发生掉块。

⑤施工质量存在缺陷，衬砌厚度不足，背后存在空洞，在列车振动和气动荷载的长期作用下引起掉块。

5. 衬砌冻害

（1）衬砌冻害类型。

衬砌冻害对上部结构表现为：渗漏的地下水通过混凝土裂缝逐渐渗出，在渗出点出口处受低温影响积成冰柱，尤其在施工接缝处渗水点多，结晶明显，累积十至几十厘米厚的冰锥。如不清理，冰锥越积越大，侵入限界，将危及行车安全。衬砌冻害如图7-13所示。

衬砌冻害对下部结构表现为：隧道排水沟槽设施保温不良引起冰冻，导致水沟地下排水困难；因结冰堵塞，使水沟冻裂破损，地

图7-13 衬砌冻害

下水不易排走；衬砌周边因水结冰而冻胀，致使隧道内各种冻害接踵而来。

对围岩表现为：隧道砌筑在围岩良好地段，一旦衬砌后有空隙，渗透岩层的地下水在排水不通畅时就积在衬砌与壁后围岩间，结冰冻胀产生冰冻压力，传递给衬砌。

（2）冻害危害。

隧道冻害会导致隧道拱部衬砌发生变形与开裂、隧道边墙变形严重、隧道内线路冻害、衬砌材料冻融破坏、隧底冻胀和融沉等。

（3）冻害成因。

①寒冷气温的作用。隧道冻害与所在的地区气温（低于0℃或正负交替）有直接关系。

②季节冻结圈的形成。沿衬砌周围最大冻结深度连成的圈被称为季节冻结圈。隧道的排水设备如埋在冻结圈内，冬季易发生冰塞。在冻结圈范围内的岩土，由于受强烈频繁的冻融破坏，风化破碎程度与日俱增，也是冻害成因之一。

③围岩岩性、隧道设计和施工等其他影响因素。

图 7-14　翻浆冒泥

6. 基底下沉及翻浆冒泥

在以往修建的普速铁路隧道中，隧道仰拱及填充层因为本身施工质量缺陷，导致填充层内部出现空洞，容易引起隧道基床下沉，边沟倾斜，严重时边墙挤进，有地下水的地方，往往伴有翻浆冒泥发生。翻浆冒泥如图 7-14 所示。

（1）基底下沉及翻浆冒泥类型。

基底下沉主要表观特征为道床增厚、垫板无调节富余量以及轨道结构高程变化；基底翻浆冒泥主要表现在道床冒泥及水沟内堆积淤泥。

（2）基底下沉及翻浆冒泥危害。

基底下沉及翻浆冒泥容易引起水沟盖板和挡渣墙的下沉，线路高程变化较快，列车通过时有不同程度的振动，严重时导致轨道几何形态发生较大变化，影响行车安全。

（3）基底下沉及翻浆冒泥成因分析。

隧道基底出现下沉及翻浆冒泥的原因复杂，主要为以下几个方面：

①基底结构层状剥离、地下水的存在及大轴重列车重复作用是产生基底下沉及翻浆冒泥病害的主要原因。在列车动荷载长期反复冲击下，加之地下水的存在，形成基底分层拍打及水力冲刷效应，基底软弱夹层中的细颗粒被地下水冲走，出现空洞，导致隧道基底结构脱空，形成简支结构，混凝土底板开裂破损，导致基底下沉与翻浆冒泥。

②设计标准偏低是产生基底病害的另一个原因。由于大部分既有铁路隧道修建时期较早，设计标准偏低，部分地段未设置仰拱，而铺底一般情况下也只有 25cm 厚的素混凝土，这使得基底结构承载能力储备不足。此外，隧道排水设施设置不够合理，如排水沟底设置过高等，也会产生基底病害。

③施工质量问题也是产生基底病害的重要原因。隧道施工时，铺底或仰拱下部的部分余渣未完全清理干净，导致隧道铺底混凝土下部存在虚渣，虚渣及裂隙发育的岩体均有可能在列车动荷载反复作用下，因应力集中而破碎，从而引起不均沉降，导致底板开裂。

④养护维修不到位也加剧了隧道基底病害。由于受到经费、天窗时间、施工空间等条件的限制，部分铁路隧道从未进行过彻底的检修，致使水沟长期堵塞，地下水无法排出隧道外，沿混凝土薄弱部位、裂缝、泄水孔等进入道床，进一步加剧了底板破损。同时，当出现基底病害时也只进行注浆等临时补救措施，遗留问题较多，病害处理治标不治本。

7. 隧道底鼓

（1）隧道底鼓类型。

隧道底鼓指洞室开挖后由于应力调整及水的作用，导致底板变形并向上隆起的现象。近年来，隧道发生底鼓开裂的情况较为频繁，且由于危害大、处理困难，给铁路运营带来较大的损失。底鼓的形式有：直线型、褶曲型、弧状型。其中，直线型又可分均匀型和倾斜型，褶曲型又可分三条破断线型和多条折线型。

（2）隧道底鼓危害。

隧道底鼓对隧道基底结构造成危害，加速隧道边墙的内部收敛，引起支护发生破坏，造成仰拱变形、开裂。隧道底鼓造成隧底上抬变形，不仅恶化和危及列车运营环境，更重要的是使隧道衬砌发生变形和破坏，严重时，破坏道床并有可能导致隧道整体失稳，时刻危及列车运行安全。

（3）隧道底鼓成因分析。

隧道底鼓产生的原因，一般按形成机制分为三类：一是开挖形成的应力重分布超过围岩强度而发生塑性化，即岩体开挖引起的应力重分布超过岩体强度时岩体不断屈服和破坏的结果，即挤压性变形产生的底鼓；二是岩石中的某些矿物和水反应发生膨胀变形而产生的底鼓；三是地下水压力过大造成的整体道床抬升所致的底鼓。

三 隧道状态评定标准

工务段每年应结合秋季设备大检查，对每座隧道建筑物按项目进行一次状态评定。铁路隧道状态评定按劣化程度分为 A、B、C、D 四级，其中 A 级分为 AA、A1 两等，详见表7-1。

铁路隧道劣化等级别分　　　　　　　　表7-1

劣化等级		对结构功能及行车安全的影响	处置措施
A	AA（极严重）	结构功能严重劣化，危及行车安全	立刻采取措施
	A1（严重）	结构功能严重劣化，进一步发展会危及行车安全	尽快采取措施
B（较重）		结构功能劣化，进一步发展会升为 A 级	加强监视，必要时采取措施
C（较轻）		影响较少	加强检查，正常维修
D（轻微）		无影响	正常保养及巡检

（一）拱墙衬砌表观型劣化评定

高速铁路隧道拱墙衬砌表观型劣化评定详见表7-2，其他隧道拱墙衬砌表观型劣化评定见表7-3。

高速铁路隧道拱墙衬砌表观型劣化等级评定　　　表7-2

劣化等级		变形或移动	开裂或错动	压溃或掉块
A	AA（极严重）	①衬砌移动、变形、下沉发展迅速。②变形或移动速率 $V>10$mm/年	①开裂或错台长度 $L>5$m，宽度 $\delta>5$mm，且继续发展。②拱部开裂呈块状，有掉落可能	①拱顶压溃。②衬砌剥落、掉块
	A1（严重）	3mm/年$\leq V \leq$10mm/年，且有新的变形出现	$L<5$m，且 3mm$\leq\delta\leq$5mm，裂缝有发展	—
B（较重）		有变形，但速率 $V<3$mm/年	$L<5$m，且 $\delta<3$mm	—
C（较轻）		—	一般龟裂	—
D（轻微）		—	—	—

劣化等级		变形或移动	开裂或错动	压溃或掉块
A	AA（极严重）	衬砌移动、变形、下沉发展迅速	①开裂或错台长度 $L>10$m，宽度 $\delta>5$mm，且继续发展。②拱部开裂呈块状，有掉落可能	①拱顶压溃范围 $S>3$m²。②衬砌剥落掉块最大厚度大于设计衬砌厚度的1/4
	A1（严重）	变形或移动速率 $V>10$mm/年	①5mm$\leq L\leq$10mm，$\delta>5$mm，且有发展。②开裂或错台使衬砌呈块状，有掉落可能	①压溃范围 1m²$\leq S\leq$3m²。②衬砌剥落掉块最大厚度不大于设计衬砌厚度的1/4，且不小于3cm
B（较重）		3mm/年$\leq V\leq$10mm/年，且有新的变形出现	①$L<5$m，且宽度 3mm$\leq\delta\leq$5mm。②裂缝有发展，但速度不快	压溃范围 $S<1$m²，剥落块体厚小于3cm
C（较轻）		有变形，但速率 $V<3$mm/年	①$L<5$m，且宽度 $\delta<3$mm。②一般龟裂有发展趋势	—
D（轻微）		有变形，但不发展，且对使用无影响	一般龟裂无发展	—

（二）拱墙衬砌结构型劣化评定

拱墙衬砌结构型劣化评定详见表7-4。

拱墙衬砌结构型劣化等级评定　　表7-4

劣化等级		混凝土衬砌厚度不足	混凝土衬砌强度不足	衬砌不密实或空洞	砌块衬砌腐蚀
A	AA（极严重）	因施工缺陷或腐蚀致使衬砌厚度 $\frac{h_i}{h}<0.60$，且长度大于等于5m	因施工缺陷或腐蚀致使衬砌混凝土强度 $\frac{q_i}{q}<0.65$，且长度大于等于5m	①KLC>5m。②SLC>15m。③$S>5$m²	拱部接缝部位劣化严重，拱部衬砌有可能掉落大块体（与砌块大小一样）
	A1（严重）	①$\frac{h_i}{h}<0.60$，且长度小于5m。②0.60$\leq\frac{h_i}{h}<0.75$，且长度大于等于5m	①$\frac{q_i}{q}<0.65$，且长度小于5m。②0.65$\leq\frac{q_i}{q}<0.75$，且长度大于等于5m	①3m$<$KLC$\leq$5m。②9m$<$SLC$\leq$15m。③3m²$<S\leq$5m²	①接缝开裂，其深度大于等于10cm。②砌块错动大于1cm，剥蚀深度大于等于4cm
	B（较重）	①0.60$\leq\frac{h_i}{h}<0.75$，且长度小于5m。②0.75$\leq\frac{h_i}{h}<0.90$，且长度大于等于5m	①0.65$\leq\frac{q_i}{q}<0.75$，且长度小于5m。②0.75$\leq\frac{q_i}{q}<0.85$，且长度大于等于5m	①1m$<$KLC$\leq$3m。②3m$<$SLC$\leq$9m。③1m²$<S\leq$3m²	①接缝开裂，但深度小于10cm。②砌块有剥蚀，但剥蚀深度小于4cm

劣化等级	混凝土衬砌厚度不足	混凝土衬砌强度不足	衬砌不密实或空洞	砌块衬砌腐蚀
C(较轻)	① $0.75 \leqslant \dfrac{h_i}{h} < 0.90$，且长度小于5m。 ② $0.9 \leqslant \dfrac{h_i}{h} < 1$。 ③衬砌有剥蚀	① $0.75 \leqslant \dfrac{q_i}{q} < 0.85$ 且长度小于5m。 ② $0.85 \leqslant \dfrac{q_i}{q} < 1$	①KLC≤1m。 ②SLC≤3m。 ③$S \leqslant 1m^2$	①接缝开裂，但深度不大。 ②砌块有风化剥落，但块体很小
D(轻微)	—	—	—	砌块有轻微风化

注：q_i-检测断面衬砌混凝土测点的平均强度；q-设计衬砌混凝土强度；h_i-检测衬砌厚度，当衬砌混凝土存在内部缺陷时，检测衬砌厚度应换算为有效衬砌厚度，即将检测衬砌厚度减去内部缺陷削弱的部分厚度；h-设计衬砌厚度；长度-沿隧道纵向连续长度；KLC-衬砌背后空洞地段连续测线长度；SLC-衬砌背后回填不密实地段连续测线长度；S-衬砌背后单一空洞或不密实面积。

(三)隧底结构型劣化评定

高速铁路隧道隧底结构劣化评定详见表7-5，其他铁路隧道隧底结构劣化评定详见表7-6。

高速铁路隧道隧底结构劣化等级评定　　　　　　　　表7-5

劣化等级		仰拱、底板(或储底)裂损	底不密实或空洞	仰拱和(或)填充层厚度不足
A	AA(极严重)	①仰拱或底板连续裂损长度大于3m，已影响道床稳定。 ②整体道床变形、错牙、下沉、上拱大于3mm	①KLC>3m。 ②SLC>9m	因施工缺陷致使厚度 $\dfrac{h_i}{h} < 0.60$，且长度大于等于3m
A	A1(严重)	①仰拱或底板裂损连续长度1~3m，将影响道床稳定。 ②整体道床变形、错牙、下沉、上拱小于3mm	①1m<KLC≤3m。 ②3m<SLC≤9m	① $\dfrac{h_i}{h} < 0.60$，且长度小于3m。 ② $0.60 \leqslant \dfrac{h_i}{h} < 0.75$，且长度大于等于3m
B(较重)		①仰拱或底板连续裂损长度小于1m，继续发展将影响道床稳定。 ②整体道床局部裂损，有发展趋势	①KLC≤1m。 ②SLC≤3m	① $0.60 \leqslant \dfrac{h_i}{h} < 0.75$，且长度小于3m。 ② $0.75 \leqslant \dfrac{h_i}{h} < 0.90$，且长度大于等于3m
C(较轻)		①仰拱或底板断续裂损。 ②整体道床局部裂损	—	① $0.75 \leqslant \dfrac{h_i}{h} < 0.90$，且长度小于3m。 ② $0.9 \leqslant \dfrac{h_i}{h} < 1$，有剥蚀
D(轻微)		—	—	—

铁路隧道隧底结构劣化等级评定（高速铁路除外）　　　　表 7-6

劣化等级		仰拱、底板（或储底）裂损	底不密实或空洞	仰拱和（或）填充层厚度不足
A	AA（极严重）	①仰拱或底板连续裂损长度大于5m，已影响道床稳定。②整体道床变形、错牙、下沉、上拱大于5mm	①KLC＞5m。②SLC＞15m	因施工缺陷致使厚度$\frac{h_i}{h}＜0.60$，且长度大于等于5m
	A1（严重）	①仰拱或底板裂损连续长度3m～5m，将影响道床稳定。②整体道床变形、错牙、下沉、上拱小于3～5mm	①3m＜KLC≤5m。②9m＜SLC≤15m	①$\frac{h_i}{h}＜0.60$，且长度小于5m。②$0.60≤\frac{h_i}{h}＜0.75$，且长度大于等于5m
	B（较重）	①仰拱或底板裂损连续长度1～3m，继续发展将影响道床稳定。②整体道床变形、错牙、下沉、上拱小于3mm	①1m＜KLC≤3m。②3m＜SLC≤9m	①$0.60≤\frac{h_i}{h}＜0.75$，且长度小于5m。②$0.75≤\frac{h_i}{h}＜0.90$，且长度大于等于5m
	C（较轻）	①仰拱或底板连续裂损长度小于1m，继续发展将影响道床稳定。②整体道床局部裂损，有发展趋势	①KLC≤1m。②SLC≤3m	①$0.75≤\frac{h_i}{h}＜0.90$，且长度小于5m。②$0.9≤\frac{h_i}{h}＜1$，有剥蚀
	D（轻微）	①仰拱或底板断续裂损。②整体道床局部裂损	—	—

（四）防排水劣化评定

（1）隧道渗漏水劣化评定详见表 7-7。

隧道渗漏水劣化评定　　　　表 7-7

劣化等级		渗漏水状况
A	AA（极严重）	①电力牵引区段，拱部渗漏水（泥）影响接触网正常供电。②射水，水（沙）突然涌入隧道
	A1（严重）	①拱部滴水（或漏泥）成线，严寒地区边墙滴水、滴泥。②隧底冒水，涌水，翻浆冒泥严重，道床下沉，道床上拱
	B（较重）	滴水、淌水、渗水至道床聚集或隧底排水不畅引起洞内局部道床翻浆冒泥
	C（较轻）	渗漏水使基床状态恶化，钢轨腐蚀，养护周期缩短，继续发展将会升至 B 级
	D（轻微）	局部有渗漏水或溢水，但对列车运行安全无威胁，并且不影响隧道的使用功能

（2）隧道排水设施劣化评定详见表7-8。

隧道排水设施劣化评定 表7-8

劣化等级		洞内防排水设施状态	机械排水设施状态	洞口排水设施状态	洞顶防排水设施状态
A	AA（极严重）	排水沟、泄水洞、检查井等排水设施严重淤堵、损坏，丧失排水功能	①机械排水设施故障、损坏。②排水能力严重不足，隧道积水严重	洞口排水设施失效，地表水流入线路，严重影响道床稳定	—
	A1（严重）	排水沟、泄水洞、检查井等淤积、淤堵、损坏严重，排水能力严重降低，造成隧道内积水，影响道床稳定	①机械排水设施故障、损坏。②机械排水设施排水能力不足，隧道内有积水	洞口排水设施严重损坏	—
B（较重）		①排水沟、泄水洞、检查井等排水设施开裂、损坏，排水能力降低。②水沟盖板缺失。③侧沟横向排水孔淤堵	①机械排水设施零部件故障，维修困难。②机械排水设施监控功能失效	洞口排水设施淤堵、损坏	①地表沟谷浆砌片石铺砌脱落、破损。②渡槽淤积、结构破损。③地表排水沟渠淤积、结构破损
C（较轻）		水沟盖板破损严重	—	—	—
D（轻微）		—	—	—	—

（3）隧道冻害劣化评定详见表7-9。

隧道冻害劣化评定 表7-9

劣化等级		隧道冻害劣化状态
A	AA（极严重）	①冰挂、冰柱、冰锥等不断发展，侵入限界。②接触网及电力、通信、信号架线上挂冰。③道床结冰（丘状冰锥），覆盖轨面。④*冻害造成拱部衬砌变形、开裂、掉块。⑤*侧沟中心水沟、泄水洞等局部冻结失效
	A1（严重）	①冰、冰柱、冰锥等未侵入限界。②冻害造成衬砌变形、开裂，并形成纵横交错的裂缝。③*冻害造成边墙衬砌变形、开裂。④*冻融使道床翻浆冒泥，轨道几何状态恶化。⑤排水系统局部冻结失效
B（较重）		①避车洞结冰不能使用，严重影响洞内避车人员的安全。②冻害致使洞内排水设备破坏或排水设施无法正常工作。③冻融使道床翻浆冒泥，轨道几何状态恶化。④排水系统局部冻结较严重
C（较轻）		—
d（轻微）		—

注：*仅适用于高速铁路隧道。

（五）洞口设施劣化评定

洞口设施劣化评定详见表7-10。

表7-10

洞口设施劣化评定

劣化等级		洞口墙体结构	洞口边仰坡防护设施
A	AA（极严重）	①浆砌片石有掉落至线路可能。②混凝土开裂、剥离，有落至线路可能	①洞口边（仰）坡存在滑溜面或危石、危树。②洞口边（仰）坡防护设施损坏，防护能力丧失
	A1（严重）	①浆砌片石松动。②混凝土发育交错裂纹或剪切裂纹	洞口边（仰）坡防护设施损坏，防护能力不足
B（较重）		①片石砂浆酥化。②混凝土腐蚀劣化成发育裂纹	洞口边（仰）坡防护结构已阻拦滚落物较多
C（较轻）		①片石灰缝腐蚀。②混凝土出现蜂窝麻面	—
D（轻微）		—	

⚠ 任务实施与总结评价

请完成本教材配套《铁路隧道工程施工与维护实训手册》中专业知识认知、能力素质训练及任务总结的相关内容，并依次进行学员自评、组长评价和指导老师评价。

任务三　铁路隧道病害处治

✦ 任务引入

2017年7月6日，受浏阳河水位上涨影响，京广高速铁路（简称京广高铁）汨罗东至长沙南站区间浏阳河隧道因渗水临时关闭。京广高铁全线途经该路段的140多趟列车停运、折返。隧道渗水是由于什么原因产生的？又该如何处理呢？

▲ 任务描述

通过本任务学习，熟悉隧道病害产生的原因，并根据具体病害情况提出有效的处理措施。

◈ 相关知识

一 衬砌渗漏水整治技术

（一）凿槽引排法

凿槽引排法主要原理是根据边墙裂缝渗漏水程度、衬砌背后空洞积水及围岩富水情况，依次在渗漏水裂缝的拱脚、边墙中部、边墙下部以不同角度钻设1~3排集水孔。盲管外裹无纺布，外缠细铁丝固定，盲管两头以麻筋、破布塞紧，沿渗水裂缝处自上而下开凿倒梯形引水槽，置入半圆形排水管并固定，防水砂浆填充管外槽体。用水泥基渗透结晶型防水涂料封槽，引排水流统一通过引排管进入隧道内侧沟，排出洞外。凿槽引排剖面布置如图 7-15 所示。该法适用于运营隧道边墙部竖向施工缝、变形缝及其他竖向裂缝出现"淌水"等严重渗漏水病害的部位。

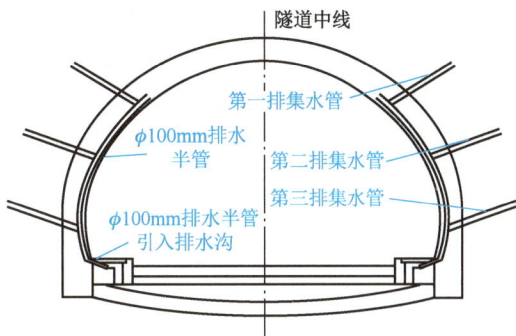

图 7-15　凿槽引排剖面布置

（二）锚固灌注法

锚固灌注法的基本原理是在裂缝两侧倾斜钻孔至结构体厚度之 1/2 深，孔距 20 ～ 30cm 为宜，钻至最高处后再一次埋设止水针头。止水针头设置完成后，以高压灌注机注入单组分油溶性聚氨灌浆材料至发现发泡剂至结构表面渗出。灌注完成后，即可去除止水针头。若渗水情况依然无法改善时，再以单组分水溶性聚氨酯灌浆材料补修即可。灌注完成后，即可去除止水针头。锚固灌注法图 7-16 所示。该法适宜于隧道拱顶、拱腰及边墙渗漏水裂缝。

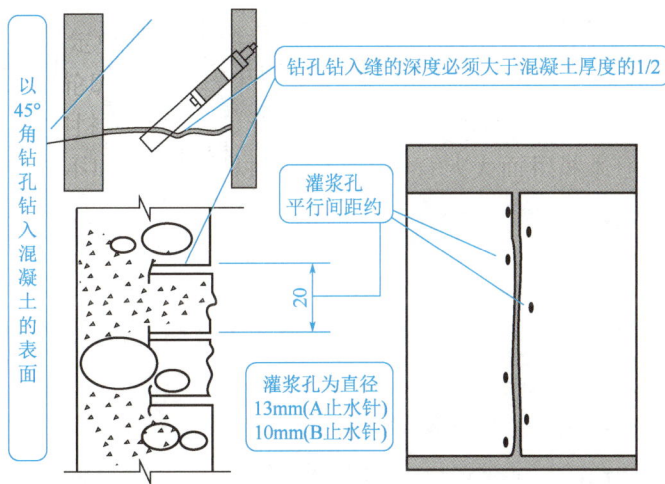

图 7-16　锚固灌注法（尺寸单位：cm）

（三）钻孔降压法

钻孔降压法的基本原理是通过降压孔把隧道底板下水的压力释放出来达到降压的效果。从而防止泵压过大造成隧道底板渗水或湿积。该法主要适用于隧道内道床板渗水。尤其对高压富水区隧道道床板渗水整治效果十分明显。同时，通过钻孔降压亦能缓解隧道整体结构承受的水压力，对隧道上部水的整治也能起到一定效果。

在铁路运营隧道渗漏水的治理中，往往要针对各种渗水情况采用不同的方法，一般采用钻孔法进行降压。但在一些有可能威胁到行车安全的部位，比如接触网上面的一些部位，首先要将水排出，一般要用导流板将水分流；然后找到水源和聚集点，再在侧壁打一个减压孔，等渗透区不会再有漏水；最后，在这个位置打一个注浆孔，具体视地质情况和施工情况而定。

二 衬砌裂损整治技术

(一) 衬砌干裂缝整治技术

1. 普通干裂缝整治技术

针对衬砌受温度应力等较小应力作用导致开裂的普通干裂缝可采用注胶粘合法进行维修，注胶材料一般选择环氧类材料。

2. 受力型干裂缝掉块整治技术

针对由围岩压力引起的衬砌混凝土纵向张拉裂缝可采用"裂缝修补＋自进式注浆锚杆＋粘贴碳纤维布"综合处理措施。

由于地层压力引起的大范围纵向贯通性裂缝，且衬砌背后存在的空洞，采用"内嵌 H 型钢换架＋锚杆"支护系统对隧道衬砌病害进行加固。由于型钢拱架刚度较大，适于承受较大地压荷载的情况。

由于地层压力引起的大范围网状交叉裂缝病害采用"高强波纹板＋锚杆"支护结构对隧道衬砌病害进行加固。波纹板是将不同材质的板面压成波纹，其抗弯刚度和抗压强度较圆管大幅增加，具有较强的抗震能力，而且能适应较大的沉降与变形，建成后与隧道衬砌结构形成一种组合结构，共同受力，改善了隧道结构的受力特性。

(二) 衬砌掉块整治技术

1. 小范围掉块整治技术

采用"聚合物改性水泥基修补砂浆＋挂网修补＋玻璃纤维布"综合处理措施进行处理。

2. 受力型局部拱顶掉块整治技术

由于地层压力引起的局部拱顶掉块、剥落等病害采用"内嵌格栅拱架＋锚杆"支护系统进行加固。

3. 小范围剥落病害整治技术

由于混凝土养护、局部土压引起的小范围剥落病害也可采用"W 钢带＋锚杆"联合支护系统对隧道衬砌病害进行加固。"W 钢带＋钢丝网＋平钢带＋锚杆"联合支护系统是将钢带与各种锚杆共同组合成锚杆支架，可以把分散的多根锚杆连接起来，形成一个整体承载结构，显著地提高锚杆的整体支护效果，在不完整顶板岩层中，对处理不稳定围岩效果显著。同时，采用该技术加固隧道衬砌也使混凝土衬砌与钢带共同受力，从而有效地提高衬砌结构的抗弯、抗剪性能。

三 衬砌背后空洞整治方法

(一)轻型膨胀聚氨酯材料填充技术

轻型膨胀聚氨酯材料是一种低黏度、双组分合成高分子材料,采用高压灌注进行封堵时,当树脂和催化剂掺在一起时反应或遇水产生膨胀,具有本身反应或发泡生成多元网状密弹性体的特征,当它被高压推挤,注入岩层或混凝土裂缝,可沿岩层或混凝土裂缝延展直到将所有裂隙充填。在封堵裂隙加固岩层时,岩层不含水时产品膨胀率也相应变小(膨胀倍数为 8 ~ 10 倍),高压推力将材料压入并充满所有缝隙,达到止漏目的,成品抗压介于 25 ~ 38MPa;在遇水后(掺水)时产生关联反应,发生膨胀,在膨胀压力的作用下产生二次渗压(膨胀倍数为 20 ~ 25 倍),高压推力与二次渗压将材料压入并充满所有缝隙,从而达到填充空洞的目的。该类轻质发泡材料适宜于隧道拱顶大面积空洞的填充。

(二)泡沫混凝土填充技术

泡沫混凝土是在普通水泥浆液中加入一定比例的发泡剂搅拌均匀,浇筑成型。泡沫混凝土的密度为 200 ~ 1600kg/m³,是普通混凝土的 1/8 ~ 1/5,属于轻质产品。根据不同的材料组成用量、不同的气泡率,可按工程需要调整密度和强度。由于泡沫混凝土内部有无数独立的气泡,对于外力作用表现出软垫性,提高了抗震以及抗冲击性能,将压力分散至其他部位。泡沫混凝土强度较好,可随施工要求的强度按配合比进行配置。另外,其抗裂纹性较好,是普通混凝土的 8 倍;具有更好的耐久性,同时对环境无污染,且可利用粉煤灰等工业废渣,具有优越的环保特性。该技术适用于隧道衬砌背后存在的较大空洞的填充。

四 隧道冻害整治技术

(一)上部衬砌挂冰电伴热整治技术

针对高寒地区隧道上部衬砌冬季挂冰问题,可采用电伴热半管排水技术进行处理,如图 7-17 所示。由于电伴热半管集排水、保温为一体,不但可以很好地解决隧道上部衬砌挂冰的问题,而且可以降低冬期隧道因打冰所增加的费用。

(二)水沟结冰"电伴热面板 + 水沟保温"整治技术

针对高寒地区隧道水沟结冰问题,可采用"电伴热面板加热 + 水沟保温"的综合整治技术,如图 7-18 所示。电伴热面板低压供电安全可靠,发热面积大、效率高,抗腐蚀能力强,施工安装方便,同时通过温度及融冰传感系统做到恒温自动控制。另外,水沟保温通过铺设聚氨酯保温材料及新型保温橡胶水沟盖板来实现,能很好地解决水沟冰害问题。

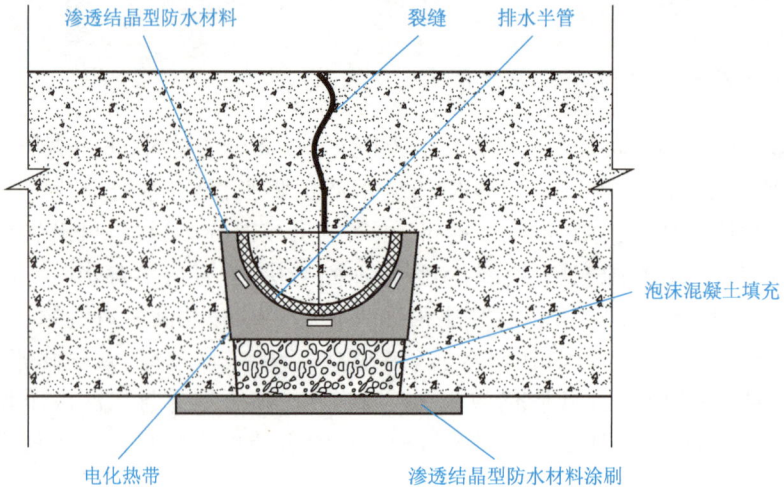

图 7-17　上部衬砌挂冰电伴热整治

渗透结晶型防水材料　裂缝　排水半管

泡沫混凝土填充

电化热带　渗透结晶型防水材料涂刷

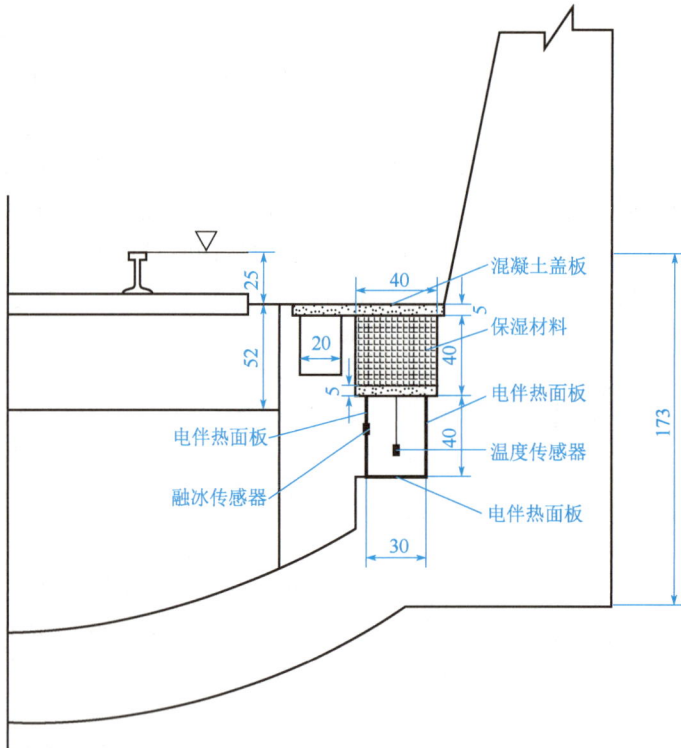

图 7-18　水沟电伴热面板系统布设剖面(尺寸单位:cm)

混凝土盖板

保湿材料

电伴热面板

温度传感器

电伴热面板

电伴热面板

融冰传感器

(三)衬砌冻胀喷射聚氨酯保温整治技术

针对高寒地区隧道衬砌冻胀破坏问题,可采用衬砌表面喷射聚氨酯保温技术,其施工工艺简单可行,保温效果明显。

298

五 基底下沉及翻浆冒泥整治技术

(一)锚注一体化通用整治技术

注浆作为目前隧道最为常用的维修方法,由于其施工工艺简单、造价相对较低而饱受施工人员的青睐。但是,由于材料性能、施工队伍技术参差不齐,导致注浆达不到预期的效果。

针对隧道基底下沉及翻浆冒泥等情况,可采用快速高效、不影响行车的隧道基底锚注一体化通用强化技术进行隧道基底维修。该技术的基本原理是:一方面采用具有憎水、速凝、高强的高分子胶凝材料将基底地下水排挤、填充空洞、固结虚渣;另一方面,采用集锚固、注胶为一体的新型加固型锚杆将铺底结构、注浆填充层及围岩连成一体,增强隧道基底整体性,提高隧道基底承载能力。与其他强化措施相比,基底锚注一体化施工工艺简单,在既有铁路隧道基底强化及病害整治中具有极强的可实施性。

基底锚固布置方式如图 7-19 所示。

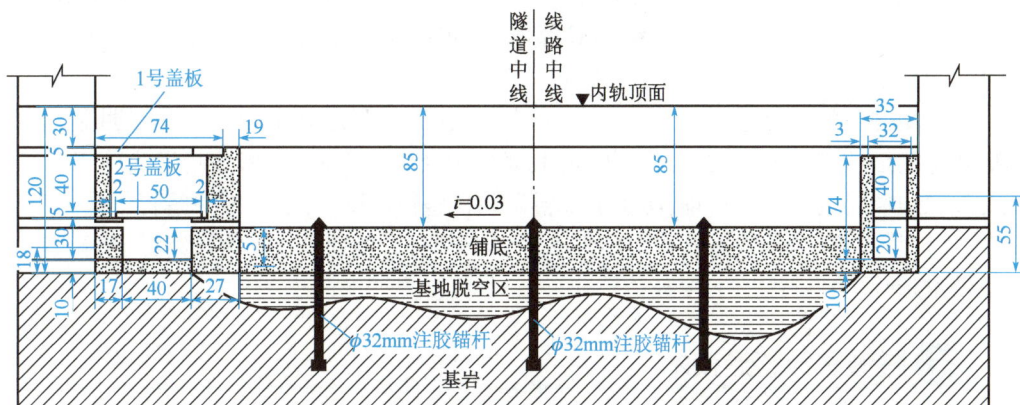

图 7-19 基底锚固剖面(尺寸单位:cm)

(二)"轻型井点降水+注浆"复合式强化技术

"轻型井点降水+注浆"是一种人工降低地下水的方法,其基本原理是:一方面,将井点管插入基底含水层内,井点管上部与总集水管连接,通过总集水管利用抽水设备将地下水从井点管内不断抽出,使原有地下水位降到基底仰拱或底板以下深度,保证基底干燥无水。另一方面,注浆能填充基底空隙,提高基底的完整性,能有效提高基底承载能力。通过有针对性的降水及注浆复合式整治,能有效地控制病害的发展,该技术适用于隧道基底翻浆冒泥整治。

井点降水系统的设置需综合考虑病害情况、施工工期、工程造价及现场环境等因素,一般为在隧道两侧降水+注浆加固,即在隧道两侧均设置井点降水系统,如图 7-20所示。

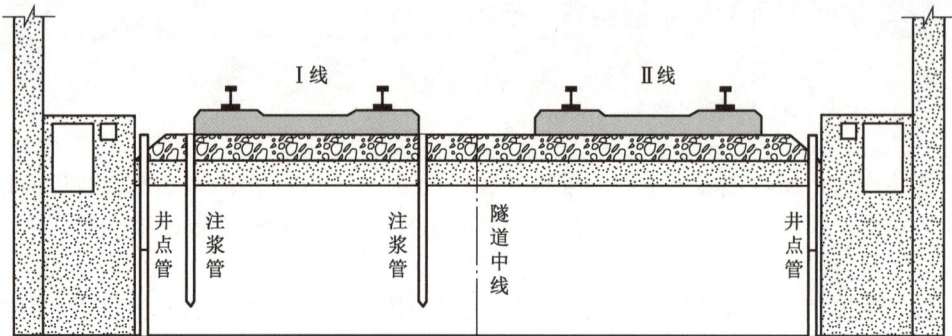

图 7-20　井点降水系统

(三)"密井暗管降水 + 注浆"复合式强化技术

"密井暗管降水 + 注浆"是一种有效的整治既有铁路隧道基底翻浆冒泥和基底下沉的复合式整治技术。暗管排水降低了基底地下水水位，改善了全隧道的疏导排水系统，从而消除因地下水而引起的病害。注浆能起填充基底空洞，提高基底承载能力的作用。基本做法是加深至既有水沟至基底结构底部以下，布设排水暗管，间隔一定距离设置检查井，同时对隧道基底脱空区域进行注浆处理。

与轻型井点的点降水相比，密井暗管降水是线降水，降水效果较轻型井点明显，但是其破坏了隧道结构的整体性，恶化了隧道上部结构受力。因此，在密井暗管法施工时，必须对隧道边墙脚进行锁脚处理，防止上部衬砌结构整体沉降。此外，密井暗管法施工工艺复杂，工程量大，在运营铁路隧道中施工难度大，工期长，特别是在高速铁路隧道病害整治中应慎重选择。

六　隧道底鼓整治技术

针对隧道底鼓，目前常采用的整治技术主要有基底换拱、底板锚固及泄压降水等方法。

(一) 基底换拱

一般产生底鼓区段，仰拱因发生结构性破坏，修复的难度较大，采用仰拱拆换，拆换后需加深仰拱，增大仰拱矢跨比，增强仰拱材料设计参数，提高仰拱抵抗底部围岩隆起变形的能力。这种技术需要中断行车，对铁路运营影响最大。基底换拱如图 7-21 所示。

(二) 底板锚固

底板锚固能改善隧道基底结构受力，较好地解决隧道底鼓问题，锚杆布置应与注浆孔间隔布置。底板锚固如图 7-22 所示。

(三) 泄水降压或注浆堵水

针对地下水造成的底鼓，主要采用以"排"为主，以"堵"为辅的措施。"排"主要是结构外排水泄压，消除头；"堵"是结构内，各结构层之间进行堵水，防止渗水对结构的破坏；同时对于须进行地下水排放量控制区域，换"排"为"堵"。通常采用的"排"措施是钻孔插管，或设置泄水洞引排；"堵"措施为注浆封堵。局部地区也配合地锚，对基底进行加固。注浆堵水设计如图7-23所示。

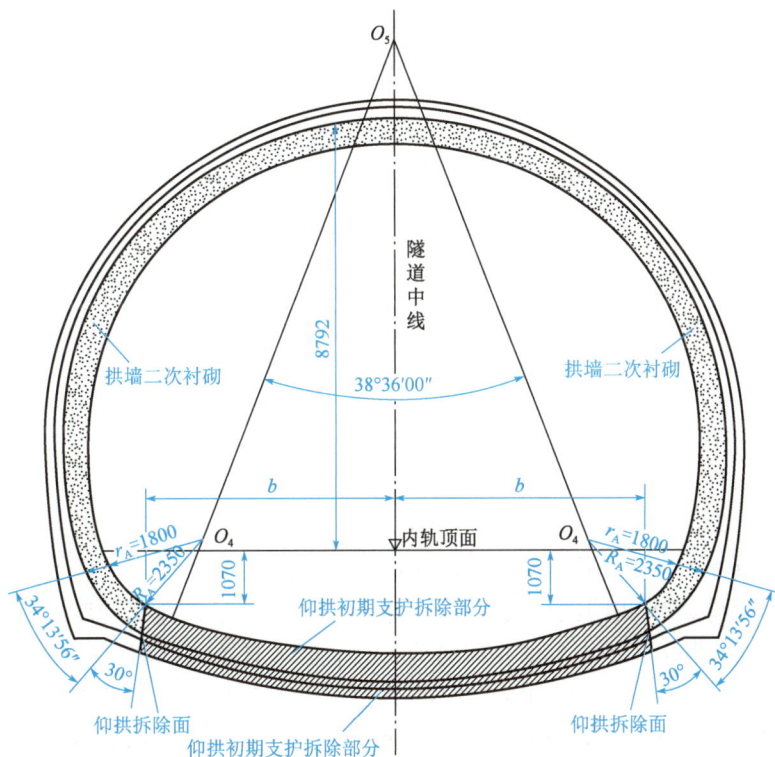

图 7-21　基底换拱（尺寸单位：mm）

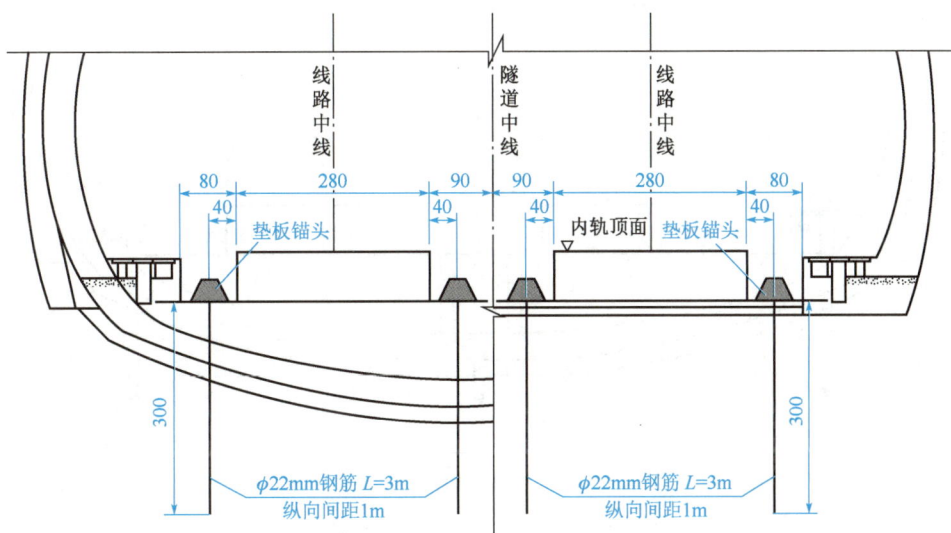

图 7-22　底板锚固设计（尺寸单位：cm）

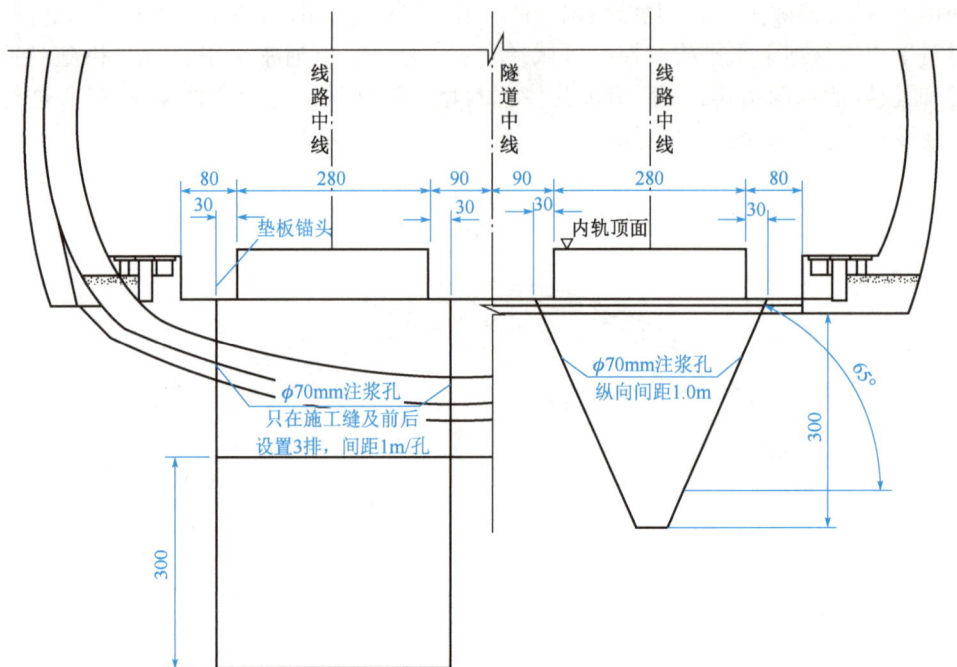

图 7-23　注浆堵水设计(尺寸单位:cm)

对于地下水排水采用预埋管的方式,即在隧道侧沟、中心水沟中间隔预埋排水管,对地下水进行排泄。目前我国铁路隧道设计中尚未考虑仰拱底的排水问题。在将来的隧道设计中,提前进行泄水管预埋可以有效地解决地下水对底鼓的影响。如某隧道双侧水沟及中心排水管设置泄水降压管,孔间距 1m,深度至有仰拱地段应至仰拱下 50cm,无仰拱地段应至水沟底 50cm 处,采用粒径 10~15mm 碎石填充其双侧水沟泄水降压管设计同单线隧道。排水降压设计如图 7-24 所示。

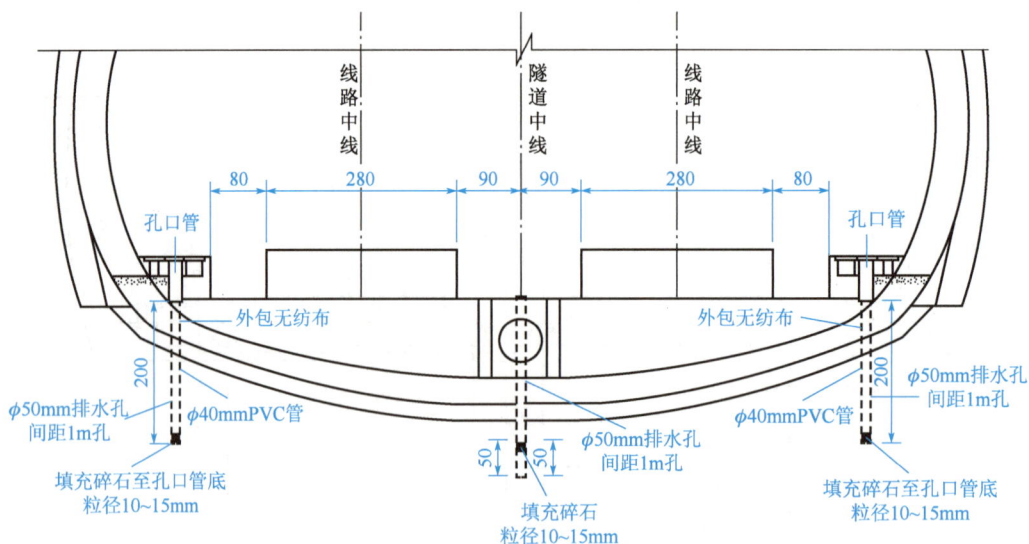

图 7-24　排水降压设计(尺寸单位:cm)

⚠ 任务实施与总结评价

　　请完成本教材配套《铁路隧道工程施工与维护实训手册》中专业知识认知、能力素质训练及任务总结的相关内容，并依次进行学员自评、组长评价和指导老师评价。

项目七

铁路隧道维修

参 考 文 献

[1] 国家铁路局.铁路隧道设计规范:TB 10003—2016[S].北京:中国铁道出版社,2017.

[2] 国家铁路局.铁路隧道防灾疏散救援工程设计规范:TB 10020—2017[S].北京:中国铁道出版社,2017.

[3] 中国铁路总公司.铁路技术管理规程:2006 年铁道部令第 29 号[S].北京:中国铁道出版社,2014.

[4] 中国铁路总公司.高速铁路隧道工程施工技术规程:Q/CR 9604—2015[S].北京:中国铁道出版社,2015.

[5] 国家铁路局.高速铁路隧道工程施工质量验收标准:TB 10753—2018[S].北京:中国铁道出版社,2018.

[6] 中国铁路总公司.客货共线铁路隧道工程施工技术规程:Q/CR 9653—2017[S].北京:中国铁道出版社,2017.

[7] 国家铁路局.铁路隧道工程施工质量验收标准:TB 10417—2018[S].北京:中国铁道出版社,2018.

[8] 中国铁路总公司.铁路隧道超前地质预报技术规程:Q/CR 9217—2015[S].北京:中国铁道出版社,2015.

[9] 中国铁路总公司.铁路隧道监控量测技术规程:Q/CR 9218—2024[S].北京:中国铁道出版社,2024.

[10] 铁道部运输局.高速铁路桥隧建筑物修理规则(试行):铁运〔2011〕131 号[S].北京:中国铁道出版社,2011.

[11] 中国铁路总公司.普速铁路桥隧建筑物修理规则:铁总工电〔2018〕125 号[S].北京:中国铁道出版社,2018.

[12] 铁道部第二工程局.铁路工程施工技术手册——隧道(上、下册)[M].北京:中国铁道出版社,1995.

[13] 中国国家铁路集团有限公司.铁路桥隧建筑物劣化评定 第 2 部分:隧道:Q/CR 405.2—2019[S].北京:中国铁道出版社,2019.

[14] 中国铁路经济规划研究院有限公司.铁路隧道衬砌施工技术规程:Q/CR 9250—2020[S].北京:中国铁道出版社,2021.

[15] 中铁隧道局集团有限公司.岩石隧道掘进机法技术规程:T/CSPSTC 54—2020[S].北京:中国标准出版社,2021.

[16] 中国中铁股份有限公司.铁路隧道盾构法技术规程:TB/10181—2017[S].北京:中国铁道出版社,2017.

[17] 钟桂彤.铁路隧道[M].北京:中国铁道出版社,2004.

[18] 朱永全,宋玉香.隧道工程[M].4 版.北京:中国铁道出版社,2021.

[19] 赵勇,肖明清,肖广智.中国高速铁路隧道[M].北京:中国铁道出版社,2016.

[20] 梁庆国.高速铁路隧道工程[M].成都:西南交通大学出版社,2021.

[21] 王梦恕.中国隧道及地下工程修建技术[M].北京:人民交通出版社,2010.

[22] 王国博.高速铁路隧道工程施工技术[M].2版.北京:中国铁道出版社,2019.

[23] 郭喜春,王国博.铁道概论[M].北京:中国铁道出版社,2023.

[24] 黄首钢.铁路隧道工程施工安全与案例分析[M].北京:中国铁道出版社,2011.

[25] 关宝树.隧道工程施工要点集[M].2版.北京:人民交通出版社,2011.

[26] 赵勇,田四明,孙毅.中国高速铁路隧道的发展及规划[J].隧道建设,2017(1):11-17.

[27] 何川,张志强.高速铁路隧道[M].北京:中国铁道出版社,2021.

[28] 汪旭光.爆破手册[M].北京:冶金工业出版社,2020.

[29] 王国博,王美芳.隧道位移监控量测成果分析[J].辽宁省交通高等专科学校学报,2009,11(1):20-22.

[30] 李晓红.隧道新奥法及其量测技术[M].北京:科学出版社,2002.

[31] 范朝忠,廖秀明,刘涛.斗篷山隧道帽檐斜切式洞门施工技术[J].高速铁路技术,2012,3(1):65-68.

[32] 张晓东,吴全德.大断面隧道成套设备机械化快速作业研究[J].隧道建设,2023,43(51):416-424.

[33] 刘光唯,丁志亮.高速铁路超大断面隧道CRD施工技术[J].铁道建筑,2010(5):43-47.

[34] 孙海富.石太铁路客运专线太行山、南梁长大隧道防灾救援设计研究[J].铁道标准设计,2009(11):93-96.

[35] 巩江峰,王伟.截至2022年底中国铁路隧道情况统计及2022年新开通项目重点隧道概况[J].隧道建设,2023,43(4):721-728.

[36] 朱合华,凌加鑫.钻爆法隧道智能建造:最新技术与未来展望[J].现代隧道技术,2024,61(2):18-27.

[37] 王梦恕,张镜剑,殷耀章.岩石隧道掘进机(TBM)施工及工程实例[M].北京:中国铁道出版社,2004.

[38] 张松.关山隧道富水断层破碎围岩施工技术研究[J].中国新技术新产品,2012,(21):108.

[39] 郭卫社,洪开荣等.我国隧道智能建造技术发展与展望[J].隧道建设,2023,43(04):549-562.

[40] 刘兴平.梅岭关瓦斯隧道爆破施工安全措施[J].现代隧道技术,2011,48(02):17-19,32.

[41] 齐梦学.我国TBM法隧道工程技术的发展、现状及展望[J].隧道建设,2021,41(11):1964-1979.

职业教育·铁道运输类专业教材

高等职业教育新形态一体化教材

铁路隧道工程施工与维护

实训手册

王国博　主　编

张　丽　刘秀娥　副主编

李昌宁　主　审

专业班级：＿＿＿＿＿＿＿＿

姓　　名：＿＿＿＿＿＿＿＿

学习小组：＿＿＿＿＿＿＿＿

人民交通出版社

北　京

目录 Contents

注:扫描巩固与练习正文页的二维码,即可体验在线测试题库功能,进行线上答题。

⚠ 任务实施与总结评价

项目名称	项目一　隧道工程认知		任务名称	任务一　熟悉隧道的概念和分类
专业班级		姓名		学习小组

【专业知识认知】(30分)

1.说出隧道的概念和铁路隧道的定义。(10分)

2.隧道有哪些分类方法？(10分)

3.铁路隧道的作用是什么？(10分)

【能力素质训练】(60分)

1.结合西康铁路秦岭隧道相关资料，根据不同的分类方法，判断其类型。(20分)

2.收集西成高铁秦岭山区隧道群相关资料，谈谈对铁路隧道的认识。(20分)

3.通过了解西康铁路秦岭隧道到西成高铁秦岭山区隧道群，谈谈有哪些收获和体会。(20分)

【任务总结】(10分)

学员自评		组长评价	

指导老师评价：

⚠ 任务实施与总结评价

项目名称	项目一　隧道工程认知		任务名称	任务二　认识隧道结构构造
专业班级		姓名		学习小组

【专业知识认知】(30分)

　1.隧道的主体建筑物有哪些？(10分)

　2.隧道的附属建筑物有哪些？(10分)

　3.隧道的防灾疏散救援设施有哪些？(10分)

【能力素质训练】(60分)

　1.结合隧道模型,说出隧道结构的组成及其作用。(20分)

　2.查阅《高速铁路设计规范》(TB 10621—2014),说出高速铁路隧道结构的相关要求。(20分)

　3.结合石太高速铁路太行山隧道,说出防灾疏散救援设施的相关要求。(20分)

【任务总结】(10分)

学员自评		组长评价	

指导老师评价：

项目一　巩固与练习

项目一
在线测试
题库

一、填空题

1. 铁路隧道是修建在_____或_____,铺设轨道供铁路机车车辆及可在轨道上行走的机具通行的建筑物。

2. 隧道根据埋置深度可以分为_____和_____。

3. _____是将施工期间河道水流导向基坑下游的隧洞。

4. 高速列车进入隧道后诱发的空气动力学效应主要表现在三个方面,即变压力、_____和行车阻力。

5. _____衬砌是将衬砌分成若干块构件,在现场或工厂预制,然后运到坑道内用机械将它们拼装成一环接着一环的衬砌。

6. 喷射混凝土可以作为隧道工程的_____或_____支护,也可以与各种形式的锚杆、钢纤维、钢筋网等构成组合式支护结构。

7. 为了提高喷射混凝土的整体性,防止收缩开裂,使混凝土受力均匀,有时要在喷射混凝土中配置_____。

8. 当洞门处于傍山侧坡地区,地面横坡较陡,洞门一侧边坡较高时,可以将端墙一侧顶部改为_____形式,以适应地形的特点。

9. 明洞的结构类型常因地形、地质和危害程度的不同有多种形式,采用最多的为_____和_____两种。

10. 隧道的永久性防排水,是用防排水工程措施实现的。通过理论和实践经验的总结,提出了"_____"的原则。

11. 在碎石道床的隧道内,每侧相隔_____布置一个避车洞。

二、选择题

1. 某铁路隧道全长 2000m,按隧道长度分类属于(　　)。
   A. 短隧道　　　　　B. 中长隧道　　　　C. 长隧道　　　　　　D. 特长隧道

2. 某铁路隧道开挖跨度为 13m,按隧道开挖跨度分类属于(　　)。
   A. 小跨度隧道　　　B. 中等跨度隧道　　C. 大跨度隧道　　　　D. 特大跨度隧道

3. 下列(　　)不是按照隧道用途进行的分类。
   A. 交通隧道　　　　B. 水工隧洞　　　　C. 市政隧道　　　　　D. 山岭隧道

4. 当高速列车通过隧道时,产生的压缩波实态和大小与(　　)因素有关。
   A. 列车速度、列车断面积　　　　　　B. 列车长度、列车头部形状
   C. 隧道断面积、隧道长度　　　　　　D. 以上均有

5. 目前世界海拔最高、建设标准最高、施工难度最大的高速铁路隧道工程是(　　)。
   A. 西秦岭隧道　　　B. 祁连山隧道　　　C. 益田路隧道　　　　D. 万安隧道

6. 隧道的主体建筑物是(　　)。
   A. 洞身和照明、通风　　　　　　　　B. 洞身和营运管理设施
   C. 洞身衬砌和洞门　　　　　　　　　D. 洞身和防水排水设施

7. 既作为隧道初期支护,也作为隧道永久结构的衬砌形式是( )。

    A. 锚喷混凝土衬砌   B. 装配式衬砌

    C. 复合式衬砌   D. 直墙式衬砌

8. 目前隧道工程常采用的衬砌形式是( )。

    A. 锚喷混凝土衬砌   B. 装配式衬砌

    C. 复合式衬砌   D. 直墙式衬砌

9. 浅埋隧道的施工方法一般采用( )施工。

    A. 传统矿山法   B. 新奥法

    C. 明挖法   D. 盾构法

10. 以下( )不属于隧道洞内排水系统。

    A. 隧道侧沟   B. 中心水沟(管)

    C. 泄水孔   D. 截水沟

三、判断题

1. 当河道通航需要较高的净空,而桥梁受两端引线高程或用地的限制,可采用水下隧道。( )

2. 市政隧道是城市中安置市政设施的地下或地面孔道。( )

3. 高速铁路隧道的断面特点主要体现在其净空有效面积上。设计速度350km/h 的双线隧道断面净空有效面积达到了 90m² 。( )

4. 开挖后的隧道,为了保持围岩的稳定性,一般需要进行支护和衬砌。( )

5. CRTS I 型板式无砟轨道配套采用左右、高低位置调整能力较强的弹性分开式扣件系统。( )

6. 直墙式衬砌适用于地质条件比较差,岩体松散破碎,强度不高又有地下水,侧向水平压力也相当大的IV、V和VI级围岩情况。( )

7. 装配式衬砌,一经装配成环,不需养护时间,即可承受围岩压力。( )

8. 明洞是设在隧道洞口部或路堑地段,为防止塌方、落石、雪崩等影响行车安全,采用暗挖法修建的掩土建筑物。( )

9. 洞门联系衬砌和路堑,是整个隧道结构的主要组成部分,也是隧道进出口的标志。( )

10. 隧道的防灾疏散救援设施主要包括紧急救援站、紧急出口、避难所、疏散通道、横通道等。( )

四、简答题

1. 根据铁路隧道规定,隧道按照长度如何进行分类?

2. 高速铁路隧道的技术特点是什么?

3. 隧道建筑物的组成是什么?各部分起什么作用?

4. 整体式模筑混凝土衬砌工艺流程及特点是什么?

5. 装配式衬砌的概念及优点是什么?

6. 锚喷混凝土衬砌由什么组成?各部分的作用是什么?

7. 洞门的作用是什么?

8. 隧道洞内排水系统由哪些组成？

9. 隧道内设置大避车洞的要求有哪些？

10. 隧道通风措施有哪些？

⚠ **任务实施与总结评价**

项目名称	项目二　隧道工程地质环境认知		任务名称	任务一　隧道工程地质勘察
专业班级		姓名		学习小组

【专业知识认知】(30分)

1.隧道工程外部环境条件调查内容有哪些？(10分)

2.隧道工程施工调查主要包括哪些内容？(10分)

3.说出隧道工程的不良地质。(10分)

【能力素质训练】(60分)

1.能够根据隧道工程具体情况,进行外部环境条件调查。(20分)

2.能够根据现场工调查资料,撰写施工调查报告。(20分)

3.能够根据不良地质情况,说出对隧道工程的影响。(20分)

【任务总结】(10分)

学员自评		组长评价	

指导老师评价：

⚠ 任务实施与总结评价

项目名称	项目二 隧道工程地质环境认知		任务名称	任务二 隧道围岩分级	
专业班级		姓名		学习小组	

【专业知识认知】（30分）

1. 围岩分级的方法有哪些？（10分）

2. 围岩分级的基本因素有哪些？（10分）

3. 简述铁路隧道围岩是如何进行分级的。（10分）

【能力素质训练】（60分）

1. 能够结合铁路隧道现场地质勘察资料，根据《铁路隧道设计规范》（TB 10003—2016）进行围岩基本分级。（20分）

2. 根据兰合铁路黄家岭隧道的地质勘察资料，按《铁路隧道设计规范》（TB 10003—2016）要求，在确定基本分级之后，如何定性修正？（20分）

3. 能够结合铁路隧道勘察资料，根据《铁路隧道设计规范》（TB 10003—2016）进行围岩级别定量修正。（20分）

【任务总结】（10分）

学员自评		组长评价	

指导老师评价：

⚠ 任务实施与总结评价

项目名称	项目二　隧道工程地质环境认知		任务名称	任务三　隧道围岩压力计算
专业班级		姓名		学习小组

【专业知识认知】(30 分)

1.隧道围岩压力是如何产生的？(10 分)

2.围岩压力的分类有哪些？(10 分)

3.围岩松散压力是如何确定的？(10 分)

【能力素质训练】(60 分)

1.结合隧道的实际情况,根据《铁路隧道设计规范》(TB 10003—2016)判断深、浅埋隧道。(20 分)

2.能够根据隧道的实际情况,查阅《铁路隧道设计规范》(TB 10003—2016)计算深埋隧道的围岩压力。(20 分)

3.能够根据隧道的实际情况,查阅《铁路隧道设计规范》(TB 10003—2016)计算浅埋隧道的围岩压力。(20 分)

【任务总结】(10 分)

学员自评		组长评价	

指导老师评价：

项目二　巩固与练习

一、填空题

1. 隧道工程地质勘察是查明与建设隧道工程有关的场地自然特征、_____和水文地质条件，并进行工程地质条件评价的全过程。

2. _____是隧道工程地质勘测的核心工作。

3. 选择隧道位置时，岩体崩塌的情形不太严重，而洞口又必须落在崩塌地区，则可设置一段_____来解决。

4. _____是针对不同的工程要求，把与之相适应的地质条件进行分类，以满足地下工程设计、施工的需要。

5. 围岩基本分级应由_____和_____两个基本因素确定。

6. 根据岩石坚硬程度和岩体完整程度将围岩分为_____级。

7. 隧道开挖后，围岩作用在隧道支护上的压力，称作_____。

8. 初应力场可以分为_____和_____两大类。

9. 垂直应力的量值随深度增加而_____。

10. 根据围岩压力形成的原因，可分为如下几种类型：_____、_____、膨胀压力、冲击压力。

11. 根据大量以往工程实际资料的统计和总结，按不同围岩分级提出围岩压力的经验数值，作为后建隧道工程确定围岩压力依据的方法称为_____或工程类比法。

12. 地面基本水平的浅埋隧道，所受的作用(荷载)具有_____。

二、选择题

1. 隧道勘察应根据不同阶段任务、目的和要求，针对隧道工程的特点，开展(　　)等工作，并编制勘察报告。

  A. 调查、测绘、勘探和试验　　　　　　　B. 调查、勘探、测绘和试验

  C. 调查、勘探、试验和测绘　　　　　　　D. 调查、试验、勘探和测绘

2. 从决定隧道线路后到施工前属于隧道勘察各阶段调查的(　　)阶段。

  A. 初测　　　　　　B. 施工中调查　　　　　　C. 定测　　　　　　D. 以上都不是

3. 地质调绘工作，应包括(　　)内容。

  A. 查明地层、岩性及地质构造特征　　　　B. 查明地下水类型及分布

  C. 查明特殊岩土　　　　　　　　　　　　D. 以上均有

4. 由于地下水的活动，或是河流冲刷坡脚，以及人为切坡等原因，山坡土体在重力作用下，沿某一软弱面有整体下滑的趋势，形成了(　　)。

  A. 崩塌　　　　　　B. 滑坡　　　　　　C. 岩堆　　　　　　D. 岩溶

5. 单轴饱和抗压极限强度 $R_c > 60$ MPa，锤击声清脆、有回弹、振手，为(　　)。

  A. 极硬岩　　　　　　B. 硬岩　　　　　　C. 较软岩　　　　　　D. 软岩

6. 某岩体结构面不发育，平均间距 >1 m，以原生和构造节理为主，结合差，其岩体的完整程度为(　　)。

  A. 完整　　　　　　B. 较破碎　　　　　　C. 较完整　　　　　　D. 破碎

7. 软质岩,岩芯常有饼化现象,开挖过程中洞壁岩体有剥离,位移极为显著,甚至发生大位移,持续时间长,不易成洞,初始地应力状态评估为(　　)。

　　A. 极高地应力　　　　B. 高地应力　　　　C. 一般地应力　　　　D. 以上均不是

8. 围岩自重应力场的变化规律是随深度成(　　)变化。

　　A. 线性减少　　　　B. 线性增加　　　　C. 抛物线　　　　D. 曲线

9. 形变压力是指隧道开挖后由围岩变形引起的作用在支护上的挤压力,与(　　)有关。

　　A. 围岩应力状态　　B. 支护时间　　　　C. 支护刚度　　　　D. 以上均有

10. 以下围岩松散压力的确定方法中,目前使用最多的是(　　)。

　　A. 直接量测法　　　　　　　　　　　B. 经验法或工程类比法
　　C. 理论估算法　　　　　　　　　　　D. 以上均不是

三、判断题

1. 隧道勘察施工中调查阶段的目的是为掘进机选型提供地质参数。(　　)

2. 施工调查结束后根据调查情况编写书面的施工调查报告。(　　)

3. 山坡陡峻的地段,山体裂隙受风化而崩解,脱离母岩,选择隧道位置时,不得已时,可以把隧道置于地表不厚的傍山位置。(　　)

4. 开挖后的隧道,为了保持围岩的稳定性,一般需要进行支护和衬砌。(　　)

5. 泥石流泛滥区选择隧道位置时,可把洞口放在冲积扇范围以内。(　　)

6. 直墙式衬砌适用于地质条件比较差,岩体松散破碎,强度不高又有地下水,侧向水平压力也相当大的Ⅳ、Ⅴ和Ⅵ级围岩情况。(　　)

7. 隧道施工的大量实践证明,水是造成施工塌方、使坑道围岩丧失稳定的重要原因之一。(　　)

8. 在同级围岩中,遇水后应适当降低围岩级别。(　　)

9. 地层升降,板块运动等所引起的应力,称为构造残余应力。(　　)

10. 冲击压力是在围岩中积累了大量的弹性变形能以后,由于隧道的开挖,围岩的约束被解除,能量突然释放而产生的压力。(　　)

四、简答题

1. 隧道勘察应根据不同阶段任务、目的和要求,开展调查、测绘、勘探和试验等工作,隧道勘察各阶段调查的内容是什么?

2. 根据调查情况编写施工调查报告,施工调查报告主要包括哪些内容?

3. 山坡地区,隧道通过滑坡地段时,如何选择隧道位置?

4. 在不良地质,泥石流地区选择隧道位置时有哪些注意事项?

5. 在不良地质,岩溶地区选择隧道位置时有哪些注意事项?

6. 铁路隧道围岩如何分级?

7. 隧道围岩压力是如何产生的?

8. 围岩压力根据形成的原因可分为几种类型?

9. 什么是围岩压力?

10. 隧道深埋和浅埋是如何界定的?

⚠ 任务实施与总结评价

项目名称	项目三　隧道常规施工技术认知		任务名称	任务一　洞口工程施工	
专业班级		姓名		学习小组	

【专业知识认知】(30 分)

　1.简述隧道边(仰)坡施工工艺流程。(10 分)

　2.简述隧道洞门施工工艺流程。(10 分)

　3.简述隧道明洞施工工艺流程。(10 分)

【能力素质训练】(60 分)

　1.结合隧道边(仰)坡具体施工情况,能够对施工质量进行检验,并判断是否符合《铁路隧道工程施工质量验收标准》(TB 10417—2018)的相关要求。(15 分)

　2.结合隧道洞门具体施工现场,能够对施工质量进行检验,并判断是否符合《铁路隧道工程施工质量验收标准》(TB 10417—2018)的相关要求。(15 分)

　3.结合隧道明洞施工现场,能够对施工质量进行检验,并判断是否符合《铁路隧道工程施工质量验收标准》(TB 10417—2018)的相关要求。(15 分)

　4.结合隧道洞口工程施工情况,能够编制洞口工程施工作业指导书,并判断现场施工是否符合《客货共线铁路隧道工程施工技术规程》(Q/CR 9653—2017)的相关要求。(15 分)

【任务总结】(10 分)

学员自评		组长评价	
指导老师评价:			

⚠ 任务实施与总结评价

项目名称	项目三　隧道常规施工技术认知	任务名称	任务二　选择隧道开挖方法
专业班级		姓名	学习小组

【专业知识认知】(30分)

　　1.能够说出高速铁路隧道常用的隧道开挖方法。(10分)

　　2.能够说出高速铁路铁路隧道常用开挖方法的适用条件。(10分)

　　3.能够结合实际施工现场辨别隧道开挖方法。(10分)

【能力素质训练】(60分)

　　1.结合隧道实际情况,能够选择合适的施工方法。(15分)

　　2.能够绘制常用隧道开挖方法的施工工艺流程图。(15分)

　　3.结合隧道开挖施工情况,能够根据《客货共线铁路隧道工程施工技术规程》(Q/CR 9653—2017)对现场作业队伍进行指导。(15分)

　　4.结合隧道开挖情况,能够对开挖质量进行检验,并判断是否符合《铁路隧道工程施工质量验收标准》(TB 10417—2018)的相关要求。(15分)

【任务总结】(10分)

学员自评		组长评价	
指导老师评价:			

⚠ 任务实施与总结评价

项目名称	项目三　隧道常规施工技术认知		任务名称	任务三　钻爆开挖	
专业班级		姓名		学习小组	

【专业知识认知】(30分)

1. 能够说出铁路隧道常用的钻孔设备。(10分)

2. 能够说出铁路隧道常用的爆破器材。(10分)

3. 能够说出炮眼的种类和作用。(10分)

【能力素质训练】(60分)

1. 结合京沪高速铁路滕州隧道情况,绘制上下台阶光面爆破炮孔布置图。(15分)

2. 能够根据隧道现场施工条件,选择合理的爆破器材。(15分)

3. 结合隧道爆破作业情况,能够判断现场爆破是否符合《爆破安全规程》(GB 6722—2014)的相关要求。(15分)

4. 针对现场出现的盲炮,能够分析原因,并提出处理措施。(15分)

【任务总结】(10分)

学员自评		组长评价	

指导老师评价:

⚠ 任务实施与总结评价

项目名称	项目三　隧道常规施工技术认知		任务名称		任务四　装渣运输
专业班级		姓名		学习小组	

【专业知识认知】(30分)

1. 能够说出铁路隧道装渣机械及其特点。(10分)

2. 能够说出铁路隧道运输机械及其特点。(10分)

3. 能够说出铁路隧道装渣运输作业的分类及其适用性。(10分)

【能力素质训练】(60分)

1. 能够结合隧道开挖方法、机械设备、作业队伍、技术水平等具体选择合适的装渣运输方式。(15分)

2. 能够结合隧道实际施工情况,计算渣量,并选择合适的装渣运输机械。(15分)

3. 结合隧道现场装渣运输作业情况,能够提出合理的改进措施和建议。(15分)

4. 能够根据现场弃渣场的具体情况,初步判断是否符合环保要求。(15分)

【任务总结】(10分)

学员自评		组长评价	

指导老师评价:

项目三　巩固与练习

一、填空题

1. 隧道施工中,在洞口上方顺着隧道方向的削坡称为_____,两侧的削坡称为_____。

2. 当边(仰)坡较高时,应分层开挖,_____。

3. 缓冲结构基底承载力可采用_____或_____检测。

4. 模板台车拼装完成后应仔细检查模板的_____、_____、_____、构件间连接的牢固性等。

5. 明洞的预埋件和预留孔洞的_____、_____应符合设计要求。

6. _____是按设计轮廓线一次爆破开挖成型,再施作衬砌的施工方法。

7. 台阶法是将开挖断面分_____或_____开挖。

8. 二台阶法根据台阶长度可分为_____、_____和_____三种。

9. 弧形导坑预留核心土法是在上部断面以_____,其次开挖_____,再开挖_____的方法。

10. 隧道工程中常使用的凿岩机有_____和_____。

11. 凿岩台车按其走行方式可分为_____、_____和_____三种。

12. 炮眼按其所在断面的位置、爆破作用、布置方式和有关参数的不同,可分为_____、_____和_____。

13. 小断面隧道掏槽眼爆破主要有_____和_____两种形式。

14. 炮眼参数包括_____、_____和_____。

15. 光面爆破炮眼的最小抵抗线是指_____至_____的垂直距离。

16. 连续装药结构按照雷管所在位置不同又可分为_____和_____两种形式。

二、选择题

1. 洞口工程不包括( )。
   A. 洞门　　　　　　B. 明洞　　　　　　C. 缓冲结构　　　　D. 洞身衬砌

2. 边(仰)坡普通砂浆锚杆,其施工工艺流程为( )。
   A. 钻孔→清孔→注浆→插入杆体　　　　B. 钻孔→清孔→插入杆体→注浆
   C. 钻孔→注浆→插入杆体　　　　　　　D. 钻孔→插入杆体→注浆

3. 在浇筑洞门墙混凝土时,在明洞两侧同时浇筑的每层厚度不得大于( )。
   A. 10cm　　　　　　B. 20cm　　　　　　C. 30cm　　　　　　D. 40cm

4. 当洞门结构跨度大于8m时,混凝土强度必须达到其设计强度标准值的( )。
   A. 50%　　　　　　B. 75%　　　　　　C. 90%　　　　　　D. 100%

5. 隧道洞门结构的位置应符合设计要求,其检验数量为( )。
   A. 每不大于5m检查一个断面　　　　　B. 每不大于8m检查一个断面
   C. 每不大于10m检查一个断面　　　　　D. 每不大于15m检查一个断面

6. 明洞基底开挖高程的允许偏差为( )。
   A. -200～0mm　　　B. -100～0mm　　　C. -50～0mm　　　D. 0～50mm

7. 全断面开挖法一般适用于( )级围岩。

    A. Ⅰ   B. Ⅱ   C. Ⅲ   D. Ⅳ

8. 长台阶一般上台阶超前( )以上。

    A. 10m   B. 20m   C. 30m   D. 50m

9. 三台阶法拱部第一台阶矢跨比不得小于( )。

    A. 1/2   B. 1/3   C. 1/5   D. 1/6

10. 弧形导坑预留核心土法施工预留核心土面积一般不小于整个断面的( )。

    A. 30%   B. 50%   C. 70%   D. 80%

11. 交叉中隔壁法施工的中隔壁及临时仰拱每段拆除长度一般不宜超过( )。

    A. 10m   B. 15m   C. 20m   D. 25m

12. ( )炸药对机械能作用的敏感程度。

    A. 爆轰感度   B. 热敏感度   C. 机械感度   D. 火焰感度

13. 下面( )不是爆炸稳定性的评价指标。

    A. 临界直径   B. 最佳密度   C. 爆破直径   D. 管道效应

14. 最大超挖值是指最大超挖处至( )的垂直距离。

    A. 开挖轮廓线   B. 开挖轮廓切线

    C. 设计开挖轮廓线   D. 设计开挖轮廓切线

15. 高速铁路隧道岩石个别突出部分欠挖不应大于( )。

    A. 1cm   B. 3cm   C. 5cm   D. 10cm

16. 下列( )为无轨运输车辆。

    A. 自卸汽车   B. 斗车   C. 梭式矿车   D. 槽式列车

三、判断题

1. 隧道洞口边(仰)坡开挖前先清除边(仰)坡上的植被、浮土、危石。( )

2. 隧道洞口的边(仰)坡开挖形式应符合设计要求,其检验数量为全数检查。( )

3. 洞门应该与仰坡外的截、排水沟同步施工。( )

4. 端墙及挡、翼墙基础、缓冲结构的基底承载力必须满足设计要求。( )

5. 基础沉降缝与明洞沉降缝上下应错开。( )

6. 斜切式洞门除帽檐外其他部分的施工方式与明洞衬砌是不一样的。( )

7. 明洞净空与隧道相同。( )

8. 明洞衬砌施工采用整体式模板台车一次浇筑成型。( )

9. 隧道开挖的基本原则是尽量提高掘进速度。( )

10. 三台阶七步开挖法,是以弧形导坑开挖留核心土为基本模式。( )

11. 炸药爆炸时爆轰作用在炸药内部的传播速度称为爆力。( )

12. 工程用炸药一般以某种或几种单质炸药为主要成分,另外加一些外加剂混合而成。( )

13. 楔形掏槽的优点是爆力比较集中,爆破效果较好,掏出的槽子体积较大,不适应硬岩。( )

14. 大直径中空直眼掏槽实际上是直眼掏槽的一种。( )

15. 光面爆破参数即周边眼的爆破参数,决定了光面爆破的质量。( )

16.装渣作业是隧道掘进循环中占用时间最多,又与其他作业干扰较小的一项作业。
(   )

四、简答题

1.隧道洞口工程施工一般包括哪些项目？

2.简述斜切式洞门施工工艺流程。

3.简述明洞施工工艺流程。

4.全断面开挖法的特点有哪些？

5.二台阶法开挖的特点有哪些？

6.三台阶七步开挖法的特点有哪些？

7.交叉中隔壁法的特点是什么？

8.煤矿许用炸药应符合哪些要求？

9.爆破设计包括哪些内容？

10.简述弃渣场的相关要求有哪些？

⚠ 任务实施与总结评价

项目名称	项目四　复合式衬砌施工		任务名称		任务一　初期支护施工
专业班级		姓名		学习小组	

【专业知识认知】(30分)

1. 简述初期支护施工工艺流程。(10分)

2. 喷射混凝土用作隧道支护的特点有哪些? (10分)

3. 简述砂浆锚杆施工工艺流程。(10分)

【能力素质训练】(60分)

1. 结合隧道工程实际,能够编制初期支护施工作业指导书,并判断现场施工是否符合《客货共线铁路隧道工程施工技术规程》(Q/CR 9653—2017)的相关要求。(20分)

2. 结合隧道现场情况,根据编制的初期支护施工作业指导书,能够完成技术交底。(20分)

3. 结合隧道初期支护施工情况,能够对施工质量进行检验,并判断是否符合《铁路隧道工程施工质量验收标准》(TB 10417—2018)的相关要求。(20分)

【任务总结】(10分)

学员自评		组长评价	

指导老师评价:

⚠ 任务实施与总结评价

项目名称	项目四　复合式衬砌施工		任务名称	任务二　结构防排水施工	
专业班级		姓名		学习小组	

【专业知识认知】（30分）

1. 简述防排水施工工艺流程。（10分）

2. 喷射混凝土基面突出物应如何进行处理？（10分）

3. 简述防水板施工工艺流程。（10分）

【能力素质训练】（60分）

1. 结合隧道工程实际，能够编制防排水施工作业指导书，并判断现场施工是否符合《客货共线铁路隧道工程施工技术规程》（Q/CR 9653—2017）的相关要求。（20分）

2. 结合隧道现场情况，根据编制的防排水施工作业指导书，能够完成技术交底。（20分）

3. 能够对现场隧道防排水施工质量进行检验，并判断是否符合《铁路隧道工程施工质量验收标准》（TB 10417—2018）的相关要求。（20分）

【任务总结】（10分）

学员自评		组长评价	

指导老师评价：

项目四　复合式衬砌施工

⚠ 任务实施与总结评价

项目名称	项目四 复合式衬砌施工		任务名称	任务三 二次衬砌施工
专业班级		姓名		学习小组

【专业知识认知】(30 分)

1. 简述二次衬砌施工工艺流程。(10 分)

2. 拱墙衬砌施工前断面检查的要求有哪些？(10 分)

3. 简述拱墙衬砌混凝土浇筑的施工流程。(10 分)

【能力素质训练】(60 分)

1. 结合隧道工程实际，能够编制二次衬砌施工作业指导书，并判断现场施工是否符合《客货共线铁路隧道工程施工技术规程》(Q/CR 9653—2017) 的相关要求。(20 分)

2. 结合隧道现场情况，根据编制的二次衬砌施工作业指导书，能够完成技术交底。(20 分)

3. 能够对现场隧道二次衬砌施工质量进行检验，并判断是否符合《铁路隧道工程施工质量验收标准》(TB 10417—2018) 的相关要求。(20 分)

【任务总结】(10 分)

学员自评		组长评价	

指导老师评价：

项目四　巩固与练习

一、填空题

1. 隧道初期支护一般由_____、_____、钢架、钢筋网等或其组合组成。

2. 喷射混凝土的喷射方式可分为_____、_____、_____、_____。

3. 隧道初次喷射混凝土应在开挖后及时进行,喷射厚度约_____。

4. 隧道喷射混凝土喷射顺序应_____进行。

5. 钢纤维喷射混凝土粗骨料最大粒径不宜大于_____,砂率不应小于_____。

6. 锚杆是指用金属或其他高抗拉性能的材料制作的一种杆状构件。

7. 锚杆安装后,在水泥浆体的强度达到_____MPa后,安装托板和紧固螺帽。

8. 隧道钢架分为_____和_____两种类型。

9. 隧道防水板一般采用_____铺设。

10. 对防水板铺设质量一般要进行_____检查、_____检查、_____检查。

11. _____和_____是隧道防排水的薄弱环节。

12. 隧道二次衬砌施工要遵循_____的原则。

13. 隧道仰拱一般采用_____进行全幅施工,全幅灌筑。

二、选择题

1. 下列( )不能用作复合式衬砌。
   A. 喷锚支护　　　B. 钢拱架支护　　　C. 二次衬砌　　　D. 超前小导管

2. 下列( )不属于隧道初期支护的是。
   A. 喷射混凝土　　B. 钢格栅　　　　　C. 二次衬砌　　　D. 锚杆

3. 隧道喷射混凝土所用细骨料细度模数应大于( )。
   A. 3.5　　　　　　B. 3.0　　　　　　C. 2.5　　　　　　D. 2.0

4. 隧道水泥砂浆锚杆用的水泥砂浆,其强度不应低于( )。
   A. M10　　　　　B. M15　　　　　C. M20　　　　　D. M25

5. 隧道上台阶施作钢架时,可采用扩大拱脚和( )等措施控制围岩和初支变形。
   A. 膨胀锚杆　　　B. 锁脚锚杆　　　C. 砂浆锚杆　　　D. 摩擦锚杆

6. 施工单位对隧道锚杆检测抽样率不应低于总锚杆数的( ),且每批不少于20根。
   A. 5%　　　　　　B. 6%　　　　　　C. 8%　　　　　　D. 10%

7. 隧道施工防排水工作的原则是( )。
   A. 进洞前先做好地表排水系统
   B. 不断完善防排水措施
   C. 选择不妨碍施工的防排水措施
   D. 防、截、排、堵相结合综合治理

8. 高速铁路隧道初期支护和二次衬砌之间一般用( )做防水层。
   A. 防水涂料　　　B. 防水卷材　　　C. 沥青　　　　　D. 不做防水

9. 防水板的搭接宽度不应小于( )cm。

    A. 10   B. 15   C. 20   D. 25

10. 高速铁路隧道初期支护表面平整度应符合( )的要求。

    A. $D/L \leq 1/5$ B. $D/L \leq 1/8$ C. $D/L \leq 1/10$ D. $D/L \leq 1/20$

11. 一般地质条件下,在累计位移值已达极限位移值的( )后施作二次衬砌。

    A. 60% 以下   B. 60% 以上   C. 80% 以下   D. 80% 以上

12. 高速铁路隧道仰拱和填充混凝土厚度同一围岩浇筑段检验不少于( )个横断面。

    A. 1   B. 2   C. 3   D. 4

三、判断题

1. 为了使喷射混凝土尽快凝固,速凝剂掺量越多越好。( )

2. 干喷混凝土的缺点是产生的粉尘量较大,回弹率高。( )

3. 分层喷射混凝土时,后一层喷射应在前一层混凝土初凝后进行。( )

4. 喷射混凝土时应将钢架与岩面之间的间隙喷射密实。( )

5. 摩擦型锚杆孔径要比锚杆直径大。( )

6. 锚杆长度一般采用声波检测仪测定。( )

7. 相较于格栅钢架,型钢钢架与混凝土粘接更密实。( )

8. 防水板在初期支护和二次衬砌之间铺设。( )

9. 无仰拱地段的中心排水管直接埋设于仰拱填充混凝土中,与填充混凝土同时施工。( )

10. 高速铁路隧道对水压力大、变形大的施工缝和变形缝要选用橡胶止水带。( )

11. 二次衬砌一般应在围岩和初期支护变形基本稳定后施作。( )

12. 仰拱施作应一次成形,不得分部浇筑,保证仰拱整体稳定。( )

13. 拱墙衬砌施工时,直线段每 10m、曲线段每 20m 检查初期支护断面。( )

14. 隧道拱墙混凝土浇筑时,应连续、对称、分层浇筑,分层捣固。( )

四、简答题

1. 采用喷射混凝土作为隧道支护的主要优点有哪些?

2. 隧道施工干喷混凝土的优缺点是什么?

3. 简述隧道初期支护砂浆锚杆施工工艺流程。

4. 隧道防水施工中止水带施工的控制要点有哪些?

5. 简述隧道防水板施工工艺流程。

6. 围岩和初期支护变形基本稳定的判别标准是什么?

7. 简述仰拱及仰拱填充混凝土脱模及养护的要求?

8. 简述隧道衬砌模板台车的安装程序。

9. 隧道衬砌封顶施工要求有哪些?

⚠ 任务实施与总结评价

项目名称	项目五 现场监控量测与超前地质预报		任务名称	**任务一 监控量测项目和洞内外观察**
专业班级		姓名		学习小组

【专业知识认知】(30分)

1. 什么是现场监控量测？(10分)

2. 铁路隧道监控量测的必测项目有哪些？(10分)

3. 铁路隧道监控量测的选测项目有哪些？(10分)

【能力素质训练】(60分)

1. 结合隧道工程实际，能够根据《铁路隧道监控量测技术规程》(Q/CR 9218—2024)选择隧道的监控量测项目。(20分)

2. 结合隧道的监控量测项目，能够选择相应的仪器设备。(20分)

3. 能够根据隧道开挖后洞内外观察的实际情况，提出相应的工程处理措施。(20分)

【任务总结】(10分)

学员自评		组长评价	

指导老师评价：

⚠ 任务实施与总结评价

项目名称	项目五　现场监控量测与超前地质预报		任务名称	任务二　变形监控量测
专业班级		姓名		学习小组

【专业知识认知】(30分)

1. 什么是隧道围岩位移和周边收敛？(10分)

2. 简述隧道监控量测断面及测点布置原则。(10分)

3. 简述隧道变形监控量测方法。(10分)

【能力素质训练】(60分)

1. 结合隧道工程实际，能够编制现场监控量测作业指导书，并能够完成技术交底。(20分)

2. 结合隧道施工实际，根据《铁路隧道监控量测技术规程》(Q/CR 9218—2024)进行现场监控量测断面及测点的布置，并能够选择合适的监控频率。(20分)

3. 结合隧道实际施工情况，能够进行变形监控量测，并判断是否符合控制基准。(20分)

【任务总结】(10分)

学员自评		组长评价	

指导老师评价：

⚠ 任务实施与总结评价

项目名称	项目五　现场监控量测与超前地质预报		任务名称	任务三　监控量测信息管理	
专业班级		姓名		学习小组	

【专业知识认知】(30 分)

1.隧道监控量测数据分析的主要内容是什么？(10 分)

2.隧道监控量测数据回归分析常用的公式有哪些？(10 分)

3.简述隧道监控量测安全性评价流程。(10 分)

【能力素质训练】(60 分)

1.结合隧道监控量测数据，能够绘制时间-位移散点图和距离-位移散点图，并结合施工工况综合分析围岩和支护结构的工作状态。(20 分)

2.结合隧道监控量测数据，能够选择合适的回归函数进行回归分析，并进行安全评价。(20 分)

3.结合隧道监控量测，能够判断二次衬砌施作时间，并判别围岩稳定性。(20 分)

【任务总结】(10 分)

学员自评		组长评价	

指导老师评价：

⚠ 任务实施与总结评价

项目名称	项目五　现场监控量测与超前地质预报		任务名称	任务四　超前地质预报
专业班级		姓名		学习小组

【专业知识认知】(30分)

1. 隧道超前地质预报的目的是什么？(10分)

2. 隧道超前地质预报包括哪些内容？(10分)

3. 隧道超前地质预报的方法有哪些？(10分)

【能力素质训练】(60分)

1. 能够绘制隧道超前地质预报的工作程序框图。(20分)

2. 能够结合隧道地质情况，选择合适的超前地质预报方法。(20分)

3. 能够根据隧道地质和施工情况，编制超前地质预报的实施细则。(20分)

【任务总结】(10分)

学员自评		组长评价	

指导老师评价：

项目五　巩固与练习

一、填空题

1._____是监视围岩稳定,检验设计与施工是否合理及安全的重要手段,是新奥法施工的重要组成部分。

2.监控量测项目根据隧道的特点和难点可分为_____和_____两大类。

3.洞外观察重点是_____和洞身浅埋段。

4.隧道围岩或隧道顶(底)板及侧帮某一部位的实际移动值是指_____。

5.隧道收敛位移量测主要是指对_____两点间水平距离的变形量的量测,拱顶下沉以及底板隆起位移量的量测。

6.《高速铁路隧道工程施工技术规程》(Q/CR 9604—2015)规定:Ⅲ级围岩断面间距为_____。

7.地表沉降观测点的纵向间距主要与隧道埋深和_____有关。

8.地表下沉量测一般用精密水准仪和_____进行测量。

9.目前围岩稳定性判别主要以_____为基准进行判别。

10.隧道超前地质预报最基本的方法,是_____。

11.基于向岩土中辐射一定频率的声波,并研究其传播特征,进而判断岩土体工程地质特性的一种技术方法是_____。

12._____是利用钻机在隧道开挖工作面进行钻探获取地质信息的一种超前地质预报方法。

二、选择题

1.以下哪些监控项目不属于必测项目?(　　)。
　　A.拱顶下沉　　　　B.围岩压力　　　　C.净空变化　　　　D.拱脚位移

2.以下哪些监控项目不属于选测项目?(　　)。
　　A.纵向位移　　　　B.喷混凝土内力　　C.地表沉降　　　　D.围岩内部位移

3.下列属于洞外观察的内容是(　　)。
　　A.工作面观察　　　　　　　　　　B.已施工地段观察
　　C.洞口段　　　　　　　　　　　　D.支护完成后喷层表面观察

4.根据《高速铁路隧道工程施工技术规程》(Q/CR 9604—2015)规定:断面间距为10～30m为(　　)围岩。
　　A.Ⅴ～Ⅵ级　　　　B.Ⅳ级　　　　　C.Ⅲ级　　　　　D.Ⅱ级

5.位移监测点的初始读数在测点埋设后(　　)内,并在下一步循环开挖前读取,监测频率可根据测点距开挖面的距离及位移速度确定。
　　A.6h　　　　　　　B.12h　　　　　　C.18h　　　　　　D.24h

6.隧道周边位移监控量测可分为接触量测和非接触量测两类。其中,接触量测主要是用(　　)进行量测。
　　A.收敛计　　　　　B.全站仪　　　　C.水准仪　　　　D.因瓦尺

7. 判别围岩稳定性时，根据位移变化速度来判断，变形速度 0.2 ~ 5mm/d 时，为（　　）阶段。

    A. 变形急剧增长阶段   B. 基本稳定阶段

    C. 变形下降阶段   D. 变形缓慢增长

8. 以下属于高速铁路隧道施工超前地质预报方法的是（　　）。

    A. 超前水平钻孔法   B. 超前平行导坑预报法

    C. 物理探测法   D. 以上均是

9. 利用地震波反射原理，通过小药量爆破产生的地震波信号进行长距离探测的一种超前地质预报方法是（　　）。

    A. TSP 超前预报系统   B. TGP 隧道地质预报系统

    C. 水平声波剖面法   D. 地质雷达法

10. 超前地质预报的预报长度划分和预报方法的选择，符合要求的是（　　）。

    A. 长距离预报，预报长度在 50m 以内

    B. 中长距离预报，预报长度在 30 ~ 50m

    C. 短距离预报，预报长度在 30m 以内

    D. 短距离预报，预报长度在 10m 以内

三、判断题

1. 把量测信息及时反馈到设计和施工中去，对初期支护，二次衬砌的施工方法做出修正，可以达到安全、快速的施工目的。（　　）

2. 一般地段，开挖方法采用分部开挖法时，净空变化量测测线数为一条水平测线。（　　）

3. 对施工中地表发生塌陷并经修补过的地段，以及预先探测到地下存在构筑物或空洞的施工地段，测点应尽量接近构筑物或空洞下方。（　　）

4. 当由距开挖面的距离确定的监测频率和由位移变化速度确定的监测频率不同时，采用两者中较低的监测频率。（　　）

5. 回归分析是目前对量测数据进行数学处理的主要方法。（　　）

6. 在施工过程中监控量测，应及时掌握围岩和支护的变化规律，确定二次衬砌和仰拱的施作时间，使衬砌结构安全可靠。对浅埋、软弱围岩等特殊地段，采用工程类比法。（　　）

7. 在高速铁路隧道施工阶段，重视和加强超前地质预报，最大限度地利用先进的超前地质预报技术，预测开挖工作面前方的地质情况。（　　）

8. 超前平行导坑法最为直观，精确度很高，成本低。（　　）

9. 物探技术存在一定局限性，在超前地质预报中应进一步结合地质理论，提高物探成果解译水平。（　　）

10. 瞬变电磁法是探查预报地下水的最佳方法之一，可探查范围为掌子面前方 60 ~ 80m。（　　）

四、简答题

1. 监控量测的主要目的是什么？

铁路隧道工程施工与维护实训手册

2. 绝对位移的概念及如何进行测量？

3. 隧道周边位移监控量测时,用收敛计进行量测时,如何进行操作？

4. 地表下沉是如何进行量测的？

5. 施工过程中监控量测数据是如何进行阶段分析？

6. 超前地质预报的概念是什么？

7. 物理探测法的原理是什么？

8. 地质雷达法的原理是什么？

9. 超前地质预报设计的基本要求是什么？

10. 超前地质预报实施时,断层预报的要求是什么？

⚠ 任务实施与总结评价

项目名称	项目六　TBM 与盾构机施工		任务名称		任务一　TBM 施工
专业班级		姓名		学习小组	

【专业知识认知】(30 分)

1.简述隧道掘进机施工的优缺点。(10 分)

2.隧道掘进机的分类有哪些? (10 分)

3.简述隧道掘进机选型的原则。(10 分)

【能力素质训练】(60 分)

1.能够结合隧道掘进机模型说出掘进机结构组成及其作用。(20 分)

2.结合隧道的实际情况,能够进行隧道掘进机选型。(20 分)

3.能够根据隧道掘进机具体施工情况,指导施工作业,并根据不良地层情况提出相应的工程对策。(20 分)

【任务总结】(10 分)

学员自评		组长评价	

指导老师评价:

⚠ 任务实施与总结评价

项目名称	项目六　TBM 与盾构机施工		任务名称	任务二　盾构机施工
专业班级		姓名	学习小组	

【专业知识认知】(30 分)

1. 盾构机的分类有哪些？(10 分)

2. 简述盾构机选型的原则。(10 分)

3. 简述盾构机选型的方法。(10 分)

【能力素质训练】(60 分)

1. 能够结合盾构机模型说出盾构机的结构组成及其作用。(20 分)

2. 结合隧道的实际情况，能够进行盾构机选型。(20 分)

3. 根据盾构机具体施工情况，能够指导作业队伍完成盾构机始发、到达和掘进施工作业。(20 分)

【任务总结】(10 分)

学员自评		组长评价	

指导老师评价：

项目六　巩固与练习

项目六
在线测试题库

一、填空题

1. 根据 TBM 的结构形式,可将其分为_____、_____和_____。

2. 敞开式 TBM 一般在良好地质中使用,适用于整体较完整、有较好自稳能力的中硬-坚硬地层,主要以_____级围岩为主的隧道。

3. TBM 主要由_____、_____和_____三个部分。

4. _____是 TBM 中几何尺寸最大、单件重量最重的部分。

5. 在 TBM 隧道施工中,敞开式 TBM 施工应设置_____,护盾式 TBM 应设置_____。

6. TBM 主控室的操作主要包括 6 个步骤:启动准备、_____、_____、停机、_____和_____。

7. TBM 施工时,硬岩初期支护主要有_____、_____、局部挂钢筋网支护。

8. 采用敞开式 TBM 施工的隧道应采用_____衬砌。

9. 盾构机的分类可根据_____、_____、_____和开挖面与作业室之间隔板构造进行分类。

10. 盾构机使用的刀具主要有_____和_____两类。

11. 加泥式土压平衡盾构机添加材料有_____、CMC、_____、高吸水树脂、发泡剂等。

12. 盾构机始发设备包括_____、_____、_____、入口及密封垫圈。

13. 盾构机到达的特殊工法有_____、_____和_____。

二、选择题

1. 下列(　　)不是 TBM 的主要组成部分。
   A. 主机　　　　　　　B. 支护系统　　　　　　C. 辅助系统　　　　　　D. 管片拼装机构

2. TBM 在硬岩情况下贯入度一般为(　　)。
   A. 3～6mm　　　　　B. 9～12mm　　　　　　C. 1～2mm　　　　　　D. 7～8mm

3. TBM 刀盘转速在硬岩情况下一般为(　　)左右。
   A. 2.0r/min　　　　B. 7.0r/min　　　　　　C. 6.0r/min　　　　　　D. 4r/min

4. 敞开式 TBM 在通过断层破碎带时的施工步骤是(　　)。
   A. 超前地质预报、超前预加固(需要时)、掘进、支护
   B. 掘进、超前地质预报、超前与加固(需要时)、支护
   C. 支护、掘进、超前地质预报、超前与加固(需要时)
   D. 超前地质预报、超前与加固(需要时)、支护、掘进

5. 盾构机的直径大小在 4.2～7.0m 是(　　)盾构机。
   A. 小型盾构　　　　B. 中型盾构　　　　　　C. 大型盾构　　　　　　D. 超大型盾构

6. 下列(　　)不属于按断面形式分类的盾构机。
   A. 单圆盾构　　　　B. 复圆盾构　　　　　　C. 半敞开式　　　　　　D. 非圆盾构

7. 下列选项( )不属于盾构机的主要组成部分。

    A. 外壳   B. 搅拌机构   C. 撑靴   D. 推进机构

8. 土压平衡盾构机适用于地层粒径范围为( )以下的黏土、淤泥、砂质地层。

    A. 1.5mm   B. 2.0mm   C. 2.5mm   D. 3.0mm

9. 下列( )不是盾构机选型的主要方法。

    A. 根据地层颗粒级配选型   B. 根据渗透系数选型

    C. 根据地下水压选型   D. 根据隧道断面形式选型

10. 在稳定的岩层中，盾构机施工同步灌浆的灌浆压力控制在( )。

    A. 0.5~1.0kg/cm^3 B. 1.5~2.0kg/cm^3

    C. 3.0~3.5kg/cm^3 D. 2.0~2.5kg/cm^3

三、判断题

1. 刀盘是装拆掘进机时起重设备和运输设备选择的主要依据。( )

2. 敞开式 TBM 只能在开挖后进行围岩的初期支护。( )

3. 护盾式 TBM 适应小曲线半径的能力较好。( )

4. TBM 施工时，无论在何种岩石条件下，自动控制推进模式都适用。( )

5. 采用敞开式 TBM 施工的隧道应采用管片衬砌。( )

6. TBM 的适用围岩强度为 30~350MPa，基本上适用于所有岩类。( )

7. 地质条件不同，TBM 的推力、刀盘转速、刀盘扭矩等掘进参数相同。( )

8. 软岩地层岩石抗压强度小，有利于 TBM 施工。( )

9. 盾构法被广泛地应用于城市地铁及水下隧道的施工。( )

10. 盾构机选型是盾构法隧道能否经济、安全、环保、优质、快速建成的关键之一，其首要原则是经济性。( )

11. 盾构机推进机构的作用是防止掘削时掘削面地层的坍塌和变形，确保掘削面稳定。( )

12. 在不进行渣土改良的情况下，泥水平衡盾构机的粒径适用范围为 0.2~1.5mm。( )

13. 盾构机施工中，壁后注浆的目的就是对该盾尾空隙进行填充。( )

14. 盾构机始发时，千斤顶总推力一般在 800~1200t。( )

15. 盾构机施工时，正常推进阶段应采用试掘进阶段掌握的最佳施工参数。( )

四、简答题

1. TBM 施工的优缺点是什么？

2. TBM 选型的依据有哪些？

3. 简要分析敞开式 TBM 的施工风险。

4. 突水涌泥段 TBM 施工的特点、危害有哪些？

5. 盾构机选型的原则是什么？

6. 土压平衡盾构机隧道施工有哪些优缺点？

7. 泥水平衡盾构机隧道施工有哪些优缺点？

8. 盾构机到达的注意要点有哪些？

⚠ 任务实施与总结评价

项目名称	项目七　铁路隧道维修		任务名称	任务一　铁路隧道维修管理	
专业班级		姓　名		学习小组	

【专业知识认知】(30 分)

　1.铁路隧道维修管理的目的是什么？（10 分）

　2.铁路隧道维修管理的原则是什么？（10 分）

　3.简述铁路隧道维修管理的组织形式。（10 分）

【能力素质训练】(60 分)

　1.能够结合隧道设施的保养情况,填写《铁路桥隧建筑物保养质量评定记录表》,并判断是否合格。(20 分)

　2.能够结合隧道综合维修作业情况,根据《铁路桥隧建筑物修理作业验收标准》的有关规定进行质量验收评定,并判断是否合格。(20 分)

　3.能够结合隧道大修情况,根据《铁路桥隧建筑物修理作业验收标准》逐项检验施工质量,并进行质量评定。(20 分)

【任务总结】(10 分)

学员自评		组长评价	
指导老师评价：			

⚠ 任务实施与总结评价

项目名称	项目七　铁路隧道维修		任务名称	任务二　铁路隧道服役状态评估	
专业班级		姓　名		学习小组	

【专业知识认知】（30分）

1. 铁路隧道状态检查的方法有哪些？（10分）

2. 铁路隧道运营状态分类有哪些？（10分）

3. 简述铁路隧道劣化等级划分。（10分）

【能力素质训练】（60分）

1. 能够使用激光断面仪、回弹仪等设备进行铁路隧道断面净空检测和衬砌质量检测。（20分）

2. 能够结合隧道实际检查情况，确定隧道状态，并初步确定原因。（20分）

3. 能够结合隧道检查检测情况，进行隧道状态评定，并提出处置措施。（20分）

【任务总结】（10分）

学员自评		组长评价	

指导老师评价：

⚠ 任务实施与总结评价

项目名称	项目七　铁路隧道维修	任务名称	任务三　铁路隧道病害处治
专业班级		姓名	学习小组

【专业知识认知】(30 分)

1.隧道衬砌渗漏水有哪些处理措施？（10 分）

2.隧道冻害有哪些整治措施？（10 分）

3.隧道底鼓有哪些整治措施？（10 分）

【能力素质训练】(60 分)

1.能够结合隧道衬砌裂损的具体情况,提出整治措施。（20 分）

2.能够结合隧道衬砌背后空洞的具体情况,提出整治措施。（20 分）

3.能够结合隧道基底下沉翻浆冒泥的具体情况,提出整治措施。（20 分）

【任务总结】(10 分)

学员自评		组长评价	

指导老师评价：

铁路隧道工程施工与维护实训手册

项目七　巩固与练习

项目七
在线测试
题库

一、填空题

1. 路桥检查车间的管辖营业长度一般在 _____ km 左右，且不超过 400km。

2. 保养工作以"_____"的原则，宏观上以周期控制，微观上以状态控制。

3. 铁路隧道维修管理的目的就是保证_____和_____，不断延长结构物的使用寿命。

4. 综合维修作业质量分为_____、_____两个等级。

5. 隧道检测新技术有_____、_____"3D 雷达"探测技术及三维空洞扫描技术。

6. 根据行车安全运营隧道状态可以分为_____、_____和_____三类。

7. 衬砌渗漏水按照出水量的大小和形态分为_____、_____、_____和_____。

8. 铁路隧道状态评定按裂化程度分为_____、_____、_____、_____四个等级。

9. 衬砌漏水整治方法有_____、_____、_____等。

10. 隧道底鼓的整治方法有_____、_____泄水降压或注浆堵水等。

二、选择题

1. 下列(　　)不是铁路隧道新型检测方法。
   A. 衬砌表面数码摄像　　　　　B. 三维激光扫描
   C. 瞬变电磁法　　　　　　　　D. 3D 雷达监测

2. 铁路隧道状态评定中，劣化程度为 A1 级，应采取(　　)。
   A. 立刻采取措施　　　　　　　B. 加强监视，必要时采取措施
   C. 加强检查，正常维修　　　　D. 尽快采取措施

3. 铁路隧道拱墙衬砌表观型中，发现 $L < 5m$，且 $3mm \leq \delta \leq 5mm$，裂缝有发展，劣化等级为(　　)。
   A. AA(极严重)　　B. A1(严重)　　C. B(较重)　　　　D. C(较轻)

4. 下列(　　)属于铁路隧道排水设施劣化等级在 A1 的冻害劣化状态。
   A. 侧沟中心水沟、泄水洞等局部冻结失效　B. 排水系统局部冻结较严重
   C. 排水系统局部冻结失效　　　　　　　　D. 道床结冰(丘状冰锥)，覆盖轨面

5. 锚固灌注法处理衬砌渗漏水一般是在裂缝两端倾斜钻孔至结构体厚度的(　　)深。
   A. 1/2　　　　　　B. 1/3　　　　　　C. 1/4　　　　　　D. 1/5

6. 针对由围岩压力引起的衬砌混凝土纵向张拉裂缝可采用(　　)综合处理措施。
   A. 裂缝修补 + 自进式注浆锚杆 + 粘贴碳纤维布
   B. 内嵌 H 型钢换架 + 锚杆
   C. 高强波纹杆 + 锚杆
   D. 泡沫混凝土填充技术

7. 针对地下水造成的底鼓,主要采用以(　　)为主。

    A. 排　　　　　　　　B. 堵　　　　　　　　C. 防　　　　　　　　D. 注

8. 下列(　　)是应用最广泛的衬砌混凝土强度无损检测方法。

    A. 回弹法　　　　　　B. 压痕法　　　　　　C. 拔出法　　　　　　D. 超声法

9. 在铁路隧道大修施工检查中,施工单位应加强经常性技术指导,至少每月进行(　　)次检查。

    A. 一　　　　　　　　B. 二　　　　　　　　C. 三　　　　　　　　D. 四

10. 下列(　　)不属于铁路隧道大修设计文件。

    A. 说明书　　　　　　　　　　　　　　B. 设计图表

    C. 预算　　　　　　　　　　　　　　　D. 隧道大修计划编制

三、判断题

1. 隧道建筑物的修理工作分为检查、维修和大修。(　　　　)

2. 隧道维修工作分为周期性保养和临时补修。(　　　　)

3. 回弹法检测混凝土抗压强度检测精度高、设备简单、操作方便。(　　　　)

4. 隧道衬砌及基底混凝土厚度不足多由于隧道施工质量所致。(　　　　)

5. 调查结果表明,衬砌掉块大多分布在拱腰位置,拱顶其次。(　　　　)

6. 混凝土强度不足不会引起衬砌的抗渗、抗冻性降低。(　　　　)

7. 衬砌压溃及错台是在衬砌开裂部位出现的一种现象。(　　　　)

8. 钻孔降压法基本原理是通过将压孔把隧道底板下水的压力释放出来达到降压的效果。(　　　　)

9. 锚固一体化通用整治技术可用于整治隧道底鼓病害。(　　　　)

10. 泡沫混凝土填充技术可用于隧道衬砌背后存在的较大空洞的填充。(　　　　)

四、简答题

1. 铁路隧道维修管理的目的和原则是什么?

2. 简述铁路隧道大修的工作范围。

3. 隧道衬砌混凝土强度的检测方法有哪些?

4. 隧道衬砌缺陷包括哪些?

5. 隧道衬砌病害有哪些?

6. 隧道底鼓有哪些危害?

7. 针对高寒地区隧道水沟结冰可采用什么措施?

8. 隧道基底下沉及翻浆冒泥有哪些整治措施?